지방 정치사회와 엘리트

지방화 시대에 과연 지방정치가 존재하는가?

지방 정치사회와 엘리트

지방자치 실시 이후 한국의 지방정치는 미성숙하고 여전히 비민주주의 상태를 벗어나지 못하고 있다는 지적이다. 지방정치의 미숙함은 과두제적 권력구조와 미성숙한 정치의식에서 찾아볼 수 있다. 그동안 지방정치는 자치단체장을 중심으로 소수의 엘리트가 네트워크를 형성하면서 패권적 권력을 행사하는 시장중심의 지역사회 권력구조를 갖고 있다.

● 오관석 지음

| politics | society | elite |

한국학술정보(주)

머 리 말

    지방화 시대에 과연 지방정치가 존재하는가? 지방자치 실시 이후 한국의 지방정치는 미성숙하고 여전히 비민주주의 상태를 벗어나지 못하고 있다는 지적이다. 지방정치의 저발전은 과두제적 권력구조와 미성숙한 정치의식에서 찾아볼 수 있다. 그동안 지방정치는 자치단체장을 중심으로 소수의 엘리트가 네트워크를 형성하면서 패권적 권력을 행사하는 시장중심의 권력구조를 갖고 있다.

    자치단체장은 지역사회 권력구조의 정점에 있고 시장을 중심으로 지역사회 엘리트가 지방정치를 주도하고 있다. 중앙정부는 의회와 야당, 시민단체, 언론에 의해 감시와 견제를 받는 대신 지방정부는 자치단체장을 견제할 만한 정치세력이나 시민단체가 부재한 연유로 시장은 지방정치에서 전횡적인 권력을 행사하면서 권력을 독점적으로 행사하고 있는 실정이다. 그러다 보니 지방정부는 부정부패와 인사청탁 각종 비리에 온상이 되어 가고 있다. 지방 엘리트들의 도덕적 해이는 '과연 지방자치가 필요한가?'라는 지방자치 무용론까지 들고 일어나고 있는 현실이다.

    한국에서 지방정치는 영향력을 행사하고 권력을 소유한 소수의 정치·행정·경제·사회 엘리트들과 시민사회단체를 중심으로 엘리트에 의한 정치 행태가 이루어져 왔다. 따라서 지방정치는 지역사회 엘리트와 권력구조를 벗어나 논의하기란 그 한계가 분명하다.

    따라서 본 저서는 지방정치를 이해하기 위해서 지역사회에 대한 권력구조와 엘리트 그리고 시민사회단체의 활동에 초점을 두고 연구하였다. 지역사회 권력구조는 심층적이면서 다차원적으로 연구되어 왔다.

특히 지역사회 엘리트의 구성과 특징이 어떻게 정책결정에 영향력을 행사하고 권력을 독점하는가에 초점을 두었다. 지역사회 엘리트는 공식적, 비공식적 권력을 행사하면서 지방정치를 주도하고 있다. 나아가 시민사회단체는 엘리트와 주민 간의 참여 주체로 역할을 하면서 정치적 영향력을 확대해 나아가고 있다. 이들의 역할과 동태성은 하부정치문화의 주체로서 지방정치의 이해를 돕는 초석이 될 수 있다.

본 저서는 3편으로 구성되었다. 제1편은 지역사회 엘리트와 권력에 관한 외국문헌을 요약, 번역하였다. 제1장은 배제와 권력: 교환 네트워크에서의 네 가지 권력이론 실험과 제2장은 지역사회 권력과 정치이론, 제3장 집단과 조직이론 그리고 제4장은 비정부기구들(NGO's)을 요약, 번역한 내용이다.

제2편은 지방정치의 권력구조와 정치 엘리트를 논의하였다. 제5장은 지역사회 권력구조: 전주시·수원시·춘천시 비교, 제6장은 스노우 볼(Snow Ball) 이론을 통한 엘리트 연구, 제7장은 익산시 엘리트 주요 사업결정요인을 논의하였다. 제8장은 엘리트의 지역감정 및 편견 그리고 배우자 만족도를 연구하였다.

제3편은 지방정부와 시민사회의 활동을 논의하였다. 제9장은 전주지역 시민사회단체의 활동과 전략을 연구하고 제10장은 시민사회단체 익산시·남원시 사례를 연구하였다. 그리고 마지막으로 제11장은 지방엘리트의 정치적 가치관을 연구하였다.

본 연구는 저자가 충남대학교 사회과학연구소에서 2년간 학술진흥재단 연구사업을 추진해 온 연구의 성과물이다. 2002년 8월에서 2003년 7월까지 과제명 「지역사회 권력구조와 정치문화」와 2차년 과제명 「한국 하부정치문화의 Data Base 구축」의 과제를 수행했던 계기가 집필의 동기가 되었다. 연구과제는 보고 완성하기까지는 적지 않은 시간이 소요되었고 연구과제의 바탕에 저자가 저서를 위해서 자료 정리와 연구결과를 모아서 집필하게 되었다. 본 저서의 일부의 내용을 지난 과제 명을 완성하기 위한 연구 결과물의 일부의 내용을 자료원본을 사용하였다.

본 저서가 출판되기 까지는 적지 않은 많은 분들의 수고와 도움이 있었다. 학국학술진흥재단 1차 과제 "지역사회 권력구조와 정치문화"와 2차 과제 "한국 하부정치문화와 Data Base 구축"을 수행하면서 참여하신 각 지역 대학 교수님, 박사님들의 적지 않은 학문적 공헌과 격려가 있었다. 따라서 저자는 직접적 계기가 되었던 고마운 분들의 격려와 노고를 잊을 수 없다. 충남대학교 박대식 교수와 신진 교수, 강경태 교수, 김상태 교수, 길병옥 교수, 김영민 교수, 김익식 교수, 김태룡 교수, 라미경 교수, 안희정 박사, 양병창 박사, 양진석 박사, 유병선 박사, 윤여상 박사, 이강로 교수, 이상봉 교수, 이한규 박사, 이해영 교수, 임경환 박사, 장연수 교수, 지병문 교수(국회의원), 지충남 박사, 최정진 박사, 최진혁 교수님들의 고견과 학식이 저자가 미력하나마 이 책을 출판하게 된 원동력이 되었다.

또한 복잡한 자료 정리와 원고 교정을 인내심을 갖고 도와준 저자의 아내에게 감사의 말씀을 전하고 싶다. 본 저서의 원고 교정에서 출판까지 번거로운 과정을 마다하지 않고 출판하도록 배려해 주신 한국학술정보(주) 채종준 사장님과 관계자분들께 감사의 말씀을 전하고 싶다.

아무쪼록 이 한 권의 책이 지역사회 권력구조와 엘리트 그리고 시민사회단체의 구조와 활동을 이해하는 데 도움이 되기를 희망한다. 나아가 지방화 시대에 지방정치의 활성화와 풀뿌리 민주주의 발전에 작은 도움이 되기를 바란다.

2007. 10.

전라자치연구소에서
오 관 석 씀

01 | 지역사회 권력구조와 시민사회 문헌 이해

02 | 지방정치의 권력구조와 엘리트

03 지방정부와 시민사회의 활동

지역사회 권력구조와 시민사회 문헌이해

01

Part 1 배제와 권력: 교환 네트워크에서의 네 가지 권력이론 실험[1]

I. 서 론

　교환 네트워크에서 권력의 배분을 예측하는 이론으로 핵 이론, 대등 종속 이론, 교환저항 이론 및 기대가치 이론의 네 가지가 있다. 이론에 따르면 행위자들은 각각 합리적으로 자기 이익을 추구한다고 가정된다. 우리는 이론들이 네트워크적인 구조적 배제 가능성에 대한 예측에 기반을 두었을 때는 교환−저항 이론이 최적의 해법을 제공하지만, 예측이 배제의 실제 경험에 기초할 때는 기대가치 이론이 가장 적합하다는 것을 안다. 우리의 논의는 권력의 탄생요인으로서 선험적 배제 가능성 대 경험적 배제 간의 구분에 집중하기로 한다.

　교환 네트워크에서 권력의 배분 문제에 대해서는 다양한 이론가들이

---

1) Skvoretz, John and David Willer.(1993) Exclusion and Power: A Test of Four Theories of Power in Exchange Network. American sociology review 58. 801−818 논문을 번역 요약한 내용이다.

주목해 왔다. 그 문제가 호소력을 가진 이유는 네트워크(Wellman & Berkowitz 1992)로서 사회구조와, 사회학의 영원한 과제인 권력에 대한 관심에서 유래한다. 실험적 연구 집단의 증가로 인하여 연구자들은 다양한 이론들을 시험했다.

교환 네트워크에 관한 문헌에서는 정략적 고려 사항들이 대안으로 등장한다. 그러나 그것들은 권력 배분 문제를 제기한다. 그러한 문헌들은 자원의 할당에 영향을 미치는 네트워크의 일반적 속성과, 네트워크의 결합이 소득에 미치는 영향에 집중된다. 우리는 실험을 사용해서 교환 네트워크에서 권력의 배분과 재할당을 예측하는 네 가지 최근 이론을 평가했다. 그것은 게임론적 핵심 분석(Bienenstock and Bonacich 1992), 대등종속원리(Cook and Yamagishi 1992), 기대가치 모델(Friedkin 1992) 및 네트워크 교환-저항론(Markovsky, Willer and Patton, et al. 1988) 등이다. 문제는 이들 4가지 이론 중 어느 것이 관찰된 권력 배분을 가장 잘 예측하는가에 달려 있다. 우리는 또한 관찰된 권력 배분과 그 적합성을 가장 잘 설명해 주는 절대적 예측권력에도 관심이 있다.

네 가지 이론에 대한 우리의 평가는 포괄적이다. 네트워크는 다음과 같은 3차원을 갖는다. 1) 여러 입장 중의 관계에 의하여 규정되는 형태, 2) 각 권력에 이용되는 교환의 수, 3) 관련된 각 권력에 대한 교환의 수이다. 이들 세 차원을 변화시키면 우리는 각 이론의 범위를 확장시킬 수 있다. 이 범위의 확장은 두 가지 이유로 중요하다. 첫째로, 이론을 실험실 밖에서 네트워크에 적용할 수 있다. 둘째로는, 범위의 확장을 통하여 우리는 문헌에서 최근 등장해 온 '강한 권력'과 '약한 권력'(Markovsky et al. 1993) 간의 근본적인 구분을 심층적으로 조사할 수 있게 된다.

II. 교환 네트워크에서의 네 가지 권력이론들

권력의 개념은 교환 네트워크에 관련된 문헌에서 정확한 의미를 지니고 있다. 교환은 보통 자원의 총합이나 '이익'을 분할하는 문제에 관한 두 행위자 간의 합의이다. 권력의 배분은 흔히 하나의 행위자가 다른 행위자보다 더 유리한 결과를 초래한다. 더 큰 몫을 가진 행위자는 보다 작은 몫을 가진 행위자에 대하여 권력을 행사한다(Cook & Emerson 1978, Willer 1992 참조.).

네 가지 이론은 다음과 같은 근본적인 가정을 공유한다. 즉, 행위자들 간의 권력 구분은 교환 관계의 네트워크에서 행위자의 입장 차이와 관련되어 있다는 점이다. '권력 사용의 교환 결과'(Molm 1990)를 통해 밝혀진 것처럼, 권력의 결정요인은 전략적 행동보다는 오히려 행위자의 구조적 위치이다.

핵심적인 문제는 네트워크에서 구조적으로 혜택받는 입장, 즉 교환 관계에서 더 큰 권력을 행사할 입장이 누구냐를 확인하는 것이다.

우리가 검토하는 네 가지 이론은 두 입장 간의 교환에서 얻는 정확한 소득을 예측하는 보다 더 어려운 과제에 대한 것이다. 핵 이론 외의 모든 것은 행위자의 성향에 대한 몇 가지 부가적 사회 심리학적인 가정을 통해 교환이라는 특별한 개념을 이해할 수 있게 한다. 핵 이론은 '전략적' 이론이다. 그것이 교환이라는 용어에 대하여 순수하게 전략적 면을 강조하기 때문이다. 다른 세 가지 이론은 '사회 심리적' 이론이다. 왜냐하면 그것이 전략적 이론을 무시하지 않으면서 사회 심리적인 고려에 의해 강화시켜 주기 때문이다.

1. 핵 이론

핵 이론은 네트워크에서의 교환을 N-인원의 협동적 게임론이라는 관점에서 본다. 교환은 행위자에게 가치를 부여하기 때문에 일련의 교환 협정은 보상 Factor를 행위자 집단에 할당한다. 세 가지 '합리성' 조건을 충족시키는 벡터는 교환 네트워크의 핵심을 이룬다. 그것은 개체, 하위 집단(제휴) 및 집단의 합리성이다. 개체의 합리성은 각 행위자의 보상이 하나의 제휴 집단으로 얻을 수 있는 것보다 같거나 더 클 것을 요구한다. 제휴의 합리성은 행위자들의 집단 보상이 구성원 간의 교환 협정에 의해 얻을 수 있는 보상보다 클 것을 요구한다. 집단 합리성은 네트워크나 완전한 집단 수준에서 제휴된 합리성이다.

게임으로서 교환 네트워크의 핵심은 하나 이상의 결과를 포함하거나 어떤 결과도 포함하지 못할 수 있다. 즉, 네트워크는 전략적으로 결정되거나 결정되지 않을 수 있다. 대부분의 경우 특정 지위에 대한 실제 보상 범위는 다양할 것이다. 어떤 위치는 총 자원의 100%를 얻는 반면 또 다른 위치에서는 0(%)퍼센트를 가져갈 수 있다.

2. 대등종속 이론

대등종속 이론에서 자아는 다음과 같은 점을 심중에 고려하면서 교환의 잠재력을 평가할 것이다. 즉, 자아는 이러한 교환에서 얼마나 얻을 것이며, 다른 제휴자와의 교환에서 얼마나 이득을 볼 수 있겠는가? 자아와 제휴자가 상대적으로 유리한 결과를 위하여 그들의 관계가 대등할 때 그 관계는 똑같이 독립적이라고 할 수 있다. 자아와 제휴자에게 비교 기준이 제공된다면 대등종속 관계는 상호 교환을 통해 얻는 보상에 달려 있다.

대등종속 이론의 기초 조건은, 네트워크의 모든 제휴가 교환 조건에 대한 적절한 조정에 의해 대등종속을 달성했을 때 교환 소득이 결정된다는 것이다. 이 점에서 최대 소득은 구조적 권력과 비례된다고 기대할 수 있다.

3. 기대가치 이론

프리드킨(Friedkin's 1986)의 기대가치 이론은 네트워크 효과에 관한 그의 일반적 개념을 토대로 한 것이다. 구조적 효과에 대한 예측은 발생 가능성에 의해 가중된 특별한 네트워크의 그 당시 기대가치이다. 이러한 맥락에서 특별한 교환 네트워크는 구조를 구성하고 최대로 완전한 교환 형식, 즉 더 이상의 교환이 가능하지 않은 잠재적 네트워크의 공간에서 하나의 요소를 구성한다.

기대가치 이론은 특별한 의존도를 변경하는 제안을 가정한다. 교환에서 예측된 소득은 그 제안이 모순될 때 타협에 의해 수정되는 상호 제안적 기능이다. 대등종속 이론과는 달리, 이 예측된 교환 조건이 동등하게 되거나 균형을 이룬다는 확실한 가정은 없다. 그럼에도 차별적 의존은 행위자의 야망을 자신에게 민감한 교환 조건 범위에 집중하게 만든다.

4. 교환-저항 이론

네트워크 교환-저항 이론은 네트워크의 각 연결점에 도표 권력 지수(GPI: Graph Power Index) 점수를 부여한다. GPI는 유리한 홀수 경로를 부가하고, 불리한 짝수 경로를 공제하여, '흥미 없는' 경로들을 합한다. 상대적 GPI 점수와 3개의 공리(公理)는 어떤 지위를 차지한 자가 누구와 교환을 추진할 것인지를 예측한다. 합의는 행위자들이 서로 교환하기를 원하기만 하면 가능하리라고 가정한다. 마르코프스키 외(Markovsky et al. 1993)는 구조적으로 다른 지위가 동일한 GPI 점수를 가진다는 이론을 전개했다. 네트워크에서 소득이 '약한 권력'의 교환 추진 형식은 교환에 연결점이 포함될 수 있을 때 생긴다.

이 접근법을 다른 세 이론과 비교하기 위해 우리는 강한 권력과 약한 권력 분석을 하나로 묶는 모델을 제안한다. 점수 예측을 위해 우리는 특별한 일련의 교환 조건(Heckathore 1980, Willer 1981)에 대한 행위자의 저항과 GPI 분석의 교환 추진을 가정했다.

5. 요 약

대등종속, 기대가치 및 교환-저항의 이론들은 사회 심리적 이론들이다. 이 이론들은 행위자가 특별한 대상과의 협상에서 단순히 합리성 이상의 것에 의해 유도된다고 전제한다.

행위자는 그들의 대안이나 그에 따른 특별한 관계에서 '나올' 수 있는 것에 민감하다고 가정한다. 대등종속 이론은 탈출에 의한 보상을 강조하고, 기대가치 이론은 비용 발생 없이 탈출할 수 있는 기회를 강조하며, 교환-저항 이론은 행위자가 배제될 확률에 의해 수정되는 저항 기능을 통해서 두 가지 고려 사항을 결합한다. 이와 같은 가정은 그 이론들이, 합리적인 행위자의 가정을 기초로 한 핵 이론이 해결하지 못한 정미구조를 해결할 수 있게 해 준다.

III. 방법과 실험적 네트워크

피실험자들은 보수를 받고 참여한 대학 재학생들이다. 모든 피실험자들에게는 실험의 성격에 관한 전반적인 정보를 제공해 주었다.

실험 전에 대상자들은 화면을 읽는 방법과 제안을 제시하고, 받아들이고, 거부하며 확인하는 방법을 안내받았다. 짧은 훈련 회의를 통해 이와 같은 지시를 그들이 이해했는지 확인했다. 실험은 4단계로 이루어졌다. 각 단계에는 5분간의 제한된 협상 시간이 주어졌다. 대상자들은 특정한 피실험자와 짝을 이루게 했다.

각 단계가 끝날 즈음 피실험자들은 그 단계에서 벌어들인 소득을 통지받았다. 실험이 끝나고 대상자들은 그들이 벌었던 점수에 기초한 금액을 지불받았다. 피실험자들은 평균 10달러를 벌었다. 모든 네트워크에서 연관된 행위자들은 각각 제휴자와 협상할 수 있었다.

예측과 관찰 결과를 비교하기 위하여 우리는 교환에 의해 얻어진 점수와 관찰된 점수를 산정했다. 특별한 합의에 의해 동일한 피실험자의 쌍이 포함될 수 있었기 때문에 점수는 반복된 행동 변수, 즉 상호 관련된 관찰 결과에 의해 분석했다.

참고문헌

Bienenstock, Elisa J. and Phillip Bonacich. 1992. "The Core as a Solution to Exclusionary Networks", *Social Networks* 14: 231－44.

Bienenstock, Elisa J. and Phillip Bonacich. 1993. "Game－Theoretic Models for Exchange Networks: Experimental Results", *Sociological Perspectives* 36: 117−35.

Brennan. John S. 1981. "Some Experimental Structures", 188−204 *in Networks, Exchange and Coercion: The Elementary Theory and Its Applications,* edited by D. Willer and B. Anderson. New York: Elsevier.

Burt, Ronald S 1992. *Structural Holes: The Social Structural of Competition.* Cambridge. Harvard University Press.

Cook, Karen S. and Richard M. Emerson. 1978. "Power, Equity and Commitment in Exchange Networks", *American Sociological Review* 43: 721−39.

Cook, Karen S., Richard M. Emerson, Mary R. Gillmore, and Toshio Yamagishi. 1983. "The Distribution of Power in Exchange Networks: Theory and Experimental Results", *American Journal of Sociology* 89: 275−305.

Cook, Karen S., Mary R. Gillmore and Toshio Yamagishi. 1986. "Point and Line Vulnerability as Bases for Predicting the Distribution of Power in Exchange Networks: Reply to Willer", *American Journal of Sociology* 92: 445−48.

Cook. Karen S. and Toshio Yamagishi. 1992. "Power in Exchange Networks: A Power−Dependence Formulation", *Social Networks* 14: 24−66.

Edgeworth, Frederik Y. 1881. *Mathematical Psychics.* London, England: Kegan Paul.

Fararo, Thomas J. and John Skvoretz. 1993. "Methods and Problems of Theoretical Integration and the Principle of Adaptively Rational Action", 416−50 in *Theoretical Research Programs: Studies in the Growth of Theory.* edited by J. Berger and M. Zelditch, Jr. Stanford, CA: Stanford University Press.

Friedkin, Noah. 1986. "A Formal Theory of Social Power", *Journal of Mathematical Sociology* 12: 103−26.

Friedkin, Noah. 1992. "An. Expected Value Model of Social Power:

Predictions for Selected Exchange Networks", *Social Networks* 14: 213 − 30

Friedkin, Noah. Forthcoming. "An Expected Value Model of Social Exchange Outcomes", In Advances in Group Processes. vol.10. edited by E. J. Lawler, B. Markovsky, C. Ridgeway, and H. A. Walker. Greenwich. CT: JAI Press.

Heckathorn. Douglas. 1980. "A Unified Model for Bargaining and Conflict", *Behavioral Science* 23: 73 − 85.

Lakatos, Imre. 1970. "Falsification and the Methodology of Scientific Research Programs", 91 − 196 in *Criticism and the Growth of Knowledge,* edited by I. Lakatos and A. Musgrave. Cambridge, England: Cambridge University Press.

Lovaglia. Michael J. and John Skvoretz. 1993. "Predicting Frequency of Exchange in Networks: The Biased Seek Method", Paper presented at the 1993 Sunbelt Social Networks Conference. 13, Feb. Tampa, FL.

Lovaglia. Michael J, John Skvoretz, David Willer, and Barry Markovsky. 1993. "Negotiated Outcomes in Social Exchange Networks", Paper presented at the 1993 meeting of the American Sociological Association. 17 Aug, Miami Beach, FL.

Macy, Michael W. 1990. "Learning Theory and the Logic of Critical Mass", *American Sociological Review* 55: 809 − 26.

Markovsky. Barry. 1992. "Network Exchange Outcomes: Limits of Predictability", *Social Networks* 14: 267 − 86.

Markovsky, Barry. John Skvoretz. David Willer. Michael Lovaglia, and Jeffrey Erger. 1993. "The Seeds of Weak Power: An Extension of Network Exchange Theory", *American Sociological Review* 58: 197 − 209.

Markovsky, Barry, David Willer, and Travis Patton. 1988. "Power Relations in Exchange Networks", *American Sociological Review* 53: 220 − 36.

Markovsky, Barry, David Willer, and Travis Patton, 1990. "Theory, Evidence and Intuition", *American Sociological Review* 55: 300 − 305.

Molm, Linda D. 1990. "Structure. Action, and Outcomes: The Dynamics of Power in Social Exchange", *American Sociological Review* 63: 810－37.

Skvoretz, John and Thomas J. Fararo. 1992. "Power and Network Exchange: An Essay Toward Theoretical Unification", *Social Networks* 14: 325－44.

Skvoretz, John and David Willer. 1991. "Power in *Exchange Networks*: Setting and Structural Variation", *Social Psychology Quarterly* 54: 224－38.

Wagner, David and Joseph Berger. 1985. "Do Sociological Theories Grow?" *American Journal of Sociology* 90: 697－728.

Wellman, Barry and Stephen D. Berkowitz, eds. 1992. *Social Structures*: *A Network Approach.* New York: Cambridge University Press.

Willer. David E. 1981. "Quantity and Network Structure", 108－27 in *Networks, Exchange and Coercion*: *The Elementary Theory and Its Applications*, edited by D. Willer and B. Anderson. New York: Elsevier.

Willer. David E. 1986. "Vulnerability and the Location of Power Positions", *American Journal of Sociology* 92: 441－48.

Willer. David E. 1992. "The Principle of Rational Choice and the Problem of a Satisfactory Theory", 49－78 in *Rational Choice Theory*: *Advocacy and Critique.* edited by J. S. Coleman and T. J. Fararo. Newbury Park, CA: Sage.

Viller. David E.. Barry Markovsky. and Travis Patton. 1989. "Power Structures: Derivations and Applications of Elementary Theory", 313－53 in *Sociological Theories in Progress*: *New Formulations.* edited by J. Berger. M. Zelditch. Jr.. and B. Anderson. Newbury Park. CA: Sage.

Winer, B. 1. 1962. *Statistical Principles in Experimental Design.* New York: McGraw－Hill.

Yamagishi, Toshio. 1993. PDP: Power / Dependence Predictions. Hokkaido University, Japan. Unpublished algorithm.

Yamagishi, Toshio and Karen S. Cook. 1990. Power Relations in Exchange Networks: a Comment on Network Exchange Theory, *American Sociological Review* 55: 297－300.

Part 2 지역사회 권력과 정치이론[1]

Ⅰ. 문헌의 배경

　전통적으로 층화이론은 미국 지역사회 권력연구를 지배해 왔다. 층화이론의 주요 내용은 사회가 상위계급과 하위계급으로 구분되며, 상위계급 엘리트가 하위계급을 지배한다는 것이다. 이러한 내용의 층화이론에 대해 폴스비(Nelson W. Polsby)는 의문을 제기했다. 폴스비에게 층화이론은 방법론적인 차원에서 과학적 검증을 제대로 거치지 못한 이론으로서 오류를 지닌 것으로 비쳐졌다. 따라서 그는 층화이론을 체계적으로 비판하고 지역사회 권력연구를 위한 대안으로 다원주의 이론을 제시하게 되었다.

---

[1] 본 내용은 Polsby, Nelson(1980). *Community Power and Political Theory*. New Haven, Conn.: Yale University Press(chs 1, 4, 5, 6, 7). pp.3－13, 69－138의 내용을 번역, 요약한 내용으로 박대식 편(2002), 『지역사회 권력구조 문헌 이해』, 도서출판 오름에 출판된 제4장의 내용이다.

우선 폴스비는 충화이론의 오류를 규명하기 위해 다알의 뉴헤이븐 연구에서 나타난 세 가지 사례를 활용하였다. 이러한 사례를 근거로 충화 접근 대신 다원주의 접근이 적실하다는 결론을 유도하였다. 나아가 다원주의 접근을 적용할 경우 주의해야 할 점도 제시하였다. 이러한 연구 결과는 1980년 발간된 『지역사회 권력과 정치이론(Community Power and Political Theory)』이라는 저서를 통해 발표되었다. 저서의 전반부는 충화이론의 오류를 규명하고 있으며, 후반부에는 다원주의 접근법을 비판으로부터 옹호하고 있다.

본서에서는 폴스비의 저서 중에서 1장, 4장, 5장, 6장, 7장을 요약하여 소개하기로 한다. 1장은 충화이론의 내용을 요약하고 있다. 4장은 뉴헤이븐 연구의 내용을 소개하고 나서 충화이론이 뉴헤이븐의 현실에 적실하지 않다고 지적하고 있다. 5장은 충화이론의 문제점을 구체적으로 논의하고 있다. 6장은 지역사회 권력연구를 위해 충화 접근 대신 다원주의 접근이 바람직한 것으로 주장하면서 다원주의 접근의 특성을 소개한다. 7장은 다원주의 접근법의 적용 시 주의해야 할 점을 제시한다.

II. 문헌의 내용

1. 지역사회 권력에 대한 정치이론의 적실성

이 저서는 미국의 지역사회 권력에 대한 기존의 지식을 검토하는 것으로부터 시작된다. 우선 현재 가장 영향력 있는 접근법들을 비판하고자 한다. 문제는 기존의 연구들에 대해 저자가 동의하지 않는다는 데에 있는 것이 아니라, 기존의 연구들이 만장일치로 인정하는 명제들에 문제가 있다는 것이다. '지역사회 권력'이라는 용어를 사용할 때에 갖게 되는 의미를 설명해 보고 이와 관련된 지식을 규명해 보기로 하자. 사회과학에서 '권력'이라는 용어는 '영향력', '통제력'과 유사한 개념으로 사용되는데, 한 행위자가 다른 행위자의 행동을 변경하게 하는 능력 또는 미래의 행동 유형을 변경하게 하는 능력으로 정의된다. 또한 이 용어들은 의사결정 상황을 가정하고 사용된다. 일반적으로 의사결정 시 행위자의 영향력을 나타내 주는 지표로서 다음 세 가지를 들 수 있다.

1) 누가 정책결정에 참여하는가. 2) 선택 가능한 결과로부터 누가 이익을 보고 누가 손해를 보는가. 3) 누가 정책결정에서 우세한가. 이 중에서 세 번째 지표는 정책과정에서 누가 또는 어느 집단이 보다 많은 권력을 가지고 있는지 나타내 줄 수 있는 최선의 것이다. 첫 번째, 두 번째 지표는 권력을 개인 또는 집단 간에 비교하는 데에 유용하지는 않지만, 어느 대안이 어떻게 또한 왜 선택되었는지 설명하는 데에 도움을 주게 된다. 본서는 지역사회 권력에 초점을 두고 있어, 가족의 권력, 회사의 권력 또는 국가의 권력에는 관심을 두지 않는다. 구체적으로 미국 지역사회를 '누가 지배하는가. 누가 얻고 누가 잃는가. 누가 의사결정을 주도하는가.' 등의 문제를 다루게 된다. 또한 기본적으로 이에 관련된 주장들을 과학적으로 검증하여 인정된 것들을 받아들이고자 한다.

과학적인 명제에는 정의, 공리 등이 있을 수 있다. 정의의 예로서 '권력이란 다른 행위자의 장래 행동을 변경시킬 수 있는 능력'이라는 주장을 들 수 있는데 이는 언어적 관행 속에서 나타나는 것이다. 공리의 예로서 '미국 지역사회는 사회경제적 지위에 따라 두 가지 집단(또는 계급)으로 구분된다.'는 주장을 들 수 있는데 이는 언어적 관행과 현실 간의 관계에 해당하는 중간 수준에 속하는 것이다. 나아가 이러한 정의와 공리를 뛰어넘어 검증 가능한 명제의 예를 제시할 수 있는데, '사회경제적 지위의 수준에서 상위계급은 하위계급에 비해 보다 많은 권력을 갖는다.'는 주장을 예로 들 수 있다. 바로 세 번째 예가 과학적으로 검증이 가능한 주장으로서 본서에서 주로 이러한 차원의 명제들을 다루게 된다.

본서에서 다루고자 하는 주제 중의 하나는 사회과학자가 선택한 사례가 자신 연구의 설계와 결과를 결정하게 된다는 사실이다. 랑거(Suzanne K. Langer)가 이야기했듯이 "연구자가 제기한 문제 자체가 문제에 대한 응답의 옳고 그름의 여부를 결정하고 제한한다."는 주장은 큰 의미를 부여한다. 본서의 다른 한 주제는 지역사회 권력연구가 공통적으로 인정하는 명제가 있는데, 이들이 타당하지 않을 수 있다는 점이다. 만장일치의 환상은 적절하고 반복된 검증 절차에 의존하지 않은 결과일 수 있다.

본서에서 선행연구를 검토하면서 현재 지역사회 권력구조를 집중적으로 연구하려는 결정을 내린 것은 다음과 같은 취지에 기반을 두고 있기 때문이다. 첫째, 지역사회 권력연구는 과학적 지식으로 여겨질 것으로 요구된다. 둘째, 지역사회 권력연구는 현실에 적합해야 할 것으로 여겨진다. 셋째, 지역사회 권력연구는 일반적 명제를 많이 갖는다.

그렇다면 본서에서 검토하려는 기존 이론들의 주요 내용은 어떠한 것들인가? 가장 중요한 내용은 '권력이란 지역사회 사회구조의 부차적인 측면이다.'라는 주장이다. 한마디로 혹자는 이를 비유하여 "정치조직은 사회구조에 따라 형성된 것으로, 사회계급의 윤곽을 따라서 권력윤곽이 들어가기도 하고 나오기도 한다."라고 표현한 바 있다. 이러한 내용을 지닌 이론을 나는 '층화이론(stratification theory)'이라고 부르고자 한다. 층화연구는 다음과 같이 다섯 가지 주장을 통해 미국 지역사회 권력구조를 나타내려고 한다.

1) 상위계급은 지역사회의 생활을 지배한다. 무엇을 상위계급으로 보고 있는지에 관해서는 층화이론들이 서로 간에 많은 차이를 보인다.
2) 정치지도자와 시민지도자는 상위계급에 종속된다. 이 두 가지 집단은 상위계급에 비해 보다 적은 권력을 소유하고 있으며 따라서

상위계급의 지시를 따르게 된다.

3) 소수의 '권력 엘리트'가 지역사회를 지배한다. 권력 엘리트는 선거 이외의 방법으로 선정되며 전 사회 내 중요한 결정에 대한 영향력을 행사한다.

4) 상위계급 엘리트는 자신의 이익을 위해 지배한다.

5) 사회 갈등은 상위계급과 하위계급 사이에서 발생한다. 중요한 사회적 갈등은 지역사회에서 중대한 이익의 분열을 수반하고 이러한 이익의 분열은 다른 종류의 계급 간 분열보다는 상위계급과 하위계급 간의 분열을 야기한다.

끝으로 지역사회 권력연구는 층화이론에 의해 많이 영향을 받았다. 또한 오랫동안 층화이론과 지역사회 권력연구는 거의 사회학의 독점적인 연구 영역이었다. 그리고 정치학자들은 과거부터 권력에 관해 많은 연구를 수행해 오다가 최근에 지역사회 권력연구에 관심을 갖게 되었다. 정치학자들은 관심을 다원주의에 두고 있어 기존의 사회학자들의 지역사회 권력연구와 차이를 보이고 있다. 따라서 이들 간의 연구 격차가 어떻게 해소될지 관심사로 남는다.

2. 누가 뉴헤이븐을 지배하는가?

본서의 앞부분에서 기존 지역사회 연구의 부적절함을 지적하면서 이 연구들이 층화이론의 중요한 명제들을 제대로 검증하지 못했음을 밝혀보았다. 하지만 층화이론이 미국 지역사회 권력구조를 정확하게 묘사하고 있음은 사실이다. 사실 기존의 연구가 주요 명제들을 검증하기가 어렵게 설계해 놓았다. 따라서 뉴헤이븐에 관한 기존 연구의 자료들을 사용하여 검증작업을 새로이 설계해 보고자 하는데, 우선 뉴헤이븐 연구에서 다루어진 세 가지 사례의 내용을 요약해 보기로 한다.

1) 도시재개발

재개발은 연구를 위해 선택된 첫 번째 문제이다. 뉴헤이븐의 도시재개발사업은 리(Richard C. Lee) 시장에 의해 추진되었다. 리(Richard C. Lee)는 시의원으로서 1949년과 1951년에 시장선거에 출마하였다. 1953년 시장선거에서 도시재개발을 공약으로 내세워 당선되었다. 하지만 공약 실천에 대해 많은 장애가 등장하였다. 우선 기업가들이 재개발사업에 동조하지 않았다. 따라서 그들을 설득하여 협조를 구해 내었고, 또한 도시활동위원회(CAC: City Action Commission)를 만들어 사업 추진을 뒷받침하였다. 도시활동위원회는 다수의 사업가, 이익집단 지도자, 민족집단 지도자들로 구성되었다. 도시활동위원회는 소속된 지도자들을 통해서 일반 대중의 사업에 대한 지지를 유도해 냈다.

구체적인 사업 추진은 도시재개발국과 같은 실무기구에 의해 이루어졌다. 실무기구의 기관장은 리가 임명한 행정관료가 담당하였다. 시장을 포함한 국장들, 즉 리(Lee), 러그(Louge), 테일러(Taylor)가 사업을 주도하였다. 그렇다고 장애가 없었던 것은 아니었다. 재개발 자격 획득에 필요한 요건들을 갖추어야 했고, 재개발을 담당할 사업가들의 수익을 보장하고 위험을 덜어 주기 위해 그들을 설득해야 했다. 많은 어려움에도 불구하고 시장과 관료들의 능력, 수고, 기술 그리고 전문성에 의해 사업은 성취되었다.

2) 공공교육

뉴헤이븐의 학교체제는 대규모 관료조직의 경우와 같이 피라미드조직 모습을 지니고 있다. 이 조직 내에서 이루어지는 결정의 규모와 종류는 다양할 수밖에 없다. 많은 학생들이 수업을 받고, 시험을 치르고, 진학을 하고, 졸업을 한다. 교사도 채용되고 전근하고 승진한다. 이에 관련된 많은 결정들은 분산된 상태로 이루어진다. 이러한 관행적인 결정이 아닌 비관행적인 결정에는 어떠한 것이 있을까? 이것은 학교를 구매하고 건설하는 데에 관련된 결정일 것이다.

이러한 많은 결정에 주도적인 역할을 하는 사람은 시장이다. 시장은 예일대학교 총장에게 낡은 학교를 구매하도록 제안하였다. 그리고 구매가격을 협상하기도 하였다. 시장은 도시공원위원회(Park Board)에 참여하여 새 학교부지 선정을 위해 협상을 하였고, 개발국장을 만나 새 건물에 건축계획을 상의하기도 하였다.

시장은 교육위원회의 여덟 명의 구성원 중 한 사람으로서 한 표의 투표권만을 갖는다. 물론 두 명의 교육위원은 고정 임기를 가지고 시장에 의해 임명된다. 예일대학교수와 노조지도자가 교육위원회에 연합을 이루면서 참여한다. 의제에 따라 이들은 각기 주도권을 행사하면서 행동하게 된다. 교육감은 나름대로 독자적인 성향을 지니고 참여한다. 따라서 교육위원회는 새로운 연합을 모색하는 과정에서 자주 교육감과 갈등을 벌이게 된다.

이 외에도 교사노조, 수위노조, 교장연합회, 그리고 이러한 단체의 정책참여는 정책과정을 다채롭고 복잡하게 만든다. 교육정책은 한마디로 이익집단의 활동에 민감한 취약한 과정을 거쳐 만들어지게 된다.

3) 공직후보 지명

공직후보에 대한 지명은 주로 정당지도자들에 의해 결정된다. 그리고 정당지도자들은 민족집단을 배경으로 해서 등장한다. 뉴헤이븐은 인종 구성이 매우 다양한 지역사회이다. 가장 큰 세력을 이루고 있는 집단은 아일랜드계와 이탈리아계 이민자들이다. 아일랜드계는 민주당을 그리고 이탈리아계는 공화당을 지배한다. 이 외에도 유대계, 폴란드계, 양키계, 흑인계와 같은 다수의 민족들이 있다.

공직후보 지명은 민족집단의 논리에 따라 이루어진다. 후보자들은 자기가 대표할 민족과 자기가 원하는 공직을 표명한다. 이후에 정당지도자들에 의해 공직후보 지명이 이루어진다. 민주당의 경우 실제적인 결정자는 세 사람이다. 민주당전국위원회 위원장인 골든(John Golden), 시장인 리(Richard C. Lee), 그리고 민주당 지구당위원장인 바르비에리(Arthur T. Barbieri), 이상 세 사람이 실제적인 결정에 영향력을 행사한다.

이들의 권력배경은 다르다. 골든은 정당과의 오래된 밀접한 관계를 통해서, 리는 시장으로서 유권자들의 광범위한 지원을 통해서, 바르비에리는 정당관리자로서 피임용자로부터의 지지를 통해서 권력을 얻게 된다. 여러 가지 정책결정에 있어 이들 세 사람은 협의를 통해 행동한다. 그들 간에 갈등이 있을 수 있지만 대부분의 경우 협상을 통해 합의에 도달한다. 사안에 따라 그들 간의 관계는 다양해진다.

4) 층화이론 명제와 뉴헤이븐 현실

층화이론의 다섯 가지 명제로 돌아가 본다. 다섯 가지 명제가 뉴헤이븐의 정책결정에 유용한 정보를 제공하고 있는가? 달리 말하면 뉴헤이븐의 정책결정 현실은 다섯 가지 명제의 적실성에 어떠한 영향을 주고 있는가?

첫째, 경제적 엘리트 또는 사회적 엘리트가 세 가지 사업 분야에서 중요한 결정을 내렸는가? 두 종류의 엘리트는 뉴헤이븐의 세 가지 사업에 모두 동장한다. 그리고 부분적으로 사업결정에 참여한다. 하지만 이들이 뉴헤이븐을 지배하지는 않는 것이 사실이다. 둘째, 정치지도자와 시민지도자는 상위계급에 종속되었는가? 정치지도자가 경제적·사회적 지도자들을 설득하여 사업에 참여시킨 예가 발견된다. 반면 상위계급의 지시에 따라 일관성 있게 지도자들이 움직였다는 증거는 나타나지 않는다.

셋째, 한 사람 또는 소수의 권력 엘리트가 자신의 이익을 위해 지배하게 되고 이러한 과정에서 상위계급과 하위계급 간에 갈등이 발생하였는가? 여기에는 세 가지 사업에 따라 각기 다른 참여연합이 나타난다. 도시재개발사업의 경우 시민지도자와 시장관료 간의 연합이 시장의 주도하에 사업을 추진하였다. 공공교육사업의 경우 사안에 따라 시장,

교육위원회, 이익집단 또는 학교관료들이 결정의 주도자로 등장하였다. 공직후보 지명은 정당 내 계파 또는 정당 간 관계 속에서 결정이 이루어졌다. 결과적으로 뉴헤이븐의 현실은 소수 엘리트가 자신의 이익을 위해 지배하게 되므로 상위계층과 하위계층 간의 갈등을 유발하게 된다는 명제를 부정하고 있다.

3. 권력과 사회층화: 이론 또는 이데올로기?

만약 층화이론의 명제들이 뉴헤이븐에 대해 적실하지 않고 부당하며 또한 다른 지역사회에 대해 적어도 오류가 있고 의문의 여지를 제공하게 된다면, 왜 그 명제들은 그렇게 널리 사용되고 방어되고 또한 발견되어 왔는가? 여기에서는 지역사회 권력에 관한 이론이 수많은 학생들을 미혹시키게 했던 사실에 대한 설명을 세 가지로 해 보고자 한다.

한 가지 설명은 연구자들의 정치적 구미와 선호가 그들로 하여금 다섯 가지 명제를 진실이라고 믿게 만들었다고 하는 것이다. 또 한 가지 설명은 층화이론의 기본적 공리와 전체들로부터 다섯 가지 명제가 도출되었는데 이것이 논리적인 것처럼 보여 다섯 가지 명제를 자연스럽게 인정하게 되었다는 것이다. 마지막으로 한 가지 설명은 연구자들이 층화이론의 전반적인 지적 틀에 의해 미혹되게 되었다는 것이다. 결과적으로 어떤 연구 결과가 사회층화이론과 일치하면 올바른 것이고 어긋나면 그릇된 것이라는 편견을 낳게 되었다.

어쨌든 층화이론에 따르자면 사회는 계층별로 구성되어 있고 계층 간에는 가치가 불공평하게 분배되어 있다고 할 수 있다. 그러하다면 사회층화이론에 대해 다음과 같은 의문을 제기할 수 있다. 1) 권력이나 부와 같은 가치들은 객관적으로 측정되었는가? 2) 이러한 가치들은 사회 내에 불공평하게 분배되어 있는가? 3) 개인이나 집단은 가치들에 의해 지시를 받아 움직이게 되는가? 4) 핵가족 구성원들도 통일한 가치를 향유하는가? 5) 가치는 한 가족 내에서 세대에 걸쳐 세습되어 내려오는가? 첫 번째 의문을 논의해 보자. 권력을 누가 많이 가지고 있고 누가 적게 가지고 있고 하는 것을 관찰에 의해 판단하는 것이 가능한가. 층화이론에서 이것은 단순히 정의에 의해서만 판단되었고, 다른 방법에 의해서는 판단된 적이 없다. 밀스(C. Wright Mills)는 미국의 권력 엘리트는 군부, 재계, 및 정계의 계층제 내에서 특정한 위치를 점유한 사람들이라고 정의하였다. 고돈(Milton Gordon)은 도시권력은 내재적으로 계층적이기 때문에 층화적이라고 본다. 그러나 우리들은 명백하게 언어 내에 존재한 구조물이 실제 사회에서 존재하지 않을 수도 있기 때문에 관찰을 위하여 이러한 주장을 수용하는 것을 거부하여야 한다. 그리고 층화이론을 위해 해야 할 일은 이러한 순환논리의 오류에 빠지지 말고 인간의 사회적 행태 자체를 고찰해야 하는 것이다.

두 번째 의문을 논의해 보자. 권력이 사회에 불평등하게 분배되는 것은 직관적으로 명백한 것으로 여기고 있다. 그러나 이러한 주장은 불평등의 모습과 지속성을 단순하게 묘사하는 것에 그치고 만다. 권력의 이행성에 관한 주장이 부당하다는 사실을 알게 되면 불평등한 분배에 관한 주장은 그릇된 것으로 쉽게 밝혀진다. 다알(R. Dahl)은 행위자 간의 권력의 양을 측정하는 것이 쉽지 않다고 주장한 바 있다. 그렇다면 세 사람 이상의 관계에서 발생하는 지시와 복종의 현상을 밝힌다는 것은 불가한 것으로 여겨진다. 네 번째 의문을 논의해 보자. 슐츠(Robert Schulze)는 권력관계를 사람들 간에 뿐만 아니라 특별한 지위를 점유하고 있는 사람들에게도 존재하고 있는 것으로 간주해야 한다고 주장한다. 하지만 권력을 갖고 있는 사람들이 가족의 일원들에 대해 권력을 행사하지 않고 외부인들에게 직접적으로 권력을 행사하지 않는다는 사실을 고려해 볼 때에 권력은 특정한 상황에서만 작동하는 것을 알 수 있다. 다섯 번째 의문을 논의해 보자. 이 의문은 권력자의 자녀에게 권력이 상속되는지에 관한 것이다. 어느 누구도 특정한 가족이 공직에 진출하는 미국정치의 전통이 있는 것을 부정하지는 않는다. 그러나 한 가지 상기할 것은 공직진출은 대중의 신뢰로부터 얻어지는 것이며 이러한 신뢰는 개인적 업적을 통해 성취된다는 사실이다.

그렇다면 이러한 문제에도 불구하고 층화이론은 왜 그렇게 널리 사용되고 있는가? 층화이론은 연구자의 정책성향 또는 개인적, 정서적 욕구에 잘 맞기 때문이다. 한 가지 의견에 따르자면 층화이론은 20세기 초까지 미국생활을 설명하는 데에 부적절한 것이었다. 하지만 20세기 초에 경제 대공황을 겪으면서 사회적 불평등에 대한 관심이 나타났고 자본주의는 스스로 파괴되고 만다는 마르크스주의적 예언이 성행하게 되었다. 층화이론은 이에 적합한 이론으로 등장하게 되었다. 층화이론이 등장할 때에 대중의 인기를 얻게 되었고 현재까지도 인기가 유지되고 있다.

결과적으로 층화이론에 대한 주장은 상기된 이데올로기와 관련하여 형성될 수밖에 없었다. 즉, 지역사회는 계급으로 분화되고 또한 권력은 계급 간에 불공평하게 분배되어 상위계급이 하위계급을 지배하게 된다는 주장을 낳게 되었다. 그런데 상위계급이 지배하게 된다는 명제를 만들기 위해 층화이론은 개인의 권력보다 계급의 권력이 중요하다는 사실을 강조하게 되었다.

그렇다면 한 사람의 최고 권력자가 지배한다는 명제는 어떻게 정당화될 수 있는가? 여기에 논리의 비약이 있다. 즉, 층화이론은 최고의 권력자는 상위계층에 속하기 때문에 지배할 수 있게 된다는 주장을 만들어 낸다. 누구든지 상위계층에 속하면 지배할 수 있게 된다. 결과적으로 층화이론은 개인의 권력과 집단의 권력을 혼동하는 결과를 가져오게 되었다. 그리고 각 집단은 자신의 이익을 최대한 추구하는 존재로 전제하에 이루어진다. 만약 어떤 집단이 이익을 추구하지 않는 경우에는 집단이 정보나 조직력이 부족해서 그렇게 되는 것으로 해석하게 된다. 그리고 또 한 사회 내의 가치가 회소하기 때문에, 즉 공급된 가치에 비해 필요한 가치가 크기 때문에 집단 간에 갈등이 발생하게 된다고 주장하게 되었다. 이상 제시된 주장들은 층화이론이 마르크스주의 이념을 배경으로 하기 때문에 나타나게 된 것들이라고 볼 수 있다. 하지만 현실적으로 이러한 주장들은 적실성을 결여하고 있다고 할 수 있다.

4. 지역사회 권력을 어떻게 연구하나: 다원주의자의 선택

앞서 저자는 지역사회 권력연구를 위한 층화 접근법은 자기 예언을 성취하기 위해 조사 설계된 것으로서 사실을 왜곡하고, 막연하고 애매하고 비현실적인 주장들을 가져왔다고 비판한 바 있다. 층화 접근법에 대한 대안으로서 다원주의 접근법을 제시하고자 한다. 다원주의 접근법은 오래되고 친숙한 것으로서 미국 현실을 다루기에 적절하다. 왜 다원주의 연구가 층화연구에 비해 적절한지 논의하고자 한다.

우선 다원주의에서는 지역사회 권력을 범주와 관련하여 논의하고 있지 않다. 다원주의는 특정 집단이 사회를 지배한다는 층화의 주제를 거부한다. 따라서 '누가 지역사회를 지배하는가?'라는 주제 대신 '그 누군가에 의해서 지역사회가 지배되는가?'라는 주제에 관심을 갖는다.

따라서 다원주의에서는 정책결과를 연구하여 실제로 누가 주도적이었는가라는 점을 밝히려고 한다. 소수의 구체적인 정책과정을 고찰하게 된다. 하지만 한 가지 이상의 정책과정이 선택된다. 정책 유형에 따라 과정이 달라지는 것이 사실이기 때문이다. 하지만 대표성을 고려하여 중요한 정책 유형을 택하는 것이 필요하기도 하다.

또한 다원주의는 권력 분포가 다소 영구적일 것이라는 층화이론의 전제를 거부한다. 다원주의는 권력 분포는 의제에 따라 달라질 것이며 의제는 일시적일 수도 있고 또는 지속적일 수도 있을 것이며 참여집단 간에 연합이 가능하다고 주장한다.

다원주의자가 소수집단이 지역사회를 지배한다는 사실을 거부하는 이유는 무엇인가? 정책결정 유형이 영구적이지 않고 가변적이라는 사실이 이유가 될 수 있고 또한 인간의 행동은 주로 관성에 의해 지배된다는 사실이 다른 이유가 될 수 있다.

다원주의자는 특정한 집단이 자신이 원하지 않더라도 특정한 의제에 불가피하게 연계되게 된다는 주장을 거부한다. 집단이 자신의 가치를 실현할 수 있는 의제는 다양하고 기회는 많기 때문이다. 따라서 마르크스주의가 주장하는 대로 그릇된 계급의식에 이끌리어 특정 의제를 둘러싼 계급 갈등에 불가피하게 관여하게 되지 않는다는 것이다. 관성도 다원주의가 인정하고 있는 특성이다. 은행가의 생애를 볼 때, 은행업에 평생을 종사할 가능성이 크다는 것이다. 그가 은행업을 떠나 지역사회의 결정에 참여하여 이 결정을 조작하게 될 가능성은 상대적으로 적을 수 있다. 여기에 대해서 반대주장을 할 수 있으나 객관적 검증작업이 수반되지 않고 주장을 받아들이는 것이 현실이다.

다원주의가 강조하는 참여자들 간의 연합이 일시적이고 그들의 정책참여가 자발적이라는 사실은 층화이론의 주장과 대조를 이룬다. 왜냐하면 층화이론은 이익집단과 대중을 정책과정에 가장 중요한 존재로 인정하고 있기 때문이다. 층화이론에서는 집단행동보다 사회구조를 강조한다. 하지만 소속된 계급으로부터 계급의식을 도출해 내는 논리는 부당한 것이 아닌가 하는 의문을 갖는다.

다원주의에서는 수많은 이익집단이 상호 구성원이 중복되는 상태에서 존재하는데, 이들의 권력기반은 서로 다르고, 영향력 행사방법도 다양하다. 따라서 상·하위계급으로 구분하는 방식은 미국의 현실에 적실성이 떨어진다. 다원주의에서는 계층제 속에서 움직이는 행위자의 계층별 순위 대신에 행위자의 리더십의 역할을 중시한다. 리더십의 역할은 시간의 흐름에 따라 또한 의제의 종류에 따라 다양할 수 있다.

마지막으로 다원주의는 권력의 개념에 있어 층화이론과 차이를 보인다. 층화이론은 권력기반에 관심을 두고 이를 계급의 유형과 관련시켜 보고 있는 반면, 다원주의는 권력행사 자체에 관심을 둔다. 권력기반은 다양한 자원에서 기인할 수 있다고 주장한다. 즉, 1) 금전과 신용, 2) 직업에 대한 통제력, 3) 정보에 대한 통제력, 4) 사회적 지위, 5) 지식과 전문성, 6) 인기, 명성, 카리스마, 7) 합법성, 헌정성, 공식성, 정당성, 8) 윤리적 견고성, 9) 투표능력, 10) 시간 및 개인적 체력 등을 권력기반을 이루는 자원으로 본다.

5. 지역사회 권력의 이론에 대한 주의

지역사회 권력의 연구에 있어서 다원론자 접근법은 연구에 심각한 손상을 줄 수도 있는 오류를 피하게 한다. 그렇다고 다원론자 접근법이 미국 지역사회의 가치 형성과 배분을 성공적으로 설명해 왔다는 의미는 아니다. 사실상 다원론 이론가들은 지역사회와 정책결정에 관련된 이론을 구성하기 위해 잠정적으로 노력해 왔다.

만약 지역사회 권력이론이 존재한다면 그것은 우리에게 '누가 지배하는가? 그리고 어떠한 조건이 그러한 지배를 가능하게 하는가?'라는 사실을 설명해 줄 것이다. 누가 지배하는가는 사실에 대한 설명은 다음 구체적인 세 가지 문제에 대한 응답을 구함으로써 이루어질 것이다. 1) 정책결정에 대한 참여자를 규명하고 설명하는 문제, 2) 정책결정 결과 누가 얻고 누가 잃는가를 결정하는 문제, 3) 무엇이 정책결정에 대한 성공적 참여를 가능하게 하는가를 발견하는 문제 등이 세 가지 문제를 의미한다.

1) 누가 지배하는가?

미국의 지역사회생활에서 나타나는 행동 중 가장 일반적인 유형의 하나는 정책결정에 대한 참여가 소수의 손에 집중된다는 사실이다. 그러나 이것은 미국 지역사회가 층화이론이 주장하는 단일한 엘리트에 의해서 지배되는 것을 의미하지는 않는다. 한정된 정책결정에 관련하여 다음과 같은 세 가지 주장을 할 수 있다.

첫째, 다양한 소집단이 다양한 지역사회문제를 결정한다. 그리고 정책결정 집단의 구성원은 자주 변화하며 단기적으로도 변화한다. 둘째, 소수집단이 내리는 결정은 반복적이거나 또는 다수의 입장에서 중요하지 않은 것들이 많다. 셋째, 소수집단이 현저하게 가시적인 의제에 있어 개혁을 시도하거나 또는 결정을 내릴 때에는 그들은 정당성을 기반으로 해야 되며 또한 실패의 가능성도 감수해야 한다.

소수집단이 정책결정을 지배하는 사례는 미국의 경우에도 많이 있다. 하지만 그들이 정책을 주도해 나아갈 때에 대중으로부터의 정당성이 요구되며 이를 위해 리더십을 발휘하는 것이 일반적이다. 결과적으로 지역사회사업이 엘리트에 의해 주도되지만 대중의 지지를 잃어 실패하는 사례가 많이 나타나게 된다.

2) 누가 얻고 누가 잃는가?

만약 정치가 '누가 무엇을 언제 어떻게 얻는가?'에 관한 것이라면, 누가 지역사회 결정으로부터 특혜를 받고 누가 박탈로 고통을 당하는지를 아는 것은 지역사회 권력 소유자를 규명하는 데에 도움이 된다. 하지만 층화이론에서처럼 단순하게 가치 배분 상태를 파악하는 것이 지배자를 발견되는 데에 도움을 주지는 않을 것이라고 나는 주장하고자 한다. 그 이유는 다음과 같다. 1) 가치 분배는 명백한 결정이 발생하지 않고 일어날 수 있기 때문에 의사결정에 대해 아무 말도 할 수 없게 된다. 2) 지역사회 내의 가치 분배는 외부의 결정 또는 무의사결정의 부산물로써 이루어질 수도 있다. 3) 의사결정은 비합리적으로 일어날 수 있으면 결과적으로 가치 분배는 예측하지 않고 또한 의도하지 않은 방향으로 이루어질 수 있다. 4) 권력자는 의도적으로 비권력자에게 가치를 분배할 수도 있다.

3) 누가 성공하는가?

만약 이전 분석이 옳다면 '누가 미국 지역사회를 지배하는가?'라는 질문을 여러모로 의미가 없다. 반면 다원론자 이론에 의한 통치에 관련된 특성은 다음과 같다. 1) 소수 의제에 대해 지도자들이 광범위하게 권력을 분점하고, 2) 비엘리트와 엘리트가 정책결정에 제약을 가하고, 3) 비인간적인 외부 세력들이 환경요건을 구성하고, 4) 정치행위에 대한 보상이 어떻게 나타날지 불확실하다.

이러한 상황하에서 지역사회 의사결정에서 그들의 선호를 성취했는지 여부에 있어 성공적인 사람과 실패한 사람을 구분하기 위해 다음과 같은 경우를 생각해 볼 수 있다. 1) 지역사회 정책을 주도할 때에 저항세력 없이 집행한 경우, 2) 다른 사람의 정책을 방해한 경우, 3) 정책을 주도할 때 저항세력이 있었지만 제대로 집행한 경우를 고려해 볼 수 있다. 이 세 가지 상황에서 성공은 자원의 최대 소유자에게 자동적으로 찾아오지 않는 것은 분명하다. 많은 자원들, 즉 시간, 지식, 에너지, 명성, 금전, 정당성 등이 기술과 근면성과 함께 복합적으로 작용하여 지역사회 결정을 원하는 방향으로 만드는 데에 기여하게 된다. 결과적으로 자원의 분배 상태로부터 자원의 능률적 사용 여부에 관심을 갖게 된다.

자원, 기술, 근면성은 이들을 활용하는 세 가지 조건이 되며 나아가 지역사회 결정의 성공 여부에 영향을 주는 요인이 된다. 나아가 다른 사람들의 동의를 어렵게 하는 목표선택을 피하는 능력도 성공적 참여의 네 번째 조건이 될 수 있다. 다른 사람과 쉽게 연합을 이룰 수 있는 능력은 성공적 참여의 다섯 번째 조건이 된다.

III. 문헌의 의미

이상에서와 같이 폴스비는 전통적으로 미국 지역사회 권력연구를 지배해 왔던 층화이론의 명제를 체계적으로 비판하였다. 우선 다알의 뉴헤이븐 사업결정 사례를 활용하여 층화이론의 적절성을 검토하였다. 그 결과 층화이론의 주요 명제에 해당하는 1) 경제적·사회적 엘리트가 사업결정 분야를 지배한다는 사실, 2) 정치적 지도자가 이들 엘리트계급에 종속되어 움직인다는 사실, 그리고 3) 엘리트계급이 자신의 이익을 위해 대중계급을 지배함으로써 이 두 계급 간에 갈등이 발생한다는 사실은 적어도 뉴헤이븐의 경우에는 존재하지 않는다는 점을 밝혀냈다.

나아가 층화이론은 방법론적 차원에서 오류가 있음을 지적하였다. 즉, 권력의 양을 계급 간에 비교하는 점, 권력 양의 차이가 인간 간에 지배복종의 관계로 연결된다는 점, 그리고 권력이 세대를 통해 상속된다는 점 등은 과학적으로 규명하기가 쉽지 않음을 강조하였다.

마지막으로 다원주의 접근법이 지역사회 권력연구의 대안이 될 수 있을 것으로 주장하면서 다원주의 접근법의 적용 시 주의할 점을 제시하였다. 다원주의 접근법을 적용하는 경우에 누가 지배하는가, 누가 얻고 누가 잃는가, 누가 성공하는가를 설명하는 경우에 계급에 기반을 둔 권력의 양에 의해 설명을 하게 되면 층화이론의 오류를 범하게 되므로 바람직하지 않고 대신 행위자의 능력, 리더십, 대인관계 풍의 차원에서 설명을 하는 것이 필요하다는 점을 강조하고 있다.

폴스비의 연구는 층화이론의 문제점을 보다 세부적으로 설명하였다는 점에서 또한 다원주의 접근법의 적용 방식을 보다 구체화하였다는 점에서 이론적 발전에 크게 기여하고 있다.

참고문헌

Alvin Gouldner, 1954. *Patterns of Industrial Bureaucracy* Glencoe, Free Press.

Blau, 1956. *Bureaucracy in Modem Society*, New York, Random House.

David Easton, 1953. *The Political System*, New York, Knopf.

Davis and Wilbert E. Moore, 1945. "Some Principles of Stratification," *American Political Science. Review*, 10. April. 242-49.

Delbert C. Miller, "Decision-making Cliques in Community Power Structures," *American journal sociology* , 64 (Nov. 1958), 306-07.

Dwight Waldo, 1948. *The Administrative State*, New York, Ronald.

George A. Graham, 1950. "The Presidency and the Executive Office of the President," *Journal of Politics*, 12, (Nov), 599-621.

Gerhard Lenski, 1952. "American Social Classes: Statistical Strata or Social Groups? *American Political Science. Review*, 58. Sept. 139-44.

Gordon, 1958. "A. System of Social Class Analysis," Drew Univ. Bulletin, Univ. Press.

Gordon, 1951. "A system of social Class Analysis." *Drew Unitv*. Bulletin, 39 Madison, N. J., Aug.

Frank A. Pinner, 1960. "Notes on Method in Social and Political Research," in Dwight Waldo, ed., *The Research Functions of University Bureaus and Institutes for Government Related Research*. Berkeley, Bureau of Public Administration Univ. of California.

Felix E. Oppenheim, 1958. "An Analysis of Political Control: Actual and Potential" Journal of Politics, 20 (Aug), 515-34.

Hans H Gerth and C. Wright Mills, 1953. *Character and Social structure*, New York, Harcourt, Brace.

Harold W. Pfautz, 1953. "The Current Literature on Social Stratification:

Critique and Bibliography," *American Political Science. Review*, Jan. 391-418.

Harold D. Lasswell and Abraham Kaplan, 1950. *Power and Society*, New Have~ Yale Univ. Press.

Herbert A. Simon, 1957. *Administrative Behavior*, 2d ed., New York, Macmillan.

Herbert A. Simon, 1953 "Notes on the Observation and Measurement of Political Power:" Journal of Politics, 15 (Nov.), 500-16.

Herbert Goldhamer and Edward Shils, 1939. "Types of Power and Status," *American Political Science. Review*, 45, (Sept.), 171-82

Hollingshead, Elmtown, Harold F. Kaufman, Otis Dudley Duncan, Neal Gross, and William A Sewell, 1953. "Problems of Theory and Method in the Study of Social Stratification In Rural Society," *Rural Sociology*, 18, March, 12-24.

James G. March and Herbert A. Simon. 1958. *Organizations* New York, Wiley.

James G. March, "An Introduction to the Theory and Measurement of Influence." *American Political Science. Review*, 49 (June), 431-51.

James W. Fesler, 1957. "Administrative Literature and the Second Hoover Commission Reports," *American Political Science. Review*, 51. (March), 135-57.

John F. Cuber and William F. Kenkel, 1954. *Social Stratification In the United States*, New York, Appleton.

Joseph A. Kahl, 1957. *The American Class Structure*, New York, Rinehart.

Karl R. Popper, 1959. The Logic of Scientific Discovery (New Yark, Basic Books.), esp. 40-43.

Karl w. Deutsch, 1953. *Nationalism and Social Communication*, New York, Wiley. 46-59.

Kingsley Davis, 1949. *Human Society*, New York. Macmillan.

Kurt B. Mayer, 1955. *Class mad Society*, Garden City, Doubleday.

Lawrence J. R. Herson, 1951. "The Lost World of Municipal Government," *American Political Science. Review*, 51 (June), 330-45.

Milton M. Cordon, 1958. *Social Class in American Sociology*, Durham, Duke Univ. Press.

Morris R. Cohen and Ernest Nagel, 1934. An Introduction to Logic and Scientific Method, New York, Harcourt, Brace.

Nelson N. Foote, Walter R. Goldschmidt, Richard T. Morris, Melvin Seeman, and Joseph Shister, "Alternative Assumptions in Stratification Research," *Transactions of the Second World Congress of Sociology*, 2, 378-90

Paul K. Hatt, 1950. "Social Stratification in the Mass Society," *American Political Science. Review*, 15, April, 216-22.

Peter Blau, 1955. *The Dynamics of Bureaucracy*, Chicago, Univ. of Chicago Press.

Reinhard Bendix and Seymour Martin Lipset, eds., 1953. *Class, Status and Power*. Glencoe, Free Press.

Robert Bierstedt, 1950. "An Analysis of Social Power," *American Sociological Review*, 15 (Dec.), 730-738.

Robert A. Dahl, 1957. "The Concept of Power," Behavioral Science, 2 (July), 201-15.

Robert T. Daland 1957. "Political Science and the Study of Urbanism," *American Political Science. Review*, 51 (June).

Stephen K. Bailey, 1956. "The President and His Political Executives," *The Annals, 307*, (Sept), 24-36.

Stanley Hoffmann, 1959. "International Relations: The Long Road to 'Theory," *World Politics*, 11 (April), 346-77.

Wallace S. Sayre and Nelson W. Polsby, 1965. "American Political Science and the Study of Urbanization" In Leo Schnore and Philip Hauser, eds., *The Study of Urbanization*, New York, Wiley.

Wallace S. Sayre, 1956. "The Presidency and the Political Executives" (mimeo.) delivered at the Conference on the Political Executive, Woodrow Wilson School, Princeton, N.J., (March).

Wendell Ben, Richard]. Hill, and Charles R. Wright, 1961. *Public Leadership*, San Francisco, Chandler.

Part 3

집단과 조직이론[1])

Ⅰ. 조직의 목표

집단의 이름으로 행사되는 대부분(모두는 아니고)의 활동은 조직을
통해 이루어진다. 따라서 조직을 이론적으로 고찰할 필요가 있다. 조직
에는 여러 가지 형태와 체제 및 크기가 있다. 어떤 조직은 구성원들의
이익을 추구하지 못하는가 하면 다른 조직은 지도자의 목표를 위해서
만 봉사한다. 조직이 구성원의 이익을 대변하지 못할 경우 조직은 소
멸된다.

조직이나 단체가 구성원들의 이익을 추구하기 위해 존재한다는 생각
은 경제의 경우 신기한 일도 또 특이한 일도 아니다. 아리스토텔레스
(Aristotle)도 "인간이 특정한 이익을 위해 살아가듯이 정치적 결사 역

---

1) Olson, Mancur Jr.(1965). *The Logic of Collective Action*. Cambridge: Harvard
University Press. 5−52의 부분을 번역, 요약한 내용이다.

시 마찬가지로 전체의 이익을 위하여 존재하는 것 같다."라고 말했다. 정치학자인 해럴드 래스키(Harold Laski)는 "단체는 개인집단이 공동으로 가진 목적을 충족하기 위해 존재하는 것"을 당연한 일로 간주했다.

본 연구에서 중점적으로 다루는 조직들은 구성원의 이익을 추구할 것으로 기대된다. 노동조합은 구성원들의 더 높은 임금과 더 좋은 노동조건 촉진이 목표이고 농업단체는 구성원들을 위한 유리한 입법을 위해 노력한다. 카르텔이나 주주 혹은 시민단체도 마찬가지이다.

이러한 다양한 형태의 조직들이 추구하는 이익은 대부분 공통적이라는 점을 유의한다. 노조의 공통적 이익은 임금 인상이고 농부의 공통적 이익은 유리한 입법이며 카르텔 구성원의 공통적 이익은 높은 가격이다. 또 시민사회의 공통적 이익은 좋은 정부를 갖는 것이다.

조직이 구성원 집단의 공통적 이익을 촉진하기 위하여 존재한다는 가정은 조직에 관한 대부분의 문헌에서 암시되고 있다. 래스키(Harold Laski)는 조직은 일단의 성원들이 공통적으로 가진 목적 또는 이익을 달성하기 위하여 존재한다고 강조한다. 아리스토텔레스도 정치적 단체는 그들이 달성하는 '일반적 이익' 때문에 만들어지고 유지된다고 주장함으로 동일한 관점을 표현했다.

'압력단체'나 '집단이론'에서 다루는 조직화되지 않은 집단에 대한 논의에서도 '집단'이라는 용어는 '공통적 이해관계를 가진 다수의 개인'이라는 의미로 사용된다. 물론 무작위로 선정된(그래서 어떤 공통적 이해나 특징이 없는) 다수를 '집단'이라고 정의하는 것이 타당하겠지만 대부분의 집단 논의에서는 주로 공통적 이해를 가진 집단이 대상이 되는 것 같다. 그래서 현대 정치학의 '집단이론' 창시자인 벤틀리(Arthur Bently) 같은 사람은 "자체의 이해를 갖지 않은 집단은 없다."고 말하기도 했다.

조직 혹은 집단에 속한 사람들이 공통의 이익을 가지고 있다고 생각하듯이 조직 내에서도 타인과는 다른 순수한 개인적 이익이라는 것이 있다고 본다. 예를 들어 노조의 모든 구성원들은 임금 인상이 공동 관심사이지만 동시에 각 노동자는 자신의 개인 소득에도 고유의 관심을 가지고 있다.

Ⅱ. 공공의 재화 및 대규모 집단

　하나의 조직 내에서 개인적 이익과 공동의 이익의 결합은 경쟁적 시장에 비유할 수 있다. 예를 들어 완전 경쟁 산업의 기업들은 제품에 대한 가격 인상에 공통적인 관심이 있다. 그러한 시장에서는 동일 가격이 지배하므로 다른 기업들이 가격 인상을 하지 않는 한 단일 기업만으로는 가격 인상을 감행할 수 없다. 이러한 상황은 간단한 수요-공급 모델에 의해 무시할 수 있다. 모든 기업이 생산을 늘리면 가격은 떨어진다. 가격이 모든 기업의 한계비용을 초과하면 생산은 증가한다. 즉, 한계비용 이상으로 가격이 오르면 기업은 생산 증가를 위해 비용을 지출한다. 결과는 이익 폭의 감소로 돌아온다. 일찍이 경제학자들이 의문을 가졌듯이 완전 경쟁 시장에서 이익을 극대화하는 기업은 집단으로서의 이해관계와는 반대되는 행동을 한다는 것이 현재 널리 인정되고 있다.

　이 때문에 지금은 일반적으로 기업이 이익을 극대화하면 산업 전체의 이익은 기대했던 것보다 감소된다는 사실을 대체적으로 받아들이는 추세이다. 모든 기업이 공통적으로 높은 가격에 관심을 가지고 있지만 각 개별 기업은 다른 기업이 생산 증가에 필요한 비용을 감수할 것을 기대한다는 점에서 이것은 사실이다. 완전 경쟁 시장에서 가격을 유지하는 유일한 방법은 정부의 가격 지원이나, 관세, 카르텔 협정 등등 외부의 개입뿐이다. 그러한 지원은 일반적인데 문제는 경쟁 산업이 어떻게 정부의 지원을 받을 수 있는가 하는 점이다.

경쟁 산업에서 모든 기업들이 가격을 높이기 위해 관세와 가격 지원 프로그램 혹은 다른 종류의 정부 개입을 원한다고 가정해 보자. 그러한 지원을 얻기 위해 산업체는 필시 로비 조직을 운영해야 할 것이다. 이 로비 조직은 압력단체로서 엄청난 선전을 해야 할 것이고 저항에 부딪히면 막대한 돈을 투입해야 할 것이다. 신문 등의 매체에 영향력을 행사하기 위해 광고 등이 필요할 것이고, 전문가를 고용하여 대중과 의회를 상대로 홍보 활동을 강화해야 할 것이다.

완전 경쟁 산업이 정부의 지원을 얻기 위해 직면하는 문제와 시장에서의 생산량 증가로 가격이 하락되는 과정은 서로 매우 유사하다. 생산자가 가격을 높이기 위해 생산을 감소시키는 것이 불합리하듯이, 정부의 지원을 얻기 위해 시간과 비용을 로비에 사용하는 것 역시 불합리할 것이다. 어느 경우에도 비용이 발생하는 것을 개인은 원하지 않을 것이기 때문이다.

로비 조직을 예로 든 것은 조직과 시장 간에 존재하는 논리적 유사성을 보여주기 위한 것이지만 실질적으로 다수의 로비 조직들이 존재하고 있고 이들은 후술하듯이 여러 가지 이유로 자금 지원을 받고 있다.

합리적으로 추리하는 개인은 대규모의 로비 조직을 지지할 것이라고 일부 비평가들은 주장한다. 자신이 로비를 하지 않으면 다른 사람이 로비를 할 것이라고 추리할 것이기 때문이다. 이러한 주장을 완전 경쟁 시장과 비교할 필요가 있다. 만일 어떤 기업이 생산을 늘리면 다른 기업도 뒤따라 그렇게 할 것이고 가격은 떨어지게 될 것이다. 그러나 모든 기업이 이러한 결과를 예측하기 때문에 그러한 가격 파괴적 생산 증가의 고리는 시작되지 않는다. 실제로 기업이나 로비 조직에서는 이와 같은 일이 발생하지 않는다.

전술한 주장은 최소한 경제조직에서는 타당성을 가진다. 노동조합을 예로 든다면 노조원들은 마치 기업이 시장에서 유리한 조건을 얻기 위해 노력하듯이 더 높은 임금과 근로 조건을 위해 노력한다. 따라서 그들은 기업이 시장에서 직면하는 동일한 문제를 노조 내에서도 직면하게 된다. 그러나 그들의 목적이 얼마나 유사하든지 간에 조직 내에서의 태도는 시장과 다르다고 비평가들은 주장한다. 조직에서는 흔히 정서적이고 이념적인 요소가 개입되기 때문이다. 그렇다면 여기서 제기한 주장이 실제적으로 타당성이 없다는 말인가?

이에 대한 반론으로 조직의 가장 중요한 형태인 국가를 시험대상으로 사용해 보자. 애국심은 아마도 오늘날 가장 강력하게 조직의 연합을 이끄는 비경제적 동기라고 할 수 있을 것이다. 현대는 흔히 민족주의의 시대라고 불린다. 다수의 국가들이 민주주의니 공산주의니 혹은 공통의 종교, 언어 혹은 문화적 유산과 같은 강력한 이념을 통해 세력과 단결을 유도한다. 경제적으로도 국가는 시민을 위해 법과 질서를 유지하여 혜택을 베푼다. 그러나 이와 같은 국가적 이념이나 공통적 문화 및 법적 제도와 질서 등으로도 시민의 자발적인 기여나 대가를 유도하기는 어렵다. 결국은 강제적 지불 수단인 세금이 필요하게 된다.

국가가 이러한 강제적 수단에 의존하지 않고 필요한 기본적 활동 비용을 조달할 수 없다면 대규모 민간조직들이 구성원들의 자발적인 기여를 통해 그들의 이익을 위한 활동 비용을 조달하는 일이 어려운 것은 당연할 것이다.

국가가 자발적인 기여금이나 지불에 의해 생존하지 못하고 강제적 지급 수단인 세금에 의존해야 하는 이유는 국가가 제공하는 가장 기초적인 서비스가 어느 면에서는 마치 경쟁 시장에서 높은 가격을 받으려는 것과 같기 때문이다. 그것은 각자가 얻을 수 있어야 한다. 국방이나 치안, 법질서와 같이 정부가 제공하는 기초적 서비스는 모든 개인을 위한 것이다. 그러나 그에 따르는 비용은 개인들이 자발적으로 지불하려고 하지 않기 때문에 강제 수단인 세금이 필요하다. 이처럼 정부가 제공하는 일반적이고 집합적인 혜택을 경제학자들은 '공공 재화'라고 부른다. 이 공공 재화라는 개념은 가장 오래된 것이지만 여전히 가장 중요하다. 여기서 일반적이고 집합적인 공공 재화는 집단 Xli······IX v……l X에 있는 X로 정의되는데, 어떤 개인이 이 재화를 소비하면 그 것은 그 집단 내의 타인에 의해 공제되지 않는다.

다른 말로 하자면 공공 혹은 집단 재화를 구입하거나 지불하지 않은 사람은 비집단 재화의 경우처럼 재화의 소비에 참여하지 못하거나 배제되지 않는다는 뜻이다.

그러나 공공 재정 부문을 공부하는 학생들은 공동의 목표 혹은 만족의 달성이 그 집단에 공공 혹은 집단 재화가 제공되었다는 것을 의미한다는 사실을 부정할 것이다. 한 집단의 목표 혹은 목적이 공통적이라는 바로 그 사실이 아무도 그 집단이 얻은 혜택이나 만족으로부터 배제되지 않았다는 것을 의미하기 때문이다.

국가가 자발적인 기여나 혹은 기초 서비스를 시장에 제공함으로써 유지되는 것이 아닌 것처럼 다른 대규모 조직 역시 공공 재화와 구분되는 어떤 강제력이나 혹은 유인 수단 없이는 지탱하지 못한다. 대표적인 대규모 조직의 구성원 각자는 완전 경쟁 시장에서의 기업 혹은 국가의 납세자와 같은 위치에 있다. 개인 자신의 노력이 자신이 속한 조직에 큰 영향을 미치지는 않지만 자신의 협조 여부와 상관없이 타인이 수행한 개선의 혜택은 즐길 수 있는 것이다.

국가 혹은 다른 조직이 공공 혹은 집합적 재화만을 제공한다고 주장하는 것은 아니다. 정부는 왕왕 전력과 같이 비집합적 재화도 제공한다. 그것은 개인기업처럼 시장에서 판매된다. 나아가, 본 논문 후반부에서 기술하듯이, 구성원들을 강제하지 못하는 대규모 조직은 새로운 구성원들의 참여를 유도하기 위해 특정한 비집합적 재화를 제공할 수 있어야 한다.

Ⅲ. 전통적 집단이론

전통적 집단행동 이론들은, 개인집단과 단체들이 시장에서의 기업 관계를 지배하거나 국가와 납세자와의 관계를 지배하는 원리와 전혀 다른 원리에 의해 운영된다는 사실을 암시한다. 이러한 '집단이론'은 미국의 다수 정치학자들의 주요 관심 분야인 것 같다. 이 전통적 이론 은 여러 가지 다양한 입장을 통해 많은 필자들이 발전시켜 왔다.

이 전통적 견해를 가장 일반적으로 보여주는 것은 민간조직과 집단 이 어디에나 존재하며 이러한 보편성이 단체를 구성하고 참여하려는 인간의 기본적 성향 때문이라는 주장이다. 이탈리아의 정치철학자인 모 스카(Gaetano Mosca)는, 인간은 함께 모이고 다른 무리를 대적하려는 '본능'이 있다고 말했다. 아리스토텔레스(Aristoteles) 역시 인간의 본성 가운데 내재한 군집 성향을 묘사하여 인간은 날 때부터 정치적 동물이 라고 말했다. 이러한 입장을 대표하는 것이 독일의 짐멜(George)과 미 국의 벤틀리(Arthur Bentley)이다.

전통적 입장에서 벗어난 견해 역시 집단의 보편성을 강조하지만 그 러나 집단에 참여하려는 '본능'이나 '경향'이라는 개념에서 출발하지는 않는다. 오히려 그것은 단체와 집단을 현대 산업사회가 이전의 원시사 회로부터 진화된 것으로 설명하려고 한다. 파슨스(Talcoott Parsons)는 "많은 원시사회에서는 혈연이 사회구조를 지배하는 감이 있으며, 혈연 관계와 독립된 구체적 참여구조는 없다."고 주장한다.

그러나 사회이론가들은 사회가 발전하면서 구조적 차별화가 이루어 졌다고 주장한다. 새로운 단체는 과거에 가족이 수행하던 기능을 넘겨 받았다. "가족 제도에 의해 수행되던 사회적 기능들이 감소되고 노조와 같은 2차 집단들이 1차 집단 이상의 상호 작용을 수행하고 있다."고 파슨스는 말했다. 그의 말에 의하면 "보다 발전한 사회에서는 국가, 교회, 대기업, 대학, 전문가 집단과 같은 비혈연조직이 더 큰 역할을 수행한다."

그렇다면 원시 사회의 소규모 1차 집단과 현대의 대규모 자원단체들의 기본적 책임 소재는 어디에 있는가? 단체를 구성하고 참여하는 것은 '본능'이나 '경향'일지도 모른다. 이러한 선입견적 편향이 원시사회에서는 혈연을 통해, 그리고 현대사회에서는 대규모 자원단체들을 통해 형성되었다고 할 수 있다. 그러나 이러한 해석은 전통적 이론의 변형에 동의하는 다수의 이론가들에게는 부당한 것으로 보일 수 있다. 그들은 틀림없이 단체나 집단의 구성 자격이 본능에 의한 것이라는 설명을 잘 알고 있을 것이기 때문이다. 모든 인간 행동은 본능이나 그와 비슷한 성향으로 귀속될 수 있다. 그러나 이러한 설명은 우리의 지식에 아무것도 더해 주지 못한다. 만일 집단이나 단체에 귀속하려는 본능이나 성향을 무의미한 것으로 배제한다면 전통적 이론에서 제기하는 보편적인 집단과 단체의 근원은 무엇인가?

모든 전통적 이론의 특징은 자발적 단체에 대한 참여를 보편적인 것으로 간주하는 것이며 소규모 집단과 대규모 단체가 그 구성원들을 끌어들이는 이유를 동일한 것으로 보는 경향이 있다. 이러한 전통적 이론의 변형 중에는 규모의 차이에 아무런 구분을 두지 않는 것도 있다. 전통적 이론이 대·소집단 사이에 구분을 두는 것은 단지 그것들이 수행하는 기능뿐이며 그러한 기능의 성공적 수행 정도가 아니다. 즉, 대·소집단은 등급은 다르지만 종류는 다르지 않다고 보는 것이다.

이것이 사실인가? 1차 집단과 대규모 단체가 동일한 방법으로 구성원들을 끌어들이며, 그것들이 수행하는 기능은 거의 동일하게 효과적이고, 또 그들의 차이는 규모일 뿐 기본적 성격 자체가 아니라는 말인가? 실증적 연구에 의하면 개인은 평균적으로 대규모 단체에 소속되어 있지 않으며 전형적인 미국인이 '참여자'라는 주장은 가공에 불과하다는 사실을 보여줌에 따라 전통적 이론들이 의심받게 되었다. 따라서 집단의 목표를 달성하는 데 있어 규모의 차이와 그것이 잠재적 구성원들에

게 갖는 호소력이나 효과 사이에 아무런 관계가 없다는 주장이 사실인
가 질문해 볼 가치가 있다.

대·소집단이 본질적으로 다른 원리에 의해 작동된다는 주장에 한
가지 장애가 되는 요소는 앞서 강조했듯이, 어떤 집단이나 단체가 크
든 작든 집단적인 이익을 위하여 행동한다는 사실이다. 집단의 모든
성원들은 이러한 집단적 이익을 얻기 위한 공통적 목표를 갖고는 있지
만 그러한 집단적 재화를 제공하기 위한 비용을 지불하는 데 있어서는
동일하지 않다. 각자는 다른 사람이 전체 비용을 지불하는 것을 원할
것이다. 이것이 만일 모든 집단이나 단체의 본질적 특성이라면 대조직
이나 소조직 사이에 어떤 차이가 있다고 말하기는 어려울 것이다. 오
히려 경우에 따라서는 소규모 집단이 공공의 재화를 위하여 더 많은
집단적 서비스를 제공하고 있는지도 모른다. 이러한 문제는 각기 규모
가 다른 집단의 개인들이 보여주는 비용 대 효과에 관한 개념을 연구
하지 않고는 만족스러운 해답을 얻을 수 없다. 다음 과에서는 그 점을
다룰 것이다.

IV. 소집단

집단의 규모와 집단 내 개인의 행동과의 관계를 분석하는 작업이 어
려운 이유는 부분적으로 집단 내 각 개인이 공동의 재화에 관해 다른
가치를 부여한다는 사실 때문이다. 나아가 집단의 재화를 추구하는 각
집단은 각기 다른 비용 기능을 갖는다. 그러나 어느 경우이든 한 가지
확실한 것은 전체적인 비용 기능이 증가하며 또 특히 초기 비용이나
고정 비용이 크다는 사실이다. 또한 어느 조직이든 수요 역시 '과도할'

정도로 증가하며 이러한 비용과 수요의 관계는 최종적으로 불균형 상태를 이룬다. 이것을 C =f(T)라는 수식으로 표현할 수 있는데 이때 비용(C)은 집단적 재화가 얻어지는 비율(혹은 수준)(T)의 함수이다.

한 가지 확실한 점은 혜택에 비해 충분히 저렴한 비용으로 얻어질 수 있는 집단적 재화의 양이 존재한다는 사실이다. 개인은 집단의 전체 이익 중 일부를 얻을 수 있다. 집단 전체의 이익은 집단적 재화가 얻어지는 수준 혹은 비율(T)과 집단의 '크기'(SI/)에 의해 결정된다. 이러한 관계는 재산 소유자 집단이 재산세 할인을 위해 로비하는 경우로 간단히 예시할 수 있다. 이 집단의 전체 이익은 집단의 '크기'(SI/), 즉 집단 재산 전체의 평가액과 할인된 세금의 비율 혹은 수준(T)에 의해 결정될 것이다. 이 집단에 속한 개인의 이익은 개인이 집단의 이익에서 얻은 '부분'(F)이 된다.

집단적 재화를 추구하는 소집단의 행동은 왕왕 매우 복잡할 수 있다. 앞에서도 설명했듯이 비최적화와 불균형으로 연결되지 않는 제도적 장치와 행동의 전제가 반드시 존재한다. 이것을 분석하는 작업은 주로 대규모 조직을 다루는 본 연구의 과제 범위에 맞지 않다. 집단적 재화를 추구하는 소집단의 문제는 이론적으로나 실제적으로 중요한 데도 문헌에서 적절히 다루어 오지 않았기 때문에 추후 논문에서 상세하게 다룰 것이다.

본 논고의 요약에서는 소집단과 단체 연구에 사용할 수 있는 일부 특정 사례들을 열거할 것이다. 비록 아주 작은 집단이라 할지라도 비적정량의 집단적 재화를 공급하는 경향이 있기는 하지만, 보다 중요한 점은 일부 소집단들이 한두 명 이상의 구성원들에 의한 자발적이고 합리적인 활동을 통해 상당량의 집단적 재화를 스스로 조달한다는 사실이다. 이 점에서 소집단은 대집단과 구분된다.

기술적 부분에서는 특정 소집단들이 집단적 재화 자체와는 별개로 강압이나 어떤 적극적 유도에 의존하지 않고도 스스로 집단적 재화를 조달한다는 점을 보여주었다. 이는 소집단의 일부 구성원들 혹은 최소한 한 사람 이상의 구성원들이 집단적 재화를 통한 개인적 이익이 그러한 집단적 재화를 조달하기 위해 필요한 전체 비용을 초과하게 된다는 점을 발견하게 되기 때문이다. 집단적 재화를 조달하기 위해 전체 비용을 지불하고라도 지장이 없는 구성원들이 있다. 이와 같은 상황은 집단적 재화를 통한 집단의 이익이 집단 내 개인들의 이익을 초과할 경우에만 존재한다. 불평등을 특징으로 하는 소집단에서는 집단적 재화가 제공될 확률이 매우 높다. 집단의 재화에 대한 개인의 이해 규모가 크면 클수록 그 개인이 전체 집단의 이익에서 유의한 이익을 차지할 확률은 더욱 커진다고 할 수 있다.

그러나 아무리 소규모 집단이라 할지라도 보통 집단적 재화가 적정 규모로 제공되지는 않는다. 즉, 말하자면 집단의 구성원들은 기대하는 만큼의 재화를 제공하지 않는다는 것이다. 이러한 경향은 집단 내에서 개인이 조달한 것을 집단의 다른 구성원이 사용하지 못하게 막을 수 없기 때문이다. 그러나 소집단과 관련된 가장 중요한 점 한 가지는 집단적 재화가 개별 구성원들에게 갖는 매력으로 인해 소집단이 집단적 재화를 스스로 조달할 수 있는 능력이 매우 크다는 사실이다. 이 점에서 소집단은 대규모 조직과 엄연히 다르다. 집단이 크면 클수록 적정한 혹은 최소한의 집단적 재화를 획득할 가능성은 더욱 작아진다. 즉, 집단이 크면 클수록 공동의 이익을 추진할 가능성은 보다 축소된다는 것이다.

V. '배타적' 및 '포용적' 집단들

집단으로의 전입과 관련한 태도에서 기업이나 시장 집단은 비시장적 집단과 본질적으로 차이를 보인다. 한 산업 내의 기업은 새로운 업체가 등장하는 것을 억제하려고 한다. 그리고 기존의 업체들이 가능한 한 많이 떠나가기를 희망한다. 반면 비시장적 상황에 속한 단체들은 언제나 새로운 구성원들을 환영한다. 심지어 회원제를 강요하기도 한다.

왜 이러한 차이가 생기는가. 대답은 시장 상황에서는 집단을 위한 이익의 공급이 고정되어 있지만, 비시장 상황에서는 집단의 이익을 위한 공급이 고정되어 있지 않다는 데서 찾을 수 있다. 통상, 시장 상황에서는 하나의 기업이 차지한 것을 다른 기업이 가질 수 없다. 그러나 비시장 상황에서는 기본적으로 한쪽이 소비하는 것을 다른 측도 함께 참여할 수 있다. 시장 상황에서는 하나가 번영하면 그것은 상대방에게 더 강력한 경쟁자가 됨을 의미한다. 반대로 비시장 상황에서는 한 개인이 번영하면 집단의 이익을 위한 비용을 더 많이 지불할 유인을 얻게 된다.

따라서 하나의 집단이 배타적인가 혹은 포용적인가는 그 집단이 추구하는 목표의 성격에 따라 결정되며 구성원 각자의 특성과는 관계가 없다. 심지어 동일 기업 혹은 개인의 집합체 안에서도 한때는 배타적인 집단이 다른 때는 포용적이 되는 경우가 있다. 기업이 더 높은 가격을 추구할 때는 배타적 집단에 속한다. 그러나 그 기업이 낮은 세금이나 관세 혹은 다른 정부 정책의 변화를 추구하게 될 때는 포용적이 된다.

공식적 혹은 비공식적으로 조직된 행동을 실시할 때에도 포용적 집단과 배타적 집단의 차이를 발견할 수 있다. 포용적 집단 내에서 조직적이거나 협조적 노력이 이루어질 경우, 더 많은 사람들이 그러한 노력에 동참하게 될 것이다. 그러나 조직 내의 모든 성원들이 그러한 조직이나 합의에 동참해야 할 의무는 없다.

하나의 집단이 조직 혹은 합의에 의해 배타적 이익을 추구할 경우 상황은 훨씬 달라진다. 위의 사례에서 하나의 산업 내에서는 기업의 수가 가능한 한 적은 것을 원하지만, 역설적이게도 집단 내의 공동 협정을 위해서는 100% 참여가 필수적이다. 하나의 기업이라도 참여하지 않게 되면 그 기업이 협정에 따른 이익을 다 차지하게 되기 때문이다.

이것은 100% 참여가 요구되는 상황에서는, 더 적은 비율의 참여에 의해서도 집단 지향 활동이 가능한 경우보다, 더 많은 협상의 여지가 있다는 의미가 된다. 그러나 포용적 집단에서는 개인이 협상을 하거나 전략적 상호 작용을 하는 경우가 흔하지 않으며 중요하지도 않다는 것이 일반적으로 알려져 있다. 그 부분적인 이유는 포용적 집단에서는 어떤 구성원도 배제할 필요가 없기 때문일 것이다. 또한 평소에 만장일치의 참여가 요구되는 경우도 없고 개인이 더 많은 이익을 차지하기 위해 특정인을 배제하는 일도 없기 때문이다. 이로 인해 협상의 여지는 감소되고 그에 따라 집단 지향적 행동을 할 가능성은 더 많아진다. 문제가 매우 복잡하기는 하지만 주어진 상황에서 정확히 얼마나 협상이 필요한가를 파악할 수 있는 도구는 현재 존재하지 않으며, 포용적 집단 내에서 전략적 상호 작용이 이루어질 가능성도 극히 불투명해 보인다.

VI. 집단의 분류

분명히 말하지만, 포용적 혹은 비시장적 집단 내에서는 개인들이 어떤 의사를 결정할 때 자신들의 행동에 대한 다른 사람들의 반응을 고려하는 경우가 매우 많다. 집단이 그리 작지 않을 경우 개인은 스스로 집단의 재화를 구매하는 것이 유리하다고 판단할 수 있다. 그러나 그럴 경우에도 집단 내의 성원이 매우 소수일 때는 집단의 재화를 취득하는 일이 현저하게 주목받을 수 있다. 이것은 포용적 집단의 재화가 공식 조직을 통해 이미 제공되어 있는 경우를 생각해 보면 쉽게 이해할 수 있다. 어떤 개인이 자신이 누리는 집단의 혜택에 대한 비용 지불을 중단하면 집단 내 다른 사람들에게 돌아가는 비용의 몫은 증가할 것이고, 그들 역시 그러한 지불을 거절하게 될 것이다. 결국 집단의 재화는 더 이상 조달될 수 없게 된다.

이러한 상호 작용의 범위는 어디까지인가? 구성원이 집단 전체 이익의 상당 부분을 차지할 수 있는 소집단에서는 집단의 재화가 제공된다고 가정된다. 구성원이 집단의 재화로부터 아무런 혜택을 얻지 못하지만 그 구성원 행동 하나 하나가 전체에 미치는 영향이 두드러지게 나타나는 집단에서는 결과가 불확실하다. 이와는 대조적으로 개인의 기여가 집단 전체에 유의한 영향을 미치지 않는 대집단에서는 외부의 강요나 유인이 없다면 집단의 재화가 제공되지 못할 것이 확실하다.

이제는 집단의 재화를 획득하기 위해 비공식 협력이나 공식 조직이 언제 필요한지 파악하는 일이 가능하다. 하나 이상의 구성원이 전체 이익의 상당 부분을 차지하는 최소 형태의 집단은 집단의 협약이나 조직 없이도 잘 운영될 수 있다. 비용을 보다 광범위하게 분산시키고 집단의 재화 공급 수준을 확대하기 위해 집단의 협의를 실시할 수 있다. 그러나 집단의 재화를 획득하기 위해 일방적이고 개별적인 행동을 할 수 있는 요인이 있기 때문에 반드시 공식 조직이나 비공식 집단 협의가 필수적인 것은 아니다. 반면 이보다 더 큰 조직에서는 일부 집단 협의를 하지 않고 집단의 재화를 획득하는 일은 불가능하다. 집단의 재화를 획득하기 전에 두 명 이상의 구성원이 동시에 행동해야 하는 중간 혹은 과점 집단에서는 최소한 암묵적인 협조나 조직이 필요하다. 집단의 규모가 커질수록 협의와 조직 역시 더 커진다.

일정한 구성원을 가진 하나의 집단은 역시 일정한 최소한의 조직과 합의가 이루어져야 한다. 따라서 각 조직의 최초 혹은 최소 비용은 상당한 금액이 된다. 집단의 재화를 얻기 위해 조직되는 집단은 최소한의 조직 비용을 충당해야 한다는 사실을 알게 된다. 조직의 구성원이 많으면 많을수록 이 최소 비용은 더욱 커질 것이다. 이 최소의 조직 비용에 집단의 재화를 획득하기 위해 필요한 다른 비용들을 추가하면 집단의 재화를 위한 최초 단위 비용은 그 이후 단위의 비용에 비해 매우 높아질 것임이 확실하다. 집단의 재화로 얻어지는 혜택이 얼마나 크든지 그러한 것을 얻기 위해 필요한 절대 비용이 커지면 커질수록 강요나 별개의 외부 유인 요소 없이 최소한의 이익을 얻을 수 있는 가능성은 더욱 줄어들 것이다.

대집단으로 하여금 자신들의 이익을 추구하지 못하게 막는 별개의 누적요인들이 세 가지 있다.

첫째는, 집단이 크면 클수록 전체 집단의 혜택에서 개인이 나누어 갖는 지분이 작아지고, 집단 지향적 활동으로 얻어지는 보상의 적정량도 작아진다는 것이다. 집단이 집단의 재화를, 받을 수는 있겠지만, 적절한 양을 공급받을 수 있는 가능성 또한 더욱 멀어진다.

두 번째는, 집단이 크면 클수록 개인에게 돌아가는 전체 이익의 몫이 작아지며 개인은 물론이고 하위 단위 집단이 감당하는 부담에 비해 집단의 재화에서 얻어 가는 이익이 작아질 가능성은 더욱 커지게 된다. 다른 말로 하면 집단이 크면 클수록 재화를 획득하는 데 도움이 되는 과점적 상호 작용의 가능성은 더욱 작아진다.

세 번째는, 집단의 구성원 수가 많으면 많을수록 조직의 비용은 더욱 커지고 따라서 집단의 재화를 획득할 때까지 극복해야 할 장애 역시 더 높아진다. 이러한 이유로 인해 집단이 커질수록 강압이나 별도의 외부 유인 요소 없이 적정량의 집단 재화를 공급할 가능성은 더욱 멀어진다.

이제 모든 규모의 집단을 검토해 보았으므로 필요한 집단의 분류 작업이 가능할 것이다. 원래 본 연구의 일부에 속했지만 다른 곳에서 출판된 논문에서 저자와 공저자는 집단 혹은 산업의 개념에는 정확한 이론적 의미를 부여할 수 있으며 시장구조 연구에서는 순수한 독점 개념과 함께 사용되어야 할 것이라고 주장했다. 이 논문에서는 하나의 산업에 단일 기업만이 있는 경우를 순수한 독점이라고 불렀다. 기업의 수가 적어서 한 기업의 행동이 다른 기업이나 기업집단에 대해 현저한 영향을 미칠 수 있는 상황은 과점이라고 부른다. 그리고 어떤 기업도 다른 기업에 대해 현저한 영향을 미칠 수 없는 상황은 다원 경쟁이라고 한다.

대집단 내에서의 다원 경쟁과 과점 범주는 제품이 동질적인가 혹은 이질적인가에 따라서 다시 하위 부문으로 분류된다. 포용적 집단이나 비시장 집단의 경우 이러한 범주들은 약간 다르다고 해야 할 것이다. 순수한 독점(혹은 순수한 수요 독점)에 해당하는 것이 시장 집단 밖에서 비집단적 재화를 추구하는 단일 개인이라고 할 수 있다. 규모로 따질 때 이것은 시장 집단의 과점에 해당하는데 비시장 집단에는 두 개의 별도 비시장 집단 형태가 있다: 하나는 특권 집단이고 또 하나는 중개 집단이다.

특권 집단은 각 성원 혹은 적어도 한 명 이상의 성원이 소요되는 모든 비용 부담을 하면서도 집합적 재화가 공급되기를 기대하는 유인 요소가 있는 집단이다. 이러한 집단에서는 집합적 재화가 얻어질 것이라는 기대가 있고, 스스로 재화를 공급할 충분한 유인 요소를 갖고도 아무런 혜택을 보지 못하는 성원은 없다고 가정한다. 이러한 집단에서 집단 재화는 얻어질 수도, 혹은 얻어지지 않을 수도 있으나 집단의 협력이나 조직 없이 얻어지는 집단 재화는 없다고 본다. 비시장 상황에서 다원 경쟁에 해당하는 것은 매우 큰 조직이다. 여기서는 이것을 '잠재' 집단이라고 부른다. 그것을 구별하는 것은 하나의 구성원이 집단 재화의 공급에 도움을 주든 주지 않든 다른 어떤 성원도 그에 따른 영향을 받지 않으며 아무도 반응을 하지 않는다는 사실에 있다. 이 때문에 잠재 집단에 속한 개인은 어떤 집단의 노력에도 유의한 기여를 할 수 없다. 이에 따라 대집단 혹은 잠재 집단은 집단 재화를 획득하기 위하여 행동할 유인 요소를 갖지 못한다. 집단 재화의 가치가 얼마나 되든 그것은 개인이 조직에 대한 기여금을 지불하거나 혹은 다른 방법으로 집단행동에 필요한 비용 부담을 할 유인 요소를 개인에게 제공해 주지 못하기 때문이다.

별도의 선별적인 유인 요소만이 잠재 집단에 속한 합리적 개인으로 하여금 집단 지향적 행동을 하도록 자극한다고 할 수 있다. 그러한 환경에서는 집단행동이 집단 재화와 같이 무차별적이 아니라 개인에 대해 선별적으로 작용하는 유인 요소에 의해 이루어진다. 유인 요소가 선별적인 이유는 그것에 참여하지 않는 개인은 참여하는 개인과 다른 대우를 받게 되기 때문이다.

집단 지향적 행동의 기회는 방금 설명한 범주별로 각각 다르다. 어떤 경우는 집단 혹은 공공 재화가 공급될 것이라는 기대가 있을 수 있고 다른 경우에는 선별적 유인 요소가 없는 한 그러한 기대는 없을 것이다.

어느 경우이든 개인의 이익을 자발적이고 합리적으로 추구하는 것이 집단 지향적인 태도를 가져올 것인지 아닌지 결정하는 핵심 요인은 규모이다. 소규모 집단은 대규모 집단에 비해 훨씬 더 자신의 공동 이익을 추구하게 될 것이다. 이 장 서두에서 제기한 질문의 대답이 이제 가능하다. 즉, 소집단은 질적, 양적으로 대집단과는 다르며 대규모 단체의 존재는 소집단의 존재를 설명하는 동일한 요인으로 설명할 수는 없다는 것이다.

Part 4 　비정부기구와 시민사회: 민주주의의 위임[1]

I. 비정부기구들(NGO's)

1. 비정부기구(NGO)란 무엇인가

비정부기구란 정부 밖에 존재하는 조직으로 기업과도 구분되며 흔히 제3부문으로 불린다. 비영리조직으로 가치 지향적이고 자발적인 참여가 특징이다. 본서의 목표는 국제 개발 부문에서 활동하는 비정부기구들에 관해 조사하는 것이다. 대표적 기구들로는 가톨릭 구제 기구, 옥스팸(Oxfam), 세계를 위한 빵, 어린이 구조 및 기독 구조 등이 있다.

이 책의 저술 동기는 필자가 농촌개발협회(ARD)라는 자발적 비정부기구의 보조 자원봉사자로 시에라레온에서 1년간 활동한 것이 계기가

---

1) Hudock, Ann C. (1999). *NGO's and Civil Society: Democracy by Proxy.* Polity Press. 1-31, 109-120의 부분을 번역, 요약한 내용이다.

되었다. 그때 이 기구의 여러 가지 지역사회 개발 노력들이 중요 사항에 대해 결정권을 행사하고자 하는 기부자들이나 다른 비정부기구들에 의해 좌초되는 경우들을 많이 보았다.

역설적인 것은 저개발 국가의 비정부기구들을 가리키는 '남부 NGO'들이 선진국의 비정부기구들을 지칭하는 '북부 NGO'들의 신세를 지고 있다는 사실이다. 이는 물론 북부 NGO 국가들이 자원을 제공하기 때문이지만 이들이 ARD에 자원을 제공하는 방법은 ARD의 능력이나 활동을 제고하는 방향이 아니라 오히려 저해하는 방향으로 추진되어 왔다는 데 문제가 있다.

본 논문의 요지는 비정부기구들에 제공되는 자금 지원 방식과 그 과정에서 형성되는 관계의 성격이 비정부기구들의 능력을 결정한다는 것이다. 외부에서 받는 지원 때문에 이들은 자연히 외부의 통제에 종속되게 되고 정부에 대한 시민의 요구를 대변할 힘을 상실하게 된다. 이러한 외부 요인들은 오랫동안 등한시되어 왔으며 비정부기구들이 어떻게 자원을 획득하느냐가 아니라 어떻게 그 자원을 이용하느냐에 만 관심이 집중되었었다.

2. 비정부기구들의 자금 조달

비정부기구들이 지원을 받는 방법은 대부분 계약, 기부, 보조금, 수수료, 제품 판매 수익 및 회비 등이다. 자금 조달원이 부분적으로 이 기구들의 프로그램 개발과 관련된 자율성을 결정한다. 예를 들어 일부 비정부기구들은 기부자가 가장 우선권을 두는 집단의 프로그램을 수행하기 위해 그 기부자의 자금 지원을 받는다. 이럴 경우 비정부기구는 계약 당사자가 되며 본질적으로 기부자의 대리인에 지나지 않게 된다. 만일 비정부기구가 정부의 자금을 받는다면 정부에 보고할 엄격한 의무를 갖게 되며 이렇게 되면 이들의 신축성과 책임감은 제한받을 수밖에 없다. 반대로 대중의 기부금만으로 지원되는 기구들이 있다. 이러한 자금은 적절하다고 판단될 때 사용할 수 있으며 기부자에게 개별적으로 책임질 여지는 거의 없다.

특히 개발도상국에서는 점차로 많은 쌍방 지원이 비정부기구들에 제공되고 있는 추세이다. OECD 보고에 의하면 회원국이 비정부기구에 제공하는 지원 비율이 1975년의 0.7%에서 1985년에 3.6%로 증가했으며 1993 / 1994년에는 최소한 5%, 금액으로 약 23억 불 증가할 것이라고 한다. 개별 기부자들의 지원 수준도 크게 증가했다. 영국에 본부를 둔 해외개발협회 보고서에서는 1993 / 1994년까지 10년간 비정부기구들에 대한 공식 지원액이 거의 400% 증가했다고 알려주며, 스웨덴의 비정부기구들은 1994년에 공적 자금의 85%를 지원받았다고 한다. 또 1993년에 캐나다의 비정부기구들이 받은 공식 개발 지원금은 70%에 달했고 미국은 66%를 받았다.

더욱 두드러진 사실은 남부 NGO들이 받은 공적 개발 자금 지원액이 증가했다는 것이다. 유럽 연합은 8천만 불을 남부 NGO들에게 제공했는데 주목할 사실은 방글라데시에 있는 비정부기구들 같이 규모가 큰 기구들의 수령액은 오히려 감소했다는 점이다. 1991~1993년 사이에 스웨덴 국제 개발 기구(SIDA)는 4백만 불을 방글라데시의 비정부기구에 배정한 바 있다. 이 지원에 이어 엄청난 정치적 영향력이 행사되었다. 일부 남부 NGO들은 국민의 필요에 대응하도록 그들의 정부에 로비하고 세계은행과 같은 다국적 기구에 대해서도 투명성과 책임성을 제고하도록 촉구한다.

3. 주요 질문들과 구조

그와 같이 재정지원과 정치적 영향력이 증가함에 따라 치러야 할 대가도 커지기 마련이다. 많은 남부 NGO들은 정부 자금을 받음으로써 비정부 활동 단체로서의 정당성이나 고객과의 관계가 손상된다는 점을 인식하고 있다. 뿐만 아니라 지원이 필요한 대상을 위해 일할 시간에 행정기관의 요구에 따른 보고 및 회계 의무가 커지게 된다는 사실도 알게 된다.

이러한 추세에 비추어 본 논문에서는 세 가지 과제를 다룬다. 1) NGO와 다른 기구들과의 관계를 이해하기 위한 기초적 개념 제공, 2) 정부나 다른 대외적 지원을 받는 NGO의 정치적 성격 조사, 3) 재정적 자립을 달성하기 위한 NGO의 다양한 전략 소개 등으로 구분하여 볼 수 있다. 이어지는 장에서는 다음과 같은 방법으로 과제가 수행된다. 2장에서는 국제 개발과 관련한 NGO의 다양한 분류를 정의하고 남부와 북부 NGO들의 상호 관계를 논의한다. 북부 NGO들이 남부 NGO들에 제공하는 지원으로 말미암아 남부 NGO들의 독립성이 침식되고 시민사회 발전에 기여하는 임무가 방해받는다는 점이 검토된다.

3장은 남부와 북부 NGO들의 관계 분석을 통해 남부 NGO들의 용량에 미치는 영향을 파악한다. 외부 요인보다는 내부 요인, 즉 자원을 획득하는 방법이 이들 남부 NGO들의 용량을 결정한다는 점이 강조된다.

4장은 남부 NGO들의 능력 향상을 위하여 적용할 기본 요소들로서 능력 형성, 전략 및 메커니즘을 다루고 이것들이 시민사회 발전과 갖는 관계를 논의한다.

5장은 다국적 기구들과 기부자들이 북부 NGO의 정책형성에 미치는 영향을 조사한다. 이 장의 요지는 다국적 기구들과 기부자들이 남부 NGO들을 통해 시민사회 발전을 위한 자신들의 목표를 달성하고자 한다면 이들에 대한 북부 NGO의 지원 방식이 남부 NGO들의 자율성과 시민사회에 대한 기여를 제고하는 방향으로 바뀌어야 한다는 것이다.

6장은 이러한 주장의 예시로 시에라레온과 잠비아에 소재한 남부 NGO들의 사례들을 소개하고 그들의 자원 의존으로 인한 외부 통제 때문에 고객집단에 대한 반응이 침해된 사실을 예시한다.

7장에서는 남부와 북부 NGO의 관계 재정립을 위한 정책 권고 사항을 제시하고 혁신적인 재정 자립 전략을 채택하여 북부 NGO에 대한 의존에서 벗어난 남부 NGO의 사례를 소개한다.

8장은 결론적으로 남부 NGO들의 지원 대책이나, 또 북부 NGO들의 직접적인 개입 없이는 개발 이론과 실무에 심각한 부작용이 발생할 수 있음을 지적한다.

Ⅱ. 북부와 남부 NGO들을 연결시키는 유대

어떤 북부 NGO가 시에라레온의 지역사회집단으로부터 받은 신청을 평가해 주도록 지방발전협회(ARD: Association for Rural Development)에 요청한 적이 있었다. 지방 여성 협동조합인 이 단체는 북부 NGO에 야자유 가공 작업을 지원해 줄 것을 요구해 왔던 것이다. 이 NGO는 유럽에 사무소가 있었기 때문에 이 여성단체가 하는 일의 정확한 내용을 파악할 수 없었다. 그래서 이 북부 NGO는 현지 협력 상대로서 현지 관습과 언어 및 개발 문제를 잘 알고 있는 지방발전협회(ARD)에 상황을 알려주도록 요청한 것이다.

지방발전협회(ARD)는 수도인 프리타운 외곽으로 나가 여성 조합원들과 만나고 야자유 가공 과정을 견학했다. 지방발전협회(ARD) 요원들이 도착하자 마을 사람들이 모이고 사업 내용과 지원에 관한 토의가 이루어졌다. 어린이 사망률과 문맹률이 높고 고용 기회가 적은 이 마을의 주민들은 그들의 절실한 필요를 충족시켜 주리라는 기대에 가득 차 외부인들을 환영했다.

불행히도 협동조합의 노력은 전무했다. 지방발전협회(ARD)는 마을 사람들의 활력 및 남성 지도자들과 여성 조합원들의 상호 작용과, 현지어로 이루어진 요점 잡힌 질의응답을 통해 이러한 사실을 신속히 간파했다. 북부 NGO와 같은 이방인들이 놓칠 수 있는 사실이 지방발전협회(ARD)에는 금방 선명하게 드러났다.

마을 남자들은 여성 노동력으로 야자유 가공 사업을 수행하고 있었다. 성문제는 NGO들의 주요 관심사임으로 이것은 좋은 기회였다. 여성들은 가장 시급한 문제로 식수 문제를 들었다. 현실을 직시하는 지방발전협회(ARD)의 능력은 북부 NGO가 개발 동반자로 그들을 선정한 이유를 잘 설명해 주었다.

NGO의 비교 우위는 다음과 같은 능력으로 드러난다.

가난한 사람들에게 접근할 수 있다.

개발 활동의 참여를 자극한다.

개발 과정과 결과에 주력한다.

주민들의 필요에 신축적으로 대응한다.

지역단체들과 협력한다.

비용 면에서 효율적으로 활동한다.

난해한 문제들에 대해 창조적 해법을 개발한다.

주민 중심의 연구를 수행한다.

문제 해결을 위해 현장 경험을 활용한다.

개발 문제에 반영된 주민의 필요를 고려하고 외부적 분석보다는 이러한 현실적 상황을 기초로 한다. 남부 NGO가 가진 비교 우위에도 불구하고 그러한 자원은 잘 활용되지 않는다. 지방발전협회(ARD)를 예로 들면 사업 보고서 작성, 출장 보고서 기록, 제안 및 평가, 분기 보고서 제출 등에 엄청난 시간을 소모한다. 심지어 북부 NGO 대표들이 방문하면 이들의 환영과 접대에 또 다른 많은 시간들이 허비된다. 좋은 면으로 말하자면 남부 NGO는 북부 NGO의 지원을 받아 지역사회집단과 상호 작용을 하고 있지만, 나쁜 면으로는 북부 NGO의 지원을 계속 얻어내기 위해 행정적인 일에 너무 많은 시간을 빼앗기고 있다는 점이 문제이다.

이 장에서는 북부와 남부 NGO 관계의 특성을 조사하고 문제점을 지적한다. 북부 NGO의 지배력이 강화되고 남부 NGO의 의존도가 심화되는 '동반자 관계'는 부적절하다. 4장에서 검토한 것처럼 이들의 불평등 관계를 시정하기 위해 남부 NGO의 운영 역할을 증진시킬 전략적 접근이 필요하다.

1. 비정부기구들(NGO's)의 개념 정의

1) 북부 NGO

ARD와 협력하는 북부 NGO는 1차 세계대전 후에 등장했으며 2차 세계대전 후에 더욱 그 활동이 두드러졌다. 가톨릭 구제 기구(CRS), Oxfam, 전세계 원조 및 구제 협조기구(CARE) 등을 포함하는 이들 비정부기구들은 주로 전쟁으로 피폐된 유럽 국가에 구제 원조를 제공하는 일에 종사했다. 유럽에서의 분쟁이 종식되고 공동체의 재건이 완수되자 이들의 지리적 초점은 제3세계로 전환되었다. 동시에 이들 중 일부 기구는 복지 및 개발 활동으로 범위를 확장하고 일부는 기존 기구의 회원으로 가입하거나 직접 봉사하는 일에 참여했다.

최근 들어서는 많은 북부 NGO들이 개발 활동에 종사하는 남부 협력기구들과 제휴하는 상태로까지 발전했다. 이것은 조직 고유의 사명을 수행하고 자원 등을 활용하는 능력 구축의 일환으로 볼 수 있는 현상이었다.

1998년 보스니아의 경우를 예로 들면 24개 국가에서 온 약 200개의 NGO들이 활동하면서 그해에만 약 10억 불을 사용했다. 뉴욕 타임스에서는 그처럼 많은 자원단체들이 한 국가 내에서 수많은 분야의 책임 있는 임무를 수행한 역사는 없었다고 보도했다. 그들의 활동을 긍정적

으로 평가한 측도 있었지만 일부 분석가들은 이들 자원단체들이 보스
니아인들의 자율적인 재건 활동을 숨 막히게 하는 압력단체라고 부르
기도 했다.

2) 남부 NGO

남부 NGO들 일부는 북부 NGO의 자금 지원에 따라 등장하기도 했고
일부는 회원 기구나 북부 NGO의 산하 기구로부터 발전하기도 했다. 다
시 보스니아의 예를 들면 외국 NGO들이 177개의 국내 NGO를 창설하
는 데 조력하기도 했다. 그러나 다른 남부 NGO들은 자기 국가가 직면
한 개발 문제에 대응하여 자발적으로 형성되기도 했다. 이들은 외부의
제안을 수용하기보다는 현지에서 해법을 찾고자 했다. 일반적으로 남부
NGO들은 설립 동기는 다양했지만 구조와 운영 방식은 북부 NGO들과
유사했다. 대부분 북부 NGO 요원들에 의해 주도되었기 때문이다.

마케도니아 국제 협력 본부(MCIC)는 마케도니아의 경제 악화에 대
응하기 위해 1993년에 설립되었다. MCIC의 목표는 평화스런 시민사회
를 구축하고 사회의 비주류 계층을 지원하는 것이었다. 그 노력의 일
환으로 38개 마을의 23,883명 주민들에게 식수를 공급할 수 있었다. 주
민 중 9.11%는 소수민족에 속했다.

방글라데시 농촌 발전 위원회(BRAC)는 아마 가장 잘 알려진 최대
규모의 남부 NGO 중 하나일 것이다. 직원이 4,500명이고 연간 운영
예산만 2,300만 불에 달한다. 이 기구의 전략 목표는 다양하지만 한마
디로 다양한 분야에서 훈련과 연구 활동을 실시하고 있다.

3) 중개 NGO

남부 NGO들은 소위 중개 NGO라는 이름으로 불리기도 하는데 이는
농업, 보건, 교육, 수자원 사업 등 다양한 사회봉사 활동에 종사하는
다른 NGO나 지역사회집단을 지원하기 때문에 붙여진 것이다. 이들 중
에는 물론 북부 NGO도 포함된다.

중개 NGO는 특히 개발도상국의 NGO 부문에서 점점 중요성을 갖는데 북부 NGO들이나 기부자들이 이들을 다른 회원 기구들에 제공하는 자금 통로로 사용하고 있기 때문이다. 특히 동구와 신흥 독립국에서 이들 중개 NGO들은 NGO 설립 및 통합의 필수적 요소가 되고 있다. 그러나 이들 중개 NGO가 만능의 기능을 하는 것은 아니다. 옥스퍼드 대학의 NGO 훈련 연구소인 INTRAC이 지적한 것처럼 초기의 열기와 달리 현재는 이들이 오히려 시민사회를 약화시키지 않는가 하는 의문이 일고 있기 때문이다. 국내 NGO들이 지나치게 인기 위주의 사업에 불균형적으로 치중하는 경향을 비판한 것이다.

남부 NGO들은 개발 과정의 수혜자 역할을 수행하지 못함으로써 시민사회에 기여하기보다는 오히려 시민사회를 저해하는 요소가 되었다. 북부 NGO 역시 중개 기구들을 지원함으로써 진정한 민주주의가 아니라 위임 민주주의를 장려하는 결과를 초래했다.

4) 회원 기구들

여기서 논의할 네 번째이자 마지막 기구 범주는 지역사회집단 혹은 회원 기구들이다. 이들은 특정한 개발 문제에 대응하여 형성된 현지 조직들이다. 경우에 따라 이 조직들은 현안 문제가 해결되면 해체되기도 하고 때로는 다른 지역사회문제로 이관되기도 한다. 지역사회를 기반으로 한 조직이 카리스마를 가진 지도자에 의해 설립되면 그들의 관심은 지역사회에 그치지 않고 전국적인 범위로 확대된다.

그 한 예가 인도 아메다바드의 여성자영자협회(SEWA)이다. 비공식 부문의 여성 노조로 1972년에 설립된 SEWA는 사채업자들의 높은 이율로 인해 여성 영세 사업자들의 수익성이 악화된 데 대한 대책 수립이 목표였다. 이들은 자체 은행을 설립하여 12%의 이율로 융자를 실시한 결과 13,000 회원들의 수입이 증가되는 결과를 경험했다.

북부와 남부 NGO 및 지역사회단체들이 수십 년 동안 별개로 혹은 공동으로 활동해 온 결과 각 기구의 형태에 따른 역할과 책임이 검토되게 되었다. 1970년대와 1980년대에 걸친 논의의 초점은 개발 문제의 주도권이 누구에게 있는가 하는 것이었다. 북부 NGO는 기술과 자원이 있지만 개발 과정을 독점했다는 비판을 받은 반면, 남부 NGO는 문제 해결의 지식은 갖고 있지만 개발 자원을 중개 기구를 통해 지원받았기 때문에 그러한 지원에 대해 말할 수 있는 여지를 갖고 있지 못했다.

Ⅲ. NGO 관계의 정책

각자의 역할에 대한 남부와 북부 NGO 간의 대립은 1998년 브뤼셀에서 능력 신장을 위한 ㅂ 포럼의 설립으로 이어졌다. 다양한 이해 관계자들로 구성된 이 포럼은 남부와 북부 NGO, 기부자 및 재단 간의 대화를 증진하고 정보를 교환하는 기구였다. 지역사회 기구는 최소한 이론적으로는 개인의 이익을 집단의 이익과 결합시켜 주었다. 그러나 아프리카, 아시아 및 라틴 아메리카의 지역 전문가들은 이해 당사자들의 우선순위가 다르기 때문에 각 지역별 요구 순위 역시 다르다는 사실을 알려준다. 이 포럼의 공통 주제는 다음과 같았다.

리더십 개발. 정책 연구 및 홍보. 정보 접근, 이용 및 분배. 연합, 제휴, 네트워크, 남-북 동반자 관계 형성. 부문 상호간 동반자 관계. 재정적 독립.

남부 NGO들은 자원 배분 결정에서 더 많은 지원과 책임을 요구한다. 이들은 북부 NGO들이 당사국으로부터 우선 대우를 받는다고 주장한다. 이에 대한 북부 NGO의 반응은 그들이 남부 NGO들을 위해 훈련을 실시하고 관리 부담을 덜어 주는 역할을 하기 때문에 그러한 대우는 필수적이라는 것이다. 남, 북 NGO 양측은 상호 신뢰와 존중심 함양이 필요하다는 데 공감하고 있다.

남북 NGO들은 왕왕 공동 노력을 통해 지역사회단체에 지원을 제공한다. 북부 NGO는 지역사회단체들에 관한 정보를 남부 NGO의 중개에 의존하고, 남부 NGO는 지역사회집단이 필요로 하는 자원을 북부 NGO에 의존한다. 궁극적 목표는 지역사회가 개발 목표를 달성하도록 능력을 강화시키는 것이다.

지방 공동체가 자신의 필요를 인식하는 것은 신뢰, 상호성 및 개인 간의 개입 정도를 나타내는 '사회적 자본'이 존재한다는 증거이다. 사회적 자본은 국내 활동자가 외부 활동자와 상호 작용할 때 생성된다. 그러나 남부 NGO가 이러한 사회적 자본 개발에 기여하는지 여부는 확실하지 않다. 남부 NGO는 기부자나 북부 NGO의 필요보다는 지역사회의 필요에 반응하는 경우가 훨씬 많기 때문이다.

렌샤(Renshaw 1994, 47)는 남부 NGO에 대한 지원이 그 자체 시민사회를 강화시키지 않는다고 주장함으로써 많은 사람들의 염려를 대변한다. 남부 NGO들은 지역사회 수준에서 조직 능력을 구축할 때만 시민사회에 기여할 수 있다는 것이다.

남부 NGO가 일반 대중 집단에 대해 제공하는 기본적인 봉사와 이 봉사가 시민사회 발전에 기여하는 측면에는 두 가지 중요한 점이 있다. 첫째는 재화나 용역의 제공 과정이 그 결과보다 더 중요하거나 최소한 동일하게 중요하다는 점이다. 만일 남부 NGO가 현지의 의존성을 높이고, 기능과 자원의 동원이 불가능한 방법으로 지원을 제공한다면 장기적으로 보아 그것은 이익보다 해가 많다. 둘째는 남, 북 NGO의 관계가 가진 성격이 왕왕 지역사회집단과의 협력 방식을 결정한다는 점이다. 더욱이 북부 NGO의 지원을 남부 NGO가 임의로 사용할 수 있는 경우는 거의 없고 북부 NGO가 지정하는 특정한 사업이나 활동과 연계되어 지원이 실시되는 경우가 매우 많다.

IV. 제도적 상호 의존도 분석: 개념적 구도

1. 독 립

이것은 중간 계층에 대한 모독이다. 지상의 모든 인간은 서로 의존하며 살아가고 있다. 이것은 조지 버나드 쇼의 피그말리온에 나오는 말이지만 바로 NGO에 적용되는 말이기도 하다. 모든 NGO들은 다른 기구들에 의존한다. 예를 들어 많은 남부 NGO들은 고객집단을 위한 개발사업을 수행할 자원이 부족하다. 따라서 북부 NGO들의 지원을 요청하게 된다. 북부 NGO들이 이러한 자원을 제공하게 될 경우 그 사용 방법 역시 남부 NGO가 아니라 자원을 제공한 북부 NGO가 결정하게 되는 경우가 빈번하다.

이 장에서는 NGO의 상호 의존성을 분석하는 토대를 제공하고 이러한 불평등이 어떻게 남부 NGO들을 외부 통제에 종속시키게 되는지를 설명한다. 이 장에서는 또한 기존의 문헌에 나타난 공백을 조사하여 '조직―상호간 영향'에 관한 기준을 제시한다.

다음 과에서는 이 토대를 구체적으로 설명하고 그것이 남, 북 NGO의 관계 이해에 어떻게 도움이 되는지 논의한다. 간단히 말해서 조직―상호간 영향 구조는 남부 NGO들이 일반 대중 공동체 집단에 효율적으로 봉사할 수 있고, 북부 NGO에 의한 외부 통제가 북부 NGO의 수와 관계에 의해 결정된다는 사실을 암시한다.

2. 기존 문헌상의 공백

기존 조직 분석과 NGO 관련 문헌에 나타난 공백은 남, 북 NGO의 관계 이해를 위한 새로운 분석적 접근이 필요함을 시사한다. 조직 분석 문헌들이 NGO의 이해와 설명에 전적으로 부적절한 이유는 다음 몇 가지로 제시할 수 있다.

1. 조직 분석이 조직의 외부 측면보다는 내부 측면에 집중되어 있다.
2. 조직 분석 문헌의 초점이 대부분 조직이 어떻게 자원을 활용하는 가에 집중되어 있다. 그러한 접근은 자원의 존재를 전제로 한 것 인데, 이 방법은 기존의 조직 분석에서는 타당할지 몰라도 물리적 자원이 부족한 비영리 남부 NGO의 분석에는 부적절하다.
3. 조직 분석 문헌이 조직 간 관계가 조직의 구조와 운영에 미치는 영향을 종합적으로 파악하지 못했다. 그 이유 중 하나로서 그러한 관계를 범위나 질적으로 정의하고 관찰하기가 어렵고 또한 그 관 계가 시간적으로 변화하기 때문에 파악이 곤란하다는 점이 있다.

NGO 문헌에서는 남, 북 NGO의 관계가 동반자 관계로 묘사되어 있 다. 그러나 이러한 접근 방식은 약점이 있다. 동반자 관계라는 용어는 남, 북 NGO의 관계를 이상적 상태로 표현하고 있지만 실제로 남, 북 관계는 북부 NGO가 지배하는 형태이며 자원은 주로 북부에서 제공하 고 남부의 기여 정도는 모호하다. 실제로 동반자 관계는 남부 NGO에 는 불리하며 필요한 자원을 질서 있게 획득하는 관계로서는 매우 부적 당하다고 할 수 있다.

NGO 문헌의 가장 근본적인 약점 하나는 NGO가 '이타적' 동기에 의해 행동하도록 하는 가치기반이 있다는 전제를 하고 있다는 점이다. 이것은 조직 분석의 핵심 원칙과 전적으로 대치되는 관념이다. 이에 의하면 조직의 목표는 생존이며 생존을 위해서는 자체의 이익을 타조 직의 이익보다 우선해야 한다는 것이다. 그러나 조직의 생존 목표는 자체봉사 활동에 의해 달성될 수 있다. 이것이 바로 NGO가 자원을 획 득하는 이유이자 조직에 미치는 효과이다.

예를 들어, 시카고 트리뷴지가 1년간에 걸친 어린이 후원 기구에 관한 조사에서 밝혀냈듯이, NGO의 가치와 운영 간의 불평등은 명백하다. 어린이 후원 기구들은 어린이의 건강, 교육, 위생 등에는 자원을 제공했지만 후원 대상 어린이의 생활을 긍정적이고 영속적으로 변화시키는 데는 실패했다.

3. 개념적 토대

조직-상호간 영향의 토대는 남부 NGO들이 자원을 획득하는 방식의 분석을 위해 개발되었다. 남, 북 NGO의 상호 의존 관계를 밝혀냄으로 이 토대는 다음과 같은 분석 작업의 도구 역할을 한다. 1) 남부 NGO가 북부 NGO에 자원을 의존함으로써 남부 NGO는 고객의 우선순위를 반영하는 프로그램 수행 능력을 상실했다. 2) 북부 NGO는 남부 NGO와의 상호 작용에서 수혜자이다. 3) 남부 NGO를 강화하는 작업은 북부 NGO의 조직구조와 운영을 개선시킨다.

이러한 이론적 토대에는 두 개의 기본적 구축기반이 있다. 첫 번째는 1978년에 페퍼와 사랜식(Pfeffer & Salancik)이 개발한 자원-의존 관념이고 두 번째는 1977년에 개발된 코헨과 나이(Keohane & Nye)의 상호 의존 관념이다. 각 개념을 간단히 소개하면 다음과 같다.

4. 자원-의존 관념

자원-의존 관념은 조직 분석 문헌에서 자원의 획득과 사용에 관한 가장 오래된 개념의 하나이다. 페퍼와 사랜식(Pfeffer & Salancik)이 지적한 바와 같이 "조직은 필요한 자원을 획득하기 위해 환경 내의 다른 요인들과 거래하지 않으면 안 된다."

자원–의존 관념의 전제는 어떤 조직도 완전하지 않다는 점이다. 모든 조직은 생존에 필요한 자원을 획득하기 위해 외부 환경의 다른 조직과 상호 교류해야 한다. 이러한 의존이 문제되는 것은 아니며 오히려 그것은 환경의 불가분한 특성이기도 하다. 자원의 획득과 유지는 조직의 생존을 위한 핵심이다. 조직 환경의 관련 수준에는 세 가지가 있다. 1) 네트워크화한 개인의 전체 체계, 2) 상호 작용하는 개인과 조직의 집합, 3) 환경을 대표하는 조직의 관념 등이다.

어떤 조직도 자급자족이 불가능하므로 일부는 다른 조직보다 더 의존적 환경에서 존재한다. 조직은 자치와 불확실성을 통제하려는 필요 사이에서 갈등을 갖는다. 이러한 갈등구조의 결과가 조직의 상호 의존성이다.

이러한 상호 의존성은 자원의 획득에 따라 변화한다. 조직의 의존성을 결정하는 세 개의 조건이 있다.

1. 조직이 추구하는 자원의 중요성, 이것을 결정하는 것은 자원의 규모와 임계점이다. 규모란 자원이 차지하는 입력과 출력의 비율이다. 임계점은 자원을 획득할 수 없을 때 그에 따른 결과의 심각성을 나타낸다.
2. 자원 보유자가 자원의 배정과 사용에 대해 갖는 임의의 권리이다. 대체 자원이 존재하며 그것은 적정한가? 자원의 통제자는 독점권을 갖고 있는가?
3. 조직은 의존성을 관리하기 위해 다음과 같은 전략을 사용한다. 외부 환경과의 상호 작용에서 직면하는 억제요인에 적응한다. 통합, 분산 혹은 성장을 통해 상호 의존성을 변경한다. 다른 조직과의 결합 혹은 합작에 의해 환경을 타협한다. 정치적 행동에 의해 환경의 합법성을 변경시킨다.

5. 비대칭적 상호 의존

약간의 주요 용어들을 정의하면 상호 의존성에 관한 논의의 유용한 길잡이가 될 수 있을 것이다. '의존'이란 외부의 힘에 의해 결정되거나 유의한 영향을 받는 상태를 가리킨다. '상호 의존'이란 단순히 상호간의 의존 관계이다. '상호 접속'과 '상호 의존'의 차이를 구분하는 것이 중요한데, 호혜적이지만 반드시 대칭적인 관계가 아닐 때를 상호 의존이라고 하고, 상호 작용이 유의한 비용 효과가 없을 때 그러한 교류는 상호 접속이라고 한다.

상호 의존 관념에 고유한 요인이 비용이다. 상호 의존 관계의 비용 − 수익 분석은 다음과 같은 두 가지 관점에서 실시할 수 있다. 1) 관련 당사자에 대한 공동 수익 혹은 공동 손실. 2) 교류에 따른 상대적 수익과 분배 문제이다.

상호 의존은 활동자 간의 균형 잡힌 교류를 의미하지는 않으며 실제 대부분의 관계는 비대칭적이다. 코헨과 나이(Keohane & Nye 1989, 10)는 "비대칭적 의존이 다른 당사자에 대한 영향력의 근원이 된다."고 기술했다. 다른 말로 하면 비대칭적 상호 의존이 권력의 근원이라는 것이다.

비대칭적 상호 의존이 하나의 활동자에게 혜택을 주는 것 같지만 현실적으로는 예측하지 않은 다른 요인들이 약한 활동자에게 가해지는 영향력의 요인이 될 수 있다. 예를 들면 영향력이 약한 측이 교류에서는 유리할 수 있는데 이유는 보다 더 일관된 행동을 할 수 있다. 어떤 문제에 대해 강자보다 더 깊이 개입할 수 있다. 또한 강자보다 더 위험 부담과 그 후유증을 부담할 용의를 갖는다.

상호 의존에서 차지하는 권력의 역할을 강조하기 위해 코헨과 나이(Keohane & Nye)는 감수성과 취약성을 구분한다. 감수성의 상호 의존은 반응 정도를 가리키는 반면 취약성은 활동자가 직면한 대안의 상대적 비용을 지칭한다.

요약하자면 감수성과 취약성은 자원의 부족이 활동자에게 미치는 영향으로 이해할 수 있다. 활동자가 어디서든 자원을 획득하고 자원 없이도 존재할 수 있으면 그는 자원의 소유에 대해 민감하다고 할 수 있고, 반면 활동자가 어디서든 자원을 획득하지 못하고 자원 없이는 존재하지 못한다면 취약하다고 할 수 있다.

6. 토대의 구체적 설명

조직-상호 영향의 토대는 다른 조직과의 외부 요인에 중점을 준다는 점에서 고유하다. 분석 작업은 조직이 자원을 획득하는 방법으로부터 시작한다. 이러한 방법은 자원을 소유한 조직이 자원을 추구하는 조직에 대해 어느 정도나 영향력을 행사하는지 알려준다.

상호 의존은 조직이 외부 환경과 보다 많이 연결되어 있을 때 문제를 일으킨다. 남부 NGO가 외부 환경의 활동자에게 더 많이 의존하면 할수록 그것은 이들 활동자의 요구를 관리하는 에너지와 자원을 더 집중해야 한다는 것을 의미한다. 따라서 취약성의 상호 의존에 갇힌 남부 NGO는 예상하지 않은 체제의 충격에 대처하지 않으면 안 된다.

예를 들어 1995년 무렵 시에라레온에서 반란이 기세를 떨쳤을 때 많은 북부 NGO들은 그들의 활동을 중단하거나 남부 NGO에 대한 지원을 축소했다. 지방발전협회(ARD)는 북부 NGO의 지원에 거의 전적으로 의존했기 때문에 급여나 사무실 운영비 등 핵심 비용이나 개발사업 및 조직의 생존 자체가 위협받았다.

그러나 현실적으로 남부 NGO들은 북부 NGO가 아니라 다른 이해관계자들의 상반되고 경쟁적인 요구에 직면한다. 남부 NGO의 생존은 이러한 각 집단의 요구에 효율적으로 대처하는 능력에 의해 좌우된다.

남부 NGO의 정통성은 회원 조직과의 협력에 의해 얻어진다. 따라서 그들은 이러한 관계를 조성하고 유지해야 한다. 동시에 남부 NGO들은 생존과 회원 조직과의 협력사업 수행에 필요한 자원을 북부 NGO에 의존한다. 이들이 자원을 얻기 위하여 북부 NGO의 요구에 따를 경우 남부 NGO들은 왕왕 자신의 자율성을 희생하지 않으면 안 된다. 이것은 개발 대행자로서 이들 NGO의 역할에 심각한 후유증을 유발한다. 남부 NGO의 자문위원회는 이러한 북부 NGO의 요구와 다른 한편으로 일반 대중의 모순되는 요구에서 중재 역할을 해야 했다.

이 장에서는 조직-상호간의 영향에 관해 다루었다. 조직은 생존하기 위한 자원을 환경에서 얻기 때문에 조직 분석의 적절한 시점은 조직이 어떻게 그 자원을 사용하는가가 아니라 어떻게 자원을 획득하느냐 하는 데서 찾아야 한다. 상호 의존은 조직과 환경의 거래의 특성을 규정하고 감수성과 취약성의 개념은 조직이 자원을 장악한 주체의 영향에 얼마나 종속되는지를 암시한다.

남부와 북부 NGO의 관계를 바꾸기는 어렵다. 그들 사이에 존재하는 문제는 본질적으로 조직적인 것이 아니라 정치적인 것이기 때문이다. 그러나 그들의 관계를 변경하는 일이 전혀 불가능한 것은 아니다. 첫 번째 단계는 이러한 관계를 제로 섬(zero-sum) 관계로 보는 것이다. 북부 NGO는 개발 효율성을 증가시킴으로써 남부 NGO와의 관계에서 혜택을 얻을 수 있다. 반면 남부 NGO는 개발 수혜자들의 요구에 신축적으로 대응하는 능력을 촉진함으로써 북부 NGO와의 관계에서 혜택을 얻을 수 있다. 이것은 개발 지원 수혜자들의 필요를 충족시키게 됨으로 최종적으로 혜택을 얻는 집단은 바로 개발 지원 수혜자들이 될 것임을 가리킨다.

Ⅴ. 결론: '오직 아니라고 말하라':

시민사회에 기여하도록 남부 NGO를 강화함

앞 장에서 기술한 생존을 위한 재정전략은 시민사회 발전에 기여하는 남부 NGO의 능력과 용량에 필수적이다. 이러한 전략은 이들 기구의 설립목표인 고객집단과의 유대를 보장한다. 생존을 위한 재정전략은 남부 NGO들로 하여금 신뢰하기 어려운 기부자의 재정지원에 의존하기보다 그들의 생존 바탕이 되는 경제 주체와의 통합을 자극한다.

그러나 혁신적인 재정전략이 만병통치약은 아니다. 남부 NGO들은 기업과의 연대에서 활동 장애를 경험했다. 일부 기업과의 정치적 유대가 NGO를 오염시키기도 했다. 전반적인 국가의 법률과 세법 체제는 남부 NGO들과 기업체의 협력을 허락하지 않는다. 예를 들어 업체는 NGO에 대한 지원에 대해 세금 공제 혜택을 받을 수 없다. 결국 남부 NGO들은 외부 환경이 그들의 운영에 중요한 역할을 하게 됨을 이해할 필요가 있다. 남부 NGO가 북부 NGO로부터 받는 지원에 대해 확고한 태도를 취한다면 그들은 권력의 패러다임을 서서히 개발 수혜자 쪽으로 이동시킬 수 있게 될 것이다.

남, 북 NGO의 관계는 수혜자와의 관계를 강화시킨다. 북부 NGO는 남부 NGO에 대한 자원 제공의 불확실성을 감소시키게 될 것이고 내부 변수에서 외부 변수로 그들의 주의를 전환시키게 될 것이다. 조직－상호 영향의 토대는 관계 교류의 불평등을 평가하고 흔히 숨겨진 약자와 강자의 권력관계를 밝혀 주는 도구 기능을 할 것이다. 또한 북부 NGO가 남부 NGO를 외부 통제에 종속시킨다는 사실을 인식하는 것이 이러한 평가의 첫 단계가 될 것이다. 이러한 불균형을 시정하는 일은 긴급하다. 북부 NGO는 점점 정부에서 제공하는 자금 지원에 의존함에 따라 그들의 활동에 책임을 져야 하는 압력도 점점 더 많이 받게 된

다. 또 북부 NGO는 자신이 가진 자원으로 인해 남부 NGO에 대한 영
향력이 커진다. 이로 인해 남부 NGO는 북부 NGO에 취약해지고 북부
NGO가 남부 NGO를 통제하는 권력 패러다임이 형성된다.

끝으로 NGO와 고객집단과의 관계는 정치적이다. NGO의 역할이란
개발을 지원하는 것이기 때문이다. 개발은 변화이며 변화는 본질적으로
정치적이다. NGO 중에서도 특히 남부 NGO는 개발 단계에서의 개미
역할에서 각광받는 위치로 발전했다. 그러나 그것들이 자원 의존 문제
와 외부 통제에 대한 취약성과 감수성에 대처하지 못한다면 고객집단
을 위한 승리를 얻지 못할 수도 있다. 그러나 성공할 경우, 그리고 북
부 NGO가 자체 운영과 프로그램 구축 능력에서 변화를 보일 수 있을
경우 남부 NGO는 개발 드라마에서 의미 있는 기여를 할 수 있게 될
것이다.

참고문헌

Agbaje, A. (1990). "In Search of Building Blocks: The State, Civil Society,
    Voluntary Action and Grassroots Development in Africa." *Africa
    Quarterly*. 30(3-4): 24-40.

Anderson, L. (1998). "Relentless Campaigns of Hollow Promises." *Chicago
    Tribune*. 15 March.

Arellano-Lopez, S. and Petras, J. (1994). "NGOs and Poverty Alleviation in
    Bolivia." *Development and Change*. 25(3): 555-68.

Avina, J. (1993). "The Evolutionary Life Cycles of Non-Governmental
    Development Organizations." *Public Administration and Development*.
    13: 453-74.

Baldwin, D. (1989). *Paradoxes of Power*. Oxford: Basil Blackwell.

Barkan, J., McNulty, M., and Ayeni, M. (1991). "Hometown" Voluntary Associations, Local Development, and the Emergence of Civil Society in Western Nigeria.' *Journal of Modern African Studies*. 29(3): 457-80.

Bebbington, A. and Farrington, J. (1993). "Government, NGOs and Agricultural Development: Perspectives on Changing Inter-Organizational Relationships." *Journal of Development Studies*. 29(2): 199-219.

Bebbington, A. and Mitlin, D. (1996). "NGO Capacity and Effectiveness: A Review 'Of Themes in NGO-Related Research Recently Funded by ESCOR." Unpublished report submitted to ESCOR.

Becker, E. (1998). "Aid Groups are Hands that Help in Bosnia." *New York Times* 12 April: 7.

Bennett, J. and Gibbs, S. (1996). *NGO Funding Strategies: An Introduction for Southern and Eastern NGOs*. Oxford: INTRAC.

Billis, D. and MacKeith, J. (1993). *Organizing NGOs: Challenges and Trends in the Management of Overseas Aid*. London: Centre for Voluntary Organizations.

Brown, L. D. and Korten, D. (1991). "Working More Effectively with Non Governmental Organizations." Pp. 44-93 in Paul, S. and Israel, A. (eds) *Non Governmental Organizations and the World Bank*. Washington, DC: World Bank.

CARE (1994). Report of the Task Force on Partnership at CARE/USA. Unpublished mimeo.

Chazan, N. (1992). "Africa's Democratic Challenge: Strengthening Civil Society and the State." *World Policy Journal*. I X(2): 27Q-307.

Clark, J. (1991). *Democratizing Development: The Role of Voluntary Organizations*. West Hartford, CT: Kumarian Press.

Commins, S. (1996). "NCOs and the World Bank: Critical Engagement." Discussion Papers Issue No.3. Spring.

Conrad, W. and Glenn, W. (1983). The Effective Voluntary Board of Directors. London: Swallow Press.

Davies, R. (1996). 'Donor Information Demands and NGO Institutional Development.' Unpublished paper prepared for the 1996 Development Studies Association Conference, University of Reading (UK), 18-20 September.

Davis, D., Hulme, D. and Woodhouse, P. (1994). "Decentralization by Default: Local Governance and the View from the Village in The Gambia." *Public Administration and Development*. 14: 253-69.

Desai, V. (1995). *Filling the Gap: An Assessment of the Effectiveness of Urban NGOs*. ESCOR Research Report. London: Overseas Development Administration.

Fernandes, R.C. and Carneiro, L.P. (1995). "Brazilian NGOs in the 1990s: A Survey." In Reilly, C. (ed.) New Paths to Democratic Development in Latin America: The Rise of NGO-Municipal Collaboration. London: Lynne Reinner.

Fowler, A. (1988). "Non-Governmental Organizations in Africa: Achieving Comparative Advantage in Relief and Micro-Development." Discussion Paper 249. August. Institute of Development Studies.

Fox, J. (1996). "How Does Civil Society Thicken? The Political Construction of Social Capital in Rural Mexico." *World Development*, 24(6): 1089-103.

Gaer, F. (1995). "Reality Check: Human Rights Nongovernmental Organizations Confront Governments at the United Nations." *Third World Quarterly*. 16(3): 389-404.

GAFNA (1992). "Gambia Food and Nutrition Association and Catholic Relief Services−USCC Fiscal Year 1993-1995 PL 480 Title II Multi-Year Operational Plan" (mimeo).

GARDA (1993). "1993 Review and Policy Framework." GARDA.

Gaventa, J. (1995). "Citizen Knowledge, Citizen Competence and

Democracy Building." Good Society 5(3): 28-35.

Gopal, G. and Marc, A. (1994). *Study of Procurement and Disbursement Issues in Projects with Community Participation.* AFTHR Technical Note 17. April. Washington, DC: World Bank.

Heimovics, R., Herman, R., and Coughlin, J. (1993). "Executive Leader. ship and Resource Dependence in Nonprofit Organizations: A Frame Analysis." *Public Administration Review* 53(5): 419-27.

Hellinger, D. (1989). "An NGO Perspective on the World Bank." An NGO Guide to Trade and Finance in the Multilateral System. New York: Non Governmental Liaison service: 31-5.

Hirschman, A. (1970). *Exit, Voice, and Loyalty: Responses to Decline in Firms, Organizations, and States.* Cambridge, MA: Harvard University Press.

James, R. (1994). *Strengthening the Capacity of Southern NGO Partners~A Survey of Current Northern NGO Approaches.* Oxford: INTRAC.

Keohane, R. and Nye, J. (1977). Power and Interdependence: World Politics in Transition Boston MA. Little.

Keohane, R. and Nye, J. (1989). Power and Interdependence. Second edition. Harper Collins.

Nelson, P. (1995). *The World Bank and NGOs: The Limits of Apolitical Development.* Basing stoke: Macmillan. ;

Opeskin, B. (1996). "The Moral Foundations of Foreign Aid." *World Development* 24(1): 21-44.

Pearce, J. (1993). "NGOs and Social Change: Agents or Facilitators?" *Development in Practice* 3(3): 222-7.

Pfeffer, J. and Salancik, G. (1978). The External Control of Organizations: A Resource Dependence Perspective. New York: Harper and Row.

Reilly, C., ed. (1995). *New Paths to Democratic Development in Latin America: The Rise of NGD-Municipal Collaboration.* London: Lynne Refiner.

Renshaw, L.R. (1994). "Strengthening Civil Society." Development. 4: 46-9.

Rice, A. and Ritchie, C. (1995). "Relationships between International NonGovernmental Organizations and the United Nations." *Transnational Associations*. 5: 254-97.

Sallah, J. (1994). "Community Resource Management Under the ANR Project: Lessons Learned from NIDv1 in Africa." Vol. of ANR Grants Administration, USAID /Banjuul Project No. 635-0236. December. Washington, DC: USAID.

Salmen, L. (1987). *Listen to the People*. Oxford: Oxford University Press.

Salmen, L. (1992). "Reducing Poverty: An Institutional Perspective." Washington, DC: World Bank.

Sollis, P. (1992). "Multilateral Agencies, NGOs, and Policy Reform." Development in Practice 2(3): 163-78.

Tendler, J. (1982). "Turning Private Voluntary Organizations into Development Agencies: Questions for Evaluation." AID Program Evaluation Discussion Paper No. 12. April. Washington, DC: USAID.

Thompson, A. (1995). "NGOs and Philanthropy in Latin America." *Grassroots Development* 19(2): 51-2.

Tomlinson, J. (1996). "Building Sustainable Financing for Civil Society: Official Development Assistance and Foundation-Like Organizations in Southern Countries." In Clayton, (ed.) *NGOs, Civil Society and the State: Building. Democracy in Transitional Societies*. Oxford: INTRAC.

USAID (1995). "Core Report of the New Partnerships Initiative." Washington, DC: USAID. Unpublished draft version, 21 July.

USAID (1996). "Endowments as a Tool for Sustainable Development." USAID Working Paper No. 221. Washington, DC: Center for Development Information and Evaluation, USAID.

Wellard, K. and Copestake, J. (1993). *NGOs and the State in Africa: Rethinking Roles in Sustainable Agricultural Development*. London: Routledge.

지방정치의
권력구조와 엘리트

02

Part 5

지역사회 권력구조: 전주시·수원시·춘천시 비교[1]

I. 서 론

지역사회 권력구조에서 가장 핵심은 과연 지역사회에서 최고의 권력을 행사하고 있는 엘리트는 누구인가? 엘리트들은 어떤 구조를 가지고 있고 그들의 특성은 무엇인가? 그리고 어떻게 엘리트들이 지역사회 정책사업에 관여하고 영향력을 미치고 있는가 하는 문제에 초점을 두고 있다. 본 논의는 밀즈(Mills 1959)의 지위법에 의한 엘리트 선정 후 헌터(Hunter 1953)의 평판법(reputational approach)과 다알(Dahl 1961)의 의사결정법(Decision—making approach)을 사용하여 피터슨(Peterson 1981)의 도시정부의 정책 유형을 전주시, 수원시, 춘천시의 네 가지 정책사업에 적용하여 영향력의 크기와 정책 사례를 비교, 분석했다.

---

1) 본 글은 2003년 12월 12~13일 "한국 행정학회 동계학술대회"에서 발표한 논문이다.

미국의 경우, 지역사회 권력구조는 엘리트주의, 다원주의 및 레짐이론 그리고 무의사결정 유형으로 세분하여 논의되고 있는데 이들은 대체로 경제 엘리트 주도 유형, 이익집단 주도 유형과 시장 연합 유형 그리고 의제설정회피 유형으로 표현되고 연구되어 왔다. 이러한 이론들을 한국의 지역사회 권력구조에 적용하기는 나름대로 장단점이 상존해 있다. 미국을 중심으로 발달한 권력구조이론은 우리의 지역사회 권력구조에 대비하여 적용하기에는 이론적 한계와 현실적 제약이 따른다. 미국의 지방정치현실이 한국의 지방정치와 다르고 정치사회적 문화가 상이한 연유와 한국적 현실에서 보면 지방자치가 부활하여 실시해 온 지 불과 10년도 채 안 되는 현실을 감안한다면 이론적 적용의 한계는 어쩌면 당연한 귀결이다.

대체로 한국의 경우는 지방자치 실시 이전과 이후로 나누어 생각할 수 있으나 시장이 주로 결정하는 유형(박종민 1999, 이준원 2002)으로 나타나거나 시장의 주도가 일부 외부 기관이나 외부 집단에 의해 견제되는 시장 견제 유형(최흥석 1999)과 시장이 기업과 주민의 협조를 이끌어 내어 연합하는 연합 유형(최승범 1999)으로 나타난다. 이와 같이 한국의 경우는 외부 집단의 정책참여에 따라 또는 시장의 리더십 유형에 따라 다를 수 있기 때문이다.

이러한 문제의식에서 시작하여 본 연구는 최고의 권력을 행사하는 사람은 제도의 중요한 최고위직을 점유하고 있는 사실을 전제로 밀즈(Mills 1959)의 지위법에 의한 정치, 행정, 경제, 사회 엘리트들을 선정하였다. 다음으로 헌터(Hunter 1953)의 평판법은 중앙집권적 또는 피라미드 형태의 지역사회 권력구조를 분석하는 데 주요한 반면, 다알(Dahl 1961)의 의사결정법은 분권화 또는 파벌적인 권력구조를 분석하는 데 주요하겠다. 피터슨(Peterson 1981)은 정책의 추구하는 목적에 따라 개발정책, 할당정책, 재분배정책으로 분류하고 지방정부는 경제를 향상시키는 개발정책은 선호하지만 경제성장을 약화하는 재분배정책은 기피한다고 한다.

해당 엘리트들의 네 가지 정책과 관련하여 누가 영향력을 많이 행사하는가를 평가하는 방법을 택하여 각기 참여자 유형의 12개 부분에서 누가 각 도시 엘리트의 전체 사업에서 영향력을 많이 소유하는가를 설문조사했다. 나아가 의사결정 접근법에 관련하여 엘리트들이 각각의 정책에 대하여 누가 참여하고 그들의 의견과 영향력의 정도가 정책에 어떻게 작용하고 최종적으로 결정은 누가 하는가를 연구하였다. 지역사회에서 쟁점이 되고 있는 정책 사례를 선정하여 구체적으로 누가 각 정책에 관련하여 권력의 값이 큰가를 측정하기 위하여 4가지 정책 사례를 제시하고 있는데 영향력 평가와 사례 논의와 관련하여 그 의미가 크다 하겠다. 전주시, 수원시 그리고 춘천시는 행정규모, 인구, 경제규모나 지방재정자립도의 정도가 비슷하고 도청소재지가 있는 한국의 대표적인 중소형 도시이다. 이들 간의 도시를 비교, 분석해 봄으로써 한국의 도시 권력구조를 이해하는 데 그 목적이 있다.

Ⅱ. 이론적 배경과 기존 연구 논의

1950년대 초까지만 해도 지역사회 권력구조에 관한 연구는 거의 이루어지지 않았고 지역사회의 외관에 관한 내용이었다. 그러나 미국사회에서 지역사회 권력구조에 관한 체계적인 연구는 헌터에 의해서 이루어졌다. 헌터(Hunter 1953)는 권력구조라는 용어를 사용했고 그의 분석방법인 평판론적 방법은 애틀랜타 도시를 연구의 대상을 삼았다. 그는 애틀랜타 도시의 모든 중요 의사결정은 계층적으로 권력의 정상에 있는 소수의 엘리트에 의해 점유되어 있으며, 이들은 소수의 기업가들로서 의사결정에 막강한 영향력을 행사하고 있다는 것이다. 헌터는 조직화된 권력구조는 어느 시대나 어떤 사회에서도 존재하며 그 사회의 특수 기능을 수행하고 안정된 질서 유지와 그들의 이익을 유지하기 위해서 권력의 결사체나 집단으로 제도화한다고 보았다(Hunter 1953, 6.). 헌터가 지적한 기업가들은 회사의 이사직을 맡고 있으며 리즈널 시티(Regional city)의 경제적 구성체를 구성하고 있으며 이들은 지역사회 권력관계에서 중요한 영향력을 행사하고 있다고 보았다(Hunter 1953, 81-82.).

지역사회 권력구조에 관한 또 하나의 연구는 다알(Dahl 1961)이 뉴헤이븐 도시를 연구한 내용이다. 다알(Dahl 1961)은 헌터와는 달리 지역사회·경제적인 저명인사에 관한 무게를 두지 않고 실질적으로 뉴헤이븐 시에서 권력을 행사하는 가장 중요한 분야는 다원주의 정치라고 규정하고 있다. 헌터와 다알 이후 몇몇의 지역사회 권력구조에 대한 연구가 있었지만 애틀랜타와 뉴헤이븐 시에서의 연구는 지역사회 권력구조에 논쟁의 주요 쟁점이 되었다. 도시권력 측면에서 헌터가 그의 명성적 접근법으로 애틀랜타에서 상대적으로 응집력 있는 경제인이 주도가 된 권력구조를 발견했고 반면에 다알은 정책결정 과정을 통해서 중심부의 공무원들과 함께 느슨한 중간 권력의 패턴을 발견하면서 지역사회 권력구조의 논의를 전개했다.

다음으로 폴스비와 넬슨(Polsby & Nelson 1980, 4)은 행위자의 권력은 정책결정 과정에 관하여 세 가지 구별할 수 있는데, 첫째, 누가 정책결정에 참여하고, 둘째, 선택 가능한 결과로부터 누가 이익을 보고 누가 손해 보는가, 셋째, 누가 정책결정에 우세한가에 관심을 두고 있다. 이러한 결정방법은 누가 사회생활에서 보다 권력을 갖는가 하는 결정에 최선의 방법인데, 이는 행위자들 사이에 직접 싸움이 가장 밀접하게 결과를 가져오는 능력들의 시험적 과제라고 말한다. 폴스비와 넬슨(Polsby & Nelson 1980, 123-124)은 미국의 지역사회생활에 주목된 행동의 가장 일반적인 유형의 하나는 정책결정 과정에서 참여가 소수의 영향력에 집중되어 있다고 보았다.

반면에 피터슨(Peterson 1981)에 의하면 도시는 그 영역 내에 있는 재화를 둘러싼 배분의 정치보다는 어떻게 하면 다른 도시와 경쟁적 관계하에 최대의 경제적 이득에 관심을 두고 있다. 피터슨(Peterson 1981, 29)은 각각의 도시도 경제적 지위를 최대화하기 위해서 다른 도시와 경쟁해야 하며, 목표를 성취하기 위해서는 양질의 노동력, 많은 자본의 유인을 위한 토지 자원을 이용해야 한다고 보고 있다. 피터슨(Peterson 1981)은 지역경제에 관심을 두고 있는 지방정부는 지역경제에 기여하는 개발정책에는 열성이지만 지역경제에 위해가 되는 재분배정책은 소홀히 함으로써 빈민계층의 희생하에 경제 엘리트의 이익이 우선한다는 도시한계론을 제시한다.

돔호프(Domhoff 1983)는 미국의 권력구조를 전국적 차원에서 관찰하였는데, 권력구조를 분석하는 데 있어서 헌터처럼 평판법을 사용하지도 않았고 또한 다알처럼 의사결정 사례 연구방법을 활용하지도 않았다(Domhoff 1983, 166.).[1] 대신에 자신의 주장을 구체적으로 통계자료로서 제시하면서 설명하는 방식으로 권력구조를 분석하였다. 돔호프(Domhoff 1983, 82 – 83)는 경제 엘리트가 미국을 지배한다고 주장한다. 경제 엘리트는 정책기획 네트워크를 통해 여론 형성과 정책기획 과정에 관여하고 정치인들의 선거운동, 선거자금을 지원하거나 개인적 로비를 통해 정부의 정책과정에 영향을 주기도 한다. 반면에 지역적 차원에서는 지주와 기업가 엘리트가 성장기구로서 권력을 사용한다고 보았다.

도시의 통치는 소수의 지배나 다원주의적 이익집단에 의한 것보다 '어떤' 통치 방식이 도시에 존재하기에 발전 위주의 정책이 주도하는가에

---

1) 지역사회 권력구조에 관한 연구논문은 애틀랜타(Atlanta)와 뉴헤이븐(New Haven) 이외에 더 많은 지역에서 연구되었다. 다원적 권력제도가 나타난 지역인 시카고(Chicago), 시러큐스(Syracuse), 위치타(Wichita), 베닝턴(Bennington), 버몬트(Vermont)와 경제기반에 권력구조가 집중된 예를 보여준 시애틀(Seattle), 엘패소(Elpaso), 살렌(Salen), 매사추세츠(Massachusetts)에서도 명망법을 사용해서 연구되었다. 특히 달라스(Dallas), 오클랜드(Oakland), 세인트루이스(Saint Louis)에서는 가장 큰 지역경제에 기반을 둔 긴밀한 권력구조에 초점을 맞추고 연구가 이루어졌고, 로레인(Lorain), 오하이오(Ohio)는 노동조합들이 경제 공동체만큼이나 중요한 위치에 있다는 연구 결과가 나왔다(Domhoff 1983, 196.).

문제의 초점을 두고 있다. 여기에 대하여 로간과 몰로치(Logan & Molo-tch 1987)는 도시의 지대추구집단과 이를 둘러싼 세 부류의 동조집단이 도시의 경제적 성장이라는 공통의 이해관계를 매개로 성장기제를 형성하며, 이 성장기제 자체가 영향력 있어 차등성 있는 엘리트 간의 연합을 상정하고 있다고 주장한다. 한편으로 다원주의자들이 도시정권론을 주장하는데, 이들의 관심은 다양하고 파편화된 다원주의적 도시정치 양상이 장기적인 관점에서 특정 도시의 일관성 있는 공공정책의 수행을 가능하게 하는가의 문제이다. 스톤(Stone 1989)은 다양화된 도시정치 권력의 분절화 가운데서도 무엇인가 체계적 권력의 존재를 상정하면서, 도시정권이란 "비공식적이지만 상대적으로 안정된 그룹으로서 정부결정에 지속적 역할을 할 수 있는 제도적 접근을 가진 집단"이라 말한다.

한국에서의 지역사회 연구에 관한 논의는 70년대 이후 제한적 범위에서 이루어지기 시작했다. 한국의 농촌지역을 중심으로 한 이병기·진덕규(1972), 김왕배(1984), 신행철(1986)의 제주농촌지역사회의 연구가 대표적으로 이루어져 왔다. 중소도시의 연구로는 진덕규(1974)의 한국의 중소도시권력구조의 연구와 진미경(1979)의 정치의식과 권력구조의 상관성을 연구하였다. 대체로 권위주의 정부하에 중앙의 일방적인 지시를 지방정부가 집행하거나 추종하는 수준이었고 민주화 이후에도 지역사회의 권력구조에 대한 연구가 활발하게 연구되지는 못하였다. 그럼에도 불구하고 대도시 중심의 정근식(1992)의 지역사회 권력구조와 손준영(1996)의 엘리트구조와 조용상 외(2000)는 엘리트의 정책참여를 분석하였다. 중앙정치의 수준에서도 다양한 연구가 이루어졌는데 대표적인 연구로는 최재원(1992), 김현주(1993), 신명순(1993), 한용원(1995), 황종성(1995) 등을 들 수 있으나 이들의 연구는 특정의 이론적 틀 또는 시각에서 연구하였다는 한계에 부딪힌다. 이론적 틀에서는 이우정(1990), 박효종(1993)의 연구가 있으며, 지역사회를 분석하는 기본적 틀을 제공하고 있는 수준이다. 대체로 연구의 대상지역이 중소도시의 엘리트 분석은 이우권(1996)과 권력구조는 민경희 외(1996), 유재원(1999a)의 권력구조와 정치과정 등이 있는데 이들은 중·소도시를 한정하여 연구하였다.
　민선자치 이후 지역사회 권력구조의 연구의 논의는 활발히 논의되고
있다. 지방자치 이후의 지방의 권력구조는 이승종(1995)의 논의를 시작으
로 지역 엘리트를 중심으로 강명구(1997)와 배병룡(1999)의 연구가 있다.
정책분석의 논의에서 유재원(1999b)의 도시한계 검증과 최흥석(1999)의
부천시 사례와 이승종(2000)의 복지정책정향의 실증적 연구와 이준원
(2002)의 지방정치의 모형화의 연구가 있다. 이상의 연구자들의 연구는
의사결정법의 이론적 분석틀의 정향이나 방법을 선택하여 연구되어 왔다.

III. 지역사회 엘리트 특성

　<표 5-1>에서 보는 바와 같이 정치, 행정, 경제 그리고 사회 엘리트의
4개 부분으로 지역사회 권력 엘리트를 선정하고 전주시와 수원시 그리고
춘천시를 설문조사하여 엘리트 구성과 그 특성을 비교·분석하였다.

〈표 5-1〉 전주시·수원시·춘천시 엘리트 조사현황

유 형	종 류	직 책		
		전주시	수원시	춘천시
정 치 엘리트	국회의원	국회의원	국회의원	국회의원
	시의원	시의원	시의원	시의원
행 정 엘리트	시 장	시 장	시 장	시 장
	부시장	부시장	부시장	부시장
	행정부서실국장	기획조정국장, 의회사무국장 완산구청장, 덕진구청장	권선구청장, 장안구청장, 팔달구청장, 자치기획국장, 감사담당관, 시의회사무국장	의회사무국장 자치행정국장
	경제부서실국장	도시관리국장	건설교통국장, 도시계획국장, 재정경제국장	건설도시국장 경제복지국장

유형	종류	직책		
		전주시	수원시	춘천시
행정 엘리트	사회문화부 서실국장	문화영상산업국장, 월드컵추진단장, 복지환경국장	문화환경국장	지식문화산업국장
	기타부서실 국장	보건소장 상수도사업소장 환경사업소장	농수산물관리소장, 도서관장, 상수도사업소장, 황성관리소장, 환경사업소장, 종합운동장장, 차량등록사업소장	상하수도사업소장 보건소장 농업기술센터소장
경제 엘리트	제조업장	팬아시아 공장장 휴비스 공장장 현대자동차 공장장	해태유업대표이사, 금강고려화학대표이사, 동수원병원사장	두산사장
	유통업장	코아백화점대표, 굿마트, 법정관리인농협 유통사장	갤러리아상, 뉴코아사장, 경남여객대표이사	LG마트춘천지점장 새시대체인사장
	금융업장	전북은행대표, 전일상호저축대표, 고려상호저축대표	한국은행도지부장 국민은행지부장	국민은행강원본부장 조흥은행강원본부장
	건설업장	우미건설, 대표광진건설 대표, 삼호토건 대표	삼풍건설사장 서영대표회장 수성산업사장	호반레미콘대표, 동서종합건설(주)대표, 삼정토건(주)대표
	토착기업장	대한방직 공장장, BYC 공장장, 쌍용건설 대표, 비사벌법정관리인, 흥건사사장	삼성전자사장 삼성전기사장 삼성SDI사장	동일건설(주)사장
사회 엘리트	방송사장	전주KBS 총국장, 전주MBC 대표, JTV 대표		KBS사장, MBC사장 GTB사장
	신문사장	전북일보 사장, 도민일보 대표, 전라일보 대표	경인일보사장, 중부일보사장, 경기일보사장	강원일보 사장 강원도민일보 사장
	대학총장	전북대학교총장, 전주대학교총장, 우석대학교총장	경기대총장, 경희대총장, 아주대총장	강원대총장 한림대총장 춘천교대총장
	교육장	전주시 교육장	수원시교육장	춘천시교육장

전주시, 수원시 그리고 춘천시의 정치, 행정, 경제, 사회 엘리트의 현황은 <표 5-1>에서 보는 바와 같다. 정치 엘리트는 국회의원과 시의원을 선정하였다. 행정 엘리트는 시장 1명과 부시장 1명, 각 실·국장과 각 구청장 중심으로 선정하였다. 경제 엘리트는 각 도시의 기업과 회사의 본사와 지사 등 지역사회에서의 경제적 인지도가 가장 큰 순위로 매출 단위와 종업원 수를 중점으로 선정하였다. 사회 엘리트는 신

문사, 방송사, 대학교, 시 교육청을 선정하였다. 신문사는 조간의 발행
부수를 중심으로 최다 부수의 신문사를 우선 선정하고 지역사회에서
설립연도와 인지도를 감안하여 선정하였다. 방송사는 T.V.방송사만을
선정하였다. 또한 대학교는 현재 대학생 수가 최다이고 졸업생이 가장
많은 순서로 선정하였고 교육장은 각 시에 한 명만이 있어 선정의 문
제는 없고 지명되었다.

〈표 5-2〉 엘리트 성 비율

	전주시		수원시		춘천시	
	빈 도	%	빈 도	%	빈 도	%
남	77	100	84	100	53	100
여	0	0	0	0	0	0

<표 5-2>는 전주·수원·춘천시의 정치, 행정, 경제, 사회 엘리트의
남녀의 성(性) 비율을 나타낸 것이지만, 전원이 남성으로 구성되어 있어
여성의 비율은 전무하다. 여성이 지역사회에서 엘리트로 선정될 가능성
이 높지는 않지만 일반적으로 사회적인 활동에 있어서는 여성의 사회활
동이나 조직사회에서의 엘리트가 되기란 한계가 많음을 보여주고 있다.

〈표 5-3〉 엘리트 연령

연 령	전주시		수원시		춘천시	
	빈 도	%	빈 도	%	빈 도	%
30대	7	9.1	4	4.8	2	3.8
40대	21	27.3	22	26.2	14	26.4
50대	33	42.9	39	46.4	22	41.5
60대	14	18.2	13	15.5	13	24.5
70대이상	1	1.3	4	4.8	2	3.8
미확인	1	1.3	2	2.4		
전 체	77	100.0	84	100.0	53	100.0

<표 5-3>은 엘리트 연령에 관한 표이다. 전주시는 50대가 33명 (42.9%)으로 가장 높은 비율을 보이고, 40대가 21명(27.3%)으로 나타나고 있다. 다음으로 60대가 14명(18.2%)이다. 수원시는 84명 엘리트 중에서 30대가 4명(4.8%), 40대가 22명(26.2%), 50대가 39명(46.4%), 60대가 13명(15.5%), 70대 이상이 4명(4.8%)으로 구성되어 있는데 50대의 엘리트가 가장 많고, 그 다음이 40대 엘리트이다. 따라서 수원시의 엘리트는 40~50대가 61명(72.6%)으로 가장 높은 비율을 차지하고 있어 이들이 중심의 엘리트 구성임을 알 수 있다. 춘천시는 50대가 22명 (41.5%)으로 최다이며, 40대가 14명(26.4%), 60대가 13명(24.5%)이다. 이상의 각 도시에서 엘리트로 활동하는 연령층은 50대가 가장 높은 빈도비율로 나타나고 있다. 다음으로 3개 각 도시에서 40대가 지역사회 엘리트로 활동하고 있다는 분석이다.

〈표 5-4〉 엘리트 학력

학력	전주시		수원시		춘천시	
	빈 도	%	빈 도	%	빈 도	%
초 졸	1	1.3	4	4.8	2	3.8
중 졸	1	1.3	4	4.8	2	3.8
고 졸	7	9.1	20	23.8	17	32.1
대 졸	44	57.1	41	48.8	25	47.2
대학원	24	31.1	14	16.7	7	13.2
미확인			1	1.2		
전 체	77	100.0	84	100.0	53	100.0

<표 5-4>는 엘리트의 학력을 나타내는 표이다. 전주는 전체 인원의 77명 중에서 대졸이 44명(57.1%)으로 가장 높고 다음으로 대학원졸이 24명(31.1%)을 보이고 있다. 초졸과 중졸은 각각 1명(1.3%)으로 가장 낮은 비율을 나타내고 있다. 수원시는 대학교를 졸업한 사람이 41명 (48.8%), 대학원을 졸업한 사람이 14명(16.7%)에 해당된다. 그리고 엘

리트들 중에서 대학 이상을 졸업한 사람이 55명(65.5%)으로 반을 훨씬 넘으며 고등학교 이하 졸업자는 28명(33.4%)으로 비교적 학력은 높은 편이다. 춘천시 학력은 전체 53명 중 대졸 25명(47.2%), 대학원졸 7명 (13.2%)으로 대졸 이상의 고학력자가 전체의 32명(60.4%) 정도이다. 이상의 각 도시에서 엘리트들의 학력은 대졸이 가장 높게 나타나고 다음 순위로 전주는 대학원, 수원과 춘천은 고졸의 순위로 나타나고 있다.

Ⅳ. 엘리트의 영향력 평가

지역사회 엘리트의 영향력을 축출하기 위해 평판법을 사용하는데 지역사회에 정통한 사람들에게 직접면담을 통하여 과연 누가 지역사회에서 영향력이 큰가를 물어서 확인하는 방법이다. 평판법은 지역사회 내에서 많은 정보를 소유하고 있는 정보 제공자의 판단에 의해 지역사회에서의 영향력 정도를 측정한다. 그러나 본 연구에서는 정치, 행정, 경제, 사회 엘리트들이 각기 참여자 유형의 12개 부분에서 임의 성정하였고 그들 중에서 누가 각 도시 전체 사업에서 영향력을 많이 소유하는가를 설문조사했다. 나아가 의사결정 접근법에 관련하여 지역사회에서 쟁점이 되고 있는 정책 사례를 선정하여 구체적으로 누가 각 정책에 관련하여 권력의 값이 큰가를 측정하기 위하여 4가지 정책 사례를 제시하고 있는데 영향력 평가와 관련하여 연구, 분석하면 그 의미가 크다 하겠다.

〈표 5-5〉 엘리트의 보건·복지사업에 대한 영향력

참여자 유형	전주시			수원시			춘천시		
	보건복지사업			보건보지사업			보건복지사업		
	빈도	%	순위	빈도	%	순위	빈도	%	순위
1. 상위정부	28	36.4	2	16	21.3	2	13	37.1	2
2. 시장/부시장	29	37.7	1	46	61.3	1	14	40	1
3. 담당실국장				6	8	3			
4. 국회의원	2	2.6							
5. 시의원	13	16.9	3	4	5.3		5	14.3	3
6. 지역경제인									
7. 언론				1	1.3				
8. 대학									
9. 교육장									
10. 이익집단				1	1.3				
11. 시민단체									
12. 주민	4	5.2		1	1.3		2	5.7	
무응답	1	1.3					1	2.9	
전체	77	100		75	100		35	100	

　　엘리트 보건·복지사업에 대한 영향력을 묻는 내용은 <표 5-5>에서 보는 바와 같다. 전주시는 전체 응답인원 77명 중 1순위 빈도가 가장 높은 비율은 29명(37.7%)으로 시장/부시장으로 나타났다. 두 번째 순위는 상위정부로 28명(36.4%)으로 나타났다. 빈도순위 1위. 시장/부시장과 빈도순위 2위. 상위정부는 행정기관이라는 공통점과 행정의 주체라는 측면에서 모든 응답자로부터 지정받았다. 빈도순위 3위. 시의원은 비율이 다소 떨어지는 13명(16.9%)으로 나타났고 빈도순위 4위. 주민이라고 응답한 엘리트는 4명(5.2%)으로 나타났다. 수원시는 1순위는 시장/부시장 46명(61.3%)이고 2순위는 상위정부로서 16명(21.3%), 3위는 담당실국장으로 6명(8%)에 해당된다. 춘천시는 설문에 답한 35명의 엘리트가 기입한 1순위는 시장/부시장으로 14명(40%)이며, 그 다음은

상위정부가 13명(37.1%)이다. 3위는 시의원으로 5명(14.3%)이다. 이상
의 각 도시에서 보건복지사업은 시장 / 부시장, 그리고 상위정부를 사업
집행의 공적 주체로 보고 영향력이 크다고 응답하고 있다.

〈표 5-6〉 엘리트의 환경관리사업에 대한 영향력

참여자 유형	전주시			수원시			춘천시		
	환경관리사업			환경관리사업			환경관리사업		
	빈도	%	순위	빈도	%	순위	빈도	%	순위
1. 상위정부	17	22.1	2	13	17.3	2	7	20	3
2. 시장 / 부시장	33	42.9	1	48	64	1	14	40	1
3. 담당실국장	3	3.9		5	6.7	3	1	2.9	
4. 국회의원	1	1.3		1	1.3				
5. 시의원	12	15.6	3	1	1.3		8	22.9	2
6. 지역경제인									
7. 언 론									
8. 대 학	1	1.3					1	2.9	
9. 교육장									
10. 이익집단	1	1.3		1	1.3				
11. 시민단체	6	7.8		5	6.7	3	1	2.9	
12. 주 민	1	1.3		1	1.3		1	2.9	
무응답	2	2.6					2	5.7	
전 체	77	100		75	100		35	100	

엘리트의 환경사업에 대한 영향력을 묻는 내용의 분석의 결과는 <표
5-6>에서 보는 바와 같다. 전주시는 전체 77명 응답자 중에서 1순위
에서 가장 높은 빈도는 시장 / 부시장으로 33명(42.9%)이 응답해 주었고
다음 빈도순위는 상위정부로 17명(22.1%)으로 나타났다. 빈도순위 3위
는 시의원으로 전체 응답자 중에서 12명(15.6%)으로 비교적 낮은 빈도
비율을 보이고 있다. 빈도순위 4위는 시민단체로 6명(7.8%)으로 나타났
다. 수원시는 전체 엘리트 75명 중 1순위가 시장 / 부시장 48명(64%)이

고 2위는 담당실국장 13명(17.3%)이며 3위는 시민단체가 5명(6.7%)이다. 춘천시는 1순위가 시장/부시장으로 14명(40%)이며, 그 다음은 시의원으로 8명(22.9%), 상위정부를 선택한 7명(20%) 순이었다. 이상의 각 도시의 환경사업에 관한 영향력 크기에서도 대체로 시장/부시장과 상위정부와 시의원의 영향력이 크다고 분석된다. 각 도시의 환경사업임에도 불구하고 역시 시장/부시장의 영향력이 크게 나타나고 있으며 환경단체나 이익단체 그리고 주민들의 영향력은 미미한 수준에 머문다.

〈표 5-7〉 엘리트의 건설·교통사업에 대한 영향력

참여자 유형	전주시			수원시			춘천시		
	건설·교통사업			건설·교통사업			건설·교통사업		
	빈도	%	순위	빈도	%	순위	빈도	%	순위
1. 상위정부	25	32.5	2	13	17.3	2	11	31.4	2
2. 시장/부시장	30	39	1	53	70.7	1	13	37.1	1
3. 담당실국장	3	3.5		2	2.7				
4. 국회의원	1	1.3							
5. 시의원	11	14.3	3	1	1.3		6	17.1	3
6. 지역경제인	1	1.3							
7. 언 론				1	1.3				
8. 대 학									
9. 교육장									
10. 이익집단				3	4	3			
11. 시민단체	2	2.6		1	1.3		2	5.7	
12. 주 민	2	2.6		1	1.3		1	2.9	
무응답	2	2.6					2	5.7	
전 체	77	100		75	100		35	100	

엘리트의 건설·교통사업에 대한 영향력 행사에 관한 응답의 순위는 〈표 5-7〉에서 보는 바와 같다. 전주시는 응답자 77명 중에서 1순위의 빈도비율이 가장 높은 순위는 시장/부시장으로 30명(39%)으로 나타나

고, 빈도순위 2위는 25명(32.5%)으로 상위정부를 응답하여 주었다. 빈도순위 3위는 시의원으로 11명(14.3%)으로 나타났고 빈도순위 4위는 담당실국장으로 비교적 낮은 비율이지만 3명(3.5%)으로 나타났다. 수원시의 경우 1순위는 전체 엘리트 75명 중 53명(70.7%)이 시장과 부시장이고 그 다음이 상위정부로서 13명(17.3%)이며, 3위는 이익집단 3명(4%)이다. 춘천시는 35명 중 1순위는 시장 / 부시장으로 13명(37.1%)이며, 그 다음은 상위정부 11명(31.4%)이다. 3위는 시의원으로 6명(17.1%)이다.

〈표 5-8〉 엘리트의 도시계획·주택사업에 대한 영향력

참여자 유형	전주시			수원시			춘천시		
	도시계획·주택사업			도시계획·주택사업			도시계획·주택사업		
	빈도	%	순위	빈도	%	순위	빈도	%	순위
1. 상위정부	19	24.7	2	18	24	2	8	22.9	2
2. 시장/ 부시장	32	41.6	1	47	62.7	1	14	40	1
3. 담당실국장	2	2.6		5	6.7	3	1	2.9	
4. 국회의원	3	3.9		2	2.7		1	2.9	
5. 시의원	12	15.6	3	1	1.3		6	17.1	3
6. 지역경제인	1	1.3							
7. 언 론									
8. 대 학									
9. 교육장									
10. 이익집단				2	2.7				
11. 시민단체	1	1.3					1	2.9	
12. 주 민	4	5.2					1	2.9	
무응답	3	3.9					3	8.6	
전 체	77	100		75	100		35	100	

엘리트들의 도시계획·주택사업에 대한 영향력 평가를 묻는 내용은 〈표 5-8〉에서 보는 바와 같다. 전주시는 전체 응답자 77명 중에서 1순위의 빈도비율이 가장 높은 것은 시장 / 부시장으로 32명(41.6%)이고

빈도순위 2위는 상위정부이며 19명(24.7%)이 응답해 주었다. 빈도순위 3위는 시의원이며, 12명(15.6%)이 응답해 주었다. 빈도순위 4위는 주민으로 4명(5.2%)으로 나타났다. 수원시는 75명 중 1순위가 시장과 부시장 47명(62.7%)으로 나타나며 2위는 상위정부 18명(24.0%)이고 3위는 담당실국장 5명(6.7%)으로 나타나고 있다. 춘천시는 35명 중 1순위는 시장/부시장 14명(40.0%)이며, 2위는 상위정부 8명(22.9%)이다. 3위는 시의원 6명(17.1%)이다. 위 각 도시에서 영향력의 크기가 역시 시장/부시장과 상위정부 순으로 나타나고 있다. 다만 도시계획, 주택사업의 계획, 집행의 주체가 지방정부이기 때문에 이들이 높은 빈도비율로 나타나는 것은 당연한 분석의 결과이다.

V. 엘리트의 지역 정책사업

1. 보건·복지사업 사례

전주시 노인복지 민간위탁사업: 전주시 보건복지사업의 사례는 우선순위에 따라 다를 수 있으나 대체로 '노인복지사업'[2]을 대표적 사례라고 할 수 있다. 전주시 노인복지사업의 경우 민간위탁사업인 서원노인복지회관과 안골노인복지회관은 전주시가 '민간위탁기관선정심사위원회'를 구성해 수탁업체를 선정하였다(전라일보 01/11/01). 전주시 민간위탁운영계획은 위탁기간이 완료된 안골노인복지회관과 신축 중인 서원노인복지회관 사무를 전문적인 운영능력을 갖춘 사회복지법인 및 비영리법인에게 위탁·관리하여 노인복지 증진에 기여하고 있다.

---

2) http://www.jeonju.go.kr/html/welfare/old03.asp(검색일: 2003. 06. 30.)

전주시 노인복지회관 민간위탁 심의과정은 민간위탁법인 '선정심사위원회'를 개최하여 선정한다. 서원노인복지회관의 경우 대한불교조계종 금산사복원이, 안골노인복지회관은 전주중부 복지재단이 민간위탁법인 1순위로 각각 선정됐다. 우선협상 대상자 2순위는 서원노인복지회관은 학교법인 전주기독학원, 안골노인복지회관은 인산복지재단이 차지했다. 전주시는 수탁관리협약안에 대한 시의회 동의를 얻은 뒤 수탁관리협약을 체결했다(전라일보 01 / 11 / 08). 전주시는 복지사업 추진 내역에서 알 수 있듯이 복지사업은 하나의 큰 이벤트적 사업보다는 어려운 환경 속에 있는 무의탁 노인들을 보호하고 소년소녀가장을 돕는 문제 등 사소한 문제에서 복지회관을 짓는 문제, 복지회관의 민간위탁 선정하는 문제 등의 관리사업을 중심으로 사업에 초점을 두고 있다고 한다.

전주시 보건복지사업은 지방행정 주체가 사업 추진의 계획수립안을 관련 단체와 전문가단체의 전문가 의견을 반영하여 최종승인을 시장으로부터 받는다. 전주시의 정책결정 과정은 대체로 내부 결정 과정은 실·국장을 중심으로 한 해당 공무원들 설득과정과 외부 결정 과정에서 전문가단체의 의견을 바탕으로 주민의 동의를 받고 여론을 최종 집약시켜 법안의 기준으로 계획안을 수립하고 있음을 알 수 있다.

최근의 보건복지 관련 정책결정 과정은 대체로 각종 전문가단체의 전문적 의견을 반영한 전문위원회를 구성하여 결정하고 있다. 복지사업과 사회복지회관신축사업은 지역 주민의 요구를 시의회 의원의 발의로 선정하여 정책의제로 선정되는데, 정책과정에서 사회복지위원회의 회의를 거쳐 전문가의 평가를 받은 이후 사업을 결정하는 사례가 대표적이다.

전주시 보건복지 담당자의 말에 의하면 복지사업은 각각의 대표적 사례보다는 사안에 따라 주민의 발의로 해당지역 시의원이 사업에 필요성을 강조하게 되어 추진하게 된다고 한다. 따라서 실제 사업 추진 과정에서 보면 시장의 영향력은 미미한 수준이고 최종 재가권만을 갖고 있으며 시장 결제에도 전문가단체나 주민들에 의사반영을 가장 우선으로 고려하고 있다. 전주시 노인복지사업에서 엘리트 영향력 평가는 시장 연합 유형이라고 분석된다. 사업 추진 과정에서 시장의 주도하에 추진되기보다는 주민의 요청에 의해 주무 행정 담당자의 지속적인 사업 추진에 관한 관심이 성공의 요체라고 볼 수 있다. 이때 시장의 최종 재가는 사업의 공정성과 효과성을 극대화하기 위한 전문가의 의견을 적극 반영하는 시장 연합 유형(레짐이론)을 형성하고 있다.

수원시 노인전문요양시설 사업: 수원시는 노인들의 휴식공간과 요양을 위한 복지사업을 2001년 3월부터 추진하게 되었다. 2001년 3월부터 2004년 6월까지 총 사업비 85억 원을 들여 건립하기로 하였다. 이러한 사업 추진 과정[3]을 보면 주민설명회를 개최하기 전인 2003년 4월부터 인터넷을 통한 민원이 발생하기 시작하였고 설명회를 마친 3일 후인 2003년 5월 26일부터는 소수 주민들의 저지행동이 일어나기 시작하였다. 건립 지역은 원래 주택이 많지 않은 광교산의 기슭이기 때문에 많은 주민의 민원이 일어나지 않고 소수의 사람이 개인 이기주의하에서 반대를 하기 시작하였다. 그리고 현장에서는 2003년 5월 26일에 주민 15명이 조경석축 쌓기 작업을 저지하였고, 2003년 5월 28일에는 주민 15명이 상수도 배관공사를 저지하였다. 그러나 시는 의지대로 공사를 계속 진행하였다. 그리고 2003년 6월 2일에는 해당 주민들은 문화환경국장실을 방문하여 건립을 원칙으로 하되 도서관을 지어 주고, 보이지

---

3) 노인전문요양시설 사업과정은 다음과 같다. 1997년 8월 1일 중기지방재정계획 승인. 2000년 5월 29일 지방재정 투융자 승인. 2001년 3월 노인전문요양시설물 부지 선정. 2001년 9월 13일 도시계획시설 결정. 2001년 12월 토지 매입. 2002년 1~12월 기본 설계. 2002년 12월 노인전문요양원 착공. 2002년 5월 21~22일 아파트 자치회장과 주민들의 동향을 파악. 2002년 9월 노인전문요양원 공사착공. 2003년 5월 23일 노인전문요양원 건립에 따른 주민설명회-주민 60명 참여. 2003년 5월 26일 주민 15명 조경석축 쌓기 작업 저지. 2003년 5월 28일 주민 15명 상수도 배관공사 저지. 2003년 5월 30일 주민들이 프랑카드를 부착 건립 반대. 2003년 6월 2일 문화환경국장실을 방문하여 대화건립을 원칙으로 하되 도서관을 건립 및 기타 요구 제시. 2003년 10월 위탁자 선정 공고……2003년 12월 위탁자 선정. 2004년 6월 건물 준공. 2004년 8월 시설 개관과 개방.

않는 차광막을 해 주는 등의 요구를 제시하였다. 한편으로 수원시의 노인회나 여성회 등에서는 시청의 노인전문요양원 설치에 찬성을 하였고 지지하였다.

노인전문요양원 건립은 이러한 반대 민원에도 불구하고 수원시장과 담당실국장 및 사회복지과의 의지대로 진행하고 있는데, 주민의 요구를 반영시킨 것은 도서관 건립이었다. 수원시의 노인전문요양시설 건립은 일부 건축지와 관련된 개인 민원이 발생하였으나 이는 개인과 인근 주민들의 관련 이익에 따른 것이고, 그 외 제반 추진사업은 시장과 담당 실국장의 영향력하에서 큰 문제없이 시장 주도형으로 추진되고 있다. 그리고 노인회나 여성회는 시청의 사업에 지지하였으나 이익단체로서의 주장이나 영향력 행사는 없었다. 따라서 지방행정 주체인 시장·부시장과 행정실국장이 주도하여 추진하는 전형적인 시장 주도 유형이라고 할 수 있다.

2. 환경관리사업 사례

전주시 전주천 환경조성사업: 전주시 하수과에서는 전주천 자연형 하천조성사업계획 수립(1998. 7.)을 계획했다. 전주천 자연형 하천조성사업 기본 및 실시설계용역(1998. 12.~1999. 10.)을 수립하기 위하여 전문가 자문 설명회 2회, 시민설문조사 1회를 실시하여 사전에 충분한 전문 평가를 받고 시민들의 의견을 경청하였다. 이후 전주천 자연형 하천조성사업에 착공(2000. 4.)하기 시작하여 민·관 공동협의회를 구성, 운영(2000. 8.)하였다.4) 전주천 사업 1차 주민설명회(2000. 8.)를 갖

---

4) 전주 자연형 하천조성사업 민·관 공동협의회 14명 구성: 협의회 공동의장: 시민행동21 대표(이광철), 전주시장(김완주). 협의회위원: 전주시민회 대표 (신형우), 시원원 2명(최진호, 김광수), 전주시민회 사무국장(염경형), 환경팀 장(김영), 시민행동21 사무처장(이원택), 환경팀장(심진철), 이하 시청 복지환

고 사업계획 및 추진방향에 대한 이해를 위해 각 동사무소를 순회하며 설명회를 개최(25회)하였다. 2차 주민설명회(2001)에서는 사업 추진 시 제기된 문제점을 이해시키기 위해서 해당 각 동사무소를 순회하며 설명회를 개최(25회)하여 사업을 설명하고 주민들을 설득했다.

전주시는 사업 추진 시 시민단체 의견에 대한 소극적 대처로 사업 착공 후 계획변경이 불가피하였다5). 따라서 전주시 하수과는 사업계획 추진을 위하여 '민·관 공동협의회'를 구성하여 계획변경을 위한 정기 및 실무회의를 10회 시행 조정하였다. 환경·시민단체와 일반 시민의 요구사항에 있어서도 환경·시민단체의 요구는 자연을 사람에 우선해 친수 공간 억제를 요구하는 반면, 일반 시민의 요구는 도심 하천인 점을 감안하여 친수 공간 확대를 요구하였다. 자연형 하천복원사업은 관·학·민의 충분한 논의 후 이루어져야 하며 생태적인 회복은 많은 시간을 요구하는 완공 이후 모니터링이 계속되어야 한다고 주장하였다. 또한 푸른온고을21 추진협의회는 '녹색환경도시 전주를 향한 제1회 정기토론회'를 전주시청 회의실에서 개최하여 '자연형 하천과 폐기물정책'이라는 주제로 열띤 토론을 가졌다. 이 토론에는 관계 공무원과 그리고 환경단체 회원 대학교수가 참여하여 자연형 하천복원과 폐기물 정책방향 및 진행상황, 생활폐기물 관리 정책의 동향과 처치방안을 논의했다6). 전북대 이영엽 교수는 인공 구조물로 인해 하천의 흐름이 정

경국장(김정석) 도시관리국장(진철하) 공원녹지과장(진승범), 환경청소과장(김태수), 하수과장(이도연), 이상 14명으로 구성되었다.

5) 관련 단체는 전주천 공원화사업 '환경악화'를 우려하고 있다. 관련 단체는 환경오염 방지를 위해 상당수 시설에 대해 개선의 필요성을 제기하고 있으나 행정당국은 사업 착공을 감안, 전반적인 사업의 틀을 유지한다는 방침이어서 사업 추진에 난항이 예상되고 있다. 민·관환경기구인 '푸른온고을21 추진협의회'의 이영엽 위원(전북대 교수)은 이와 관련, "간헐적인 물의 과다 방류는 일시적 유속 상승에 따른 난류와 탁류 형성으로 물고기가 떼죽음당할 수 있다."며 수중 생태계 교란을 지적했다. 강병원 위원(의식개혁 시민연대)은 이어 "하류 물의 상류 펌핑과 인위적인 유량조절은 물속의 생물을 고려하지 않은 문제"라며 "대구와 광주에서 실패한 전례를 검토해 사업계획을 축소해야 할 것"이라고 밝혔다(전북일보 00 / 06 / 02).

지되면 보 주변에 오염물질이 쌓인다고 보고 보를 철거하여 하천 주변에 습지를 조성하여 하천의 원형을 복원해야 한다고 주장했다. 김유복 시의원은 '전주천 자연하천조성사업에 대하여' 지난 2001년 3월 8일 전주시의회 제176회 임시회의 본회의 개회에서 '4분발언'을 통하여 '전주천 자연하천조성사업'과 관련하여 전주천 자연하천조성사업은 자연하천이 아니라 초(超)인공하천사업이라고 주장하였다.

전주시는 자연형 하천조성사업의 필요성에 대한 인식부족과 예산낭비라는 시민의 비난에 대해서 전주시는 사업 시행 전 및 시행 중 2회에 걸쳐 각 동을 순회하며 주민설명회를 실시하고 설득하였다. 전주시는 문제의 해결을 위해 환경·시민단체 등이 참여한 민·관 공동추진협의회를 구성, 계획·시공·사후관리 방안 등을 협의 처리하였다[7]. 전주천 사업은 관련 부서의 재정적, 정책적 지원 없이는 불가능하고 유관기관과의 상호 협력만이 효과적으로 사업을 완료할 수 있다고 한다. 또한 시민단체들의 반발과 시민들의 인식부족은 사업 추진에 부정적 요인으로 작용한다. 이를 해결하기 위해 관련 당국은 시민단체와 전문가단체를 중심으로 민·관 협의회를 구성하여 이들을 설득하였고 전문적인 식견을 바탕으로 사업의 시행착오를 줄일 수 있었다고 한다. 전주시 전주천 환경조성사업의 영향력의 평가는 시장이 외부의 기관이나 집단의 협조를 유도하여 사업을 추진하는 다원주의 정치이론이라고 분석된다.

수원시 음식물쓰레기사업: 수원시는 1995년에 제정된 수원시 음식물쓰레기 수집·운반 및 재활용 촉진에 대한 조례안을 1998년 7월 22일

---

6) 전주천 자연형 개발사업 개요에 관한 회의주제에 관하여 논의하였다. 전북대 변무섭 교수는 생태모니터링을 요구하고 양고수 교수는 생활폐기물 처리 억제를 제도화해야 한다고 주장했다. 또한 푸른온고을21은 지역환경 보전강령인 '지방의제21'을 갖추고 생태·환경도시 만들기를 해야 한다고 주장하였다(전북일보 01 / 08 / 14).

7) 전주천 자연형 하천공사 민·관 공동협의 회의는 2003년 4월 15~16일, 시민단체 2명, 공무원 5명, 삼천 현장 대리인 1명이 시청 상황실에 회의 참석하여 사후관리에 대책을 마련하였다.

부터 7월 28일에 걸쳐 심사하고 그 결과, 음식물쓰레기는 전용봉투나 전용수거 용기에 배출할 것을 의무화하였다. 1998년 11월 29일 제176회 본회에서는 쓰레기 소각장 건설비로 75억 8천 원, 음식물쓰레기 사료화 시설 설치비로 25억을 계상하였고, 1999년 12월 29일 제183차 본회의에서는 쓰레기소각장 운영대행비로 77억 6천만 원, 쓰레기 소각장 건설 및 주민 편익시설 건립비로 22억 9천만 원을 계상하였다.

2001년 3월 3일 제194회 본회의에서는 급격한 도시화 추진으로 인구가 증가하고 있어 기존 시설물로는 부족하여 권선구 고색동 557번지에 19,774m2의 쓰레기 처리시설을 40,329m^{2}로 시설 계획변경을 하였다. 또한 2000년 쓰레기 유발부담금 특별 회계에 1억 4천만이 수입되었고 세출액은 102만 원으로 순세계 잉여금이 1억 4천만 원이 발생하자 시의회는 시민의 세 부담을 줄이고 대행업체의 문제점을 보완하는 조례안을 2001년 8월 16일에 발의하였다. 2001년 8월 28일에는 시민토론회를 개회하여 시민들의 의견을 수렴하였는데 이때 참석한 시민과 대표가 200명이었으며 2001년 9월 25일 조례만이 가결되었다. 이때 가결된 주 내용은 쓰레기봉투 가격을 현행 가격에서 40%를 인하하고 독립채산제 지역에 대한 수집과 운반 및 처리대행 수수료는 2000년 10월 12일 인상 전 가격으로 환원한다는 것이다.

2002년 4월 18일에 주민들은 쓰레기봉투 가격의 부당이득 환수에 대한 진행상황과 대책에 대해 질의하고자 시장을 출석시켜 봉투 가격을 잘못 내린 데에 대한 철저한 시장의 의견과 소신을 밝히도록 요구하였다. 이에 따라 시장은 해당 주민들에게 심도 있는 검토를 통해 다시 조정하겠다는 의사를 밝혔다.

수원시 음식물쓰레기 수집과 운반 및 재활용 추진사업은 수원시가 보편적 활동 속에서 의회와 주민의 의견을 수렴하면서 무의사결정보다는 주민의 이익이 무리 없이 소극적이나마 고려되면서 진행해 가고 있는 사업이다. 이 과정에서 영향력을 보면 예산을 반영하는 과정이나 사업의 추진은 시장과 담당실국장의 영향력하에서 큰 문제 없이 추진되고 있으나 의회의 시정 질의와 감사 및 조례 제정을 통해 주민들의 의견을 반영하고 미미한 부분은 수정·보완을 통해 조정된다. 결국 수원시 쓰레기사업은 시장 견제에서 수원시 의회의 시원들에 영향력이 가장 크게 나타나는 시장 주도-견제 유형이라 할 수 있다.

춘천시 쓰레기매립장 선정사업: 춘천시의 환경사업의 대표적 사례는 쓰레기매립장 선정사업을 들 수 있다. 춘천시는 1996년 11월 15일에 춘천지역 최대현안이었던 쓰레기매립장 부지선정 문제로 지역 주민대표, 시민단체대표 그리고 춘천시 관계자들이 시청 대회의실에 모여 합의서에 서명하고 만세삼창을 불렀다. 춘천시 당국은 매립장 문제가 타결되기까지 70여 차례의 중재와 피 말리는 협상, 긴장 속에서 합의 일보직전에 원점으로 되돌아가는 등 숱한 우여곡절이 있었다. 그러나 지역 주민들의 대승적인 자세와 시민단체의 헌신적 중재, 그리고 춘천시의 열린 행정으로 극적인 타협을 이루어 냈던 것이다. 결국 춘천시는 춘천시장 관사를 쓰레기매립장 부근으로 이전이라는 결단을 내렸다.

다음 1996년 4월 25일에 춘천시 및 시민단체와 춘천시의회가 공동으로 참여하는 쓰레기매립장 선정을 위한 '민관조정위원회 구성'을 추진하였다. 그리하여 민관조정위원회 구성에서는 공개적이고 공정한 심사에 의하여 객관적인 쓰레기매립장 부지를 선정하기로 결정하고 시에 건의하였다.

춘천시 당국은 시민단체의 건의를 받아들여 쓰레기매립장 부지선정을 공개리에 추진하기로 결정하고 마을 발전기금 35억 원을 책정하여 후보지를 공모하였다. 1996년 5월 27일에 시민단체 주도로 '춘천시쓰레기처리장선정조정위원회'(이하 '선정위')가 정식으로 결성되어 1996년 5월 28일에 '선정위' 소위원회 회의가 소집되어 객관적 기준에 의하여 쓰레기매립장 적지를 답사하기로 결의하였다. '선정위' 소위원회는 공모에 응모한 수동2리 및 한덕리를 1차로 현지답사하고 1996년 7월 30일에 대책위를 열어 1차 후보지로 15곳을 선정하고 이후 2주간 본격적인 현지답사에 들어갔다. 이후 8월에 소위원회를 열어 소위원들에 의하여 계수화된 매립 후보지를 3곳으로 압축·선정하여 발표하였다.

춘천 쓰레기매립장 선정문제의 타결은 시민단체의 주도하에 성사되었다는 점에서 주목할 만하다. 쓰레기매립장 문제는 전국적으로 첨예하게 부딪히는 지역 최대의 현안사업이었다. 따라서 춘천시 당국에서도 시민단체와 연합하여 쓰레기매립장 문제를 해결하려고 시도하였다. 특히, 시민단체와 선정위는 관료주의적 타성에 젖어 쓰레기 부지를 확보하려는 시청 공무원들의 의식에 문제가 있다고 판단하여 춘천시를 설득하여 쓰레기매립장 문제를 시 당국만의 문제가 아닌 춘천시민 전체의 문제로 확대하여 전 시민이 위기의식을 느끼고 문제 해결에 직접 참여하도록 매립장 공모를 유도하였다. 반면에 춘천시 당국은 시민 스스로가 매립장 문제를 해결할 수 있도록 '선정위'를 시민단체 주도하에 민간기구로 결성, 객관적이고 공개적인 방법으로 매립장 적지를 선정, 부지 결정에 타당성과 정당성이 부여되도록 하였다.

이러한 사업선정 과정에서 도덕적 투명성은 주민들에게 신뢰감을 주는 데 결정적인 역할을 하였고, 앞으로 매립장건설 과정에서 최소한의 환경피해를 유발하도록 성심성의껏 관리, 감독할 수 있다는 믿음을 갖게 한 것이다. 합의문에 춘천 경실련의 연대서명을 요구하고 시정을 관리, 감독하는 데 시민단체 연합을 중심으로 한 것은 이러한 배경으로부터 기인한 것이다. 춘천시 환경사업은 기존에는 행정 엘리트에 의해 거의 결정되었지만, 환경사업에 있어서는 시민단체들의 영향력이 크게 작용했던 예를 볼 때 시장 연합 유형(레짐이론)이라고 분석된다.

3. 건설·교통사업 사례

전주시 신시가지 도시개발사업: 전주시는 도시행정과 경제, 사회, 문

화 등의 중추역할을 담당할 전주시 서부신시가지 조성사업을 추진하였
다. 본 사업은 광역도시기반을 조성하기 위한 서부권 도시개발사업으로
주거환경지역과 상업·업무지역 및 도시기반시설 확충에 따라 미래형
도시개발을 추진하는 계획이다(전북일보 02 / 01 / 16). 전라북도 도시계
획위원회는 2002년에 제1회 위원회 회의를 열어 상정된 5건의 안건 중
'전주 서부신시가지 도시개발구역 지정 및 개발계획(안) 확정'을 제외
한 4건을 원안대로 가결했다(전북일보 02 / 03 / 15).

그러나 서부신시가지 조성사업의 범위와 환지(換地)원칙 등을 담고
있는 서부신시가지 도시개발사업 시행 조례안이 시의회에 상정된 가운
데 조례안 심의과정에서 진통을 겪었다. 전주 서부신시가지 조성사업을
위한 개발 조례가 입법, 예고되고 환지계획이 수립되는 등 본격적인
개발 절차가 가속화되고 있지만 1만 8000여 평의 '자림원' 이전을 위
한 대책이 전무, 또 다른 난항에 부딪히고 있다. 인터넷을 통한 전주시
의회 민원상에 호소문을 게재하여 전주시 신시가지 조성에 대한 평가
식 환지 방식의 부당함을 밝히고 있다.[8] 이런 부당하고 비합리적인 전
주시의 개발계획이 공평하고 약자입장도 충분히 고려되는 방향으로 조
속히 고쳐지길 요구했다. 또한 서부신시가지 부지의 토지 및 지상물
감정평가 결과를 앞두고 해당 토지주들인 마전마을 등 6개 마을 81명
으로 이루어진 주민대책위원회가 결성돼 이들의 주장을 전주시 측에
전달하였다.

전주시 관계자는 "2개 업체로부터 감정, 평가한 보상금액을 토대로
보상평가를 실시할 계획이지만 이들의 요구도 다각적으로 검토, 상당
부분 협의에 의해 보상을 실시할 예정"이라며 "지구단위 계획이 확정

---

8) 오상철 [호소문] 전주시 신시가지 조성에 대한 평가식 환지 방식의 부당함을
밝히고 있다. 전라북도 전주시 완산구 효자동 일대 76만 평에 1만 3천 명을
수용하는 대규모 신시가지의 개발소식에는 환영하는 바임에도 막상 영세
토지주들의 토지를 볼모로 개발하려는 개발계획이었다는 것은 너무나도 억
울하고 분할 뿐이라고 말한다.
http://council.jeonju.go.kr/chonju/council appeal/main.asp(검색일: 2003. 06. 30).

된 후 구체적인 내용에 대해서는 토지소유주들과 별도의 설명회를 개
최, 투명한 환지계획이 되도록 추진할 예정"이라고 말했다(전라일보 02
/ 12 / 16). 또한 전주 서부신시가지는 2개 공인감정평가기관에서 평가한
가격의 산술평균치로 보상가가 결정되며 토지는 지가공시 및 토지 등
의 평가에 관한 법률에 의해 표준지의 공시지가를 기준으로 보상이 실
시된다(전라일보 03 / 01 / 22). 전주시 관계자는 "전주 자림원은 장애인
들을 보호하는 국가위탁시설인 만큼 최대한 보상을 해 줘야 하지만 현
재의 도시개발 관련 법규에 의하면 용지보상 외에는 대안이 없는 상
태"라며 "최대한 자림원 측과 협의를 통해 원만한 이전을 추진할 수
있도록 노력할 예정"이라고 말했다(전라일보 03 / 03 / 25). 김완주 전주
시장은 조속한 전주 서부신시가지 개발을 위해 용지보상 과정에서 상
당한 진통이 예상되는 '자림원' 이전을 위한 조속한 대책을 세울 것을
담당공무원에게 지시하고 나섰다. 이 같은 지시는 그동안 서부신시가지
개발 방식을 둘러싸고 수개월간의 진통을 겪고 또다시 용지보상 과정
에서 불거질 각종 문제를 미연에 종식시키고자 하는 전주시의 의지를
보여준 사례이다(전라일보 02 / 11 / 16). 해당 경제업체를 끌어들여 지역
개발을 유도한다는 정책이다.

　전주시가 서부신시가지 도시개발사업은 전주시장의 선고공약사업이
기 때문에 전주시민의 희망과 자신의 능력을 사업성공과 결부하려는
의욕에 찬 개발사업이다. 따라서 시장 자신이 사업 추진 과정에서 영
향력이 가장 크게 나타나고 그 다음으로 담당실국장이라고 볼 수 있다.
서부신시가지 도시개발사업결정 과정에서 각 참여자들의 영향력은 엘
리트 사업결정 유형에서 살펴보면 서부신시가지 도시개발사업은 시장
연합 유형이라고 볼 수 있다.

　수원시 동수원 도로개설공사: 수원시는 동수원 도로개설공사를 1996
년 8월 6일에 주민의 의견 청취를 위한 공람을 공고하였고 11월 22일
에는 도시계획 소위원회를 개최하였다. 소위원회는 교통은 아주 원활하

게 해소될 수 있으나 지역 주민의 반발이 예상된다는 의견이었다. 이에 따라 이 부근 4개 동의 180세대 주민들은 1997년 2월 24일에 아파트 부지를 흡수하지 않으며 피해가 적다면 해도 좋다는 의견서를 내었다. 따라서 해당 수원시와 주민 간의 대립 가운데 도로개설공사가 계속 추진되었다[9].

1997년 2월에는 주민들이 큰 지장이 없다면 사업진행을 허락하는 우호적인 입장이었으나 1997년 7월에 도로개설에 따른 보상가격이 적다는 것을 들어 32명이 이의를 제기하였고 1997년 5월 26일에는 사업의 무계획성과 비경제성을 진정하였다. 주민들은 국회의원(남경필)과 도의원(최규진), 시의원(맹규환)을 통해 시장과 면담을 하였으며 그 결과 3월 4일에 건설교통국장과 도로과장, 도로건설담당 및 시의원, 전문가(교수 4명), 주민대표들이 토론을 했다. 여기에서 전문가들이 고가도로 건설이 타당하다는 의견을 제시하였다. 2003년 3월 6일에는 주민들이 다세대 주택을 재개발할 수 있게 해 주며, 선경아파트 진입로 개설을 요구하였다. 이에 시장은 재개발은 법에 저촉이 되며 진입로는 검토하겠다는 답변을 하였다. 그리고 3월 20일에 주민설명회를 개회하였다.

---

9) 추진 과정을 보면, 1996년 1월 12일 제2종합운동장 주변 교통체계 구축을 위한 도로개설공사계획. 1996년 8월 6일 주민의 의견 청취를 위한 공람 공고. 1996년 11월 22일 도시계획 소위원회를 개최. 1997년 5월 26일 우만동 주민 24명 사업의 무계획적, 경제적 낭비 진정서 제출. 1997년 7월 9일 도시계획시설결정 신청서를 경기도청에 제출. 1997년 10월 28일 수원 도시계획시설로 결정. 1998년 3월 17일 환경청에 검토 의뢰. 1998년 5월 1일에 100여 명의 주민들이 집단반대. 1998년 9월 16일 실시계획인가, 시와 구청 및 동사무소에 게시. 1998년 9월 23일 착수. 1998년 10월 27일 토지를 분할. 1998년 11월 5일 보상심의 위원회를 개최. 1999년 5월 21일 지방건설기술심의 승인. 1999년 7월 19일 실시설계 완료. 2000년 12월 26일 우만동 아파트 주민 180명 보상금 지급 건의. 2001년 8~10월 철거. 2003년 1월 3일 고가도로 착공. 2003년 2월 17일 주민들의 집단행동. 2003년 2월 28일 국회의원, 도의원, 시의원 3명이 시장면담. 2003년 3월 4일 토론회 개최(해당지역 시의원, 교통전문 교수, 주민대표). 2003년 3월 25일 공무집행방해에 따른 수원시 고소. 2003년 4월 24일 문제 해결을 위한 주민과 시민단체 합동 기자회견.

2003년 3월 25일에는 주민들이 시청 앞에서 집회(7차 민원)를 가졌으며 시청은 공무집행방해로 고소하는 법적 대응을 하였다.

시민단체(환경운동연합, 경실련, 수원 여성회, YMCA, YWCA)는 문제 해결을 위하여 기자합동회견을 갖고 집단행동 구속자 석방과 공사 중지를 요구하였으나 시청에서는 모두 완강히 거부하였다. 그리고 5월 10일, 15일에 주민대표가 토론회를 요구하였으나 시의 담당자는 사업의 계속추진을 주장하였다. 그러자 5월 21일에는 시청 앞에서 다시 집회를 통해 구속자와 상해자 보상과 연립주택 피해보상을 요구하였다. 이에 시청에서는 연립주택 보상은 불가하나 후에 협의하자 제시하였다. 이에 시민단체는 다시 5월 24일에 50명이 집단으로 집회를 하면서 결국 타결을 보지 못하고 있다. 이 문제는 주민들과 시청 간에 서로 양보가 없는 팽팽한 대결양상을 보이며 해결되지 않고 있다. 국회의원과 도 및 시의원 등이 나서고 언론기관과 시민단체까지 동원하여 회견을 가졌으나 별 효과가 없이 팽팽히 맞서고 있다. 특히 이 사업은 지역 주민과의 갈등 속에서 행정 엘리트가 주도권을 잡고 행사하고 있는 사업으로 2003년 6월 현재까지 진행 과정에서 나타난 각 집단 간의 영향력 행사하고 있다. 수원시는 시장과 담당실국장이 공권력을 통한 영향력이 주민의 요구를 수용하지 않으면서 공무집행방해로 고소하는 등의 강력한 대응을 보이고 있는 사례를 볼 때 시장 주도 유형이라 할 수 있다.

춘천시 경춘선 복선전철화 사업: 춘천시의 경춘선 복선전철화 사업은 춘천시내 구간을 지하화로 할 것인지, 고가화로 할 것인지에 대한 논란에서 시작된다. 논란의 핵심은 경춘선 구간 중 남춘천역을 지나는 도심구간의 고가화 문제이다. 이 구간은 춘천의 퇴계동 일대가 아파트 단지로의 개발이 집중적으로 이루어지면서 문제가 심각해지기 시작하였다. 철도청 설계대로 춘천역사가 도심으로 설치될 경우 미군부대 이전과 더불어 춘천역에서 도심지로의 접근이 용이해질 것이라고 철도청은 밝히고 있다. 그러나 주민들은 2000년 10월에 소음 및 환경피해를 들어 고가화 반대운동에 돌입하였다. 결국 철도청이 나서 주민들이 반대하면 추진하지 않겠다는 선까지 물러났다. 그러나 이후의 논의는 지루하게 진행되었다. 교통환경연구원은 지상화할 경우 소음과 분진으로 인한 피해에 대비, 방진네트와 터널형 투명 방음벽을 대안으로 제시하고 고가화 구간은 주민들에게 관련 시설들을 개방, 주민 편의시설로 활용하는 등 각종 대안을 모색해야 한다고 주장하였다. 이러한 과정에서 춘천시장과 상위부처인 철도청은 경제적인 측면을 고려하여 고가화를 주장하는 것으로 정리할 수 있으며, 고가화 이외에 다른 방법은 제시하지 않고 있었다.

또한 춘천 환경련은 용역의 주체인 철도청장이 고가화를 하지 않겠다고 약속했는데 용역에서는 고가화를 수용하였다면 문제가 되는 만큼 이를 배제하고 가야 한다고 강조하여 고가화 배제원칙을 제시하였다. 지역 주민들 역시 반대입장을 분명히 하였다. 민주당 도지부 조직국장은 국회의원이나 시장, 시의원들은 도대체 무엇을 하였기에 2년이 지나도 그 얘기를 다시 논의하도록 하느냐며 적절한 절차와 방식을 가지고 함축성 있게 모아서 다시 정리하자고 주장하였다. 춘천 경실련사무처장은 철도청 설명회에 철도청장이 참석할 수 있도록 공문을 보내고 철도청장이 밝힌 고가화 배제원칙을 재확인하기로 하였다며 철도청 용역 결과에 대한 전문가 차원의 소위원회를 구성하고 설명회가 일방적인 요식행위로 끝나지 않도록 '고가화 철도 심의위원회'를 구성할 것을 촉구할 계획이라고 정리하였다.

그러나 춘천시와 철도청, 지역민들 사이에 여러 차례의 논의를 거쳤으나, 끝내 합의점을 찾지 못하고, 일방적으로 경춘선 복선화 사업의 춘천 도심구간이 당초 계획대로 고가화로 추진하기로 결정하였다. 춘천시의 경춘선 복선화 사업 중 도심의 고가화 및 지하화를 주제로 한 갈등은 합의를 찾지 못한 채, 춘천시장과 철도청의 일방적인 결정에 의해 이루어졌다고 볼 수 있다. 물론 과정 중에 시민단체나 지역 주민과의 의견조정 과정도 시도하고, 시민들을 대상으로 한 설문조사도 실시하였으나, 서로 각자의 조사의 대상이나 주체를 문제 삼아 이를 인정하지 않음으로 인해 결국 합의점을 도출하지 못하고, 시장과 중앙부처의 의견을 그대로 정책에 반영하였으므로 전형적인 시장 주도 유형의 사례라고 볼 수 있다.

4. 도시계획·주택사업 사례

전주시 도시한옥보존군사업: 전주시의 한옥보존군은 교동·풍남동·전동 일원의 지구단위 계획구역 지정의 목적 및 유형에 따라 전통문화 구역 조성한다는 것이다. 먼저 전주시 보존군에 관한 몇 가지 문제점을 살펴보고 그동안 시 당국의 한옥보존정책 사례를 보면 다음과 같다. 도시한옥군의 관리에 적합한 법체계 및 지원체계에 대한 행정이 미약했다. 광범위하고 비합리적인 지구 지정은 보존의 어려움뿐만 아니라 지구의 보존가치를 낮추는 원인이 되었다. 나아가 한옥본전지구 지정에 있어 전주시 행정에 의해 일방적으로 결정되는 과정에서 주민들의 배제는 시 행정과 대립관계를 형성하였다.(김현숙 2000.) 전주한옥은 특정적 장소로서 성격이 부각되지 못하고 있으며 불량주택의 과다한 노출이 시각적인 가로경관을 해치고 있다. 이러한 문제점들은 전주 한옥군을 보존특구로 지정하여 도시개발과 상충하기 때문이다.(최만봉외 1989.)

전주시는 완산구 교동·풍남동 일대의 면적 8만 7천 평을 1단계(1999~2002년)와 2단계(2003년 이후)로 나누어 총 사업비 600억(국비 300억, 시비 300억)을 투자하여 지원하기로 했다. 또한 전주시는 사업을 추진하는 과정에 행정의 공개성과 투명성을 주민들에 각인시키고 충분한 사전 설명회를 가졌다. 주민 행정, 관계기관 전문가로 구성된 '사업 추진 협의체'를 구성하여 도시설계에 맞는 건축 유로를 위한 지원조례를 제정하여 지원근거를 마련하였다. 나아가 사업 추진으로 전문성, 시급성을 감안하여 분야별로 업무를 분담, 추진하였다.

주민협의체 구성은 주민대표를 교동, 풍남동사무소에 추천, 의뢰하여 14명(교동 10명, 풍남동 4명)의 주민대표를 선임하여 1999년 12월 17일에 '위원간담회'를 실시하고 여기서 주민협의체를 구성하였다[10]. 이 계획은 2회의 주민설명회와 5회의 행정 및 전문가 간담회를 통해 구역의 실정과 보존, 유도 방안, 주민지원 방책 등이 마련되었고, 이를 토대로 2000년 6월에는 도시설계지구 지정절차에 따라 도시설계지구로 지정되었다. 또한 전통문화특구 기본 및 사업계획이 확장됨에 따라 우선적으로 추진되어야 할 도시시설 정비를 위해 문화시설에 대한 시설고시가 이루어졌다.

사업 추진 과정에서 해당 주민의 민원이 제기되고 반발이 거세졌다. 전주시 당국은 2001년 3월 17일에 '민관추진위원회'를 구성하여 26명의 전문가 집단과 주민대표를 선출하고 본회의를 구성하였다[11]. 그러나 재산상의 피해를 의식한 해당 주민들은 2001년 4월에서 9월까지 집단적 데모를 하였고 행정당국에 집단민원과 항의 성명서를 제출하였다. 그래서 민관추진위원회에서는 당시 주민을 대상으로 한 공청회를 1년에 1번, 주민설명회 2번, 의회간담회 3회 등 지속적으로 주민설명을 계속하였고 2001년 5~8월까지 90일간의 집회하는 과정에서 상호 이해와 행정관계자의 주민 설득을 반복하였다. 전주시 행정당국은 2002년 3월 19일에 민관추진위원으로 하여금 지구단위로 공청회를 갖고 사업설명

---

10) 주민협의회 위원. 회장 1명, 부회장 3명, 총무 1명의 전체 구성인원 14명의 명단은 다음과 같다. 교동 출신, 김종선, 조계춘, 김이호, 유양옥, 송정섭, 이창수, 노형우, 박현순, 이종술, 이남안, 이상 10명과 풍남동 허계욱, 김기섭, 장수남, 양영순이다.

11) 민관추진위원회는 총 인원이 26명이다. 위원회 구성인원의 직종은 다양하다. 대체로 건축학과 교수, 미술학과 교수, 환경운동연합, 주미대표, 약사, 성당신부, 시정개발연구원, 전주시장, 도신관리국장, 문화영상산업국장, 도시개발과장, 위원회 간사 등 다양한 직종의 전문가로 구성되어 있다.

회를 가졌다. 민관추진위원회에서는 합의를 하여 주민들의 민원사항인 5층 이하의 건축 인·허가와 1가구당 5000만 원을 지원해 준다는 합의를 맺었다.

전주시 행정 담당자의 말에 의하면 한옥보존사업 추진 과정에서 무엇보다 중요한 관건은 사업계획에 대한 투명성과 주민의 참여유도가 중요하다고 한다. 해당 주민의 수차례의 민원 제기와 데모하는 과정에서 전문가단체의 사업설명회는 주민의 설득에 주요했고 여러 차례의 의회간담회는 주민의 이해와 참여의 폭을 확대하였을 뿐만 아니라 주민과 시 당국과 합의 형성에 중요 성과를 거둘 수 있는 요인으로 작용하였다고 한다. 따라서 전주시 한옥보전지구정책 사례는 전문가단체와 지역 주민의 참여와 협조를 통한 시장 연합 유형(레짐이론)으로 분석된다.

수원시 장안구청의 설립사업: 수원시는 1997년 5월 23일에 장안구청 설립계획을 수립하여 1997년 11월 24일에 건축설계현상공모 공고를 통해 400억 원을 들여 건립하기로 하였다. 그리고 1998년 5월 6일에 기본 및 실시설계용역 예약을 하여 2000년 1월 22일에 실시설계를 완료하였다. 그러나 구청 옆에 주거하고 있는 한일타운 주택주민들은 일조권 침해를 주장하며 민원과 함께 주민들의 시위가 일어나게 되었다. 또한 2000년 5월 15일에는 행정자치부의 지방재정중앙투·융자심사 과정에서 규모의 과다로 축소방안과 재원대책을 재검토하라는 지시가 있었다. 그러나 수원시청에서는 이에 대한 대책 마련을 소홀히 하였는데 2001년 6월 22일에 경기도 정책감사에서 역시 사업규모를 축소하라는 권고를 받았다. 그러나 여전히 대책 마련에 소홀히 하였다. 그리고 시의원이 2002년 정기의회에서 주민의 의사를 반영과 동시에 재의결을 요구하였다. 이 요구서에 의하면 재의결이 있기 전까지 한일타운 주민들의 민원요구가 28차례가 있었으며 부천시 등도 5층 건물임을 비교하는 호소력 있는 주장을 하였다. 이때 주민들의 민원내용의 주요 핵심 요지는 청사의 규모과다로 인하여 예산이 낭비되며 15층의 고층 건물

신축으로 인하여 한일타운 주민들의 조망권이 피해를 보고 있다는 내용이었다. 이 결과 2003년 1월 24일에 장안구청 건립계획 권고안을 의결하고 사업계획을 전면 재수립하여 2003년 6월에는 지방재정투·융자 심사 및 입찰안내서심의를 거쳐 현재 공사 진행 중에 있다.

시청이나 구청의 건립은 도시계획에서 주변의 지가와 상권형성에 커다란 영향을 준다. 수원시청이 고층의 장안구청을 건립하려던 적극적인 계획이 인근에 살고 있는 한일타운 주민들의 민원과 시위 및 의회의원들의 의회의결로 계획이 전면적으로 재수립된 결과를 가져온 사례이다. 그리고 이 사례를 보면 상위기관인 행정자치부와 도청이 관계되어 있음을 알 수 있다. 이 사례에서는 시장과 담당실국장들의 구청 설립에 대한 권한은 수립 과정에서부터 건립의 진행에 모든 권한을 가지고 있다. 그리고 상위정부의 영향력도 개입되는데 재고려나 권고 등의 형식으로 관여하고 있으나 관계 시장과 실국장은 이들의 권고에 크게 위축되지 않고 있다. 오히려 주민들의 민원과 의회의 감사에서의 지적과 의결이 사업변경에 영향을 주고 있다. 아무튼 이 사례는 주 권한을 가진 시청이 주민의 의견을 수용하고 선거를 통해 당선된 의원들이 주민을 의식하여 강력히 주장되어 영향을 미친 시장 주도 – 견제 유형의 사례이다.

춘천시 백화점 부지선정사업: 춘천시는 2002년에 시외버스 터미널을 시 외곽으로 이전하면서 같은 부지에 현대백화점이 진출하는 것을 계획하였다. 그러나 이 계획은 초기부터 많은 문제를 야기했다. 첫째, 교통대란에 대한 문제 둘째, 지역상원과의 관계된 문제가 야기되었다. 춘천지역상권보호위원회는 교통량 조사 설명회를 갖고 초대형 할인점이 유치될 경우 춘천관문인 온의동이 교통지옥으로 변하게 돼 유치에 앞서 공청회 또는 시민대토론회가 반드시 필요하다고 밝혔다. 또한 상권보호위원회는 온의동 현대백화점 부지는 인근 시외버스 터미널을 비롯해 춘천시에서 추진하고 있는 종합운동장 개발계획과 경춘선 복선전철화 사업이 맞물려 있는 중요 지역이라며 할인점 유치 허가로 인한 교통체증에 대한 교통영향평가와 건축허가에 대한 명쾌한 대안이 제시되어야 한다고 강조하였다.

그러나 강원도는 도청에서 각계 교통전문가로 구성된 심의위원 15명이 참석한 가운데 교통영향심의위원회를 열고 현대백화점에 대해 도시계획도로와 사업장 부지도로 연결문제와 관련, 순환 기능 유지와 공공성 기능 확보 등을 조건으로 신축을 승인하였다. 이러한 과정에서 춘천시가 현대백화점에 특혜를 주었다는 의혹이 불거졌다. 춘천지역상권보호위원는 현대 측이 교통영향평가 때 제출한 교통량 수치는 시외버스 터미널이 이전되기 전에 조사된 것이며, 상권보호위가 조사한 수치에 10분의 1도 못 미쳐 신빙성이 결여되어 있다고 주장하였다. 이에 상권보호위는 지역민들의 뜻이 반영되는 대로 도에 교통영향평가 원천무효소송을 제기할 방침이라고 밝혔다. 그러나 춘천시 온의동 대형유통시설 허가와 관련 춘천지역 상인과 강원도, 춘천시 등이 서로 상반된 입장만을 고수하고 있어 추이에 관심이 집중되고 있다. 춘천지역 상인 대표들은 춘천지방법원에 강원도를 상대로 교통영향평가 승인취소 청구소송을 제기했고, 춘천시에는 건축허가를 보류해 줄 것을 요청하였다. 그러나 춘천시 관계자는 지난 1998년에 이미 현대백화점의 건축허가가 건축심의위원회에서 승인되었다며 지금도 그 당시 허가가 유효해 허가에는 무리가 없다고 주장하였다. 이에 춘천지역상권보호위원회(이하 상보위)는 현대백화점은 3년 전 건축허가 취소를 받고 최근 다시 신청을 한 것이어서 새로 변경된 법에 의해 건축허가 절차가 이루어져야 한다고 주장하였고, 도와 시를 상대로 온의동 현대백화점의 교통영향평가 승인취소 청구소장을 춘천지방법원에 접수했었다. 2003년 7월 23일에 춘천시는 시외버스 터미널 부지 내 대형유통매장 건축에 대해 건축과, 교통과, 사회복지과 등 각 과별로 허가 전 보완할 사항을 현대백화점 측에 요구하였다. 시청 건축과 관계자는 보완사항이 모두 시정되면 별도의 심의절차 없이 건축허가를 내줄 것이라고 밝혔다.

춘천시 시외버스 터미널에 현대백화점 진출이라는 문제는 교통혼잡에 대한 문제를 앞에 내세운 지역의 상권에 대한 문제이다. 특히 여기에 강원도의 교통영향평가와 건설부가 제시한 '도시계획시설 기준에 관한 규칙' 변경과 춘천시의 특혜시비, 지역 상인의 권익 문제들이 복합적으로 얽혀 있다고 할 수 있다. 춘천시에서는 건축허가 과정에서 여러 가지 의혹들이 있었으나 결국 건축허가를 내는 방향으로 잠정 결론을 냈다. 이러한 과정을 통해서 추천시의 의사결정 과정에 영향력의 크기는 시장／부시장의 영향력이 크게 작용하고 있는 전형적인 시장주도 유형이라고 할 수 있다.

VI. 결 론

이상으로 지역사회 권력구조 연구를 위하여, 전주시·수원시·춘천시의 정치, 행정, 경제, 사회 엘리트를 구분하여 조사하고 엘리트의 특성과 네 가지 주요 정책사업에 관한 엘리트의 영향력의 크기와 정책사례를 비교, 연구, 분석하였다.

엘리트 정책사업의 영향력 순위는 3개 도시에서 큰 차이는 보이지 않았다. 먼저 '보건·복지사업', '환경관리사업'과 '건설·교통사업', 마지막으로 '도시계획·주택사업'에 관한 영향력의 크기는 3개 도시에서 미미한 수준에서 차이는 있으나 각각의 정책사업이 큰 차이를 보이지는 않았다. 대체로 영향력의 크기는 1위 시장／부시장, 2위 상위정부의 순으로 나타나고 3위 수준은 지역별 또는 정책사업별로 미미한 수준에서 차이를 보이고 있으나 대체로 시의원, 담당실국장 그리고 국회의원 수준으로 나타나고 있다.

엘리트 영향력 평가의 4가지 사업을 의사결정에 의한 사례분석 결과는 다음과 같다. 먼저 보건복지사업의 경우, 전주시는 주민의 의제선정을 통하여 시의원을 발의하여 의체가 채택되면 행정 실무 담당자의 주도하에 전문가의 의견을 통하여 추진되고 있는 시장 연합 유형이다. 수원시는 시장과 담당실국장의 영향력하에 정책이 추진되고 있다. 환경사업의 경우 전주시는 시민단체와 전문가단체의 민·관 협의체제를 구축하여 담당 실무자에 많은 영향력을 행사하는 시와 이익단체(시민단체)가 협력하는 유형이고 수원시는 주민들의 의견을 반영한 시장 주도-견제 유형으로 분석되고 춘천시는 지방관료들의 타성을 비판하며 협력하는 이익단체(시민단체)연합 유형으로 연구, 분석되었다.

건설·교통사업의 사례에서 전주시는 서부신시가지 건설사업에서 사장 자신의 공약사업을 완성시키려는 강한 의지가 반연된 전형적인 시장 주도 유형으로 나타나고 수원시는 동수원 도로개설공사에서 주민의 요구를 공권력으로 저지시키면서 사업을 추진하는 시장의 의지가 강하게 반연된 시장 주도 유형으로 분석된다. 춘천시는 경춘선 복선화 사업이 상위정부와 시장독주체제하에 정책이 추진되고 있다고 분석된다. 마지막으로 도시계획·주태사업에 있어 전주시는 한옥본존지역 주민들의 반발을 끊임없는 대화와 타협으로 설득하여 전문가단체의 개관적 의견을 반영한 이익집단 주도 유형이라 할 수 있다. 수원시는 장안구청 건립사례에서 지역 주민들과 갈등 속에 행정 엘리트를 견제하는 의회의원들의 영향력이 강하게 반영된 시장 주도-견제 유형으로 연구, 분석되었다. 춘천시는 시외버스 이전에 따른 현대백화점 건축사업에서 처음부터 교통대란의 문제점과 지역상권의 관계에서 많은 문제점이 노출된 사업이었지만 춘천시장과 행정 담당자들은 각종의 특혜시비와 법원 고소에도 불구하고 건축설립을 추진한 전형적인 시장 주도 유형으로 연구, 분석되었다.

이상의 연구에서 엘리트 영향력 크기의 평가와 정책 사례에서 나타나 엘리트들의 영향력의 상관성을 비교, 분석해 보면 <표 5-9>와 같다.

〈표 5-9〉 엘리트의 영향력과 정책결정 유형의 상관성

정책사업 유형	전주시			수원시			춘천시		
	영향력 평가	순위	의사결정 유형	영향력 평가	순위	의사결정 유형	영향력 평가	순위	의사결정 유형
보건복지 사업	시장/부시장	1	시장 연합 (레짐이론)	시장/부시장	1	시장 주도	시장/부시장	1	결
	상위정부	2		상위정부	2		상위정부	2	
	시의원	3		시의원	3		시의원	3	
환경사업	시장/부시장	1	다원주의 정치이론	시장/부시장	1	시장 주도 견제	시장/부시장	1	시장 연합 (레짐이론)
	상위정주	2		상위정부	2		시의원	2	
	시의원	3		담당실국장	3		상위정부	3	
건설교통 사업	시장부시장	1	시장 주도	시장/부시장	1	시장 주도	시장/부시장	1	시장 주도
	상위정부	2		상위정부	2		상위정부	2	
	시의원	3		이익집단	3		시의원	3	
도시계획·주택사업	시장부시장	1	시장 연합 (레짐이론)	시장/부시장	1	시장 주도 견제	시장/부시장	1	시장 주도
	상위정부	2		상위정부	2		상위정부	2	
	시의원	3		담당실국장	3		시의원	3	

　전주시·수원시·춘천시의 지역사회 권력구조 분석에서 도시 간의 차이는 미미한 수준이지만 도시 간 정책 사례별로 분석의 결과가 상이하게 나타나고 엘리트 영향력 평가와 정책 사례의 비교분석에서도 부분적 일치와 차이가 공존한다는 연구 분석의 결과이다.

참고문헌

강명구. 1997. "지방자치와 도시정치: 행위자 중심적 해석을 위한 시론적 연구", 『한국정치학보』 제31집 제3호.

김왕배. 1984. "한국지역사회의 권력구조에 관한 연구", 연세대학교 석사학위논문.

김현숙. 2000. "도시의 역사적 환경보전 행정에 관한 연구", 『국토계획』, 대

한국토·도시계획학회지 제35권 제2호(통권 107호), 2000. 4.

김현주. 1993. "한국인의 연줄 커뮤니케이션", 한국언론학회(편), 『한국적 커뮤니케이션 모델의 탐구Ⅱ: 한국인의 커뮤니케이션』, 한국언론학회.

민경희·강희경·배영목·최영출. 1996. "청주지역사회의 권력구조에 관한 연구", 『한국사회학』 제30집(봄호).

신명순. 1993. 『한국정치론』, 서울: 법문사.

신행철. 1986. "제주농촌지역사회의 권력구조에 관한 연구", 연세대학교 박사학위논문.

박종민. 1999. "한국의 지방정치와 권력구조", 박종민 편, 『한국의 지방정치와 권력구조』, 나남출판.

박효종. 1993. "지역사회의 힘에 범주에 관한 정치경제학적 연구", 『한국정치학보』 제27집 제2호.

배병룡. 1999. "진주시의 권력구조: 시장중심의 분산적 엘리트 연합", 『정부학연구』 제5권 제1호.

손준영. 1996. "한국지역사회 엘리트구조의 유형과 유의성", 경북대학교 박사학위논문.

유재원. 1999a. "청주시의 권력구조와 정치과정", 『정부학연구』 제5권 제1호.

유재원. 1999b. "단체장 민선이후 자치단체의 정책변화: Peterson의 도시한계론 검증", 『대한정책학보』 제8권 제3호.

이병기·진덕규. 1972. "한국농촌사회의 권력구조와 영향력 관계에 관한 연구", 『한국문화연구』 제19집, 이대한국문화연구소.

이승종. 1995. "자치단체장 선거에 따른 지방의 권력구조 변화", 『지방자치』 제80집.

이승종. 2000. "지방자치와 지방정부의 복지정책정향", 『한국행정학보』 제34집 제4호

이우권. 1996. "지방정부 정책과정의 권력관계 분석", 연세대학교 박사학위논문.

이우정. 1990. "이론적 시각에서 본 지방분권화의 문제-한국의 엘리트 구조와의 관련에서", 『한국정치학보』 제24집 제2호.

이준원. 2002. "한국지방정치의 모형화를 위한 시론", 『정부학연구』 제8권 제2호.

정근식. 1992. "지역사회의 변화와 권력구조", 『사회과학연구』 제10집, 경상
    대 사회과학연구소.

조용상·최봉기·김옥준. 2000. "지역사회 엘리트의 행태에 관한 연구", 『사
    회과학논총』 제19권 제1호.

진덕규. 1974. "한국중소도시의 권력구조의 유동화와 지역주민의 정치의식
    에 관한 연구", 『성곡논총』 제5집.

진미경. 1979. "사회변동 과정에서 정치의식과 권력구조의 상관성에 관한
    연구", 이화여자대학교 석사학위논문.

최만봉외.1989 "전주시 한옥지구(사종미관지구)의 기능성 및 경관성 개선
    에 관한 연구", 전북대학교 논문집 제31집 자연과학 편.

최승범. 1999. "평택시 사례", 박종민 편, 『한국의 지방정치와 도시권력구조』,
    나남출판.

최재원. 1992. "지역사회와 권력구조", 『지역사회개발논총』 제13호.

최흥석. 1999. "강한제도하의 많은 정치", 『정부학연구』 제5권 제1호.

한용원. 1993. 『한국의 군부정치』, 서울: 대왕사.

황종성. 1995. "한국 정치엘리트의 구조분석", 『한국정치학회』 제30집 제2호.

Dahl, Robert A. 1961. *Who Governs?*: Democracy and Power in an American
    City, New Haven: Yale University Press.

Domhoff, G. William. 1983. *Who Rules America Now?* New York: A
    Touchstone Book.

Hunter, F. 1953. *Community Power Structure*: *A Study of Decision Makers*
    Chapel Hill: University of North Carolina Press

Logan, John R. & Molotch, Harvey L. 1987. *Urban Fortunes*: *The Political
    Economy of Place*. Berkely, CA: University of California Press.

Mills, C. Wright. 1959. *The Power Elite*. London: Oxford University Press.

Peterson, P. 1981. *City Limit*. Chicago: University of Chicago Press.

Polsby, Nelson. 1980. *Community Power and Political Theory*. New Haven,
    Conn.: Yale University Press.

Stone Clarence N. 1989. Regime Politics: Governing Atlanta 1946~1988.
    Lawrence, KS: University Press Of Kansas.

Part 6

스노우 볼(Snow Ball) 이론을 통한 엘리트 연구

-익산시 엘리트 의사결정을 중심으로-

Ⅰ. 서 론

지역사회에서 누가 영향력을 행사하고 지배하는가에 관한 연구는 미국에서 엘리트 이론을 중심으로 그 적실성이 많이 연구되어 왔다. 미국의 경우, 지역사회 권력구조는 엘리트주의, 다원주의 및 레짐이론 그리고 의사결정 유형으로 세분하여 논의되고 있는데 이들은 대체로 경제 엘리트 주도 유형, 이익집단 주도 유형, 시장 연합 유형 그리고 의제설정회피 유형으로 표현되고 연구되어 왔다. 이와 같은 권력구조에서 가장 핵심은 엘리트의 영향력을 구체적으로 판단하기 위한 분석방법의 객관적 논리 전개에 따라 각각 상이하게 나타나고 있다.

한국에서도 엘리트들의 영향력 수준을 측정하는 방법으로는 지위법, 평판법, 의사결정법과 도시정부의 정책 유형 등을 사용하여 왔다. 이러한 논의의 핵심은 지역사회에서 주요 사업에 대하여 소수의 엘리트들이 영향력을 미치고 권력을 행사한다고 본다. 그러나 이러한 논의가 한국적 현실에서 얼마나 설득력을 갖는가 하는 것은 많은 이론적 한계를 갖고 있다. 미국을 중심으로 발달한 지역사회 권력구조이론이 한국적 현실에서 이론적 적용에 적지 않은 문제를 안고 있기 때문이다. 미국의 지방정치와 한국의 지방정치의 현실이 다르고 문화적 차이와 정서가 다른 연유이기도 하겠지만, 지방자치가 부활한 지 불과 이제 10년이 되어 가는 한국적 현실은 어떻게 보면 당연한 귀결일 것이다.

한국적 현실에서 지역사회 권력구조와 엘리트 논의는 지방자치 실시 이전과 이후로 나누어 생각할 수 있으나, 대체로 시장이 주로 결정하는 유형과 시장의 주도가 일부의 외부 기관이나 집단에 의해 견제되는 시장 견제 유형 그리고 시장이 기업과 주민의 협조를 이끌어 내어 연합하는 시장 연합 유형으로 나타나고 있다. 다시 말하면 지방자치 실시 이전에는 대체로 시장이 모든 사업에 영향력을 행사하고 시장 주도 유형과 지방자치 실시 이후에는 시장이 사업을 주도하지만 외부 세력, 즉 시민사회단체, 주민, 지방의회 등의 견제 속에서 사업을 주도하는 시장 견제 유형, 또한 시장이 주요 정책사업을 추진하는 과정에서 시장 연합(레짐이론)을 주장하는 연구의 결과가 보편적이다. 이와 같이 한국의 지역사회 권력구조는 주요 정책사업에 따라 외부의 집단과의 관계와 시장의 리더십에 따라 달리 나타나고 있다.

지방자치 실시 이후, 지방정부는 지역단위의 주요 사업을 독점적으로 추진할 뿐만 아니라 시장은 의사결정의 최종 책임자로서 영향력을 갖고 권한을 행사한다고 해도 과언이 아니다. 나아가 지방정부를 중심으로 시장은 지역현안사업에 직·간접적 영향력 관계에 있거나 권력관계가 성립되는 모든 행위자들의 중심에서 활동하고 있다. 따라서 지역사회에서 엘리트의 영향력이 오히려 시장에 집중되고 있는 경향이 두드러지게 나타나고 있다. 지역사회에서 시장은 독점적 지위를 차지하고 있으며 시 행정의 주요 정책사업의 최종 결정권을 갖고 영향력을 행사하고 있다. 이와 같은 분석의 결과는 지방정부의 주요 사업을 시장중심의 정책적 영향력의 크기를 비교・분석하는 방법을 택하기 때문이기 도 하지만 열악한 지역사회의 자율성이 한정되어 있고 주요 사업이 지 방정부에 밀접하게 연관되어 추진되기 때문이다.

본 연구는 이전의 연구의 성격과 다른 방법으로 지역사회의 엘리트 연 구를 시도하였다. 하나의 지역사회 내에서 영향력을 행사하는 엘리트들 의 사회적 연결망(Elite Social Network)을 파악하여 누가 주요 사업에 영 향력을 행사하고 있는가를 직접 엘리트에게 묻고 추적해 나가는 방법을 사용했다. 먼저 주요 사업에 대한 선정을 받기 위해 사업평가를 받아 가 장 빈도가 높은 주요 사업을 우선순위로 선정하고 엘리트 영향력 평가를 시도하는 것이다. 이러한 분석방법은 Elite Network Analysis라고 불리는 데, 익산시의 권력구조와 엘리트 주요 사업 영향력 평가에 얼마나 적실 성이 있는가를 검증하는 계기가 될 것이다.

II. 연결망 분석이론

연결망 분석의 연구는 정치적 분열이나 응집의 형태를 관찰하는 새로운 통찰력을 갖게 한다. 연결망 분석은 다양한 상태 혹은 각 집단의 구성원을 연결망으로 설명하는데 이들 사이의 인과관계, 상호 관계 등을 변으로 나 타내어 상태 또는 구성원 사이의 의사소통의 정도, 영향을 미치는 정도 등 을 정량화(定量化)한 뒤, 각 변에 대응시켜 이를 분석하는 방법이다.

연결망 분석은 연결망의 강도, 빈도, 거리 등을 분석하는데, 엘리트들 의 신분, 직위, 직책과 같은 속성으로 분석하는 것이 아니라 엘리트 상호 간에 형성된 사회적 관계망 속에서의 상호간의 영향력을 측정한다. 연결 망 분석에 있어 조사를 누구로부터 시작하느냐가 중요하다. 왜냐하면 시작을 잘못했을 경우 상호 연결되어 있는 행위자들의 하부집합(sub-sets of actors)들이 드러나지 않을 수 있기 때문이다(Hanneman 2001, 8.).

연결망 분석의 선험적 연구는 사회 심리학자들에 의해 행해졌다. 대표적 학자로는 페스팅거(Festinger 1954), 카트라이트(Cartwright 1959), 뉴우컴(Newcomb 1961) 등이 있다. 이들은 그래프-이론 모델을 통해 소규모의 그룹을 하나의 단위로 하여 조직구조가 어떻게 개인의 성향과 조직 행태에 영향을 미치는가를 분석하였다.

그동안 연결망 분석은 사회학자들에 의해 인간의 행태, 사회조직을 이해하기 위한 목적에서 주로 사용되었다(Galaskiewicz & Wasserman 1993, 4). 1980년대 이후 연구방법에 있어서도 획기적인 변화가 나타났다. 컴퓨터 소프트웨어 기술의 발달과 더불어 SAS, SPSS와 같은 통계처리 프로그램의 출현, 행위자들 간의 연결망 데이터를 분석할 수 있도록 고안된 포괄적 분석 프로그램인 연결망 분석 프로그램[1])이 등장하여 보다 심도 있는 연구 분석이 가능하였다.

한편, 국내의 연결망 분석에 관한 연구를 살펴보면 이우권(1998)은 연결망 분석의 여러 특징과 함께 이 분석 기법이 또 하나의 방법론으로서 행정학에서 사용될 수 있는 가능성을 이론적인 차원에서 제시하였다. 송호근·김우식·이재열(2004)은 『한국사회의 연결망 연구』에서 연결망 이론의 문제의식과 분석방법론을 노동시장, 증권회사, 사회운동단체, 고급사교모임 등의 영역에 적용시켜 연결망의 내부 구조와 작용 양상을 밝혀내었다. 한국이론사회학회(2003)는 '사회연결망 분석과 이론적 함의'라는 주제를 가지고서 연결망 이론의 배경과 의미, 데이터와 자료구조, 역할, 지위 등 위성과 블록모델링, 응집성과 파당, 그리고 분야별 연구 사례로는 초·중등 교과서 분석, 사회운동, 상류사회, 기업 연결망 등을 분석하였다.

---

1) 컴퓨터 연결망 분석 프로그램으로는 UCINET(Borgatti, Everett, and Freeman 1992), GRADAP(Sprenger and Stokman 1989), SONIS(1990) and STRUCTU-RE(Burt 1992)이 등장하여 사용되어 왔다(Knoke 1993, 33.).

Ⅲ. 연결망 조사연구의 방법과 특징

본 연구에서 엘리트 연구는 밀즈(Mills 1959)의 지위법에 의해 특정의 지위를 차지하고 있는 자가 지역사회에서 엘리트로 활동할 것이라는 가정하에 지위법을 택하였다. 다음으로 특정의 현안사업에 엘리트 영향력 평가를 받아 누가 주요 현안사업에 영향력을 많이 행사하고 있는가를 평가받았다. 지역사회 내에서 주요 사업 중 사업별로 영향력의 크기를 규정하고 본 사업이 추진하는 과정에서 과연 누가 영향력을 많이 행사하고 있는가를 비교·분석했다.

권력구조는 먼저, 영향력을 발휘하는 주도층의 사회적 연결망(Elite Social Network)을 파악하기 위해 과거의 주요 사업을 선정한 다음 그 사업에 대해 영향력을 행사한 인물을 엘리트들에 의해 지정을 하는 방법으로 권력구조를 분석하였다. 일반적으로 선정된 사업에 관하여 누가 가장 영향력을 행사하는가를 알아보기 위하여 스노우 볼(Snow ball) 접근법을 사용한다. 각각의 사업에 영향력을 행사하고 있다고 추천받은 엘리트는 다음의 엘리트를 추천하는 방식으로 추적해 나아가면서 지명된 엘리트가 재지명되면 엘리트 지명은 중단한다. 이러한 연구 방식은 한 지역사회 내에서 특정의 사업에 관해서 누가 가장 실질적으로 영향력을 갖고 권력을 행사하는가를 평가할 수 있다.

지역사회 내에서 연결망 분석은 Snowball 접근을 위한 사업단위를 먼저 결정한다. 지역사회의 권력구조를 파악하기 위해 주요 사업을 선정하고 누가 주도적으로 주요 사업에 참여하고 영향력을 미치고 권력을 행사하는가를 파악한다. 그동안 지역사회 내의 영향력과 권력을 행사하는 엘리트들은 시장/부시장, 담당실국장, 시의원, 지역 국회의원, 언론, 시민단체, 지역 자본가 순으로 응답 빈도가 높았다는 사실에 주목하여 지역사회의 권력구조와 이를 구성하는 엘리트에 대한 일차 조사를 실시한다. 엘리트로 분류된 대상 중 한 사람에게 지난 2~5년간 해당지역에서 시행되었던 사업 중에서 가장 중요하다고 판단되는 사업을 선정받는다. 모든 엘리트에게 적용한 결과, 사업의 내용과 빈도를 기초로 범주화하여 최종적으로 일정 수의 사업을 선정한다.

다음으로 사업단위별 엘리트 연결망을 파악한다. 선정된 사업을 토대로 특정인(예컨대 시장[2])에게 선정된 각각의 3개 사업에 대해 사업과 관련된 정책집행 과정에서 중요한 역할 또는 영향력 행사를 한 인물을 지명하도록 한다. 하나의 사업에 지명된 인물을 찾아가 동일한 질문을 하여 또 다른 인물 3명을 지명받는다. 각각의 사업에서 새롭게 지명된 사람을 대상으로 동일한 질문을 반복한 결과, 이미 거론되었던 사람이 재추천을 받으면 종결한다.

마지막으로 사회적 연결망 분석은 사업단위를 결정하고 각 사업단위마다 엘리트 연결망을 통해 얻은 자료를 통계 분석한다. 통계 분석의 결과 각 인물들의 집중성과 강도에 대한 결과치를 얻음으로써 사업별로 정책집행에서의 영향력의 정도를 확인할 수 있다.

권력을 어떻게 규정하느냐는 경험적인 권력의 지표로써 더 많은 사람과 연계를 맺고 있는 행위자가 그렇지 못한 행위자보다 더 많은 영향력을 행사할 수 있으며, 이러한 지표로서 Degree of centrality가 사용될 수 있다.(Hanneman, 2001.) 상대적으로 많은 연계를 가지고 있는 인물은 욕구를 만족시킬 수 있는 대안적인 경로를 더 많이 가지고 있으며, 다른 개인들에게 덜 의존적이다. 이들은 많은 연계를 가지고 있기 때문에, 전체로서의 네트워크의 더 많은 자원에 접근하고 요구할 수 있다. 이들은 많은 연계를 가지고 있기 때문에, 이들은 다른 사람들 사이의 교환에서 종종 3자로 나서고 중개인이 되기도 하며, 이러한 견객업(brokerage)으로 이익을 얻을 수 있다. 따라서 매우 단순하지만, 행위자의 centrality 와 power potential의 단순하고 효율적인 측정치는 이들의 degree(network에서 접촉하는 인물의 수)이다.

---

2) 본 연구는 시의 사업에 있어 시장의 역할이 강조될 것을 고려하여 첫 번째 면접대상을 시장으로 선정하여 조사를 진행하였다.

Ⅳ. 주요 사업으로 분석한 엘리트 연결망

1. 웅포 골프장 사업 사례

웅포 골프장 사업과 관련하여 이들이 지목한 인사에 대한 기초 자료를 순위별 목록 구성(ranked list format)을 통한 통계 처리를 함으로써, 다음 과 같은 여러 형태의 영향력 관계를 나타내는 결과치를 얻을 수 있었다.

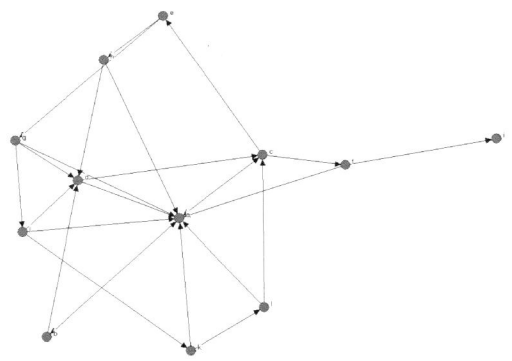

[그림 6-1] 웅포 골프장 사업

연결망에서 권력을 보다 많은 사람들과 맺고 있는 연계성이라는 측면에서 보면 웅포 골프장 사업은 권력의 행위자인 A. 채규정 익산시장 →B. 시민단체대표 원광대 교수→C. KPGA 정책전무이사→D. 익산 상공회의소 회장→E. 주민대표→F. 환경단체→G. 농민회 사무국장 →H. 시민대표→I. 중앙정부→J. 언론기관 새익산 신문사→K. 행정 실국장 기획정보국장→L. 시의회의장 등으로 나타나고 있다.

시장은 영향력의 크기가 상대적으로 높은 정도(degree)를 갖고 있으며, 가장 영향력이 있는 것으로 간주되고 다음으로 익산상공회의소 회장이 영향력의 크기가 높게 나타나고 있다.

2. 폐기물 처리시설 사업 사례

폐기물 처리시설 사업에서는 기초 자료를 순위별 목록 구성(ranked list format)을 통해 통계 처리한 결과, 다음과 같은 엘리트 정책사업 집중성 정도를 갖고 있다.

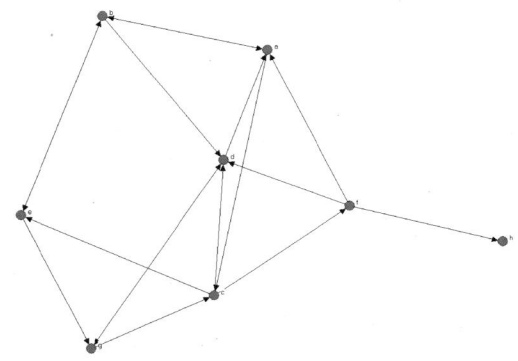

[그림 6-2] 폐기물 처리시설 사업

기초 자료의 순위별 목록 구성(ranked list format)을 통해 통계 처리한 결과, 폐기물 처리시설 사업에서는 A. 익산시장 → B. 주민대표 → C. 복지환경국장 → D. 주민대표(마을이장) → E. 언론(새익산 신문사) → F. 시의회의장. → G. 환경단체 → H. 중앙정부 등으로 나타나고 있다.

익산시장과 지역 주민대표가 상대적으로 높은 집중성 정도를 갖고 있다. 폐기물 처리시설 사업은 해당지역 주민의 민원이 자주 발생하는 사업이고 시에서도 지역 주민의 민원이 발생할 경우 문제 해결을 위해 가장 많은 심혈을 기울이고 있다는 반증이다.

3. 한방 과학화 사업 사례

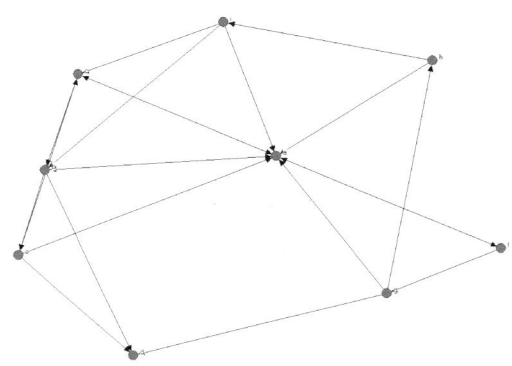

[그림 6-3] 한방 과학화 사업

기초 자료의 순위별 목록 구성(ranked list format)을 통해 통계 처리한 결과, 한방 과학화 사업은 A. 익산시장. →B. 대학기관(한의학과교수) →C. 상공회의소부회장 →D. 중앙정부 →E. 부시장(산업과학과) →F. 전문가단체(익산대학장) →G. 익산시 의회의장 →H. 지역 주민대표 →I. 기획정보국장 등으로 나타나고 있다.

한방 과학화 사업에서는 익산시장과 대학기관 한의학과 교수가 상대적으로 높은 집중성 정도를 갖고 있다. 한방 과학화 사업은 고도의 전문적 기술이 필요하고 한방이라는 특성이 사업결정요인으로 작용하여 대학기관에 있는 한의학과 교수가 영향력의 정도가 높게 나타나고 있음을 알 수 있다. 또한 한방 과학화 사업은 익산시의 경제적 효과를 극대화하고 익산을 특화하기 위한 전략사업이기 때문에 시장의 영향력의 상대적으로 높게 나타나고 있다.

V. 사업 사례 Snowball 분석과 영향력 측정

다음은 익산 Snowball 분석, Degree Centrality Measures, Betweenness Centrality와 *Flow Betweenness Centrality Measure*를 측정한 내용이다.

〈표 6-1〉 익산 Snowball 분석: Degree Centrality Measures

익산 Degree Centrality Measures

	웅포 골프장 사업		폐기물 처리시설 사업		한방 과학화 사업	
	Degree	NrmDegree	Degree	NrmDegree	Degree	NrmDegree
	a 15.000	136.364	c 11.000	157.143	c 13.000	162.500
	c 11.000	100.000	a 10.000	142.857	a 12.000	150.000
	d 10.000	90.909	e 9.000	128.571	e 9.000	112.500
	j 9.000	81.818	f 8.000	114.286	b 8.000	100.000
	g 8.000	72.727	d 8.000	114.286	g 8.000	100.000
	h 6.000	54.545	g 7.000	100.000	l 8.000	100.000
	e 6.000	54.545	b 6.000	85.714	d 6.000	75.000
	f 6.000	54.545	h 3.000	42.857	f 6.000	75.000
	k 6.000	54.545			h 4.000	50.000
	l 6.000	54.545				
	b 4.000	36.364				
	i 1.000	9.091				
평 균	7.333	66.667	7.750	110.714	8.222	102.778
표준편차	3.448	31.346	2.332	33.312	2.699	33.736
Net Centralization	83.64%		61.90%		76.79%	
Homogeneity	10.18%		13.63%		12.31%	

nrmDegree: 본인을 제외한 인물의 수에 대한 연계된 사람의 비율.

Degree centrality는 권력의 지표를 사람과 연계를 행위자의 영향력을 행사할 수 있는 지표이다. 상대적으로 많은 연계를 가지고 있는 인물은 욕구를 만족시킬 수 있는 대안적인 경로를 더 많이 가지고 있으며, 다른 개인들에게 덜 의존적이다. 이들은 많은 연계를 가지고 있기 때문에, 전체로서의 네트워크의 더 많은 자원에 접근하고 요구할 수 있다.

　권력에 대한 이러한 규정을 고려한다면, 옹포 골프장 사업의 예에서 행위자 a, c, d가 상대적으로 높은 degree를 갖고 있으며, 가장 영향력 있는 것으로 간주된다. 폐기물 처리시설 사업에서는 c, a, e가 상대적으로 높은 degree를 갖고 있으며, 한방 과학화 사업에서는 c, a, e가 비교적 높은 degree를 갖고 있음으로써 이들이 각각의 사업에서 상대적으로 높은 영향력을 행사했음을 알 수 있다.

　평균과 표준편차의 값은 meso 수준을 보여준다. 즉, 행위자의 degree centrality scores의 분포를 해석하기 위한 지표로 사용된다. 평균적으로 옹포 골프장 사업에는 7.333, 폐기물 처리시설 사업에서는 7.750, 한방 과학화 사업은 8.222의 degree를 갖고 있으며, 표준편차는 각각 3.448, 2.332, 2.699를 보이고 있어, 옹포 골프장 사업이 비교적 낮은 수준을 보이고 있으며, 폐기물 처리시설 사업은 비교적 높은 수준을 보이고 있다.

　이러한 degree의 variability는 구조적 위치에서 모집단이 동질적인지(homogeneous), 이질적인지(heterogeneous)를 보여주기 때문에 중요하다. Homegeneity는 바로 동질성의 정도를 보여주는 것으로 옹포 골프장 사업은 10.18%, 폐기물 처리시설 사업은 13.63%, 한방 과학화 사업은 12.31%를 보이고 있어, 폐기물 처리시설 사업이 상대적으로 더 높은 network 동질성을 보이고 있다.

　마지막 정보는 net Centralization으로 Freeman's graph centralization 측정치이다. Freeman은 행위자들의 degree에서 variability의 정도를 표현하기에 유용한 방법은 동일한 크기의 star network에서의 비율이라고 생각하였다. 이것이 Freeman graph centralization 측정치를 이해할 수 있는 방법이다. 즉, 동일한 크기의 완벽한 star network에 대한 비율로 inequality의 정도 혹은 network에서 변량을 나타낸다. 각각의 사례에서, graph centralization의 이론적 최대치는 옹포 골프장 사업은 83.64%, 폐기물 처리시설 사업은 61.90%, 한방 과학화 사업은 76.79%로 이것은 각 사업단위별 전체 network에서 실질적인 concentration 혹은 centralization의 양이

다. 즉, 개별적인 행위자들의 권력은 좀더 실질적으로 변화하며, 이것은
전반적으로 잠재적인 영향력의 정도는 이 network에서 동등하지 않게 분
포되어 있다는 것을 의미한다. 웅포 골프장 사업에서 한 개인(즉, 시장)
의 영향력이 다른 사업에서보다 상대적으로 높게 작용하고 있음을 보여
준다.

Degree centrality 측정치는 모든 다른 사람들과의 간접적인 연계보다
한 행위자가 갖고 있는 즉각적인 연계만을 설명하기 때문에 비판을 받
는다. 한 행위자는 많은 다른 행위자들과 연계를 가지고 있지만, 전체
로서의 network으로부터 분리되어 있을 수 있다. 이와 같은 경우에, 행
위자는 상당히 중심적일 수 있지만, 단지 지엽적인 측면에서만 그럴
수 있다.

〈표 6-2〉 익산 Snowball 분석: Betweenness Centrality

익산 Betweenness Centrality

	웅포 골프장 사업		폐기물 처리시설 사업		한방 과학화 사업	
	Betweenn	nBetween	Betweenn	nBetweenn	Betweenn	nBetween
	c 61.000	55.455	c 14.167	33.730	c 19.500	34.821
	e 39.667	36.061	a 9.667	23.016	f 15.000	26.786
	a 38.333	34.848	f 6.500	15.476	g 12.000	21.429
	g 27.333	24.848	g 5.333	12.698	a 11.000	19.643
	j 7.000	15.455	d 4.500	10.714	b 10.000	17.857
	d 15.500	14.091	b 3.833	9.127	h 6.000	10.714
	f 0.000	9.091	e 3.000	7.143	i 3.000	5.357
	k 9.000	8.182	h 0.000	0.000	e 2.500	4.464
	b 4.333	3.939			d 0.000	0.000
	l 3.500	3.182				
	h 3.333	3.030				
	i 0.000	0.000				
평 균	19.083	17.348	5.875	13.988	8.778	15.675
표준편차	18.012	16.375	4.072	9.695	6.037	10.780
Net Centralization	41.57%		22.56%		21.54%	

Betweenness centrality는 행위자가 네트워크에서 다른 행위자의 쌍들

사이의 경로에 놓여 있는 정도만큼 상대적으로 높은 영향력, 즉 권력을 행사하는 것으로 본다. 즉, 다른 사람과 연계를 만들기 위해 내게 의존하는 사람이 많을수록 나는 더 강한 권력을 갖는다. 그러나 그 두 명의 행위자가 하나의 geodesic path 이상으로 연계된다면, 그리고 나는 그들과 연계되지 않는다면, 나는 권력을 상실한다. Ucinet 프로그램은 모든 행위자들 쌍 사이의 geodesic paths를 탐색할 수 있으며, 이들 경로의 각각에 각각의 행위자가 얼마나 빈번하게 놓이는지 계산할 수 있다. 각 행위자마다, 정보를 보내기 위해 다른 행위자 사이에 있는 빈도의 비율을 계산할 수 있고, 행위자의 centrality의 측정치를 얻을 수 있다. 우리는 이 측정치를 행위자가 가질 수 있는 가능한 최대의 betweenness의 비율로 표현하여 기준을 정할 수 있다.

표에서 사업단위마다 행위자들의 betweenness에서 많은 차이가 있음을 볼 수 있으며(응포 골프장 사업은 0에서 55.455, 폐기물 처리시설 사업은 0에서 33.730, 한방 과학화 사업은 0에서 34.821까지), 또한 상당한 편차가 있음을 볼 수 있다(응포 골프장 사업 평균 19.083에 표준편차 18.012, 폐기물 처리시설 사업은 평균 5.875에 표준편차 4.072, 한방 과학화 사업 평균 8.778에 표준편차 6.037). 또한 전체적인 network centralization은 응포 골프장 사업은 10.18%로 비교적 낮으며, 폐기물 처리시설 사업은 22.56%로 상대적으로 높고, 한방 과학화 사업은 21.54%로 나타났다. 이것은 폐기물 처리시설 사업에서 한 개인이 혹은 높은 betweenness를 갖고 있는 몇몇 인물들에게 영향력의 집중도가 상대적으로 높다는 것을 시사하기 때문에 의미가 있다.

또한 이 자료는 Degree Centrality 측정치에서 비슷한 degree를 가지고 있는 인물들 사이의 역학관계에서의 변화를 확인해 주고 있다. Degree Centrality 측정치에서 응포 골프장 사업에서 a, c, d가 높은 값을 보였지만, betweenness 측정치에서는 c, e, a가 부각되었으며, 폐기물 처리시설 사업의 경우, degree 측정치에서는 c, a, e가 높은 값을 보였지만, betweenness 측정치에서는 c, a, f가 부각되고 있다. 한방 과학화 사업의 경우, degree

측정치에서는 c, a의 값이 높았지만, betweenness 값에서는 c, f가 부각
되고 있다. 이는 network에서 한 개인이 갖고 있는 단순한 연계의 수보
다는 행위자들의 쌍 사이에 끼어들어 그 행위자들의 관계를 매개함으로
써 영향력을 높일 수 있다. 따라서 degree centrality보다는 betweenness
centrality 측정치가 좀더 유익한 측정치로 해석될 수 있다.

<표 6-3> 익산 Snowball 분석:
Flow Betweenness Centrality Measure

익산 Flow Betweenness Centrality Measure

	웅포 골프장 사업		폐기물 처리시설 사업		한방 과학화 사업	
	FlowBet	nFlow Bet	FlowBet	nFlow Bet	FlowBet	nFlow Bet
	a 54.000	33.540	a 37.000	34.579	a 33.000	26.829
	b 27.000	14.674	b 14.000	11.966	b 32.000	24.427
	c 109.000	66.871	c 65.000	59.633	c 89.000	69.531
	d 23.000	13.143	d 25.000	22.727	d 0.000	0.000
	e 55.000	29.101	e 24.000	21.622	e 11.000	8.209
	f 12.000	6.522	f 39.000	31.707	f 47.000	35.606
	g 31.000	16.489	g 29.000	25.664	g 36.000	25.352
	h 7.000	3.627	h 0.000	0.000	h 27.000	18.243
	i 0.000	0.000			i 28.000	19.444
	j 23.000	12.234				
	k 14.00	7.254				
	l 9.000	4.712				
평 균	30.333	17.347	29.125	25.987	33.667	25.294
표준편차	28.866	17.731	17.913	16.357	23.504	18.505
Net Centralization	54.026%		38.452%		49.767%	

betweenness centrality 측정치는 다른 행위자들의 쌍 사이에 가장 짧
은 경로에 놓이는 정도만큼 행위자가 위치적 이점 혹은 권력을 갖는
것으로 특징된다. 이것은 자원이나 정보를 교환하는 두 명의 행위자들
이 나를 사이에 두고 교환을 하여야 하며, 따라서 그들이 내게 의존하
게 된다면, 이 broker로서의 역할이 권력으로 변환될 수 있다는 것이다.
관계를 맺고자 하는 두 명의 행위자가 있으며, 이들 사이의 geodesic

path가 broker에 의해서 차단되어 있다고 가정하자. 다른 경로가 있다면, 이 두 행위자는 비록 더 길고 덜 효율적이라 해도 그 경로를 사용하게 한다. 일반적으로 행위자들은 꼭 geodesic paths는 아니라 해도, 그들을 연결해 주는 모든 경로를 사용한다. centrality에 대한 flow approach는 betweenness centrality의 개념을 확장한 것이다.

행위자들이 경로의 길이에 관계없이 그들을 연결하는 모든 경로를 사용한다고 가정할 경우, betweenness는 두 행위자를 연결해 주는 모든 경로의 비율로 측정된다. 각각의 행위자에게, 이 측정치는 그 행위자가 모든 다른 행위자의 쌍 사이의 모든 경로에 얼마나 관여되어 있는가가 더해진다. 이 지수의 크기는 network의 순수한 크기와 network의 밀도에 따라 증가할 것으로 기대되기 때문에, 각 행위자의 flow betweenness를 행위자가 관여되지 않은 전체 flow betweenness에 대한 비율을 계산함으로써 표준화하는 것이 유용하다.

익산시의 사업 단위별, 완전한 betweenness centrality의 측정치로 권력관계를 측정했을 경우, 웅포 골프장 사업에서, c, e, a가 부각되었으며, 폐기물 처리시설 사업에서 c, f가 한방 과학화 사업에서는 c, g가 부각되고 있어, 이들이 각각의 사업에서 상대적으로 중요한 매개인임이 분명해졌다. 전반적으로 전체적인 양상이 많이 변화되지는 않았지만, betweenness에 대한 심화된 정의는 이 network에서 상대적으로 중심적인 인물에 대한 다소 상이한 인상을 제공해 준다.

일부 인물들은 다른 인물보다 분명히 중심적이며, 행위자들의 flow be-tweenness에서의 상대적 가변성은 상당히 크다(normed flow betweenness에서, 웅포 골프장 사업의 경우 평균 17.347, 표준편차, 17.731이고, 폐기물 처리시설 사업의 경우 평균 25.987, 표준편차, 16.357이고, 한방 과학과 사업의 경우 평균 25.294, 표준편차 18.505로 분석되었다. 또한 행위자들 사이의 flow betweenness centralities의 분포에서 inequality 혹은 concentration의 정도를 나타내는 지수로 순수한 star network와 비교되는 수치인 network centralization index는 웅포 골프장 사업은 54.026%로 집중도가 비교적 높은 수준을 보이며, 폐기물 처리시설 사업은 38.452%로 집중도가 상대적으로 낮게 보이고, 한방 과학화 사업은 49.767%로 나타나 betweenness centrality의 network centralization과는 차이가 있었다.

VI. 결 론

지역사회 권력구조와 엘리트의 정책결정 과정에서 누가 영향력을 얼마나 행사하는가를 알아보기 위해 Snow ball을 통하여 알아보았다.

웅포 골프장 사업은 시장의 영향력과 경제인 단체를 대표하는 익산 상공회의소 회장의 역할이 상대적으로 높게 나타나고 있다. 익산시장과 상공회의소 회장은 웅포 골프장 사업을 위해서 중앙정부와 KPGA의 담당자를 만나고 사업 추진의 의지가 남다르게 활동적이었다. 따라서 웅포 골프장 사업은 시장과 경제인 단체를 대표하는 상공회의소 회장이 가장 영향력이 높게 나타나는 것은 당연한 귀결이다.

다음으로 폐기물 처리시설 사업은 시 당국의 정책사업과 지역적 님비(NIMBY) 현상이 맞부딪치면서 정책적 혼선을 가져온 사업이다. 정책을 추진하고 결정하는 단계에서는 시장의 권한이 막강하게 작용하지만 실질적으로 사업의 추진 과정에서는 지역 주민대표나 시민단체, 환경단체들의 영향력이 크게 미치고 있다. 주민대표와 시민대표들은 폐기물 처리시설 사업을 두고 연대회의와 방지대책회의를 하면서 저지운동을 하는 가운데 시의회 의원들은 자신의 지역에 유치 또는 반대를 위해 대주민 설득을 병행하는 과정에서 시 행정과 주민 간 그리고 해당 지역 주민 간, 상호 갈등이 첨예하게 대립되고 정책이 표류하는 가운데 행정 예산만 낭비하는 현상을 가져왔다. 이러한 가운데 정치적 타협이나 엘리트 간의 정책적 연합 대립은 미미한 수준에서 잘 나타나지 않고 시장 또는 행정담당 공무원과 주민 간의 대립만이 문제 해결의 통로로 활용되는 한계를 드러내고 있다.

마지막으로 한방 과학화 사업은 익산 상공회의소에서 사업의 타당성과 경제적 효과를 고려하여 주장한 사업이다. 이를 역대 시장이 선거공약으로 이슈화하여 정책적으로 추진하는 주요 사업이다. 무엇보다도 경제적 효과가 크게 작용하는 사업으로 낙후된 지역경제 활성화를 위해 지역경제인 단체가 적극적으로 참여해야 하는 사업이다. 따라서 익산시장과 지역경제인 단체를 대표하는 익산상공회의소 회장의 역할과 영향력이 가장 크게 나타나는 것은 당연한 귀결이다. 해당지역 주민들의 반발이 없진 않았지만 미미한 수준에서 조사되었고 이들이 주장하는 땅값 보상과 이주대책이 원활히 해결된다면 익산을 대표로 하는 한방 과학화 사업은 원활하게 이루어 질것이다. 또한 추진 과정에서 전문적 지식이 필요하고 기술적 부문에서는 대학교수의 영향력이 상대적으로 높게 나타나고 있다.

연결망 분석에서 Degree centrality는 웅포 골프장 사업은 행위자 a, c, d가 상대적으로 높은 degree를 갖고 있으며, 가장 영향력 있는 것으로 간주된다. 폐기물 처리시설 사업에서는 c, a, e가 상대적으로 높은 degree를 갖고 있으며, 한방 과학화 사업에서는 c, a, e가 비교적 높은 degree를 갖고 있음으로써 이들이 각각의 사업에서 상대적으로 높은 영향력을 행사했음을 알 수 있다. 또한 다양한 분석의 경로로 상이한 영향력의 결과치를 알 수 있겠지만 실질적인 영향력의 척도는 엘리트 연결망에서 분석되는 값에서 나타나는 바와 크게 다르지 않아 별다른 의미를 부여하지는 않는다. 따라서 익산시를 중심으로 한 지역사회의 엘리트 연결망을 통해 주요 사업의 영향력 평가는 누가 주요 사업에 영향력을 행사하고 권력을 행사하는가를 측정하는 또 하나의 연구 결과가 갖는 의미로 해석된다.

참고문헌

송호근·김우식·이재열. 2004. 『한국사회의 연결망 연구』, 서울대학교 출판부.

이우권. 1998. "연결망 분석의 행정학적 함의", 『1998년 동계학술발표회 발표 자료집』, 전북행정학회.

한국이론사회학회. 2003. "사회연결망분석과 이론적 함의", 한국이론사학회.

Cartwright, D. ed. 1959. *Studies in Social Power*. Ann Arbor: Institute for Social Research.

Festinger, L. 1954. "A Theory of Social Comparison Processes", *Human Relations* 7. 117 – 40.

Galaskiewicz and Stanley Wasserman. 1993. "Social Networks Analysis: Concepts, Methodology, and Directions for the 1990s", *Sociological Methods & Research* 22(1). 3 – 22.

Hanneman, Robert A. 2001. *Introduction to Social Network Methods*. unpublished on – line textbook.

Knoke 1993

Mills, C. Wright. 1959. *The Power Elite*. London: Oxford University Press.

Newcomb, T. M. 1961. *The Acquaintance Process*. New York: Holt, Rinehart & Winston.

Part 7

익산시 엘리트와 주요 사업결정요인[3]

I. 서 론

  지역사회 권력구조의 핵심은 하나의 지역사회 내에서 주요 사업의 결정 과정에 누가 영향력을 행사하는가에 대한 논의에서 시작한다. 즉, 지역사회에서 누가 영향력을 행사하는 권력자인가? 그리고 지역사회 권력구조의 특성은 무엇이고 이들의 연결망은 어떻게 조직되어 있는가를 분석하는 것이다. 지역사회에서 누가 지배하는가에 관한 연구는 그 적실성이 많이 연구되어 왔고 검증되었다. 그동안 논의되어 온 연구는 한국적 현실에서 시장 주도형과 시장이 사업을 주도하지만 외부 세력, 즉 시민사회단체, 주민, 지방의회 등의 견제 속에서 시장이 이들을 설득하고 협력을 유도해 나아가면서 정책사업을 이끌어 나가는 유형으로

3) 이 글은 한양대학교 지방자치연구소·프리드리히 나우만재단으로부터 연구비를 지원받아 2005년 3월 15일 『지방자치정보』 제151호에 게재된 논문이다.

연구되어 왔다. 또한 시장이 주요 정책사업을 추진하는 과정에서 시장 연합(레짐이론)을 주장하는 연구의 결과가 나왔다.

한 지역사회 내에서 추진되어 온 주요 사업은 무엇이고 누가 그 사업에 관여하고 영향력을 행사하는가를 분석하는 것은 중요하다. 지방자치 실시 이후 지방마다 추진되어 온 주요 정책사업이 빈번하게 시행되어 오고 있다. 이러한 사업은 지역마다 다르고 지역적 특성에 따라 지역발전에 기여한다는 명분하에 적지 않은 예산을 투입하고 있다. 그런가 하면 추진되는 정책현안사업에 따라 제공받는 수혜자와 피해자가 누구이고 이들은 어떠한 경로를 통하여 주요 사업에 영향력을 행사하는가를 분석한다는 것은 의미 있는 일이다.

특히 지역사회 엘리트의 특성과 이들의 연결망은 어떻게 형성되어 있고, 이들이 주요 사업에 얼마나 실질적 영향력을 행사하는지를 분석해 볼 필요가 있겠다. 오랜 관습과 전통으로 이루어진 지역사회일수록 해당지역에서 활동하는 엘리트들의 특성은 학연이나 지연으로 연결되어 권력을 행사하고 편익을 제공받는다. 따라서 이들의 관계를 파악하고 주요 사업에 어떻게 영향을 미치는가를 연구하는 것은 본 연구의 주요 관건이다.

따라서 지역사회 내에서 활동하는 엘리트들에 대한 주요 사업결정요인을 연구하는 것은 중요한 문제이다. 즉, 지역사회 내에서 엘리트들은 주요 사업에 대하여 어떠한 의식을 가지고 있으며, 엘리트 간의 어떠한 연계과정을 거치면서 누가 영향력을 행사하며 최종 결정권을 행사하는가를 알아본다.

이러한 논의는 지방자치 실시 이후 민주화 과정과 지역의 경제발전에 따른 엘리트의 메커니즘(mechanism) 연구에 효과가 있을 것이다. 지방자치 실시 이후 익산시의 권력구조의 특성과 영향력 관계를 재조명해 보고 주요 사업별 결정요인을 논의해 봄으로써 자치단체의 새로운 인식과 사업결정 능력을 재규명해 보는 것은 의미 있는 일이다.

Ⅱ. 엘리트 선정기준과 연구방법

　지역사회에서 주요 현안사업은 해당지역의 입지적 조건과 주어진 상황에 따라 달라질 수 있다. 특히 지방자치 실시 이후 지역마다 추진해 온 주요 사업은 시의 정책사업에서부터 민간사업, 사회간접시설 사업 등 크고 작은 현안사업이 적지 않다. 지역사회에서 엘리트들이 주요 사업별로 직·간접적으로 영향을 미치며 지역발전을 견인하는 역할을 하기 때문에 어느 사업을 선정해서 누가 영향력을 미치고 있는가를 분석한다는 것은 연구의 가장 기초이면서 핵심이 될 것이다.

　하나의 지역사회인 익산시에서 그동안 추진해 왔던 주요 사업을 선정하기 위하여 다음과 같은 방법을 택하였다. 밀즈(Mills 1959)의 엘리트 지위법을 택하여 지역사회에서 활동하는 정치, 행정, 경제, 사회 엘리트를 4개 부문으로 나누어 분류하였다. 익산시에서 지난 2~5년간의 주요 사업을 결정하기 위해서 정치, 행정, 경제, 사회 엘리트를 조사대상으로 선정하였다. 첫째, 정치 엘리트는 지역 국회의원, 도의원, 시의회의장, 부의장, 각 상임 위원장이다. 둘째, 행정 엘리트는 시장, 부시장, 각 실국장이다. 셋째, 경제 엘리트는 해당지역의 제조업, 유통업, 금융업, 건설업, 토착기업, 상공회의소 등에서 종업원 수, 상위 매출액 기업을 대상으로 했으며, 금융업의 경우 지역의 대표적 은행을 선정하였다. 넷째, 사회 엘리트는 언론인, 방송인, 대학교 총장, 시 교육장, 시민사회단체장 등이다.

　지위법에 의한 선정방법은 특정의 지위를 차지하고 있는 자가 지역사회에서 엘리트로 활동한다는 가정하에 지위법을 택하는 것이다. 그러나 지위법에 따르면 실질적으로 누가 영향력을 가지고 있는가를 측정하기가 불가능하다. 따라서 특정의 주요 현안사업에 엘리트 영향력 평가를 받아 누가 주요 사업에 영향력을 많이 행사하고 있는가를 측정하는 헌터(Hunter 1953)의 평판법이 있다. 지위법에 의해 선정된 4개 부문 엘리트들을 평판법에 의해 그동안 익산지역에서 추진해 온 주요 사업에 대하여 평판을 받아 선정하는 것이다. 평판법은 선정된 주요 사업 중 사업별로 영향력의 크기를 규정하고 사업이 추진하는 과정에서 과연 누가 영향력을 많이 행사하고 결정권을 갖고 있는가를 직접 면접하여 물어보고 조사하는 방법이다.

폴스비와 넬슨(Polsby & Nelson 1980))은 지역사회생활에 주목된 행동의 가장 일반적인 유형의 하나는 정책결정 과정에서 주요 사업이 소수의 영향력에 집중되어 있다고 보았다. 소수에 의한 영향력의 집중은 엘리트들에게 권력이 집중되어 있고 주요 사업의 결정권을 갖고 행사하고 있다는 것이다. 다알(Dahl 1961)은 의사결정법을 사용하는데, 엘리트의 영향력에 초점을 두지 않고 주요 사업의 결정요인을 찾아내어 실질적으로 권력을 행사하고 영향력을 미치는 다원적 정치행위자들을 찾아내는 방법을 사용하였다. 따라서 지역사회에서 주요 사업에 관한 행위자 중심의 영향력을 분석하는 데 초점을 두고 있다.

이 글의 주요 관심은 하나의 지역사회 내에서 주요 정책사업은 무엇이고 누가 영향력을 행사하고 엘리트 간의 정책적 네트워크는 어떻게 형성되어 있는가를 개괄적으로 살펴보는 데 있다.

먼저 질문내용은 "지난 2~5년간 익산시의 주요 사업이 무엇인가?" 하는 내용이다. 즉, 지역사회 엘리트의 영향력을 분석하기 위하여 익산시 주요 사업에 대한 1차 설문과 응답을 통해 빈도가 높은 3개의 주요 사업을 결정하는 것이다. 응답내용 중, 문항에 대한 무응답을 제외하고 응답자의 주요 사업에 대한 빈도분석을 통하여 가장 높은 빈도순위를 1위에서 3위까지 선정하였다. 그 결과 순위별 빈도는 1) 웅포 골프장 사업 2) 폐기물 처리시설 사업 3) 한방 과학화 사업을 선정받을 수 있었다.

선정된 엘리트들은 2004년 2~8월 약 6개월간 사전 면담을 신청하고 약속된 날짜와 지정된 장소에서 면담을 하였다. 조사연구는 사전에 연구의 목적과 내용을 충분히 숙지해 주고 약속된 날짜에 면담을 하여 필요한 조사를 수행하였다.

선정된 엘리트 간에는 주요 정책사업의 명칭이나 사업 추진 주체 또는 사업기간에 대해서 명확히 알고 있지 못하는 경우가 많았고 대체로 행정 엘리트들을 제외하고는 사업에 직접적 당사자인 경우는 극히 드물었다. 선정된 주요 사업에 관해서 누가 실질적으로 사업을 추진하는 데 있어서 영향력을 행사하고 사업결정을 하는 데 있어 주체로 활동하는가를 명확하게 알고 있는 엘리트는 드물었다. 물론 사업에 관하여 본인이 명확히 알고 있고 자신 외에 다른 사람을 지명하여 지명된 엘리트가 가장 영향력을 많이 행사하거나 최종 결정권을 갖는다고 명확하게 지명하는 경우는 극히 드물다. 또한 자신의 속내를 쉽게 드러내지 않는 문화적 특성도 있다. 어떤 결정권자의 위치에 있는 엘리트가 쉽게 자신의 속내를 드러내고 다른 엘리트를 지명하면서 주요 사업에 영향력의 정도를 평가하여 지명하는 것은 간단한 문제는 아니다.

그러나 대부분의 선정된 엘리트들은 사전에 충분한 연구 조사의 설명과 협조를 부탁하고 지정된 장소와 약속 날짜를 맞추어 면담을 하였기 때문에 비교적 심도 있게 조사를 할 수 있었다. 엘리트들에 대한 면접시간은 1시간~1시간 30분 정도 소요되었으며 선정된 정책사업에 관해서 충분한 자신의 견해와 설명을 들을 수 있었다. 면담에 응해 주지 않거나 회피하는 엘리트는 다음의 차순에 의해서 조사를 하였고, 직접 면담이 불가능한 엘리트는 전화 인터뷰 방법[1]을 택하였다. 일부 엘리트들은 면담을 회피하거나 바쁜 관계로 면담에 응할 수 없다고 통보해 오거나 부정적 반응도 있었다. 이들을 제외한 엘리트들의 면담은 순조롭게 이루어졌다.

---

1) 대체로 주민대표나 마을 이장은 바쁜데 찾아올 것은 없고 궁금한 사항이 있으면 전화로 이야기하라고 하는 정도이고, 따라서 전화상으로 충분한 인터뷰를 할 수 있었다. KPGA의 전무이사는 교통문제와 시간관계로 인하여 전화 인터뷰로 조사를 하였다.

이들의 면접방법에서 나타난 주요 사업에 관한 영향력의 크기를 측정하고 이후 의사결정법에 의한 실질적 영향력을 갖고 있는 엘리트를 조사해 나가는 방법을 택하였다. 조사기간 동안 노무현 대통령 탄핵문제와 제17대 국회의원 총선기간이 겹쳐서 약간의 어려움은 있었으나 이후 조사는 순조롭게 마칠 수 있었다. 다만 선정된 경제 엘리트들의 비협조 내지는 자신들은 한사코 엘리트가 아니라고 하면서 고사하는 경우에는 차선의 선정된 엘리트에 의해 선정을 받을 수 있었고, 지역 사업체를 두고 최고의 결정권자는 수도권에 있거나 해외에 나가 있는 사장이나 회장들은 제외하고 해당지역에서 총체적 책임을 다하는 공장장이나 이사에게 면담 후 사업을 평가받았다.

조사 범위는 본 연구의 조사대상인 지역 엘리트로서 정치, 행정, 경제, 사회 엘리트의 4개로 분류하였으며, 1995년 1월 도·농 통합 이전의 이리시와 익산군을 포함한 현재의 익산시에 한정하여 조사하였다.

III. 엘리트 특성과 지위

익산시에서 엘리트로 활동하는 단체나 기관은 분명하게 나타나는 바는 없다. 대체로 각급 기관장의 모임인 과거의 이화회, 평화통일자문위원회, 시정자문위원회, 이리상공회의소 그리고 경제인 단체 등으로 분류하여 볼 수 있다. 그러나 익산의 엘리트는 지위법에 의해 정치, 행정, 경제, 사회 엘리트를 선정하고 총 34명을 선정하였다.

익산시 정치 엘리트는 국회의원, 도의원, 시의원으로 구성되어 있다. 국회의원은 지역구 2명으로 구분되고 도의원은 3개 지역(익산 제1선거구—익산 제3선거구)의 3명으로 구성되고 시의원은 총 의원 27명 중

시의회의장과 부의장 그리고 각 운영위원장 3명인 총 5명이 구성되어
있다.

먼저 두 명의 국회의원[2] 중 한 명의 국회의원을 만나서 엘리트의 주
요 사업에 대해 선정받고, 그 사업에 대한 역할과 영향력 관계를 문의
하였다. 한 명의 국회의원은 초선국회의원(16대) 때에는 익산을 지역구
로 활동하지 않은 관계로 잘 알려지지 않았다. 대부분의 시민들은 국
회의원에 대해서 잘 알지 못하고 있었으나 단지 열린우리당에서 공천
받았다는 이유와 대통령 탄핵사건에 관련되어 열린우리당이 급부상하
였고 그 결과 당선이 가능하였다. 해당 국회의원은 익산포럼을 운영하
면서 몇 차례 세미나도 개최하고 지역사업에 관해서 관심을 두고 있는
정도이다. 익산의 주요 사업에 대해서 어떤 사업에 누가 영향력을 행
사하고 문제는 무엇인가에 대한 관심도는 지극히 낮았다. 다만 교육도
시로서 고등학교(인문계) 설치문제에 관해서 심도 있는 방안을 제시하
고 있으나 논외로 하였다.

다음으로 도의원들은 대체로 주요 사업보다는 중앙공원 유치라든가
청소년 문화사업에 관심을 두고 있으며, 중요 사업에 대해서는 본인들
도 알고 있으나 직접적으로 연관되어 있지도 않을뿐더러 시에서 주관
하는 사업이라 구체적인 답변을 회피하는 정도였다. 시의원은 의회의장
과 부의장 그리고 시의회의 분과위원장을 선정하고 면담을 하였다. 생
각해 보면 시의원을 면담하는 것이 가장 어려웠던 부분이기도 하다.
이들은 대체로 시에서 추진하는 현안사업들에 대해서 잘 알고 있고 직
·간접적으로 영향력 관계에 있지만 연구 조사는 비협조적이었다. 시의

---

2) 익산시 지역은 지역구 국회의원 2명이 있다. 이들 모두는 익산지역에서는
  초선이다. 4월 15일 총선 이전의 의원으로서 이협 의원과 최재승 의원은 낙
  선되었다. 새로 국회의원에 당선된 의원은 열린우리당의 한병도 의원과 조
  배숙 의원이다. 한병도 의원은 초선이고 조배숙 의원은 16대에 전국구 의원
  이었고 이번 17대 총선에서 당선되었다. 조배숙 의원은 사전에 면담을 요청
  하여 면담이 가능하였고 한병도 의원은 수차례 협조요청을 하였지만, 지역
  모임이나 행사가 있어 시간이 불가능하다는 관계로 면담이 불가능하였다.

회의장은 지역사회에서 크고 작은 행사와 모임에 연일 바쁜 시간을 보내고 있다. 실제로는 면담 요청을 하고 나서 수개월이 지나서야 겨우 시간을 정하여 면담을 할 정도로 바쁜 일정을 보내고 있고 주요 사업에 대해서는 자신의 영향력보다는 시장의 역할과 영향력이 크게 미치고 결정권도 시장에게 있다는 주장이다. 조사연구기간에 대통령의 탄핵 문제와 국회의원 총선이 있었고 또, 시 의회의 회의 개최 때문에 바쁜 일정이었지만 이들은 지역사회에서 활동이 가장 많은 엘리트라고 생각된다.[3] 그러나 그들의 활동은 실질적인 주요 현안사업관계 때문보다는 자신의 정치적 활동을 위한 일정이다. 실질적으로 주요 사업에 직접 결정권을 갖고 있거나 영향력을 행사하는 의원은 많지 않았다. 예컨대, 시의회의장은 자신의 지역에 소각장을 건립하기 위해 해당지역 주민을 인솔하고 서울 강남의 소각장을 견학하고 주민을 설득하는 정도이고 지역문제에 깊이 개입하지는 않는 실정이다. 오히려 지역 주민과 시민 사회단체들은 주요 문제가 발생할 때 직접 해당 공무원을 찾거나 시장을 만나서 직접 문제를 해결하려고 하는 정도이다.

익산시의 행정조직은 시장 / 부시장에 이어 각 실·국장(공무원 4급 이상)으로 구성되어 있다. 각 실·국에는 기획정보국, 자치행정국, 복지환경국, 산업진흥국 등이 있다.

지역사회에서 시장의 역할과 영향력은 가장 크게 작용한다. 시장은 모든 사업에 결정권을 갖고 있었고 영향력도 가장 크게 작용하고 있다. 다만 지역 주민이 반대하거나 민원이 발생할 경우에 그 문제를 해결하는 방법에 있어서 여론을 환기시키거나 전문가단체의 협조를 구하고 해당지역 주민을 설득하는 방법이 원활하지 못하였다. 물론 민선시장으로서 주요 사업을 익산에 유치하고 자신의 업적을 세우기 위해 동분서

---

3) 실례로 산업분과위원장은 정기회기를 마치고 약속을 정하여 당일 면담을 마치고 다음 날 설문에 협조하기로 약속을 받았으나 당일 오후에 있는 '익산참외축제'에 참석하였다가 과로사로 사망하였다. 사망 원인은 과로에 이은 심장발작증이었다고 한다.

주하고 있는 정도이다. 따라서 모든 사업을 혼자서 하고 있다는 평이다. 지역사회에서 엘리트 간의 연계나 밀접한 상호간의 관계를 이루면서 지역사업을 추진하기보다는 시장 독단적으로 사업을 추진하는 경향이 있다. 물론 여기에는 익산시의 지역적 특성과 국회의원 선거와 정당의 구조의 관계도 무관하지는 않다. 지난 총선 때 민주당의 참패와 열린우리당 압승은 익산장의 행보에 제약요인이 되었고 정치권과의 관계가 새로 정립되어야 하는 문제를 안고 있다. 부시장과 그 외의 기획정보국장 그리고 복지환경국장, 행정자치국장 등 국장급 엘리트들은 주요 사업에 직접적으로 관계를 맺고 있고 영향력을 행사하고 있지만 최종적 의사결정권은 시장이 갖고 있다고 말한다. 다만 산업진흥국장과 건설교통국장은 자신이 국장에 부임되어 온 지 얼마 되지 않아 주요 사업에 관해서 잘 알지 못하고 해당 사업에 직접적으로 관련되어 있는 계장을 소개하여 담당계장을 면담하고 사업에 관해서 의견을 듣는 정도였다.

경제 엘리트 부분에는 한국 제조업 부분인 한국고덴시(주), 광전자(주), 만도(주)가 있고, 유통업에는 롯데마트와 하나로마트 그리고 송원백화점이 있다. 금융업에는 국민은행과 하나은행, 제일은행이 있고, 건설업에는 제일건설과 한백건설이 있다. 토착기업으로는 쌍방울(주)와 태창(주), 익산귀금속센타와 오리온(주), 한성공업이 있다.

경제 엘리트들은 연구에 가장 비협조적이면서 주요 사업에 관해서도 가장 이해가 낮은 형편이었다. 이들은 주요 사업에 대해서 구체적으로 자신이 직접 해당 사업에 관련되어 있거나 영향력을 행사하는 경우는 극히 드물고 심지어 관심조차 갖고 있지 않는 정도이다. 이들은 자신의 사업 외의 시에서 추진하는 정책이나 주요 사업이 자신과 무관한 경우가 많고 그러므로 구체적으로 명확하게 인지하고 있지 못하는 실정이다. 다만 상공회의소의 회장만은 주요 사업 추진을 위해 시장과 학계 기업인과 관계를 유지하면서 사업 추진에 열의를 갖고 있고 직·간접적으로 영향력을 행사하고 있다. 따라서 익산시는 경제 엘리트의

지위로써 기업의 대표보다는 특정의 지위를 갖고 있는 상공회의소 회
장이 영향력을 많이 갖고 있다고 본다. 이러한 현상은 아마 익산이라
는 작은 지역사회가 경제에 영향을 미칠 기업이 부재하고 회사도 본사
는 서울에 위치하고 익산에는 공장장이 운영하는 지점이나 분점이 있
는 수준이고, 그나마 거의 모든 생산라인은 중국으로 이전하여 익산은
빈약한 생산시설을 갖추고 있는 실정이다.

사회 엘리트 부문에서 신문사는 새익산 신문사와 원불교 신문사가
있다. 방송사는 기독교 방송의 기술지원과 원불교 재단에서 운영하는
원음방송이 있다. 대학은 종합대학인 원광대학교와 전문대학인 원불교
대학과 익산대가 있다. 그리고 익산시 교육청의 교육장인 익산교육장이
있다. 시민사회단체로는 시민연대회장과 환경연합, 참여연대 등을 조사
하였다.

시민사회단체들은 연구 조사에 가장 협조적이면서 지역사회의 주요
사업에 대하여 구체적으로 인지하고 있는 실정이다. 이들은 사업의 추
진 방향이나 문제 해결의 주요 관건에 대해서도 잘 알고 있지만 자신
들이 직접적으로 영향력을 행사하거나 결정권을 갖고 있지는 않았다.
그러나 시민단체들은 결정권은 없지만 시 행정의 정책결정에 막대한
영향력을 미치고 있다. 대체로 이들은 지역 주민들의 지지를 담보로
시에서 추진하는 정책사업을 반대하거나 지지를 보낸다. 그런가 하면
시민사회단체들은 상호간의 연계를 통하여 민원사업을 저지하고 여론
화하는 등 사업결정권보다는 영향력을 행사하는 데 초점을 두고 활동
하는 편이다.

Ⅳ. 주요 사업결정요인과 영향력 평가

1. 웅포 골프장 사업

사업 개요: 웅포 골프장 사업은 익산의 오랜 숙원사업이면서 경제적 기대효과를 내세워 역대 익산시장이 추진해 오는 선거공약 사업이다. 따라서 KPGA가 이를 제안하고 현 시장이 전 익산시장의 사업을 승계하면서 익산시가 주요 정책사업으로 추진한 사업이다.

따라서 1997년 7월 권역별 관광개발계획이 확정된 이후, 1999년 1월에 건설교통부 승인을 받아 웅포지구 관광휴양지 조성에 나서게 되었다. 이후 한국프로골프협회와 개발 협약을 체결하고, 2001년에는 문화관광부로부터 웅포지구 관광개발계획 승인을 거쳐 사업을 추진하고 있다.

따라서 익산시는 웅포면 일대 74만 5천여 평의 부지에 조성되는 골프장 사업이 사업비 1,470억 원을 투입[4]하여 2000년에서 2006년에 완공을 계획하고 있었다. 단계별로 조성되는 웅포 골프장은 우선 1단계 사업으로 지난 99년부터 총 사업비 1백15억 원을 들여 지상 2층, 지하 1층 규모의 웅포 문화체육센터를 건립한 데 이어 곰개나루 및 숭림사 지구 관광지 개발도 추진된다. 2단계 사업은 지난 2000년부터 오는 2006년까지 6년 동안 총 사업비 1천7백96억 원이 투입된 가운데 회원제 18홀과 퍼블릭 9홀 등 모두 27홀 규모의 골프장이 건설된다.

이어 1천여 명을 수용할 수 있는 골프연수원과 1백50타석 규모의 골프연습장 1백50실에 이르는 호텔·콘도 등도 들어선다. 또 각 학년 3개 학과 2백25명을 수용할 수 있는 골프고등학교와 각 학년 3개학과 1

---

4) 이 사업은 실제 1993년부터 총 사업비 7,612억 원(국비 3,382, 지방비 1,567, 민자 2,662)을 계획하고 지난해까지 1,613억 원을 투자해서 3개 사업(웅포대교, 입점리 고분진입도로, 입점리고분)을 완료했고, 현재 9개 사업을 추진하고 있다.

백50명을 교육하기 위한 골프전문대학도 건립된다. 이 밖에도 자연학습장을 비롯한 다목적광장·전망대 및 산책로·피크닉광장 등이 들어서게 된다. 이와 같은 웅포 골프장 사업은 익산에 독자적 발상에 의한 추진사업이 아니라 백제문화권 개발사업에 이은 공주, 부여와 익산을 백제문화권 개발사업으로 추진되어 온 문화관광사업으로 단순한 문화관광사업에서 보고 즐기는 사업으로 익산에서 하루 머물면서 체육시설을 활용할 수 있는 방안으로 건립된 사업이다.

   사례 전개와 주요 관련자 입장: 웅포 골프장 사업은 익산시장의 강력한 추진의지를 가지고 경제적 효과와 문화관광사업으로 추진되는 사업이다. 익산시장은 행정력을 총동원하여 추진하므로 선거공약의 이행과 시장의 업적을 내세울 충분조건으로 여기고 있는 사업이다. 특히 익산시는 구체적 사업의 방안과 문제점 해결을 위한 각종 전문가와 중앙정부의 지원이 관건이라고 말하면서 골프장 사업이 문화관광사업의 일환으로 경제적 기대효과가 크다고 주장하고 있다. 또한 실질적 사업의 추진은 해당지역의 주민과 시민단체의 협조가 원활히 이루어져야 하겠지만 도의 행정적 지원과 인근 충청남도와 연계한 협조를 우선으로 계획하고 있다. 그리고 KPGA의 사업 추진 의욕과 성과에 기대를 크게 걸고 있다.
   익산시 도시건설과 계장의 말에 따르면, 웅포 골프장 사업은 골프장에 한정하여 추진하는 사업이 아니고 충청권을 비롯하여 전북권이 함께 공동의 백제문화관광사업이라고 주장하면서, 중앙정부의 예산지원과 전북도의 행정적 지원이 사업성공의 요체라고 주장하고 있다. 사업 추진 과정에서 실무를 맡고 있는 담당자로서 행정의 업무에 관련하여서는 익산시장의 결정권이 가장 크게 영향력을 미치고 있다고 말한다. 나아가 정보기획국장과 부시장도 같은 입장에서 결정권은 시장에게 있고 영향력도 가장 많이 미치고 있다고 말한다. 다만 익산시장은 자신이 추진하는 사업의 성패는 해당지역의 주민들과 주민대표, 시민사회단

체들의 이해와 협조가 가장 중요한 관건이고 다음으로 KPGA의 사업
추진 능력에 달려 있다고 한다. 또한 경제적 효과가 큰 만큼 익산지역
경제단체의 참여가 동시에 이루어질 경우 경제적 기대효과도 클 것으
로 예측하고 있다.

그러나 환경단체와 시민사회단체들은 실질적 경제효과는 없을 것으
로 주장한다. 익산 환경연합 대표는 경제적 효과보다는 지역 주민들의
반대와 환경파괴만 불러일으킬 것으로 예측하였다.

그런가 하면 해당지역 주민의 토지 보상가를 둘러싸고 주민과 마찰
이 심하였다. 지역 주민들은 시에서 산정한 보상가에는 절대로 동의할
수 없고 적정한 가격에서 보상을 요구하면서 익산시청에 항의 시위를
하는가 하면 주민대표는 시장의 면담을 요청하고 적정가격의 보상을
요구하기에 이르렀다. 그러나 시의 당국은 토지 수용에 대한 보상가는
동아 및 정일 감정평가법인 등 2개 기관이 산출한 가격이니 합당하다
는 반복된 주장이 주민과의 마찰을 더욱 증폭시키게 하는 요인이 되었
다. 그런가 하면 사업지역의 절반가량이 7개 종중토지인데, 종중 간의
의견조율이 좀처럼 이루어지지 못하면서 상당한 진통을 겪고 있다5).

또한 해당지역 농민회를 비롯한 시민단체와 환경단체는 웅포 골프장
건설이 환경파괴와 지역 주민과의 위화감만 조성하고, 시에서 주장하는
경제적 기대효과는 없을 것으로 예측하였다. 농민회 대표는 농촌에서
열심히 일하는 농민들의 근로의욕을 저하시키고 골프장에서 사용되는
농약이 결국은 농경지로 유입되어 농사에 피해를 입힐 것이라고 말하
고 있다. 또한 환경단체 대표는 시 당국에서 말하는 경제효과도 검증
된 바 없고 고용효과도 없을 것이고 결국은 심각한 환경피해만 가져온
다고 말하면서 반대의 입장을 고수하고 있다. 특히 고용효과도 일부의

---

5) 7개 종중의 토지 매각 현황을 보면 파평윤씨가 8천9백20평으로 가장 많고
   광산김씨 1만 5천2백10평・상산박씨 3천5백10평・미량허씨 2천2백50평・전
   주최씨 2천1백60평・함열남궁씨 1천7백37평・금령김씨 90평 등이다(전북일
   보: 2002. 08. 28.).

잡부로서 몇 명만이 고용되고 결국은 부유층의 소비문화만 부추길 것으로 예측하는 한편 지역경제에 해택은 미미할 것으로 진단하면서 반대의 입장을 거듭 명백히 하였다.

결국 지역 주민대표는 시 관계자의 성의 있는 답변을 요구하면서 연일 시청 앞에서 시위와 농성을 하였다. 골프장 건설 반대 공동대책위원회(상임대표 김범태)는 감사원의 사업능력이 검증되지 않는 사업은 전면 백지화해야 한다고 주장하면서 시청 앞에서 집회를 갖고 반대 결의를 하기에 이르렀다.

익산시 의회는 웅포 골프장 사업에 대한 시의 입장을 공감하면서 오히려 사업 추진의 발목을 잡는 반대를 위한 반대에 대해 비판적인 입장에서 사업을 관망하고 있는 실정이다.

웅포 골프장 사업에 대한 찬반의 의견이 대립되고 갈등이 증폭하는 과정에서 의회의 역할은 지극히 미약하게 나타나고 있다. 의회는 지역 주민의 민원이나 시 행정을 견제하고 비판하는 자세보다는 시의 사업 추진에 방조하거나 소극적 지지를 하는 입장에 있다. 대부분의 의회의원들은 골치 아픈 사업 추진 과정에서 갈등에 대해서 방관하고 냉소적이었다. 그래서 해당지역 주민과 환경단체들은 자신들의 문제 해결을 위해 시청 관계자나 시장과의 면담을 요청하고 직접적으로 시와 충돌을 겪으면서 대립이 심화되어 왔다.

웅포 골프장 사업은 문제 해결을 위한 어떠한 정치적 타협이나 새로운 방안을 제시하지 못하는 정치 엘리트들의 역할이 전무하고, 새로운 방안을 제시하거나 수정을 제의한 새로운 제안도 없었다. 그런가 하면 시의 사업 추진 과정에서 전문가단체들의 의견을 수용하거나 이를 활용하여 주민을 설득하는 과정이 미약했다.

또한 경제인 단체나 경제 엘리트들의 역할과 관심도 지극히 낮게 나타났다. 사업의 추진이 KPGA에서 사업을 추진하고 있기 때문에 지역 경제단체의 참여가 지극히 제한적이면 사업 기대효과도 적기 때문에 이들의 역할은 제한되어 있다. 따라서 경제인 단체들은 골프장 사업에 대해서 관심 밖의 일이고 역할도 제한적이다. 시민사회단체들의 참여는 환경단체와 참여연대 주민대표, 종중대표, 대책위원회, 농민회 등을 중심으로 사업 추진에 대해서 미미한 수준에서 의견의 차이가 있지만, 이들은 대체로 반대의 입장에서 골프장 사업을 전면 백지화를 주장하고 있다.

또한 여론이나 언론의 영향력은 지극히 미약한 수준으로 나타나고 시민들은 사업 추진에 대한 구체적 사안보다는 시에서 추진하고 있고 단순한 골프장 건립이라는 사업 정도로 알고 있는 수준이다. 그리고 기타의 익산시 지역사회 엘리트들은 사업에 직·간접적으로 영향력을 미치지는 못하고 있는 실정이며, 나아가 사업 추진 과정에서 문제의 해결에 어떠한 영향력도 미치지 못하는 실정이다.

2. 폐기물 처리시설 사업

사업 개요: 폐기물 처리시설 사업[6]은 익산시가 하루 평균 35톤가량의 각종 쓰레기 처리를 위한 소각시설의 건립이다. 매일 쏟아지는 생활 쓰레기로 골머리를 앓고 있는 익산시가 더 이상 쓰레기 처리시설 건립을 늦출 경우 심각한 위기에 빠질 것을 염려하는 시 당국의 우려와 더 이상 매립지를 확보하기 어려운 현실적 상황을 인식한 문제이다.

실례로 2003년 6월에는 쓰레기 수거를 매립하던 용안과 부송지역 주민들의 쓰레기 매립을 저지하여 제때 수거되지 못한 쓰레기가 13일간

---

6) 폐기물 처리시설 설치사업은 쓰레기 소각사업과 음식물 처리시설 등 전반적 폐기물 처리시설 사업이다. 그러나 대부분의 지역사회 엘리트들과 지역주민들은 쓰레기 소각장으로 인식하고 있으며 언론과 시민단체와 같은 시민단체들도 쓰레기 소각장 또는 폐기물 처리시설을 유사개념으로 인식하고 사용하고 있다. 다만 시 당국에서는 엄격한 구분과 개념을 구분하여 사용하고 있으나 이번 연구에서도 이러한 개념규정보다는 사업 추진 과정에 초점을 두고 사용하기 때문에 유사개념으로 사용하고자 한다.

방치되는 사태가 발생하여 거리마다 심한 악취가 발생하는 등 심각한 문제가 대두되었다. 이에 익산시장은 쓰레기 대란에 대한 보건복지국장에게 그 책임을 물어 직위를 해제하고 총무과에 대기발령을 하는 등 쓰레기매립지 선정에 심각성을 인식하고 대책을 마련하기에 급급했다. (전북일보: 2003. 07. 01.)

또한 지방자치단체의 쓰레기 매립이나 소각은 해당 자치단체에서 처리한다는 국가정책에 따라 익산시에서 발생되는 생활 쓰레기 처리를 위한 방안이 절실하였다. 따라서 익산시는 폐기물 처리시설을 위한 예상 후보지로 선정되기 위해서는 사업시설지로부터 300m 이내에 거주하는 세대주의 과반수 유치동의서를 첨부하거나, 거주세대가 없는 경우와 토지소유자가 신청하는 경우, 또는 입지선정위원회나 시장이 직접 입지후보지를 추천하는 경우, 소각장 건립을 추진하기로 결정하였다. 입지 신청 후보지에 대해서는 각계 전문가들로 타당성 조사를 실시하고, 그 결과에 따라 주민의견 수렴 절차를 거친 뒤 최종 입지로 선정하게 된다. 폐기물 소각 부지가 확정되면 시는 총 사업비 700억 원을 투입, 오는 2007년까지 하루 100톤 처리 규모의 소각시설 2기와 10만 ㎡ 정도의 매립시설 및 부대시설 등을 갖춘다는 계획이다.

그동안 폐기물 처리시설 입지를 희망하는 지역은 오산면을 비롯해 왕궁면, 함라면, 부송동, 망성면, 춘포면 등 6곳에서 조심스럽게 유치 의사를 보이고 해당지역 주민들의 찬반투표를 실시하여 신청 여부를 결정하기로 방침을 정하였다.

사례 전개와 주요 관련자 입장: 사업 추진 과정에서 익산시는 선정문제로 고심하였다. 처음에는 소각장 건립에 따른 해당지역의 주민들의 반발이 컸다. 특히 혐오시설이 자기 지역에 들어올 경우 심각한 환경 피해와 지가 하락에 따른 경제적 손실이 있을 것이라는 인식하에 반대를 하였다.

폐기물 처리시설장이 건립될 경우 악취와 독가스가 진동하며, 인체에 유해한 다이옥신 등 유해물질이 결국 지역 주민들에게 심각한 피해를 미쳐 결국 기형아가 출산되는 등 환경피해가 커질 것으로 인식하고 있었다. 따라서 시 당국은 대체로 지역 주민들이 무지에서 이러한 님비현상이 발생한다고 인식하고 선정지역 주민 설득과 선진 소각장 시설의 견학을 병행하면서 환경피해보다는 반대급부적 혜택이 더 크다는 것을 부각시키고 대주민 설득에 주력하였다. 또한 사업 추진 지역으로 선정될 경우 지역발전기금과 주민들의 보상과 복지혜택을 적극적으로 추진하겠다는 의사를 보여 왔다[7].

이후 처음에는 반대만 일삼던 지역 주민들은 자기 지역에 소각장을 건립하겠다는 의사를 공식적으로 표명하는가 하면 님비현상에 이은 역님비현상까지 대두되기에 이르렀다. 또한 해당지역 시의원들과 추진위원들은 해당지역에 사업이 시설될 경우 반대급부적 보상을 바라고 적극적으로 추진하려는 의사를 보여 왔다. 그러나 이번에는 경제적 보상을 받는 지역 주민의 인근에 사는 주민들이 반대를 하기에 이르렀다. 이들의 주장은 인근 마을에 소각장이 건립될 경우 실질적 경제적 보상도 받지 못하고 혐오시설의 유치에 따른 지가 하락과 환경피해를 들면서 결사반대를 하기에 이르렀다.

따라서 시 당국은 소각장 건립 지역에 대한 보상을 '차등지원'[8]한다는 방침을 정하고 인근지역의 주민을 설득하고 이해시키기에 이르렀다.

그러나 이번에는 지역 주민들 간의 반대와 찬성으로 나뉘는 대립과 갈등이 심화되기에 이르렀다. 실례로 오산지역의 주민들은 익산시 의회 의장과 함께 서울 강남지역의 소각장 시설을 견학하고 환경피해가 거

---

7) 익산시는 폐기물 처리시설이 유치하는 지역에 대해서는 폐촉법 및 시 조례에 따라 130억의 유치 인센티브를 제공하기로 하였다. 이 중 100억은 읍·면·동장 권한으로 마을길 조성이나 하수도 정비 등 지역개발사업으로 쓰이게 되며 30억 원은 주민기금으로 활용한다는 방침으로 정하였다.(전라일보: 2004. 04. 13.)

8) 익산시 기획정보국장의 말에 의하면 폐기물시설에 따른 피해의 정도를 거리와 피해 인지도에 따라 차등하여 지원한다는 방침이었다.

의 없다는 인식에 찬성의 지지를 보여 왔지만, 그다음 날 이에 동조하지 않는 오산지역의 주민들은 800여 명의 지역 주민의 반대 서명을 받아 환경단체에 방문하여 결사반대를 주장하였다. 그런가 하면 춘포지역의 주민대표는 1위로 선정된 부송지역을 제외하고 자신의 지역인 춘포지역에 소각장 시설을 건립하는 것은 부당하다고 시의회 청원을 제기하는 등 반발하기에 이르렀다. 그러나 폐기물 처리시설을 춘포에 유치하려는 추진위원장인 정모 주민은 무조건 반대만을 위한 반대를 하고 있는 춘포면 반투위의 일부 인사들에 의한 청원심사에 대한 강한 불만을 제기하였다9).

이와 같이 소각장 건립 사업에 대한 추진 과정에서 가장 어려움은 해당지역 주민과 인근지역 주민의 반대이다. 특히 해당지역 주민대표나 시설 저지 특위원장들의 반대는 명분과 목적이 서로 상이하더라도 익산시의 사업 추진의 걸림돌로 작용하고 있는 실정이다. 이들의 반대는 결국의 내가 사는 지역은 혐오시설 진입의 절대반대와 아니면 협상 과정에서 유리한 입장과 반대급부적 혜택을 노리고 있는 경우, 또는 보상 문제에 있어서 인근지역 주민들은 충분한 보상이 이루어졌으나 사업시설 지역 외의 주변 주민들은 보상과 실질적 혜택은 없으면서 혐오시설을 떠안아야 하는 현실을 염려하는 분위기에서 반대를 주장하는 것이다.

---

9) 익산시 의회 청원에 대해 반발하는 인터넷 민원의 내용은 다음과 같다. 첫째, 청원을 하려면 법적 및 이해 당사자가 하여야 함에도, 청원인 대표는 폐촉법상 직·간접 지역에 주민이 아닌 자라는 것. 둘째, (청원서의 청원이유 중) 반경 1km 안에 7개 마을 300여 세대 1000여 명이 거주해 있는 밀집지역으로 혐오시설인 소각장 유치를 찬성하였던 주민 약 90%가 또다시 반대 서명한 주민의 의사표명은 중대한 하자행위라 할 수 있다. 셋째, 춘포지역에 주민이라 하여도 관계법령에 의한 직·간접지역의 주민이 아닌 전혀 관계도 없는 지역의 주민들을 동원하여 아직도 춘포지역의 주민들 대다수가 반대하는 것인 양하는데도 일부 의원께서는 이렇게 많은 주민들이 반대하기에라며 중대한 행정적 하자가 있는 것인 양 유도하는 의원의 발목잡기식…… 등의 내용을 들어 민원을 제기하였다(http://city.iksan.jeonbuk.kr/).

이러한 과정에서 시 당국은 대주민 설득보다는 해당지역 주민들의 찬반에 의한 유치 결과에 의해 신청요구가 있을 경우에만 사업을 추진하겠다는 소극적인 태도가 문제이다. 보다 전문가단체의 사전 연구 조사와 환경단체를 비롯한 시민단체들에 대한 설득과 이해가 부족하다. 특히 해당지역 시의원들은 주민들의 눈치를 보기에 급급하고 사업 추진의 의지보다는 민원이 발생하고 문제가 확대되는 것을 꺼리는 입장에서 접근하고 있다.

그런가 하면 익산시장의 적극적 사업 추진의 의지가 결여되고 정치권의 지역 갈등의 해소방안이 미미한 수준이다. 지역사회에서 대두되는 현안문제들에 대해서 정치적 결단이나 해결노력은 전혀 찾아볼 수 없으며, 각종 공청회 연대회의, 대책회의 등에 관심조차도 두고 있지 않는 정치권의 무관심은 익산 발전에 저해요인으로 작용하고 있는 것이다. 또한 경제인 단체들도 소각장 건립 사업은 관심의 대상에서 제외되는 문제이며, 경제적 실익이 없다는 이유로 참여를 꺼리는 입장이다.

결국 익산시 폐기물시설 건립 사업 문제는 지역사회 엘리트들의 영향력은 비교적 미미한 수준에서 머물고 있으며, 환경단체를 중심으로 시민연대 주민대표 그리고 사업 추진위원장 등의 영향력이 반영되어 반대와 찬성의 엇갈리는 행보 속에 표류하고 있는 것이다. 따라서 환경과 관련한 주요 사업은 지위법에 의한 엘리트의 영향력보다는 시민사회단체와 해당지역 주민들의 영향력이 크게 나타나고 있다고 볼 수 있다.

3. 한방 과학화 산업

사업 개요: 한방 과학화 산업은 익산시에서 내세울 만한 경쟁력 있는 사업으로 전략적 특화 산업이라고 밝히고 있다. 특히 익산시가 갖

고 있는 입지조건은 원광대학교 한의학과와 한의학 전문대학원, 대체의학 대학원 등을 내세우고 있다. 나아가 한방 관련 교수진을 포함한 400여 명의 연구 인력을 확보하고 있어 가장 기본적이며 경쟁력 있는 인적 인프라가 풍부하다는 조건을 내세우고 있다.

그동안의 추진 현황은 '한방 과학화 산업 육성', 발전을 위한 종합계획 최종용역 보고서에 산업단지 조성을 제안하고 2003년~2004년 1월까지 간담회, 세미나, 시민설명회 등 개최에 관한 보건복지부, 산업자원부 방문사업계획을 설명하고 있다.

결국 한방산업단지를 조성해서 관련 기업을 유치하겠다는 의지였다. 단순한 한방 과학화 산업이 아니라 한방 관련 사업을 클러스터(Cluster)하여 생산에서 유통과 소비까지 한 번의 방문으로 서비스할 수 있는 사업을 계획하고 있다.

사례 전개와 주요 관련자 입장: 한방 과학화 산업을 처음 계획한 사람은 익산상공회의소 부회장이었다. 그는 처음부터 익산시가 타 도시에 비하여 열악한 환경에서 경쟁력 있는 사업을 갖기 위해서는 한방산업밖에 없다고 주장하고 자신이 익산시청에 처음으로 발의하고 계획안을 제출하였다고 한다. 현재의 사업 추진의 주체는 역시 익산시에서 총괄적으로 맡고 있으나 한방에 관한 전문적이고 구체적 방안은 원광대학교 한의학과 모 교수가 기술적 부분을 담당하고 있었다.

따라서 익산시가 추진하는 한방 과학화 사업은 경제적 효과도 크고 타 지역에 비해서 입지조건도 유리한 입장에서 크게 어려움 없이 추진되어 온 사업이다.

그러나 해당 마을 주민과 주민대표 이장은 한방사업이 자신의 마을에 들어오는 것을 반대하고 있었다. 반대의 이유는 대체로 한방산업에 노인요양시설과 치매노인치료병원 건립 등 노인성 질환을 치료하는 산업이 들어올 경우 마을의 이미지가 좋지 않은 영향을 미칠 것으로 인식하고 있다. 그리고 또 하나의 이유는 처음 반대를 주장함으로써 자신의 주장과 후에 있을 토지 보상 문제에서부터 마을 이주 문제에 이르기까지 유리한 입지를 내세우자는 이유에서이다.

사실 시청의 관계자의 말에 의하면 시에서 주관하는 모든 사업들이 해당 주민과의 민원과 마찰을 일으키지 않고 추진할 수 있는 사업이 없을 정도로 주민생활과 직·간접으로 밀접한 연관을 갖고 있는데 대체로 주민들을 설득하고 시민단체를 이해시키는 것이 가장 큰 관건이라고 말한다. 그러나 한방 과학화 사업에서 시민단체들의 반대는 그리 많지 않은 편이다. 환경단체나 참여연대들도 해당 주민의 이해만 성사된다면 자신들도 적극적으로 환영하는 사업이라고 주장한다. 특히 열악한 익산의 산업시설을 대체할 수 있는 획기적인 사업으로 급상승할 수 있는 계기가 될 수 있다고 주장한다.

이러한 사업의 추진 과정에서 실질적으로 관심을 갖고 지역사회의 발전을 가지고 적극적으로 추진에 활성화를 이루어야 할 선출직에 있는 관계자들(즉, 지역 국회의원, 도의원, 시의원)은 관심의 정도만 갖고 있는 정도이다. 이들은 단순히 시에서 추진해야 한다는 인식하에 관심의 정도가 미약하다. 다만 시의원은 구체적 관심을 갖고 있으며 자신의 선거구이거나 해당 분과위원장은 사업의 타당성과 실익에 관하여 구체적인 관심을 적극적으로 보이고 있다. 그러한 반면에 지역구 국회의원은 이러한 관심의 정도가 미약하고 정치력도 부재한 정도이다. 이러한 이유는 그동안의 정치권에서 활동하는 두 명의 국회의원이 17대 총선에서 모두 낙선되었고 이번에 당선된 국회의원은 익산에서 모두 초선인 이유이기도 하다. 해당지역에 처음으로 총선에 당선된 국회의원이 지역사업에 얼마나 영향력을 행사했는가는 회의적이다.

예컨대 한방 과학화 사업의 실질적인 기술 부문을 담당하는 전문가는 대학기관이라고 볼 수 있다. 익산시는 원광대학교 내에 한의학과가 있고 한의학과에서 기술적 부분을 담당하고 사업을 지원하고 있다. 따라서 외부에서 지정하기는 원광대학교 내의 대외협력처에서 주관하여 사업을 추진하고 있다고 알려져 있다. 그러나 실무적, 결정적 영향력은 한방 과학화 사업 단장으로 있는 치과대학 한 교수와 실질적 업무를 담당하는 한의학과 전 교수임을 알 수 있었다. 전 교수의 말에 의하면 자신은 한방 과학화 사업이야말로 대단위의 사업이고 많은 경제적 비용이 들어가기 때문에 중앙의 예산지원과 시의 추진의지 그리고 대학 당국의 실무적 담당이 이루어져야 한다고 주장한다.

따라서 의사결정법에 의한 한방 과학화 산업의 추진 과정에서 영향력의 크기를 조사한 내용은 다음과 같다. 처음으로 사업안을 계획했던 엘리트는 상공회의소 부회장이다. 이후 역대 시장에 출마하는 후보자들이 자신의 선거공약으로 내세우고 당선 이후 현재의 시장이 적극적으로 추진하는 사업이다. 그리고 실무적이고 기술적인 부분은 한의학과 전 교수가 담당하고 있고 전문적 기술을 지원하고 있는 것으로 이번 조사에서 알 수 있다.

V. 결 론

익산시의 지역사회의 권력구조와 주요 사업결정요인에 관해서 개괄적으로 논의하였다. 익산시는 지방자치의 부활 이후 10년이 지났지만 여전히 비민주적 행태와 비민주적 관치행정의 모습을 벗어나지 못하고 있는 실정이다. 특정 정당 위주의 공천과 무사안일의 행정업무와 비공개와 비민주적 행태가 여전히 답습하고 있다고 해도 과언은 아니다.

지방자치 실시 이후 익산시장의 선거는 특정 정당의 공천이 당락을 결정할 만큼 결정적이었다. 따라서 익산시의 주요 사업 추진 과정에서 보면, 시장이 주민의 설득과 시민사회단체와 타협과 이해를 바탕으로 사업을 추진하기보다는 시장의 독선과 행정력으로 밀어붙이기식이었다.

따라서 주요 사업에 대한 주민의 이해와 설득은 부재하고 대립과 반목으로 갈등을 심화시키고 결국에는 사업이 지연되거나 예산만 낭비하는 사례가 적지 않았다.

이번 주요 사업 중에서 웅포 골프장 사업, 폐기물 처리시설 사업, 한방 과학화 사업이 대표적인 사례이다. 이들의 사업은 대체로 시에서 추진하는 대단위 사업이다. 따라서 익산시의 발전의 동력이 될 수 있는 주요 사업이건만 그 어느 것 하나 완성되거나 성과를 이루지 못한 사업이다.

또한 주요 사업이 추진되는 과정에서 엘리트의 연계나 상호 협조는 비교적 나타나지 않았다. 특히 정치력의 부재와 해결능력은 해당지역 주민들이 직접 문제의 제기를 들고 나오면서 주요 사업에 영향력을 미치고 사업에 결정요인으로 작용하게 되었다. 여기에 익산시장의 독자적 사업 추진 의욕은 주변의 엘리트들의 협조를 유도하기 어렵게 만드는 요인으로 작용하였다. 그런가 하면 주요 사업들이 대부분 경제적 효과를 극대화시킬 수 있음에도 불구하고 지역의 경제인 단체나 기업의 참여의 부재는 이들의 영향력의 한계를 조정시키는 것이다.

결국 웅포 골프장 사업은 시장의 영향력이 가장 크게 미치는 가운데 KPGA의 사업 추진의욕이 결정력이 강하게 나타나고 있는 사업이다. 그런가 하면 해당지역 주민의 반대와 시민사회단체의 반대가 사업에 영향력을 많이 미치고 있다고 볼 수 있다. 주요 사업임에도 불구하고 정치권의 정치력 부재와 엘리트 간의 연대와 협조는 미미한 수준이고, 다만 사업의 반대를 위한 시민사회단체들 간의 연대와 주민의 참여가 영향력을 크게 미치고 있다.

다음으로 폐기물 처리시설 사업은 익산시 당국의 사업의 필요성에 의한 행정력이 결국에는 해당지역 주민과 주민대표 그리고 환경단체 또는 시민단체들에 의해서 저지되면서 사업이 연기와 시행착오를 거치게 되었다. 이러한 과정에서 지위법에 의한 엘리트들의 영향력은 시장과 시의회 의원들의 영향력이 비교적 크게 나타나고 다음으로 지역 주민대표의 영향력이 크게 작용하고 있다고 본다. 해당지역 주민들은 대부분 시민사회단체의 협조와 연대를 긴밀히 하면서 사업 추진을 반대하는 입장이다.

마지막으로 한방 과학화 사업은 익산 상공회의소 부회장의 정책 발의에 의해서 익산시가 경제적 효과를 극대화하기 위한 추진사업이다. 그러나 실질적으로 영향력을 많이 미치고 있는 엘리트는 대학교수 전문가단체이다. 특히 원광대학교 한의학과 교수의 사업 추진의 기술적 부분에서 영향력과 익산시장의 사업 추진 의지가 반영된 사업이다. 따라서 전문가단체와 익산시장의 영향력이 크게 미치고 있는 사업이라고 볼 수 있다.

이상에서 익산시의 주요 사업에 결정권은 시장이 가장 크게 갖고 있는 반면, 엘리트들의 영향력 평가는 지위법에 의한 엘리트들이 모든 사업에서 영향력을 미치고 있다기보다는 사업별 해당지역 주민이나 주민대표 그리고 시민사회단체들의 영향력이 크게 미치고 있다.

참고문헌

Dahl, Robert A. 1961. *Who Governs?*: Democracy and Power in an American City, New Haven: Yale University Press.

Hunter, F. 1953. *Community Power Structure*: *A Study of Decision Makers* Chapel Hill: University of North Carolina Press

Mills, C. Wright. 1959. *The Power Elite.* London: Oxford University Press.

Polsby, Nelson. 1980. *Community Power and Political Theory*. New Haven, Conn.: Yale University Press.

Part 8

엘리트의 지역감정 및 편견 그리고 배우자 만족도

－익산·남원지역을 중심으로－

I. 서 론

    한국사회의 분열요인은 3가지로 구분하여 볼 수 있다. 먼저 역사적 분열의 상처, 정치과정에서의 분열구조 그리고 경제·사회적 불균형과 격차로 인한 분열 등으로 구분할 수 있다. 한국사회 분열에 의한 지역 구도는 민주주의를 왜곡하고 국민을 왜곡하고 합리적 국정운영을 어렵게 만든다. 그런가 하면 각종 선거 과정에서 후보자들은 유권자들에게 지역감정을 자극하고 자신의 당선에 악용하는 사례가 적지 않았다. 이러한 지역구도에 의한 지역감정의 피해는 유권자이면서 해당지역 주민이라고 할 수 있다.

    이처럼 지역감정이나 지역편견에 의한 지역적 갈등구도의 형성은 우리의 정치를 지역 패권주의, 지역정당, 지역주의 투표 행태, 지역 연고주의, 지역적 균열 등의 요인을 산출하였다(노병만 1998, 59-85, 최준영 외 2000, 53-83.). 그 결과 영호남 간의 갈등과 호남 대 비호남 간의 갈등으로 나타났다. 특히 영호남 간의 심각한 지역적 갈등 현상은 한국의 정치발전을 위해 그 무엇보다 먼저 치유되어야 한다.

한국의 현대 정치에서 영남 출신 박정희 대통령부터 문민정부라고 칭하는 김영삼 정권까지 지역감정에 의한 정치적 구도의 형성에서 정치적·경제적 피해자는 호남인이었다. 호남인의 상대적 박탈감은 그 자신들로 하여금 역대 선거에서 그 어느 지역민보다도 강한 지역적 결집을 표출시켰다(최영진 1999, 143-145.).

지역감정과 지역편견은 지역주의라는 고착화된 갈등을 양산하고 타 지역민에 대한 부정적 이미지를 형성케 하였다. 지역편견은 긍정적, 부정적인 것이 있지만, 타 지역민에 대한 부정적 지역편견은 우리의 정치문화를 병들게 하는 한편 정치적으로는 강력한 지배 이데올로기로 작용하고 있다. 이런 점에서 지역편견에 관한 분석은 편견 자체의 허구와 독선을 새롭게 뒤집어 볼 수 있는 연구가 될 수 있다.

호남인에 대한 타 지역민의 심각한 지역편견에 비례하여 호남인 역시 타 지역민과 같은 강한 지역편견을 갖고 있는 것으로 예단할 수 있다. 흔히 호남인에 대한 다른 지역민의 평가는 '신뢰할 수 없다', '전라도 사람은 조심하라'는 등 아주 부정적이며 왜곡되어 있다. 그러나 전라도 사람들의 다른 지역에 대한 배타성은 상대적으로 미약한 것으로 알려져 있다(나간채, 1991.).

전북지역을 대표할 수 있는 익산과 남원지역의 지역민들의 편견을 살펴보기 위해 몇 가지 특징을 구분하였다. 첫째, 우리 사회에서 특정 지역민에 대해 통용되고 있는 대표적인 폄하 언어의 형태, 둘째, 전북 도시 지역민의 4개 도(경기·강원·충청·경상) 지역민에 대한 편견 의식, 셋째, 정치 엘리트의 편견의식의 차이 및 사회 인구학적 요인들의 정향적 차이, 넷째, 2000년 이전의 지역감정과 지역편견에 관한 연구와 본 연구와의 결과 비교를 통해 변화된 요인 등을 살펴보겠다.

Ⅱ. 이론적 틀과 연구방법

이 연구는 지역민을 대상으로 부정적·긍정적 편견을 함께 조사하였다. 문제는 긍정적 지역편견이 각각의 지역민들에게 미치는 영향은 적다고 추정할 수 있다. 반면 부정적 지역편견에 대해서는 다수의 지역민들이 의식적 혹은 무의식적으로 수용하고 있는 경향이 많았다. 이러한 부정적 지역편견이 우리의 정치·경제·사회에 악영향을 미치고 있다는 판단에서 익산/남원의 중소도시 지역민의 부정적 지역편견에 초점을 맞추었다.

배경변수로서 성별, 연령, 교육, 가계소득 등 4개의 사회 인구학적 특성의 요인 간 차이에 따라 거부감은 연령, 교육, 소득 수준이 높은 집단에서 심한 거부감을 갖고 있는 것으로 조사되었다. 호남의 4개 도시민들의 요인별 수준도 이들 타 지역민과 유사한 결과로 도출된다면 그 원인을 규명해 보아야 한다. 또한 김혜숙(1988)은 편견의 세대 간 전이를 주장하였다. 편견의 세대 간 전이가 진행되고 있다면 젊은 층의 편견의식이 높게 나올 것으로 추정할 수 있다.

호남의 4개 중·소도시 지역민의 지역편견을 분석하기 위해 전라남도 순천시, 나주시 그리고 전라북도 익산시, 남원시를 조사대상으로 선정하였다. 이 도시들은 1995년 1월에 정부의 도·농 복합도시 추진 계획에 따라 인근 군 지역과 통합하여 신도시로 발족되었다. 따라서 도·농 통합 이전보다 더 많은 인구 지역 산업 분야를 갖게 되었다. 전남과 전북에서 선정된 4개 시는 도시사(都市史)의 형성, 규모 면에서 전형적인 중·소도시적 특성을 지니고 있다. 익산, 남원시에서 지위법과 평가법을 혼용하여 엘리트 및 이익집단 대표를 추출하였다. 정치 엘리트는 국회의원, 도의원, 기초의원 중 의장, 부의장, 상임위의장 등이다. 행정 엘리트는 시장, 부시장, 각 실국장이다. 경제 엘리트는 건설, 은

행, 유통, 제조업 그리고 토착기업 등이다. 사회 엘리트는 교육장, 대학 총·학장, 신문사, 방송사 대표이다.

주민의 표본 추출은 전라남도와 전라북도 4개 시(市)별로 확률표집 방식을 사용하였다. 각 도시의 인구통계학적 수치와 도시별 인구 분포를 고려하여 순천시 280명, 나주시 252명, 익산시 287명, 남원시 249명 등 20세 이상 성인남녀 1,068명의 설문 표본을 추출하였다. 따라서 4개 시의 엘리트 97명, 이익집단 대표 106명, 주민 1,008명 등 추출된 표본 총수는 1,271명이다. 지역별로는 순천 326명(25.6%), 나주 304명(23.9%), 익산 341명(26.8%), 남원 300명(23.6%)이다. 응답자에 대한 조사는 직접 면접설문 방식을 사용하였다. 본 자료는 SPSS 통계 프로그램을 사용하여 분석했으며 설문의 조사 시점은 2004년 4월부터 6월까지이다.

III. 각 지역에 대한 편견의식 분석

현대 한국정치의 문제는 정치문화의 여러 병폐 가운데 가장 시급히 해결을 요하는 과제이다. 지역감정에 의한 갈등은 투표가 행해지는 행위에서 극명하게 나타난다. 지역감정을 유발하는 요인은 복합적이지만, 지역감정의 해소를 위해서는 먼저 특정 지역에 대한 지역적 편견을 규명할 필요성이 있다. 첫째, 강원, 경기, 경상, 서울, 전라, 충청 등 6개 지역으로 분류한다. 둘째, 특정 지역에 관한 부정적·긍정적 특성을 나타내는 문항 각 6개, 셋째, 각 지역의 특성에 대한 경험의 유·무를 조사하였다. 전북 익산과 남원지역 엘리트의 각 지역 평가를 통해 지역적 편견을 분석하였다.

설문: 다음은 지역적 편견에 관한 조사입니다. 경험이 없더라도, 각 지역의 특성이라고 생각되는 한 가지씩을 골라 주십시오. 그리고 그러한 특성을 실제로 경험해 본 적이 있다면 경험 여부를 아래의 □에 √로 표시해 주십시오.

〈표 8-1〉 익산 엘리트 강원평가1 강원경험1

강원도 보기		익 산			남 원			익산 / 남원		
		강원경험1		Total	강원경험1		Total	지 역		Total
		1	2		1	2		익 산	남 원	
타산적 이다	Count	1		1		1	1	3	1	4
	% within 강원평가1	100.0%		100.0%		100.0%	100.0%	75.0%	25.0%	100.0%
	% within 강원경험1	20.0%		6.7%		4.8%	4.0%	13.0%	4.0%	8.3%
	% of Total	6.7%		6.7%		4.0%	4.0%	6.3%	2.1%	8.3%
우둔 하다	Count	3	3	6	1	6	7	11	7	18
	% within 강원평가1	50.0%	50.0%	100.0%	14.3%	85.7%	100.0%	61.1%	38.9%	100.0%
	% within 강원경험1	60.0%	30.0%	40.0%	25.0%	28.6%	28.0%	47.8%	28.0%	37.5%
	% of Total	20.0%	20.0%	40.0%	4.0%	24.0%	28.0%	22.9%	14.6%	37.5%
막무가 내이다	Count		1	1	2	2	4	2	4	6
	% within 강원평가1		100.0%	100.0%	50.0%	50.0%	100.0%	33.3%	66.7%	100.0%
	% within 강원경험1		10.0%	6.7%	50.0%	9.5%	16.0%	8.7%	16.0%	12.5%
	% of Total		6.7%	6.7%	8.0%	8.0%	16.0%	4.2%	8.3%	12.5%
우유부 단하다	Count	1	2	3		3	3	3	3	6
	% within 강원평가1	33.3%	66.7%	100.0%		100.0%	100.0%	50.0%	50.0%	100.0%
	% within 강원경험1	20.0%	20.0%	20.0%		14.3%	12.0%	13.0%	12.0%	12.5%
	% of Total	6.7%	13.3%	20.0%		12.0%	12.0%	6.3%	6.3%	12.5%
신뢰성 이 없다	Count		2	2		8	8	2	8	10
	% within 강원평가1		100.0%	100.0%		100.0%	100.0%	20.0%	80.0%	100.0%
	% within 강원경험1		20.0%	13.3%		38.1%	32.0%	8.7%	32.0%	20.8%
	% of Total		13.3%	13.3%		32.0%	32.0%	4.2%	16.7%	20.8%

강원도 보기		익 산			남 원			익산/남원		
		강원경험1		Total	강원경험1		Total	지 역		Total
		1	2		1	2		익 산	남 원	
이기적 이다	Count		2	2	1	1	2	2	2	4
	% within 강원평가1		100.0%	100.0%	50.0%	50.0%	100.0%	50.0%	50.0%	100.0%
	% within 강원경험1		20.0%	13.3%	25.0%	4.8%	8.0%	8.7%	8.0%	8.3%
	% of Total		13.3%	13.3%	4.0%	4.0%	8.0%	4.2%	4.2%	8.3%
전 체	Count	5	10	15	4	21	25	23	25	48
	% within 강원평가1	33.3%	66.7%	100.0%	16.0%	84.0%	100.0%	47.9%	52.1%	100.0%
	% within 강원경험1	100.0%	100.0%	100.0%	100.0%	100.0%	100.0%	100.0%	100.0%	100.0%
	% of Total	33.3%	66.7%	100.0%	16.0%	84.0%	100.0%	47.9%	52.1%	100.0%
Chi Square		.386			.189			.298		

상위의 표에서 익산지역 엘리트들의 강원지역 주민들에 대한 평가를 보면 전체 응답자 15명 중 6명(40%)이 우둔하다고 평가하고 있다. 이들 중에서 3명(20%)은 경험이 있고, 3명(20%)은 경험이 없다고 응답하였다. '우유부단하다'라는 평가는 경험 유·무를 다 해서 3명(20%)으로 조사되었다. 그 외에 '타산적이다'와 '막무가내다'라고 응답한 빈도비율은 상대적으로 낮은 빈도를 보이고 있다.

남원지역 엘리트들의 강원지역 주민들에 대한 평가는 전체 응답자 25명 중 '신뢰성이 없다'라고 응답한 빈도비율이 8명(32%)으로 나타나고 '우둔하다'라고 응답한 빈도가 7명(28%)으로 나타나고 이 중 경험 유(有)는 1명이고 무(無)는 6명으로 나타나고 있다. 결국 익산과 남원지역 엘리트들의 강원지역에 대한 평가는 '우둔하다'와 '신뢰성이 없다'라고 집약되지만, 문제는 경험이 동반되지 않은 평가가 많았다는 사실이다. 자기 자신이 경험하지 않은 상황에서 특정 지역에 대한 평가는 지역적 편견에 대한 하나의 편견일 수도 있다는 것이다.

상위에서 보는 바와 같이 <표 8-1>는 익산/남원지역 엘리트들의 강원평가1에 응답한 내용이다. 전체 인원은 48명 중에서 18명(37.5%)이 '우 둔하다'라고 응답하고 이 중 경험이 있다고 응답한 빈도비율이 11명이고 경험은 없으나 직접적 경험은 없으나 인식하는 정도가 7명에 달하고 있 다. 다음으로 '신뢰성이 없다'가 10명에 달하고 있다. 따라서 전북지역의 엘리트들은 강원도 사람에 대한 지역적 감정에 대한 태도가 대체로 우둔 하다고 인식하고 있으며 다음으로 신뢰성이 떨어진다고 응답하고 있다.

설문: 다음은 지역적 편견에 관한 조사입니다. 경험이 없더라도, 각 지역의 특성이라고 생각되는 한 가지씩을 골라 주십시오. 그리고 그러 한 특성을 실제로 경험해 본 적이 있다면 경험 여부를 아래의 □에 √ 로 표시해 주십시오.

〈표 8-2〉 익산 엘리트 경기평가1 경기경험1

| 경기도 보기 | | 익 산 | | | 남 원 | | | 익산 / 남원 | | |
| | | 경기경험1 | | Total | 경기경험1 | | Total | 지 역 | | Total |
		1	2		1	2		익 산	남 원	
타산적 이다	Count	1	6	7	1	7	8	9	8	17
	% within 경기평가1	14.3%	85.7%	100.0%	12.5%	87.5%	100.0%	52.9%	47.1%	100.0%
	% within 경기경험1	20.0%	54.5%	43.8%	14.3%	38.9%	32.0%	37.5%	32.0%	34.7%
	% of Total	6.3%	37.5%	43.8%	4.0%	28.0%	32.0%	18.4%	16.3%	34.7%
우둔 하다	Count		1	1		4	4	1	4	5
	% within 경기평가1		100.0%	100.0%		100.0%	100.0%	20.0%	80.0%	100.0%
	% within 경기경험1		9.1%	6.3%		22.2%	16.0%	4.2%	16.0%	10.2%
	% of Total		6.3%	6.3%		16.0%	16.0%	2.0%	8.2%	10.2%
막무가 내이다	Count				1	2	3		3	3
	% within 경기평가1				33.3%	66.7%	100.0%		100.0%	100.0%
	% within 경기경험1				14.3%	11.1%	12.0%		12.0%	6.1%
	% of Total				4.0%	8.0%	12.0%		6.1%	6.1%

경기도 보기		익 산			남 원			익산 / 남원		
		경기경험1		Total	경기경험1		Total	지 역		Total
		1	2		1	2		익 산	남 원	
우유부 단하다	Count	1		1	1	1	2	3	2	5
	% within 경기평가1	100.0%		100.0%	50.0%	50.0%	100.0%	60.0%	40.0%	100.0%
	% within 경기경험1	20.0%		6.3%	14.3%	5.6%	8.0%	12.5%	8.0%	10.2%
	% of Total	6.3%		6.3%	4.0%	4.0%	8.0%	6.1%	4.1%	10.2%
신뢰성 이 없다	Count	1	3	4	2	1	3	5	3	8
	% within 경기평가1	25.0%	75.0%	100.0%	66.7%	33.3%	100.0%	62.5%	37.5%	100.0%
	% within 경기경험1	20.0%	27.3%	25.0%	28.6%	5.6%	12.0%	20.8%	12.0%	16.3%
	% of Total	6.3%	18.8%	25.0%	8.0%	4.0%	12.0%	10.2%	6.1%	16.3%
이기적 이다	Count	2	1	3	2	3	5	6	5	11
	% within 경기평가1	66.7%	33.3%	100.0%	40.0%	60.0%	100.0%	54.5%	45.5%	100.0%
	% within 경기경험1	40.0%	9.1%	18.8%	28.6%	16.7%	20.0%	25.0%	20.0%	22.4%
	% of Total	12.5%	6.3%	18.8%	8.0%	12.0%	20.0%	12.2%	10.2%	22.4%
전 체	Count	5	11	16	7	18	25	24	25	49
	% within 경기평가1	31.3%	68.8%	100.0%	28.0%	72.0%	100.0%	49.0%	51.0%	100.0%
	% within 경기경험1	100.0%	100.0%	100.0%	100.0%	100.0%	100.0%	100.0%	100.0%	100.0%
	% of Total	31.3%	68.8%	100.0%	28.0%	72.0%	100.0%	49.0%	51.0%	100.0%
Chi Square		.247			.346			.344		

상위 표는 경기지역에 관한 지역적 편견을 묻는 내용이다. 먼저 익산지역 엘리트들의 전체 26명 중에서 16명의 응답한 결과 7명이 '타산적이다'라고 응답하였다. 이 중에서 경험을 묻는 내용에서 1명만이 경험이 있고 나머지 6명은 경험은 없으나 타산적일 것이라고 응답한 것으로 보인다. 그다음 순위는 '신뢰성이 없다'라고 응답한 빈도비율이 4명(25%)이다. 이 중 직접적 경험은 단 1명뿐이고 나머지 3명은 경험은 없지만 3명이 타산적일 것으로 응답하였다. 그 외는 미미한 수준에서

응답한 결과이기 때문에 의미하는 바가 크지 않다.

다음으로 남원지역 엘리트들의 응답의 결과는 '타산적이다'가 가장 높은 빈도비율 8명(32%)으로 나타나고 있다. 이 중에서 경험 유무를 묻는 내용에서 경험이 있다고 응답한 사람은 단 한 명 정도이고 나머지 7명은 경험은 없지만 타산적일 것으로 추정하는 것이다. 다음으로 '이기적이다'라고 응답한 빈도비율이 5명(20%)에 해당된다. 이 중에서 '경험 있다'라고 응답한 빈도는 2명이고 '경험한 바는 없지만 이기적이다'라고 응답한 결과가 3명의 수준에 달하고 있다. 그 외에도 '우둔하다'와 '막무가내다' 등이 미미한 수준에서 응답을 하고 있다. 따라서 익산지역과 남원지역의 엘리트들은 경기도 사람에 대한 지역적 편견이 '타산적이다'라고 응답한 빈도비율이 가장 높다는 조사연구 결과이다.

상위 표는 익산/남원지역의 엘리트들의 경기지역 사람들에 대한 지역편견을 묻는 내용이다. 전체 49명의 응답자 중에서 17명(34.7%)이 '타산적이다'라고 응답하였고 이 중에서 경험이 있다고 응답한 빈도비율이 9명이고 경험은 없지만 '타산적일 것이다'라고 응답한 빈도가 8명에 달하고 있다. 그런가 하면 '이기적이다'라고 응답한 빈도비율도 11명(22.4%)으로 조사되었다. 그 외에도 '신뢰성이 없다'와 '우둔하다' 등의 응답의 결과가 있으나 빈도비율에서 경비하게 나타나고 있어 의미하는 바가 크지 않다. 결국 전북지역을 대표하는 익산/남원 엘리트들은 경기지역 사람들을 타산적이고 이기적이라고 생각하고 있다.

설문: 다음은 지역적 편견에 관한 조사입니다. 경험이 없더라도, 각 지역의 특성이라고 생각되는 한 가지씩을 골라 주십시오. 그리고 그러한 특성을 실제로 경험해 본 적이 있다면 경험 여부를 아래의 □에 √로 표시해 주십시오.

〈표 8-3〉 익산 엘리트 경상평가1 경상경험1

경상도 보기		익 산			남 원			익산 / 남원		
		경상경험1		Total	경상경험1		Total	지 역		Total
		1	2		1	2		익 산	남 원	
타산적 이다	Count	2	1	3	2	3	5	3	5	8
	% within 경상평가1	66.7%	33.3%	100.0%	40.0%	60.0%	100.0%	37.5%	62.5%	100.0%
	% within 경상경험1	16.7%	20.0%	17.6%	28.6%	16.7%	20.0%	12.5%	20.0%	16.3%
	% of Total	11.8%	5.9%	17.6%	8.0%	12.0%	20.0%	6.1%	10.2%	16.3%
우둔 하다	Count					1	1	1	1	2
	% within 경상평가1					100.0%	100.0%	50.0%	50.0%	100.0%
	% within 경상경험1					5.6%	4.0%	4.2%	4.0%	4.1%
	% of Total					4.0%	4.0%	2.0%	2.0%	4.1%
막무가 내이다	Count	8	1	9	2	5	7	12	7	19
	% within 경상평가1	88.9%	11.1%	100.0%	28.6%	71.4%	100.0%	63.2%	36.8%	100.0%
	% within 경상경험1	66.7%	20.0%	52.9%	28.6%	27.8%	28.0%	50.0%	28.0%	38.8%
	% of Total	47.1%	5.9%	52.9%	8.0%	20.0%	28.0%	24.5%	14.3%	38.8%
우유부 단하다	Count							2		2
	% within 경상평가1							100.0%		100.0%
	% within 경상경험1							8.3%		4.1%
	% of Total							4.1%		4.1%
신뢰성 이 없다	Count		2	2	1	3	4	3	4	7
	% within 경상평가1		100.0%	100.0%	25.0%	75.0%	100.0%	42.9%	57.1%	100.0%
	% within 경상경험1		40.0%	11.8%	14.3%	16.7%	16.0%	12.5%	16.0%	14.3%
	% of Total		11.8%	11.8%	4.0%	12.0%	16.0%	6.1%	8.2%	14.3%
이기적 이다	Count	2	1	3	2	6	8	3	8	11
	% within 경상평가1	66.7%	33.3%	100.0%	25.0%	75.0%	100.0%	27.3%	72.7%	100.0%
	% within 경상경험1	16.7%	20.0%	17.6%	28.6%	33.3%	32.0%	12.5%	32.0%	22.4%
	% of Total	11.8%	5.9%	17.6%	8.0%	24.0%	32.0%	6.1%	16.3%	22.4%

경상도 보기		익 산			남 원			익산 / 남원		
		경상경험1		Total	경상경험1		Total	지 역		Total
		1	2		1	2		익 산	남 원	
전 체	Count	12	5	17	7	18	25	24	25	49
	% within 경상평가1	70.6%	29.4%	100.0%	28.0%	72.0%	100.0%	49.0%	51.0%	100.0%
	% within 경상경험1	100.0%	100.0%	100.0%	100.0%	100.0%	100.0%	100.0%	100.0%	100.0%
	% of Total	70.6%	29.4%	100.0%	28.0%	72.0%	100.0%	49.0%	51.0%	100.0%
Chi Square		.098			.938			.286		

상위에서 보는 표는 경상지역에 대한 지역적 편견을 묻는 내용이다. 전체 17명의 응답자 중에서 '막무가내다'라고 응답한 비율이 9명(52.9%)으로 나타나고 있고 이 중에서 8명이 경험한 바가 있다고 응답하고 1명이 경험은 없지만 '막무가내다'라고 응답하였다. 특이한 것은 '우둔하다'라고 응답한 사람은 단 한 명도 없어서 적어도 경상도 사람은 우둔하지는 않다고 하는 조사연구 결과이다. 그 외에 '타산적이다'와 '이기적이다'라는 응답의 경과가 있지만 미미한 수준에서 응답한 내용이기 때문에 의미하는 바는 크지 않다.

다음으로 남원지역 엘리트들은 '이기적이다'라고 응답한 빈도비율이 8명(32%)으로 가장 높게 나타나고 다음으로 '막무가내다'가 7명(28%)으로 나타나고 있다. 이들 중에는 경험한 바는 적지만 이기적이고 타산적일 것이라고 응답한 비율이 조사되었다.

위의 표는 경상지역에 대한 엘리트들의 응답의 결과이다. 전체 49명의 응답자 중에서 '막무가내다'라고 응답한 빈도비율이 19명(38.8%)이고 다음으로 '이기적이다'라고 응답한 빈도비율이 11명(22.4%)으로 조사되었다. 그 외에도 '타산적이다'라고 응답한 빈도비율도 적지 않게 조사되었다. 결국 익산/남원지역의 엘리트들에 대한 경상도지역에 대한 지역편견은 '막무가내다'와 '이기적이다'라고 응답한 결과이다. 이러한 결과는 아마도 경상도 사람들은 한번 일을 추진하면 추진력이 강하고 단결력이 강하기 때문에 여유하지 않는가 생각되고 또한 한번 잡은 정권도 수단과 방법을 가리지 않고 독점하려고 하는 역대 정권과 정치권에 행태가 반영된 것이라 하겠다.

설문: 다음은 지역적 편견에 관한 조사입니다. 경험이 없더라도, 각 지역의 특성이라고 생각되는 한 가지씩을 골라 주십시오. 그리고 그러한 특성을 실제로 경험해 본 적이 있다면 경험 여부를 아래의 □에 √ 로 표시해 주십시오.

〈표 8-4〉 익산 엘리트 서울평가1 서울경험1

서울 보기		익 산			남 원			익산 / 남원		
		서울경험1		Total	서울경험1		Total	지 역		Total
		1	2		1	2		익 산	남 원	
타산적 이다	Count	4	1	5	4	6	10	7	10	17
	% within 서울평가1	80.0%	20.0%	100.0%	40.0%	60.0%	100.0%	41.2%	58.8%	100.0%
	% within 서울경험1	28.6%	33.3%	29.4%	66.7%	31.6%	40.0%	30.4%	40.0%	35.4%
	% of Total	23.5%	5.9%	29.4%	16.0%	24.0%	40.0%	14.6%	20.8%	35.4%
우둔 하다	Count	1		1	1	1	2	2	1	3
	% within 서울평가1	100.0%		100.0%	100.0%	100.0%		66.7%	33.3%	100.0%
	% within 서울경험1	7.1%		5.9%	5.3%	4.0%		8.7%	4.0%	6.3%
	% of Total	5.9%		5.9%	4.0%	4.0%		4.2%	2.1%	6.3%
막무가 내이다	Count				4		4		4	4
	% within 서울평가1				100.0%		100.0%		100.0%	100.0%
	% within 서울경험1				21.1%		16.0%		16.0%	8.3%
	% of Total				16.0%		16.0%		8.3%	8.3%
우유부 단하다	Count									
	% within 서울평가1									
	% within 서울경험1									
	% of Total									

서울 보기		익 산			남 원			익산 / 남원		
		서울경험1		Total	서울경험1		Total	지 역		Total
		1	2		1	2		익 산	남 원	
신뢰성이 없다	Count	2		2		3	3	2	3	5
	% within 서울평가1	100.0%		100.0%		100.0%	100.0%	40.0%	60.0%	100.0%
	% within 서울경험1	14.3%		11.8%		15.8%	12.0%	8.7%	12.0%	10.4%
	% of Total	11.8%		11.8%		12.0%	12.0%	4.2%	6.3%	10.4%
이기적이다	Count	7	2	9	2	5	7	12	7	19
	% within 서울평가1	77.8%	22.2%	100.0%	28.6%	71.4%	100.0%	63.2%	36.8%	100.0%
	% within 서울경험1	50.0%	66.7%	52.9%	33.3%	26.3%	28.0%	52.2%	28.0%	39.6%
	% of Total	41.2%	11.8%	52.9%	8.0%	20.0%	28.0%	25.0%	14.6%	39.6%
전 체	Count	14	3	17	6	19	25	23	25	48
	% within 서울평가1	82.4%	17.6%	100.0%	24.0%	76.0%	100.0%	47.9%	52.1%	100.0%
	% within 서울경험1	100.0%	100.0%	100.0%	100.0%	100.0%	100.0%	100.0%	100.0%	100.0%
	% of Total	82.4%	17.6%	100.0%	24.0%	76.0%	100.0%	47.9%	52.1%	100.0%
Chi Square		.851			.405			.177		

상위에서 보는 바와 같이 익산지역의 엘리트가 서울지역의 감정을 평가한 내용이다. 전체 응답자 17명 중에서 '이기적이다'라고 응답한 빈도비율이 9명(52.9%)으로 나타나고 이 중에서 7명이 경험한 바가 있다고 응답하고 2명만이 경험하지 않았지만 이기적이라고 응답한 내용이다. 다음으로 '타산적이다'가 5명의(29.4%)로 조사되었는데 4명이 경험이 있다고 응답하고 단한 명만이 경험은 없지만 '타산적이다'라고 응답하였다. 다음으로 남원지역 엘리트들의 서울지역 평가는 '타산적이다'라고 응답한 빈도비율이 10명(40.0%)으로 나왔고 이 중에서 경험이 있다고 응답한 인원이 4명이고 경험은 없지만 '타산적이다'라고 응답한 인원이 6명으로 조사되었다. 다음으로 '이기적이다'라고 응답한 빈도비율은 7명(28.0%)이고 이 중 경험 있다고 응답한 인원이 2명이고 경험은 없지만 '이기적이다'라고 응답한 인원은 5명으

로 조사되었다. 그 외에도 '막무가내다'와 '신뢰성이 없다'라고 응답하였다.

상위 표는 익산과 남원지역의 엘리트들의 서울지역 감정평가를 한 내용이다. 전체 인원 48명 중에서 '이기적이다'라고 응답한 빈도비율이 19명(39.6%)으로 나타나고 있고 이 중에서 경험이 있다고 응답한 인원이 12명이고 경험은 없으나 '이기적이다'라고 응답한 인원이 7명으로 조사되었다. 다음으로 '타산적이다'라고 응답한 빈도비율이 17명(35.4%)으로 조사되었다. 이 중에서 경험 여부를 묻는 내용에서는 경험이 있다고 응답한 인원이 7명이고 경험은 없지만 '타산적이다'라고 응답한 인원이 10명이다. 그 외에도 '신뢰성이 없다'와 '막무가내이다' 등이 미미한 수준에서 응답해 주었다. 결국 전북을 대표하는 익산과 남원지역의 엘리트들은 서울지역에 대한 지역적 편견은 이기적이고 타산적이라는 평가이다.

설문: 다음은 지역적 편견에 관한 조사입니다. 경험이 없더라도, 각 지역의 특성이라고 생각되는 한 가지씩을 골라 주십시오. 그리고 그러한 특성을 실제로 경험해 본 적이 있다면 경험 여부를 아래의 □에 √로 표시해 주십시오.

〈표 8-5〉 익산 엘리트 전라평가1 전라경험1

전라도 보기		익 산			남 원			익산 / 남원		
		전라경험1		Total	전라경험1		Total	지 역		Total
		1	2		1	2		익 산	남 원	
타산적이다	Count	2		2				3		3
	% within 전라평가1	100.0%		100.0%				100.0%		100.0%
	% within 전라경험1	16.7%		11.8%				13.0%		6.3%
	% of Total	11.8%		11.8%				6.3%		6.3%
우둔하다	Count		1	1	5	4	9	1	9	10
	% within 전라평가1		100.0%	100.0%	55.6%	44.4%	100.0%	10.0%	90.0%	100.0%
	% within 전라경험1		20.0%	5.9%	62.5%	23.5%	36.0%	4.3%	36.0%	20.8%
	% of Total			5.9%	20.0%	16.0%	36.0%	2.1%	18.8%	20.8%

전라도 보기		익 산			남 원			익산 / 남원		
		전라경험1		Total	전라경험1		Total	지 역		Total
		1	2		1	2		익 산	남 원	
막무가 내이다	Count		2	2	1	5	6	3	6	9
	% within 전라평가1		100.0%	100.0%	16.7%	83.3%	100.0%	33.3%	66.7%	100.0%
	% within 전라경험1		40.0%	11.8%	12.5%	29.4%	24.0%	13.0%	24.0%	18.8%
	% of Total		11.8%	11.8%	4.0%	20.0%	24.0%	6.3%	12.5%	18.8%
우유부 단하다	Count	6	1	7		6	6	9	6	15
	% within 전라평가1	85.7%	14.3%	100.0%		100.0%	100.0%	60.0%	40.0%	100.0%
	% within 전라경험1	50.0%	20.0%	41.2%		35.3%	24.0%	39.1%	24.0%	31.3%
	% of Total	35.3%	5.9%	41.2%		24.0%	24.0%	18.8%	12.5%	31.3%
신뢰성 이 없다	Count	4	1	5	2	1	3	6	3	9
	% within 전라평가1	80.0%	20.0%	100.0%	66.7%	33.3%	100.0%	66.7%	33.3%	100.0%
	% within 전라경험1	33.3%	20.0%	29.4%	25.0%	5.9%	12.0%	26.1%	12.0%	18.8%
	% of Total	23.5%	5.9%	29.4%	8.0%	4.0%	12.0%	12.5%	6.3%	18.8%
이기적 이다	Count					1	1	1	1	2
	% within 전라평가1					100.0%	100.0%	50.0%	50.0%	100.0%
	% within 전라경험1					5.9%	4.0%	4.3%	4.0%	4.2%
	% of Total					4.0%	4.0%	2.1%	2.1%	4.2%
전체	Count	12	5	17	8	17	25	23	25	48
	% within 전라평가1	70.6%	29.4%	100.0%	32.0%	68.0%	100.0%	47.9%	52.1%	100.0%
	% within 전라경험1	100.0%	100.0%	100.0%	100.0%	100.0%	100.0%	100.0%	100.0%	100.0%
	% of Total	70.6%	29.4%	100.0%	32.0%	68.0%	100.0%	47.9%	52.1%	100.0%
Chi Square		.061			.096			.036		

　　상위 표는 전라도지역에 대한 익산지역 엘리트들에 대한 지역감정 평가이다. 먼저 전체 17명의 응답자 중에서 '우유부단하다'라고 응답한 빈도비율이 7명(41.2%)이고 이 중에서 경험이 있다고 응답한 인원이 6

명이고 경험한 바는 없다고 응답한 인원은 단 한 명이다. 다음으로 '신뢰성이 없다'가 5명(29.4%)으로 조사되었고 이 중에서 경험 여부는 있다는 평가가 높게 나타나고 있다. 그 외에도 미미한 수준에서 '타산적이다'와 '막무가내다' 등이 조사되었다.

다음으로 남원지역의 엘리트 평가는 전체 응답자 25명 중에서 '우둔하다'가 9명(36%)으로 조사되었다. 다음으로 '막무가내다'와 '우유부단하다'가 각각 6명으로 조사되었다. 다만 조사 결과에서 '타산적이다'라고 응답한 인원은 한 명도 없다는 것이다. 따라서 남원지역 엘리트들은 전라도에 대한 지역적 편견은 우두한 편이지만, 적어도 '타산적'이라고 응답하지는 않았다.

상위에서 보는 바와 같이 익산/남원지역 엘리트들의 전라도지역감정에 대한 편견을 묻는 내용은 다음과 같다. 응답자 전체 인원 48명 중에서 '우유부단하다'가 15명(31.3%)으로 나타나고 이 중에서 경험이 있다고 응답한 사람이 9명이고, 6명은 경험은 없으나 '우유부단하다'고 응답하였다. 다음 순위는 '우둔하다'라고 응답한 빈도비율이 10명(20.8%)으로 조사되었고 이 중에서 경험이 있다고 응답한 사람이 1명이고 경험은 없지만 '우둔하다'라고 응답한 사람이 9명이 응답하였다. 결국 익산과 남원지역의 엘리트들은 전라도에 대한 지역감정은 대체로 '우유부단하다'라고 응답하고 있다. 같은 지역사회에서 생활하면서 지역적 평가에 대한 응답의 결과가 경험을 바탕으로 응답의 결과이지만 경험이 없다고 응답한 인원도 적지 않다.

설문: 다음은 지역적 편견에 관한 조사입니다. 경험이 없더라도, 각 지역의 특성이라고 생각되는 한 가지씩을 골라 주십시오. 그리고 그러한 특성을 실제로 경험해 본 적이 있다면 경험 여부를 아래의 □에 √로 표시해 주십시오.

〈표 8-6〉 익산 엘리트 충청평가1 충청경험1

충청도 보기		익 산			남 원			익산/남원		
		충청경험1		Total	충청경험1		Total	지 역		Total
		1	2		1	2		익 산	남 원	
타산적이다	Count		1	1				1	1	2
	% within 충청평가1		100.0%	100.0%				50.0%	50.0%	100.0%
	% within 충청경험1		4.5%	4.0%				4.3%	4.0%	4.2%
	% of Total		4.0%	4.0%				2.1%	2.1%	4.2%
우둔하다	Count		3	3	3	2	5	7	3	10
	% within 충청평가1		100.0%	100.0%	60.0%	40.0%	100.0%	70.0%	30.0%	100.0%
	% within 충청경험1		13.6%	12.0%	30.0%	33.3%	31.3%	30.4%	12.0%	20.8%
	% of Total		12.0%	12.0%	18.8%	12.5%	31.3%	14.6%	6.3%	20.8%
막무가내이다	Count	1	1	2					2	2
	% within 충청평가1	50.0%	50.0%	100.0%					100.0%	100.0%
	% within 충청경험1	33.3%	4.5%	8.0%					8.0%	4.2%
	% of Total	4.0%	4.0%	8.0%					4.2%	4.2%
우유부단하다	Count	2	12	14				11	14	25
	% within 충청평가1	14.3%	85.7%	100.0%				44.0%	56.0%	100.0%
	% within 충청경험1	66.7%	54.5%	56.0%				47.8%	56.0%	52.1%
	% of Total	8.0%	48.0%	56.0%				22.9%	29.2%	52.1%
신뢰성이 없다	Count		2	2	4	4	8	4	2	6
	% within 충청평가1		100.0%	100.0%	50.0%	50.0%	100.0%	66.7%	33.3%	100.0%
	% within 충청경험1		9.1%	8.0%	40.0%	66.7%	50.0%	17.4%	8.0%	12.5%
	% of Total		8.0%	8.0%	25.0%	25.0%	50.0%	8.3%	4.2%	12.5%
이기적이다	Count		3	3	3		3		3	3
	% within 충청평가1		100.0%	100.0%	100.0%		100.0%		100.0%	100.0%
	% within 충청경험1		13.6%	12.0%	30.0%		18.8%		12.0%	6.3%
	% of Total		12.0%	12.0%	18.8%		18.8%		6.3%	6.3%

충청도 보기		익 산			남 원			익산 / 남원		
		충청경험1		Total	충청경험1		Total	지 역		Total
		1	2		1	2		익 산	남 원	
전체	Count	3	22	25	10	6	16	23	25	48
	% within 충청평가1	12.0%	88.0%	100.0%	62.5%	37.5%	100.0%	47.9%	52.1%	100.0%
	% within 충청경험1	100.0%	100.0%	100.0%	100.0%	100.0%	100.0%	100.0%	100.0%	100.0%
	% of Total	12.0%	88.0%	100.0%	62.5%	37.5%	100.0%	47.9%	52.1%	100.0%
Chi Square		.545			.309			.182		

상위의 표에서 보는 바와 같이 익산지역의 엘리트들에게 충청지역감정의 편견을 묻는 내용이다. 전체 응답자 25명 중에서 '우유부단하다'하다고 응답한 빈도비율이 14명(56.0%)으로 조사되었는데, 이 중에서 경험이 있다고 응답한 2명이고 경험은 없다고 응답한 인원이 12명으로 조사되었다. 이러한 조사 결과는 직접적 경험을 바탕으로 한 내용은 아니지만 충청도 사람들은 우유부단할 것이라는 예측을 가정하는 조사분석의 내용이다. 그 외의 내용은 미미한 수준에서 낮은 빈도비율을 나타내기 때문에 의미하는 바가 크지 않다.

다음으로 남원지역은 전체 응답자 16명 중에서 '우유부단하다'라고 응답한 빈도비율이 8명(50.0%)으로 조사되었고 다음으로 '우둔하다'라고 응답한 빈도비율이 5명(31.3%)으로 조사되었다. 남원엘리트에서 흥미로운 것은 '타산적이다'와 '이기적이다'라고 응답한 엘리트는 단 한 명도 없다는 것이다. 결국 충청도지역의 사람들은 우유부단하고 우둔하다고 인식하고 있으나 적어도 타산적이거나 이기적이라고 인식하지는 않는다는 것을 이번 조사연구에서 밝혀졌다.

상위 표는 익산과 남원지역의 엘리트들의 충청지역에 대한 지역적 편견을 묻는 내용이다. 전체 응답자 48명 중에서 '우유부단하다'라고 응답한 빈도비율이 25명(52.1%)이고 이 중 경험이 있다고 응답한 엘리트는 11명이고 14명이 경험이 없다고 응답하고 있다. 그리고 '우둔하다'라고 응답한 빈도비율이 10명(20.8%)으로 조사되었는데 이 중에서 경험이 있다고 응답한 엘리트는 7명이고 경험이 없다고 응답한 엘리트가 3명이다. 다음은 '신뢰성이 없다'라고 응답한 엘리트는 6명으로 나왔다. 결국 전북을 대표하는 익산시와 남원시의 엘리트들은 충청도지역 사람들에 대한 지역적 편견은 대체로 우유부단하고 우둔하다고 응답하고 있다.

다음은 익산/남원지역 엘리트들이 한국의 각 지역에 대한 부정적 평가와는 달리 지역에 대한 긍정적 평가 문항이다. 온순하다, 영리하다, 의지가 굳다, 성실하다, 단결력이 강하다, 진취적이다 등 6개 문항으로 구성되어 있다.

설문: 다음은 지역적 편견에 관한 조사입니다. 경험이 없더라도, 각 지역의 특성이라고 생각되는 한 가지씩을 골라 주십시오. 그리고 그러한 특성을 실제로 경험해 본 적이 있다면 경험 여부를 아래의 □에 √로 표시해 주십시오.

<표 8-7>익산 엘리트 강원평가2 강원경험2

강원도 보기		익　산			남　원			익산/남원		
		강원경험1		Total	강원경험1		Total	지　역		Total
		1	2		1	2		익　산	남　원	
온순하다	Count	1	4	5		9	9	9	9	18
	% within 강원평가1	20.0%	80.0%	100.0%		100.0%	100.0%	50.0%	50.0%	100.0%
	% within 강원경험1	16.7%	33.3%	27.8%		45.0%	36.0%	37.5%	36.0%	36.7%
	% of Total	5.6%	22.2%	27.8%		36.0%	36.0%	18.4%	18.4%	36.7%
영리하다	Count					3	3		3	3
	% within 강원평가1					100.0%	100.0%		100.0%	100.0%
	% within 강원경험1					15.0%	12.0%		12.0%	6.1%
	% of Total					12.0%	12.0%		6.1%	6.1%

강원도 보기		익 산			남 원			익산 / 남원		
		강원경험1		Total	강원경험1		Total	지 역		Total
		1	2		1	2		익 산	남 원	
의지가 굳다	Count		1	1	1	4	5	2	5	7
	% within 강원평가1		100.0%	100.0%	20.0%	80.0%	100.0%	28.6%	71.4%	100.0%
	% within 강원경험1		8.3%	5.6%	20.0%	20.0%	20.0%	8.3%	20.0%	14.3%
	% of Total		5.6%	5.6%	4.0%	16.0%	20.0%	4.1%	10.2%	14.3%
성실 하다	Count	3	3	6	1	2	3	7	3	10
	% within 강원평가1	50.0%	50.0%	100.0%	33.3%	66.7%	100.0%	70.0%	30.0%	100.0%
	% within 강원경험1	50.0%	25.0%	33.3%	20.0%	10.0%	12.0%	29.2%	12.0%	20.4%
	% of Total	16.7%	16.7%	33.3%	4.0%	8.0%	12.0%	14.3%	6.1%	20.4%
단결력 이강 하다	Count	1	2	3	1	1	2	3	2	5
	% within 강원평가1	33.3%	66.7%	100.0%	50.0%	50.0%	100.0%	60.0%	40.0%	100.0%
	% within 강원경험1	16.7%	16.7%	16.7%	20.0%	5.0%	8.0%	12.5%	8.0%	10.2%
	% of Total	5.6%	11.1%	16.7%	4.0%	4.0%	8.0%	6.1%	4.1%	10.2%
진취적 이다	Count	1	2	3	2	1	3	3	3	6
	% within 강원평가1	33.3%	66.7%	100.0%	66.7%	33.3%	100.0%	50.0%	50.0%	100.0%
	% within 강원경험1	16.7%	16.7%	16.7%	40.0%	5.0%	12.0%	12.5%	12.0%	12.2%
	% of Total	5.6%	11.1%	16.7%	8.0%	4.0%	12.0%	6.1%	6.1%	12.2%
전 체	Count	6	12	18	5	20	25	24	25	49
	% within 강원평가1	33.3%	66.7%	100.0%	20.0%	80.0%	100.0%	49.0%	51.0%	100.0%
	% within 강원경험1	100.0%	100.0%	100.0%	100.0%	100.0%	100.0%	100.0%	100.0%	100.0%
	% of Total	33.3%	66.7%	100.0%	20.0%	80.0%	100.0%	49.0%	51.0%	100.0%
Chi Square		.800			.129			.300		

상위 표는 익산 엘리트들이 강원지역에 대한 지역적 평가를 긍정적으로 평가한 내용이다. 전체 응답자의 18명 중 '성실하다'라고 응답한 사람은 6명으로 조사되었다. 이 중 경험이 있다고 응답한 빈도비율은

3명인 50%이고 경험이 없다고 응답한 빈도비율도 같게 조사되었다. 다음으로 '온순하다'라고 응답한 빈도비율도 5명인 27.8%로 조사되었다. 따라서 익산지역 엘리트는 강원도지역 사람들을 인식하는 지역감정에 대한 호의를 대체로 성실하고 온순하다고 응답하고 있다.

다음으로 남원지역 엘리트들의 강원지역 평가는 전체 응답자 25명 중에서 최대 비율은 '온순하다'라고 응답하고 있다. 응답의 결과 경험한 바는 없지만 강원지역 사람들은 온순할 것으로 생각하고 있다고 응답한 조사 결과이다. 다음으로 '의지가 굳다'라고 응답한 사람은 5명으로 이 중 경험을 한 사람은 단 한 사람이고 나머지 4명은 경험은 없어도 그렇게 생각하고 있다고 응답한 내용이다. 그런가 하면 '단결력이 강하다'라고 응답한 빈도비율은 저조한 비율로 나타난다.

익산과 남원지역의 엘리트들의 강원지역에 대한 평가는 먼저 전체 응답자 49명 중에서 '온순하다'라고 응답한 빈도비율이 18명(36.7%)으로 나타나고 있다. 이 중 경험이 있다고 응답한 빈도비율과 없다고 응답한 비율이 같은 각각 9명(50.0%)으로 조사되었다. 그 다음으로 '성실하다'라고 응답한 인원이 10명으로 조사되었다. 그런가 하면 '영리하다'라고 응답한 인원은 가장 적은 3명으로 조사되었다. 따라서 익산과 남원지역의 엘리트들은 강원도지역의 사람들을 인식하기를 온순하고 성실하다고 평가하고 있다.

설문: 다음은 지역적 편견에 관한 조사입니다. 경험이 없더라도, 각 지역의 특성이라고 생각되는 한 가지씩을 골라 주십시오. 그리고 그러한 특성을 실제로 경험해 본 적이 있다면 경험 여부를 아래의 □에 √로 표시해 주십시오.

〈표 8-8〉익산 엘리트 경기평가2 경기경험2

경기도 보기		익 산			남 원			익산 / 남원		
		경기경험1		Total	경기경험1		Total	지 역		Total
		1	2		1	2		익 산	남 원	
온순하다	Count				1	1	2		2	2
	% within 경기평가1				50.0%	50.0%	100.0%		100.0%	100.0%
	% within 경기경험1				25.0%	4.8%	8.0%		8.0%	4.2%
	% of Total				4.0%	4.0%	8.0%		4.2%	4.2%
영리하다	Count	2	4	6	1	10	11	8	11	19
	% within 경기평가1	33.3%	66.7%	100.0%	9.1%	90.9%	100.0%	42.1%	57.9%	100.0%
	% within 경기경험1	33.3%	40.0%	37.5%	25.0%	47.6%	44.0%	34.8%	44.0%	39.6%
	% of Total	12.5%	25.0%	37.5%	4.0%	40.0%	44.0%	16.7%	22.9%	39.6%
의지가 굳다	Count		3	3		1	1	4	1	5
	% within 경기평가1		100.0%	100.0%		100.0%	100.0%	80.0%	20.0%	100.0%
	% within 경기경험1		30.0%	18.8%		4.8%	4.0%	17.4%	4.0%	10.4%
	% of Total		18.8%	18.8%		4.0%	4.0%	8.3%	2.1%	10.4%
성실하다	Count	1		1	1	3	4	3	4	7
	% within 경기평가1	100.0%		100.0%	25.0%	75.0%	100.0%	42.9%	57.1%	100.0%
	% within 경기경험1	16.7%		6.3%	25.0%	14.3%	16.0%	13.0%	16.0%	14.6%
	% of Total	6.3%		6.3%	4.0%	12.0%	16.0%	6.3%	8.3%	14.6%
단결력이강하다	Count		1	1				1		1
	% within 경기평가1		100.0%	100.0%				100.0%		100.0%
	% within 경기경험1		10.0%	6.3%				4.3%		2.1%
	% of Total		6.3%	6.3%				2.1%		2.1%
진취적이다	Count	3	2	5	1	6	7	7	7	14
	% within 경기평가1	60.0%	40.0%	100.0%	14.3%	85.7%	100.0%	50.0%	50.0%	100.0%
	% within 경기경험1	50.0%	20.0%	31.3%	25.0%	28.6%	28.0%	30.4%	28.0%	29.2%
	% of Total	18.8%	12.5%	31.3%	4.0%	24.0%	28.0%	14.6%	14.6%	29.2%

경기도 보기		익 산			남 원			익산 / 남원		
		경기경험1		Total	경기경험1		Total	지 역		Total
		1	2		1	2		익 산	남 원	
전 체	Count	6	10	16	4	21	25	23	25	48
	% within 경기평가1	37.5%	62.5%	100.0%	16.0%	84.0%	100.0%	47.9%	52.1%	100.0%
	% within 경기경험1	100.0%	100.0%	100.0%	100.0%	100.0%	100.0%	100.0%	100.0%	100.0%
	% of Total	37.5%	62.5%	100.0%	16.0%	84.0%	100.0%	47.9%	52.1%	100.0%
Chi Square		.268			.634			.376		

상위 표는 익산지역의 엘리트들이 경기도지역에 대한 감정에 응답한 내용이다. 전체 응답자 16명 중에서 ‘영리하다’라고 응답한 사람이 6명 이다. 이 중에 실제 경험이 있다고 응답한 사람은 2명이고 경험은 없 으나 ‘영리하다’라고 응답한 사람이 4명이다. 그 다음으로 ‘진취적이다’ 라고 응답한 사람은 5명으로 조사되었다.

다음으로 남원지역 엘리트들의 응답의 결과는 전체 응답의 25명 중 에서 ‘영리하다’라고 응답한 빈도비율이 11명(44.0%)으로 조사되었다. 이 중에서 경험이 있다고 응답한 사람은 단 한 명이고 경험이 없지만 영리하다고 인식하는 정도가 10명이다. 그리고 ‘진취적이다’라고 응답 한 빈도비율은 7명(28.0%)으로 조사되었다. 결국 남원지역의 엘리트들 은 경기도지역에 대한 지역적 호감은 대체로 영리하다와 진취적이라고 응답하고 있다.

익산과 남원엘리트들의 경기지역에 대한 지역적 호감을 묻는 내용이 다. 전체 응답자 48명 중에 ‘영리하다’가 19명(39.6%)으로 나타나고 있 고 이 중에 경험이 있다고 응답한 사람은 8명이고 경험은 없지만 ‘영 리하다’라고 응답한 결과가 11명이다. 다음으로 ‘진취적이다’라고 응답 한 14명(29.2%)이다. 전체적으로 전북을 대표하는 익산과 남원지역의 엘리트들은 경기지역에 대한 지역감정의 호감은 영리하고 진취적이다 라고 응답한 것으로 조사연구 되었다.

설문: 다음은 지역적 편견에 관한 조사입니다. <u>경험이 없더라도, 각 지역의 특성이라고 생각되는 한 가지씩을 골라 주십시오. 그리고 그러한 특성을 실제로 경험해 본 적이 있다면 경험 여부를 아래의 □에 √로 표시</u>해 주십시오.

〈표 8-9〉 익산 엘리트 경상평가2 경상경험2

경상도 보기		익 산			남 원			익산 / 남원		
		경상경험1		Total	경상경험1		Total	지 역		Total
		1	2		1	2		익 산	남 원	
온순 하다	Count									
	% within 경상평가1									
	% within 경상경험1									
	% of Total									
영리 하다	Count	1	1	2	1	3	4	2	4	6
	% within 경상평가1	50.0%	50.0%	100.0%	25.0%	75.0%	100.0%	33.3%	66.7%	100.0%
	% within 경상경험1	7.7%	33.3%	12.5%	16.7%	15.8%	16.0%	8.3%	16.0%	12.2%
	% of Total	6.3%	6.3%	12.5%	4.0%	12.0%	16.0%	4.1%	8.2%	12.2%
의지가 굳다	Count	3		3	2	2	4	6	4	10
	% within 경상평가1	100.0%		100.0%	50.0%	50.0%	100.0%	60.0%	40.0%	100.0%
	% within 경상경험1	23.1%		18.8%	33.3%	10.5%	16.0%	25.0%	16.0%	20.4%
	% of Total	18.8%		18.8%	8.0%	8.0%	16.0%	12.2%	8.2%	20.4%
성실 하다	Count				1	1	2		2	2
	% within 경상평가1				50.0%	50.0%	100.0%		100.0%	100.0%
	% within 경상경험1				16.7%	5.3%	8.0%		8.0%	4.1%
	% of Total				4.0%	4.0%	8.0%		4.1%	4.1%
단결력 이강 하다	Count	8	2	10	2	12	14	15	14	29
	% within 경상평가1	80.0%	20.0%	100.0%	14.3%	85.7%	100.0%	51.7%	48.3%	100.0%
	% within 경상경험1	61.5%	66.7%	62.5%	33.3%	63.2%	56.0%	62.5%	56.0%	59.2%
	% of Total	50.0%	12.5%	62.5%	8.0%	48.0%	56.0%	30.6%	28.6%	59.2%

경상도 보기		익 산			남 원			익산 / 남원		
		경상경험1		Total	경상경험1		Total	지 역		Total
		1	2		1	2		익 산	남 원	
진취적 이다	Count	1		1		1	1	1	1	2
	% within 경상평가1	100.0%		100.0%		100.0%	100.0%	50.0%	50.0%	100.0%
	% within 경상경험1	7.7%		6.3%		5.3%	4.0%	4.2%	4.0%	4.1%
	% of Total	6.3%		6.3%		4.0%	4.0%	2.0%	2.0%	4.1%
전 체	Count	13	3	16	6	19	25	24	25	49
	% within 경상평가1	81.3%	18.8%	100.0%	24.0%	76.0%	100.0%	49.0%	51.0%	100.0%
	% within 경상경험1	100.0%	100.0%	100.0%	100.0%	100.0%	100.0%	100.0%	100.0%	100.0%
	% of Total	81.3%	18.8%	100.0%	24.0%	76.0%	100.0%	49.0%	51.0%	100.0%
Chi Square		.529			.514			.544		

상위 표는 경상도지역에 대한 호감을 묻는 내용이다. 전체 응답자 16명 중에서 ‘단결력이 있다’라고 응답한 인원이 10명이다. 이 중에서 경험 여부를 묻는 내용은 경험이 있다고 응답한 인원이 8명이고 경험은 없으나 단결력이 강할 것이라고 응답한 인원이 2명이다. 따라서 익산지역의 엘리트들은 경상도지역의 사람들을 ‘단결력이 강하다’라고 응답한 빈도비율이 가장 높게 나타나고 있다.

다음은 남원지역의 엘리트들이 경상도지역에 대한 호감도를 묻는 내용에서 역시 ‘단결력이 강하다’라고 응답한 빈도비율이 가장 높게 나타나고 있다. 다음으로 ‘의지가 굳다’와 ‘영리하다’도 각각 4명이 응답하였다. 그런가 하면 ‘진취적이다’라고 응답한 인원이 단 한 명으로 가장 저조한 비율로 나타나고 있다.

상위 표에서 보는 바와 같이 익산과 남원 엘리트들에 대한 경상지역에 대한 지역감정의 호감을 묻는 내용이다. 전체 응답자 49명 중에서 ‘단결력이 강하다’라고 응답한 인원이 29명(59.2%)으로 압도적으로 많다. 이 중에서 경험한 유무에 관해서는 거의 비슷한 수준의 응답이 나왔다. 그 다음은 '의지가 굳다'라고 응답한 빈도비율도 10명(20.4%)으로 조사되었다. 따라서 익산과 남원지역 엘리트들은 경상도 사람들은 단결력이 강하고 의지가 굳다고 조사되었다. 이러한 경상도지역 사람들의 단결력은 긍정적 측면이 있지만 반면에 지역감정의 원인을 제공하는 측면도 없지 않아 있다.

설문: 다음은 지역적 편견에 관한 조사입니다. 경험이 없더라도, 각 지역의 특성이라고 생각되는 한 가지씩을 골라 주십시오. 그리고 그러한 특성을 실제로 경험해 본 적이 있다면 경험 여부를 아래의 □에 √로 표시해 주십시오.

〈표 8-10〉 익산 엘리트 서울평가2 서울경험2

서울 보기		익 산			남 원			익산 / 남원		
		서울경험1		Total	서울경험1		Total	지 역		Total
		1	2		1	2		익 산	남 원	
온순 하다	Count					1	1		1	1
	% within 서울평가1					100.0%	100.0%		100.0%	100.0%
	% within 서울경험1					4.8%	4.0%		4.0%	2.0%
	% of Total					4.0%	4.0%		2.0%	2.0%
영리 하다	Count	9	2	11	1	5	6	16	6	22
	% within 서울평가1	81.8%	18.2%	100.0%	16.7%	83.3%	100.0%	72.7%	27.3%	100.0%
	% within 서울경험1	69.2%	66.7%	68.8%	25.0%	23.8%	24.0%	66.7%	24.0%	44.9%
	% of Total	56.3%	12.5%	68.8%	4.0%	20.0%	24.0%	32.7%	12.2%	44.9%
의지가 굳다	Count					2	2		2	2
	% within 서울평가1					100.0%	100.0%		100.0%	100.0%
	% within 서울경험1					9.5%	8.0%		8.0%	4.1%
	% of Total					8.0%	8.0%		4.1%	4.1%

서울 보기		익 산			남 원			익산 / 남원		
		서울경험1		Total	서울경험1		Total	지 역		Total
		1	2		1	2		익 산	남 원	
성실하다	Count					3	3		3	3
	% within 서울평가1					100.0%	100.0%		100.0%	100.0%
	% within 서울경험1					14.3%	12.0%		12.0%	6.1%
	% of Total					12.0%	12.0%		6.1%	6.1%
단결력이강하다	Count									
	% within 서울평가1									
	% within 서울경험1									
	% of Total									
진취적이다	Count	4	1	5	3	10	13	8	13	21
	% within 서울평가1	80.0%	20.0%	100.0%	23.1%	76.9%	100.0%	38.1%	61.9%	100.0%
	% within 서울경험1	30.8%	33.3%	31.3%	75.0%	47.6%	52.0%	33.3%	52.0%	42.9%
	% of Total	25.0%	6.3%	31.3%	12.0%	40.0%	52.0%	16.3%	26.5%	42.9%
전 체	Count	13	3	16	4	21	25	24	25	49
	% within 서울평가1	81.3%	18.8%	100.0%	16.0%	84.0%	100.0%	49.0%	51.0%	100.0%
	% within 서울경험1	100.0%	100.0%	100.0%	100.0%	100.0%	100.0%	100.0%	100.0%	100.0%
	% of Total	81.3%	18.8%	100.0%	16.0%	84.0%	100.0%	49.0%	51.0%	100.0%
Chi Square		.931			.804			.020		

위에서 보는 바와 같이 익산 엘리트들에 대한 서울지역 사람들의 대한 지역감정에 대한 호감을 묻는 내용이다. 전체 응답에 대한 빈도에서 '영리하다'가 가장 높은 11명(68.8%)으로 조사되었다. 이 중에서 경험에 대한 유무를 묻는 내용에서 대체로 검험을 한 바 있다고 응답하고 있다. 그런가 하면 '온순하다'와 '의지가 굳다' 또는 '단결력이 강하다'라고 응답한 사람은 단 한 명도 없어서 서울지역에 대한 지역감정에 대한 호감은 편향된 조사연구의 결과이다.

다음으로 남원지역의 엘리트들에 대한 응답의 결과이다. 전제 응답자 25명 중에서 '진취적이다'라고 응답한 인원이 13명(52%)이고 이 중에서 경험한 바 있는 인원은 단지 3명이고 나머지 10명은 경험한 바는 없지만 '진취적이다'라고 응답한 결과이다. 다음으로는 '영리하다'라고 응답한 빈도비율이 6명(24%)으로 조사되었다. 따라서 남원지역의 엘리트들은 서울사람들은 진취적이라고 생각하고 영리하다고 인식하고 있다.

상위 표는 익산과 남원지역의 엘리트들에 대한 서울지역의 지역감정에 대한 호감을 묻는 내용이다. 전체 응답자 49명 중에서 '영리하다'가 22명(44.9%)으로 조사되고 '진취적이다'라고 응답한 빈도비율이 21명(42.9%)으로 비슷한 빈도비율을 보이고 있다. 결국 익산과 남원지역의 엘리트들은 서울사람들은 '진취적이면서 영리하다'라고 응답한 결과이다. 그런가 하면 '온순하다'와 '의지가 굳다'라고 응답한 빈도비율은 가장 저조한 빈도비율을 나타내고 있어 서울사람들에 대한 지역적 호감에 관한 조사는 지역적 편견이 크다고 조사되었다.

설문: 다음은 지역적 편견에 관한 조사입니다. 경험이 없더라도, 각 지역의 특성이라고 생각되는 한 가지씩을 골라 주십시오. 그리고 그러한 특성을 실제 경험해 본 적이 있다면 경험 여부를 아래의 □에 √로 표시해 주십시오.

〈표 8-11〉 익산 엘리트 전라평가2 전라경험2

전라도 보기		익 산			남 원			익산 / 남원		
		전라경험1		Total	전라경험1		Total	지 역		Total
		1	2		1	2		익 산	남 원	
온순하다	Count	5	1	6		2	2	7	2	9
	% within 전라평가1	83.3%	16.7%	100.0%		100.0%	100.0%	77.8%	22.2%	100.0%
	% within 전라경험1	35.7%	25.0%	33.3%		11.1%	8.0%	29.2%	8.0%	18.4%
	% of Total	27.8%	5.6%	33.3%		8.0%	8.0%	14.3%	4.1%	18.4%

전라도 보기		익 산			남 원			익산/남원		
		전라경험1		Total	전라경험1		Total	지 역		Total
		1	2		1	2		익 산	남 원	
영리하다	Count	3		3		2	2	4	2	6
	% within 전라평가1	100.0%		100.0%		100.0%	100.0%	66.7%	33.3%	100.0%
	% within 전라경험1	21.4%		16.7%		11.1%	8.0%	16.7%	8.0%	12.2%
	% of Total	16.7%		16.7%		8.0%	8.0%	8.2%	4.1%	12.2%
의지가굳다	Count	2		2	3	7	10	3	10	13
	% within 전라평가1	100.0%		100.0%	30.0%	70.0%	100.0%	23.1%	76.9%	100.0%
	% within 전라경험1	14.3%		11.1%	42.9%	38.9%	40.0%	12.5%	40.0%	26.5%
	% of Total	11.1%		11.1%	12.0%	28.0%	40.0%	6.1%	20.4%	26.5%
성실하다	Count	1	2	3	2	3	5	4	5	9
	% within 전라평가1	33.3%	66.7%	100.0%	40.0%	60.0%	100.0%	44.4%	55.6%	100.0%
	% within 전라경험1	7.1%	50.0%	16.7%	28.6%	16.7%	20.0%	16.7%	20.0%	18.4%
	% of Total	5.6%	11.1%	16.7%	8.0%	12.0%	20.0%	8.2%	10.2%	18.4%
단결력이강하다	Count	3	1	4	2	4	6	6	6	12
	% within 전라평가1	75.0%	25.0%	100.0%	33.3%	66.7%	100.0%	50.0%	50.0%	100.0%
	% within 전라경험1	21.4%	25.0%	22.2%	28.6%	22.2%	24.0%	25.0%	24.0%	24.5%
	% of Total	16.7%	5.6%	22.2%	8.0%	16.0%	24.0%	12.2%	12.2%	24.5%
진취적이다	Count									
	% within 전라평가1									
	% within 전라경험1									
	% of Total									
전 체	Count	14	4	18	7	18	25	24	25	49
	% within 전라평가1	77.8%	22.2%	100.0%	28.0%	72.0%	100.0%	49.0%	51.0%	100.0%
	% within 전라경험1	100.0%	100.0%	100.0%	100.0%	100.0%	100.0%	100.0%	100.0%	100.0%
	% of Total	77.8%	22.2%	100.0%	28.0%	72.0%	100.0%	49.0%	51.0%	100.0%
Chi Square		.289			.733			.121		

상위에서 보는 바와 같이 익산 엘리트들에 대한 전라도지역에 대한 지역감정의 호감도를 묻는 내용은 다음과 같다. 전체 응답자 18명 중에서 '온순하다'라고 응답한 빈도비율이 6명(33.3%)으로 조사되었다. 다음으로 '단결력이 강하다'는 4명(22.2%)으로 조사되었다. 그런가 하면, '진취적이다'라고 응답한 사람은 단 한 명도 없다. 따라서 익산지역의 엘리트들은 전라도 사람들은 온순하고 단결력이 없다고 인식하고 있음을 알 수 있다.

다음으로 남원지역은 전체 응답자 25명 중에서 '의지가 굳다'라고 응답한 빈도비율이 10명(40.0%)으로 조사되었다. 다음으로 '단결력이 강하다'라고 응답한 빈도비율이 6명(24.0%)으로 조사되었다. 그러나 '진취적이다'라고 응답한 엘리트는 단 한 명도 없다. 따라서 전라도 사람들은 의지가 굳은 반면 진취적이지 못하고 보수적인 성향이 강하다는 조사연구 결과이다.

위의 표는 익산과 남원지역의 엘리트들에 대한 전라도지역감정에 대한 호감을 묻는 내용이다. 전체 응답자 49명 중에서 '의지가 굳다'라고 응답한 빈도비율이 13명(26.5%)으로 조사되었다. 이 중에서 대체로 경험보다는 경험은 하지 않았지만 의지가 굳을 것으로 응답한 내용이다. 다음으로는 '단결력이 강하다'라고 응답한 빈도비율이 12명(24.5%)으로 나타나고 있다. 그런가 하면 '진취적이다'라고 응답한 사람은 단 한 명도 없다. 따라서 익산과 남원의 엘리트들은 전라도 사람들은 의지가 굳고 단결력이 강하다고 응답한 것으로 조사되었다.

설문: 다음은 지역적 편견에 관한 조사입니다. 경험이 없더라도, 각 지역의 특성이라고 생각되는 한 가지씩을 골라 주십시오. 그리고 그러한 특성을 실제로 경험해 본 적이 있다면 경험 여부를 아래의 □에 √로 표시해 주십시오.

〈표 8-12〉 익산 엘리트 충청평가2 충청경험2

충청도 보기		익 산			남 원			익산 / 남원		
		충청경험1		Total	충청경험1		Total	지 역		Total
		1	2		1	2		익 산	남 원	
온순 하다	Count	6	3	9	3	9	12	13	12	25
	% within 충청평가1	66.7%	33.3%	100.0%	25.0%	75.0%	100.0%	52.0%	48.0%	100.0%
	% within 충청경험1	54.5%	50.0%	52.9%	100.0%	40.9%	48.0%	54.2%	48.0%	51.0%
	% of Total	35.3%	17.6%	52.9%	12.0%	36.0%	48.0%	26.5%	24.5%	51.0%
영리 하다	Count		1	1				3		3
	% within 충청평가1		100.0%	100.0%				100.0%		100.0%
	% within 충청경험1		16.7%	5.9%				12.5%		6.1%
	% of Total		5.9%	5.9%				6.1%		6.1%
의지가 굳다	Count	2		2	2		2	2	2	4
	% within 충청평가1	100.0%		100.0%	100.0%		100.0%	50.0%	50.0%	100.0%
	% within 충청경험1	18.2%		11.8%	9.1%		8.0%	8.3%	8.0%	8.2%
	% of Total	11.8%		11.8%	8.0%		8.0%	4.1%	4.1%	8.2%
성실 하다	Count	3	2	5		7	7	6	7	13
	% within 충청평가1	60.0%	40.0%	100.0%		100.0%	100.0%	46.2%	53.8%	100.0%
	% within 충청경험1	27.3%	33.3%	29.4%		31.8%	28.0%	25.0%	28.0%	26.5%
	% of Total	17.6%	11.8%	29.4%		28.0%	28.0%	12.2%	14.3%	26.5%
단결력 이강 하다	Count					2	2		2	2
	% within 충청평가1					100.0%	100.0%		100.0%	100.0%
	% within 충청경험1					9.1%	8.0%		8.0%	4.1%
	% of Total					8.0%	8.0%		4.1%	4.1%
진취적 이다	Count					2	2		2	2
	% within 충청평가1					100.0%	100.0%		100.0%	100.0%
	% within 충청경험1					9.1%	8.0%		8.0%	4.1%
	% of Total					8.0%	8.0%		4.1%	4.1%

충청도 보기		익 산			남 원			익산 / 남원		
		충청경험1		Total	충청경험1		Total	지 역		Total
		1	2		1	2		익 산	남 원	
전 체	Count	11	6	17	3	22	25	24	25	49
	% within 충청평가1	64.7%	35.3%	100.0%	12.0%	88.0%	100.0%	49.0%	51.0%	100.0%
	% within 충청경험1	100.0%	100.0%	100.0%	100.0%	100.0%	100.0%	100.0%	100.0%	100.0%
	% of Total	64.7%	35.3%	100.0%	12.0%	88.0%	100.0%	49.0%	51.0%	100.0%
Chi Square		.393			.449			.213		

상위 표는 충청도지역 사람들에 관한 지역감정에 대한 호감을 묻는 내용이다. 전체 응답자 17명 중에서 '온순하다'라고 응답한 빈도비율은 가장 높은 9명(52.9%)으로 조사되었다. 다음으로 '성실하다'라고 응답한 빈도비율이 5명(29.4%)으로 조사되었다. 대체로 충청도 사람들은 온순하고 성실하다고 응답하고 있다. 반면에 '단결력이 강하다'와 '진취적이다'라고 응답한 사람은 단 한 명도 없어서 충청도 사람들에 지역적 감정에 대한 호감이 극명하게 나타나고 있음을 알 수 있다.

다음으로 남원지역의 엘리트들은 충청도지역에 대한 호감을 묻는 내용이다. 응답자 전체 인원 25명 중에서 '온순하다'라고 응답한 빈도비율이 12명(48%)으로 조사되었고 이 중 경험 여부를 묻는 내용에서는 경험보다는 경험하지 않았지만 응답한 부분이 3배 정도 높게 나타났다. 다음으로 '성실하다'라고 응답한 빈도비율이 7명(28.1%)으로 조사되었다. 따라서 남원은 충청도 사람들은 '온순하고 성실하다'라고 응답한 결과가 조사되었다.

상위에서 보는 표는 익산과 남원의 엘리트들의 충청도지역에 대한 지역감정의 호감을 묻는 내용이다. 전체 응답한 인원 49명 중에서 '온순하다'라고 응답한 빈도비율이 25명(51.0%)으로 조사되었고, 이 중 경험 여부를 묻는 내용에서도 거의 비슷한 비율을 보이고 있다. 다음으로 '성실하다'라고 응답한 빈도비율은 13명(26.5%)으로 조사되었다. 그런가 하면 '진취적이다'라고 응답한 빈도비율은 가장 적은 빈도비율이 나타나고 있다. 대체로 익산과 남원지역의 엘리트들은 충청도 사람들은 '온순하고 성실하다'라고 응답하고 있다. 이러한 조사는 아마도 충청도 사람은 양반이라는 전통적 이미지가 일반 사람들의 머릿속에 남아 있기 때문이다.

Ⅳ 각 지역 출신 자녀의 배우자 만족도

지역감정에 의한 지역적 갈등 편차가 큰 상황에서 전남 순천과 나주 지역 엘리트에게 다음과 같은 질문을 하였다. "다른 조건이 동일한 경우, 다음 지역의 출신자가 귀하 자녀의 배우자가 된다면 어떤 생각이 드시겠습니까?" 만족스러운 정도에 따라서 매우 불만족부터 매우 만족까지 5개 문항으로 나열하였다.

설문: 다른 조건은 동일한 경우, 다음 지역의 출신자가 귀하 자녀의 배우자가 된다면 어떤 생각이 드시겠습니까? 만족스러운 정도에 따라서 매우 불만족스러울 것이다(1)에서 매우 만족스러울 것이다(5)까지의 숫자 위에 0표를 해 주십시오.

〈표 8-13〉 익산 엘리트 강원 만족

		Frequency	Percent
Valid	2. 불만족	5	19.2
	3.그저 그렇다	17	65.4
	4. 만 족	4	15.4
	Total	26	100.0
	평 균 표준편차	2.96 .599	

설문: 다른 조건은 동일한 경우, 다음 지역의 출신자가 귀하 자녀의 배우자가 된다면 어떤 생각이 드시겠습니까? 만족스러운 정도에 따라서 매우 불만족스러울 것이다(1)에서 매우 만족스러울 것이다(5)까지의 숫자 위에 0표를 해 주십시오.

〈표 8-14〉남원 엘리트 강원 만족

		Frequency	Percent
Valid	1. 매우 불만족	1	4.0
	2. 불만족	7	28.0
	3. 그저 그렇다	14	56.0
	4. 만 족	3	12.0
	Total	25	100.0
	평 균	2.76	
	표준편차	.723	

익산 엘리트 26명 중 17명(65.4%)은 자녀의 판단에 맡긴다는 의미에서 불만족 또는 만족이 아닌 보통으로 나타났다. 강원도 출신 배우자에 대한 불만족은 5명(19.2%)으로 나타나고 만족도 4명(15.4%)으로 조사되었다. 이들의 조사에서 '매우 만족과 매우 불만족'에 대한 응답은 단 한 명도 없다.

남원 엘리트 25명 가운데 자녀의 배우자를 선택함에 있어 지역이라는 변수에 불만 혹은 만족이 아닌 보통으로 생각하는 엘리트는 절반을 초과한 14명(56.0%)이다. 불만족은 7명(28.0%), 만족은 3명(12.0%)으로 남원 엘리트 다수는 자녀 배우자의 강원 출신에 대해 반대도 찬성도 아닌 보통, 즉 엘리트 자신의 의사보다는 자녀의 판단을 존중한다는 의미에서 무감각한 반응을 보이고 있다. 이러한 조사의 결과는 실제 상황을 가정한 조사이기 때문에 타 지역에 대한 감정적 요소를 극명하게 나타내는 조사연구이다.

설문: 다른 조건은 동일한 경우, 다음 지역의 출신자가 귀하 자녀의 배우자가 된다면 어떤 생각이 드시겠습니까? 만족스러운 정도에 따라서 매우 불만족스러울 것이다(1)에서 매우 만족스러울 것이다(5)까지의 숫자 위에 O표를 해 주십시오.

〈표 8-15〉 익산 엘리트 경기 만족

		Frequency	Percent
Valid	2. 불만족	1	3.8
	3. 그저 그렇다	18	69.2
	4. 만 족	7	26.9
	Total	26	100.0
	평 균 표준편차	3.23 .514	

설문: 다른 조건은 동일한 경우, 다음 지역의 출신자가 귀하 자녀의 배우자가 된다면 어떤 생각이 드시겠습니까? 만족스러운 정도에 따라서 매우 불만족스러울 것이다(1)에서 매우 만족스러울 것이다(5)까지의 숫자 위에 O표를 해 주십시오.

〈표 8-16〉 남원 엘리트 경기 만족

		Frequency	Percent
Valid	2. 불만족	3	12.0
	3. 그저 그렇다	15	60.0
	4. 만 족	6	24.0
	5. 매우 만족	1	4.0
	Total	25	100.0
	평 균	3.20	
	표준편차	.707	

상위 표는 경기지역 배우자 선택을 묻는 내용이다. 익산 엘리트 26

명 중 18명(69.2%)은 '그저 그렇다'로 응답하여 의사를 표시함으로써 자녀의 배우자가 경기 주민이어도 상관치 않는다는 반응을 보이고 있다. 다음으로 '만족'과 '불만족'은 각각 7명과 1명으로 응답하여 익산지역 엘리트들은 경기지역 사람에 대한 호감과 반감이 그리 심하지 않는 것으로 조사되었다.

다음으로 남원은 엘리트 25명 중 자녀의 배우자가 경기 주민일 경우, '그저 그렇다'로 응답한 엘리트는 15명(60.0%)이다. 불만족은 3명(12.0%), 만족은 6명(24.0%)으로 나주 엘리트 다수는 자녀 배우자가 경기도 출신이어도 지역적으로 상관치 않는다는 의사를 나타내고 있었다.

설문: 다른 조건은 동일한 경우, 다음 지역의 출신자가 귀하 자녀의 배우자가 된다면 어떤 생각이 드시겠습니까? 만족스러운 정도에 따라서 매우 불만족스러울 것이다(1)에서 매우 만족스러울 것이다(5)까지의 숫자 위에 0표를 해 주십시오.

〈표 8-17〉 익산 엘리트 경상 만족

		Frequency	Percent
Valid	2. 불만족	6	23.1
	3. 그저 그렇다	13	50.0
	4. 만 족	6	23.1
	5. 매우 만족	1	3.8
	Total	26	100.0
	평 균 표준편차	3.08 .796	

설문: 다른 조건은 동일한 경우, 다음 지역의 출신자가 귀하 자녀의 배우자가 된다면 어떤 생각이 드시겠습니까? 만족스러운 정도에 따라서 매우 불만족스러울 것이다(1)에서 매우 만족스러울 것이다(5)까지의 숫자 위에 0표를 해 주십시오.

〈표 8-18〉 남원 엘리트 경상 만족

		Frequency	Percent
Valid	1. 매우 불만족	2	8.0
	2. 불만족	6	24.0
	3. 그저 그렇다	12	48.0
	4. 만 족	5	20.0
	Total	25	100.0
	평 균	2.80	
	표준편차	.866	

상위 표는 만약 배우자가 경상도 출신일 경우에 대한 호감과 반감을 묻는 내용이다. 남원 엘리트 25명의 만족도는 보통이라고 응답한 빈도비율이 13명(50.0%)으로 나타나고 만족도 6명(23.1%)으로 나타나고 있다. 그런가 하면 반대한다는 빈도비율도 6명(23.1%)으로 조사되었다. 조사 내용만으로 보면 경상도지역 출신들은 반감과 호감에 대한 문제는 비슷한 비율로 나타나고 있다는 조사연구 결과이다.

남원 엘리트들도 익산과 비슷한 조사 결과로 나타났다. '보통'이라고 응답한 빈도비율이 12명(48.0%)이고 그 외에 호감보다는 반감이 조금 더 높게 나타나고 있음을 알 수 있다. 결국 엘리트 다수는 자녀 배우자로 경상도 출신에 대해 보통으로 조사되어 나타나고 있고 미미한 수준에서 반감이 조금 높게 나타나고 있음을 알 수 있다.

설문: 다른 조건은 동일한 경우, 다음 지역의 출신자가 귀하 자녀의 배우자가 된다면 어떤 생각이 드시겠습니까? 만족스러운 정도에 따라서 매우 불만족스러울 것이다(1)에서 매우 만족스러울 것이다(5)까지의 숫자 위에 0표를 해 주십시오.

〈표 8-19〉 익산 엘리트 서울 만족

		Frequency	Percent
Valid	1. 매우 불만족	2	7.7
	2. 불만족	3	11.5
	3. 그저 그렇다	18	69.2
	4. 만 족	3	11.5
	Total	26	100.0
	평 균 표준편차	2.85 .732	

설문: 다른 조건은 동일한 경우, 다음 지역의 출신자가 귀하 자녀의
배우자가 된다면 어떤 생각이 드시겠습니까? 만족스러운 정도에 따라
서 매우 불만족스러울 것이다(1)에서 매우 만족스러울 것이다(5)까지의
숫자 위에 0표를 해 주십시오.

〈표 8-20〉 남원 엘리트 서울 만족

		Frequency	Percent
Valid	2. 불만족	1	4.0
	3. 그저 그렇다	17	68.0
	4. 만 족	6	24.0
	5. 매우 만족	1	4.0
	Total	25	100.0
	평 균	3.28	
	표준편차	.614	

위의 표에서 익산 엘리트 26명 중 18명(69.2%)은 자녀 배우자의 서
울 출신에 대해 보통이라고 응답하고 있다. 그리고 호감과 반감의 정
도도 비슷한 수준에서 응답하고 있다. 그런가 하면 매우 불만족도 2명
으로 응답하고 있어 미미한 수준에서 부정하는 응답이 조금 높게 나타
나고 있다. 그러나 전체적인 결과는 익산 엘리트들이 서울 출신에 대

해 지역감정이 거의 없는 것으로 해석할 수 있다. 자녀의 배우자가 서울 출신이라 해도 굳이 반대할 필요성을 느끼지 못하는 것 같다. 서울 출신이어도 만족한다는 응답 비율을 보여줌으로써 그 어느 지역 출신보다도 높은 호감을 갖고 있었다.

다음으로 남원 엘리트 25명 가운데 자녀 배우자가 서울 출신일 경우, '그저 그렇다'로 응답한 엘리트는 17명(68.0%)이다. 불만족은 단 한 명으로 조사되고 만족은 전체적으로 7명으로 나타났다. 남원 엘리트 다수는 자녀 배우자가 서울 출신이어도 지역적으로 상관치 않는다는 의사를 나타내고 있었다. 익산과 남원의 엘리트는 자녀 배우자로서 서울 출신에 대한 불만족 편차가 약간 크게 나타나고 있다. 남원보다는 익산이 반대하는 정도가 크게 나타나고 있음을 알 수 있다. 이러한 편차는 남원이 서울지역에 대한 반감의 정도가 크지 않다는 것을 알 수 있고 익산이 서울사람들에 대한 배우자 호감도가 낮게 나타나고 있음을 알 수 있다.

설문: 다른 조건은 동일한 경우, 다음 지역의 출신자가 귀하 자녀의 배우자가 된다면 어떤 생각이 드시겠습니까? 만족스러운 정도에 따라서 매우 불만족스러울 것이다(1)에서 매우 만족스러울 것이다(5)까지의 숫자 위에 0표를 해 주십시오.

〈표 8-21〉 익산 엘리트 전라 만족

		Frequency	Percent
Valid	2. 불만족	3	11.5
	3. 그저 그렇다	12	46.2
	4. 만 족	7	26.9
	5. 매우 만족	4	15.4
	Total	26	100.0
	평 균 표준편차	3.46 .905	

설문: 다른 조건은 동일한 경우, 다음 지역의 출신자가 귀하 자녀의 배우자가 된다면 어떤 생각이 드시겠습니까? 만족스러운 정도에 따라서 매우 불만족스러울 것이다(1)에서 매우 만족스러울 것이다(5)까지의 숫자 위에 0표를 해 주십시오.

<표 8-22> 남원 엘리트 전라 만족

		Frequency	Percent
Valid	2. 불만족	1	4.0
	3. 그저 그렇다	14	56.0
	4. 만 족	8	32.0
	5. 매우 만족	2	8.0
	Total	25	100.0
	평 균	3.44	
	표준편차	.712	

익산과 남원지역 엘리트들은 자녀의 배우자로서 전라도지역 출신을 어떻게 생각하고 있는가를 묻는 내용의 결과는 다음과 같다. 익산 엘리트 26명 중 불만족 3명(11.5%), '그저 그렇다'는 12명(46.2%), 만족한다는 응답은 7명(26.9%)으로 나타났다. 매우 만족은 불과 4명(15.4%)으로 나타나고 있음을 알 수 있다. 동일한 지역 문화와 전통을 갖고 있다는 점에서 타 지역 출신보다 선호도가 높을 것이라는 가정을 해 보지만 타 지역과 특이한 점은 나타나지 않았고 오히려 동일 지역이라고 호감도가 높지 않게 응답한 조사 결과가 이채롭다.

남원 엘리트 25명 가운데 '불만족' 1명(4.0%), '그저 그렇다'는 절반을 약간 초과하는 14명(56.0%)이다. 또한 만족은 8명(32.0%)이고 '매우 만족'은 2명으로 조사되었다. 익산과 남원의 표준편차의 비교에는 큰 차이를 나타내지 않고 거의 비슷한 경과가 나타났다. 결국은 익산과 남원지역의 엘리트들은 같은 지역의 사람들이라고 특별히 만족하는 경향은 나타나지 않고 타 지역과 거의 비슷한 수준에서 조사되고 있음을 알 수 있다.

 설문: 다른 조건은 동일한 경우, 다음 지역의 출신자가 귀하 자녀의
배우자가 된다면 어떤 생각이 드시겠습니까? 만족스러운 정도에 따라
서 매우 불만족스러울 것이다(1)에서 매우 만족스러울 것이다(5)까지의
숫자 위에 0표를 해 주십시오.

〈표 8-23〉익산 엘리트 충청 만족

		Frequency	Percent
Valid	2. 불만족	3	11.5
	3. 그저 그렇다	13	50.0
	4. 만 족	6	23.1
	5. 매우 만족	4	15.4
	Total	26	100.0
	평 균 표준편차	3.42 .902	

 설문: 다른 조건은 동일한 경우, 다음 지역의 출신자가 귀하 자녀의
배우자가 된다면 어떤 생각이 드시겠습니까? 만족스러운 정도에 따라
서 매우 불만족스러울 것이다(1)에서 매우 만족스러울 것이다(5)까지의
숫자 위에 0표를 해 주십시오.

〈표 8-24〉남원 엘리트 충청 만족

		Frequency	Percent
Valid	1. 매우 불만족	1	4.0
	3. 그저 그렇다	18	72.0
	4. 만족	5	20.0
	5. 매우 만족	1	4.0
	Total	25	100.0
	평균	3.20	
	표준편차	.707	

상위 표는 익산 엘리트들에 대한 충청도지역의 배우자 호감을 묻는 내용이다. 전체 응답자 26명 중에 자녀의 배우자로 충청 출신에 대해 보통을 의미하는 '그저 그렇다'가 13명(50.0%), '만족'과 '매우 만족'에 관해서는 10명으로 응답하고 불만족은 불과 3명의 수준에서 응답하였다. 익산 엘리트들은 충청 출신을 자녀의 배우자로 맞이하는 데 지역적 편견을 갖고 있지 않다. 익산 엘리트들은 충청지역에 대한 긍정적 평가를 하고 있음을 알 수 있다.

다음으로 남원 엘리트들의 배우자 문제를 묻는 내용에서 충청 출신일 경우, '그저 그렇다'로 응답한 엘리트가 18명(72.0%)으로 가장 높은 빈도비율을 보이고 있다. '만족'과 '매우 만족'은 전체 6명으로 응답하고 있고 '매우 불만족'은 단 한 명으로 조사되고 있다. 익산과 남원의 표준편차의 비교에서 남원보다는 익산이 미미한 수준에서 조금 높게 나타나고 있다.

V. 결 론

한국정치의 현실에서 정치적 소외와 경제에 대한 상대적 박탈감은 김대중 정부 이전까지 계속되어 왔다. 호남지역은 역대 정권으로부터 정치·경제적으로 많은 소외와 배제를 받았던 지역이다. 반면 강원, 경기, 경상, 충청 지역민들은 각종 선거에서 경상도 출신이 중심이 된 집권당에 많은 지지를 보냈다. 그러나 지지에 대한 지역적 이익이라는 결과물을 보면 각 지역민들의 수용 태도는 달랐다. 예컨대 강원인의 경우, 선거에서의 열성적 지지에도 불구하고 정권으로부터의 혜택은 다른 지역과 거의 동등 또는 오히려 열악한 대우를 받았지만 강원인의 불만의 저항의 강도는 낮았다. 이런 점에서 전북지역의 중소도시의 엘리트나 이익집단 대표들은 주민보다 높은 편견을 갖고 있었다.

전북지역 엘리트와 이익단체 대표들의 지역편견 설문조사는 다음과 같다. 대체로 젊은 계층보다는 나이든 계층에서 지역 간 편견이 높게 나타났다. 사람들은 연령이 낮을수록 입소문을 수용하는 정도가 커지고 고학력자일수록 편견과 부정성에 토대를 둔 소문을 더욱 쉽게 받아들인다.

박용남(1991)도 연령이 낮을수록 지역감정적 소문에 수용하는 정도가 커지고 고학력자일수록 편견과 부정성에 토대를 둔 소문을 더욱 쉽게 받아들이는 경향이 있다고 주장한다. 나간채(1991)도 교육의 정도 소득이 높을수록 지역편견이 심하게 나타난다고 주장한다.

대체로 타 지역 사람에 대한 호남인에 대한 편견을 '호남인은 과격하다', '신뢰할 수 없다', '이해 타산적이다'라는 등 대체로 부정적 편견을 갖고 있다. 지역민들이 갖는 편견은 지역민 스스로가 갖는 태도와 평가에 의해서 결정된다. 지역민은 자신들의 내부 인식과 지역민의 외부 인식이 일치하는 결과를 보인다.

지역민에 지역편견의 문제는 지역편견에 대한 지역민의 의식의 전환이 필요하다. 즉, 자기의 정체성과 타인의 정체성을 각각의 개인에서 찾아야 한다. 특정 지역 출신이라는 집단 범주화에 근거함으로써 개인이 갖는 차이가 무시되고, 집단의 공통의 가치가 평가절하 되어서는 안 되겠다. 예컨대 전북 출신이라는 개인적 행위 및 성격적 특성을 전체 지역민의 행위나 특성에 동일시하는 오류를 범해서는 안 되겠다.

이번 전북지역 중소도시를 대표하는 익산과 남원지역의 지역편견의 조사를 통하여 전북을 이끄는 엘리트와 이익단체 대표들의 지역편견의식과 고정관념에 대해서 알 수 있었다.

한국 정치문화의 여러 병폐 중 지역편견, 지역감정, 지역 갈등을 완화 또는 해소하기 위해 권력구조의 개편, 선거구 변경, 행정제도의 개편 등이 대안으로 제시되고 있다. 문제는 권력구조나 선거제도의 변경,

행정구역의 광역화를 통해 지역편견, 지역 갈등 현상을 완화 시키려는 노력은 제한적인 효과만을 거둘 뿐이다. 지역 간 정치경제적 불평등 구조와 지역편견의 내면화는 부인할 수 없는 사실이기 때문이다. 근본 적인 균열 원인을 해소하려는 것은 결코 단시간에 해소될 수 없는 문제이다.

또한 근본적인 문제는 지역편견에 대한 각 지역민의 인식의 전환이 필요하다는 점이다. 개인적 수준에서 인지개선이 필요하다. 지역편견을 극복하기 위해서는 왜곡된 의식구조 내지 정서구조를 개선시킬 동기부여가 있어야 한다. 또한 구조적으로 지역적 편견을 제거할 방책이 제도적으로 담보되어야 한다. 개개인의 의식구조 속에 특정 지역민에 대한 편견이 뿌리 깊게 내재된 상태에서 각종 제도의 변화가 현재의 지역편견을 완전히 제거할 수는 없다 할지라도 지속적인 환경의 변화와 교류가 이루어진다면 불가능한 것도 아니다. 지역적 편견의 해소를 위해서 노력해야 하는 이유는 지역편견이 현세대에서 다음 세대로 지속적으로 전이되고 있기 때문이다. 이러한 점을 고려하면 먼저 사회적 지도층에 있는 엘리트와 이익단체 대표들부터 편견을 타파하려는 의지와 노력이 선행되어야 한다. 상대방을 평가할 때 자기의 정체성과 타인의 정체성을 각각의 사회 지도층에 선도해야 할 의무가 있는 것이다.

참고문헌

김도종·김형준. 2000. "제16대 국회의원 선거결과에 대한 집합자료 분석", 『한국정치학회』 제34집 2호, 105−127.
김욱. 2004. "한국지역주의의 지역별 특성과 변화가능성: 대전·충청지역을

　　　중심으로”, 『21세기정치학회보』 제14집 1호, 83 – 105.

김진국. 1988. “지역감정의 실상과 그 해소방안”, 한국심리학회 편 춘계심포지움.

김만흠. 1997. 『한국정치의 재인식』, 풀빛.

김범준. 2002. “사회적 범주화가 지역감정 형성에 미치는 영향”, 『한국심리
　　　학회』 제16집 1호, 1 – 18.

김혜숙. 1988. “지역간 고정관념과 편견의 실상”, 한국심리학회 춘계심포지움.

박찬욱. 2000. “4 · 13 총선의 정치적 의의”, 『4 · 13 총선: 캠페인 사례연구와
　　　쟁점분석』, 문형, 295 – 315.

박상병. 2000. “4 · 13총선 결과와 정당체계: 변화와 한계”, 『4 · 13 총선:
　　　캠페인 사례연구와 쟁점분석』, 문형, 173 – 293.

나간채. 1991. “지역간의 사회적 거리감”, 김종철 · 최장집 외 지음, 『지역
　　　감정연구』, 서울: 학민사.

노병만. 1998. “지역할거주의의 정치구조의 형성과 그 원인 분석”, 『한국정
　　　치학회보』, 32(1): 59 – 85.

최준영 · 김순홍. 2000. “지역간 거리감을 통해서 본 지역주의의 실상과 문
　　　제점”, 『사회연구』, 1: 53 – 83.

신복룡. 1996. “한국 지역감정의 역사적 배경: 호남 포비아 중심으로”, 한
　　　국정치학회, 『한국정치의 재성찰』, 110 – 139.

안완기. 1999. “국민의 정부 하에서 지역감정 해소방안: 시민운동을 중심
　　　으로”, 『정치정보연구』 제2권 2호, 211 – 236.

이소영 · 정철희. 2003. 『한국사회학』 제37집 5호, 31 – 54.

정기선. 2005. “지역감정과 지역 갈등인식의 변화: 1988년과 2003년 비교”,
　　　『한국사회학』 제39집 제2호, 69 – 103.

조기숙. 2000. 『지역주의 선거와 합리적 유권자』, 나남.

최영진. 2001. “제16대 총선과 한국 지역주의 성격”, 『한국정치학회보』 제
　　　35집 1호, 149 – 166.

최장집. 1996. “이데올로기로서의 지역감정”, 『한국민주주의의 조건과 전망』,
　　　나남.

Crandall, C. S., Eshleman, A., & O’Brien, L. O. 2002. Social norms and
　　　the expression and suppression of prejudice: The struggle for inte-

rnalization. *Journal of Personality and Social Psychology*, 82, 359－378.

Sechrist, G. B., & Stangor, C. 2001. Perceived consensus influences intergroup behavior and stereotype accessibility. *Journal of Personality and Social Psychology*, 80, 645－654.

Sechrist, G. B., & Stangor, C. 2002. Stereotypes and prejudice as social nonns. In C. S. Crandall & M. Schaller(Eds.), *The social psychology of prejudice*: *Historical perspectives.* Seattlet W A: Lewinian Press.

지방정부와
시민사회의 활동

03

Part 9 이익집단의 시민사회 활동과 전략*

I. 서 론

　지방자치 실시 이후 한국사회는 많은 이익집단들이 지역사회 구성원으로 개인적 또는 집단적 행위 주체로서 다양한 활동을 전개하고 있다. 이익집단의 시민사회활동은 각 구성원들의 폭넓은 주체적 사회참여로 시민운동의 기반을 공고히 하며 지역사회로 광범위하게 확산시켜 나아가고 있다. 지방에서 이들의 활동과 역할은 새로운 의미를 부여하기 충분하며 정치·사회적 영향력이 적지 않다 하겠다.

　지방자치 이후 민주주의가 정착되어 오면서 시민사회활동이 양적·질적 측면에서 크게 성장해 온 것은 사실이지만, 우리 지역사회는 아

* 본 연구는 한국학술진흥재단의 지원을 받아 '지역사회 권력구조와 정치문화' 사업으로 연구, 조사한 내용이다. 본 글의 조사내용은 박대식·최진혁, 『한국 지역사회 이익단체: 활동과 영향』(2005), 도서출판 오름에서 출판된 내용 중 제8장 전주사례 편이다.

직도 각종 이기주의로 몸살을 앓고 있다. 지방자치단체는 공동체의 규범과 이익을 무시하고 개인의 사적 욕망을 극대화하려는 개인이기주의와 집단의 특수 이익을 극대화하려는 집단이기주의의 표출의 장이 되어 가고 있다. 이익집단의 시민사회활동은 확산되어 가고 있지만 지방자치단체는 지역 시민사회에 대해 사회 정책적 차원에서 이해하고 접근해 보려는 노력이 여전히 미흡한 수준이다. 정치・행정 영역 내에서 시민사회단체를 조명할 수 있는 여건이 아직 성숙되어 있지 못하고 제도권으로 유인하기 위한 요인이 부족하다.

또한 민주화 이후 급성장한 시민운동을 제대로 받쳐 주기 위한 이론적 논의가 아직 부족한 실정이다. 특히 지역사회에서 이익집단의 시민사회활동은 사회・문화적 토대가 매우 취약하다. 이러한 문제들은 지역사회에서 시민사회의 지속적 성장과 질적 성숙을 가로막는 중요한 제약요인으로 작용한다. 지역사회에서 시민사회활동의 한계를 극복하기 위해서는 시민사회활동의 수혜자의 편익을 제공하는 방향으로 전개되어야 한다. 민주적 시민사회활동을 공고히 하기 위해서는 시민사회의 공동체의 규범을 정립하고 공익을 증진시키는 시민사회활동의 역할이 강조되어야 할 것이다. 이와 더불어 학계의 이론적 뒷받침이 이루어져 지역사회 시민사회의 방향을 올바로 제시하여야 할 것이다. 이미 이익집단의 시민사회활동은 공공재적 성격에서 비롯되는 심각한 '무임승차의 문제(free-rider problem)'에 직면하고 있다(Olson 1965.). 시민단체들의 활동은 모두 공공재(public goods)의 성격을 지니고 있다. 예를 들어 사회정화운동이나 환경운동이 추진하는 이러한 운동을 통해 부패가 감소하고 환경이 개선되면 그 이득은 이 운동에 기여한 사람과 기여하지 않은 사람 모두에게 돌아가게 되기 때문이다. 이러한 이유로 지역사회 구성원들은 시민운동단체들이 생산하는 공공재의 혜택은 누리면서 그것의 생산에는 기여하지 않게 되고 그 결과 시민운동단체들은 각종 자원의 결핍에 시달리게 되는 것이다(성경륭 외 1997, 5.).

이러한 배경에서 본 연구는 지역사회에 영향력을 행사하고 있는 이

익집단의 시민사회활동의 현황을 연구함을 목적으로 한다. 지역사회의
다양한 시민사회단체를 모두 조사하는 것은 한계가 있기 때문에 시민
단체로서 이익단체의 현황을 조사하고자 한다. 즉, 이익단체의 구성과
활동 및 영향력에 대해 논의하기로 한다. 특히 지방자치 실시 시점을
전후로 하여 그 활동양상이 어떻게 변화하였는가를 살펴보고자 한다.

Ⅱ. 이익단체에 관한 이론적 배경

1. 이익단체의 개념

이익은 집단과 활동을 같은 개념으로 파악한다. 이익이 없는 집단은 있을
수 없는 개념이기 때문에 이익이란 집단과 동일한 개념이며 이는 또한 활동
을 의미한다.(Bently 1967, 211.). 이익(interest)이란 '공공정책 또는 가치의
권위적 배분을 어떤 특정 방향으로 움직이려는 의식적 욕구'(LaPalombara
1964, 16)로 정의될 수 있다. 일찍이 트루먼(Truman 1951, 33)은 "이익집
단은 한 가지 이상의 공통의 태도를 바탕으로, 그 행동 형태의 설립과 유
지를 증대하기 위하여 사회의 다른 집단에 특정한 주장을 하는 집단"이
라고 하였다. 이익집단은 공통의 특성을 가진 개인들이 하나의 구성체가
되어 사회적 중요한 역할을 담당하고 있는 것이다.

집단의 개념은 일반적으로 단순히 개인들의 집합체라기보다는 '상호
작용을 하는 개인들의 집합체'라고 할 수 있다. 여기서의 상호 작용은 일
정한 가치 및 이익 추구에 의하여 이루어지는 여러 과정을 포함하고 있
기 때문에 단체는 정치과정에 있어 중요한 행위자로 간주된다. 이익과
단체를 합성한 이익단체란 개인들의 집합체(a collectivity of individuals)

로서 공유된 목표 또는 가치(shared goals or values)를 달성하기 위하여 상호 작용을 하는 집단이라고 할 수 있다(김영래 1997, 21.).

이익단체는 '구성원들의 이익'을 위해 만들어진다. 이 경우의 이익은 구성원들이 인정하고 들어가는 조직 목표와, 조직 활동을 통해 얻을 수 있다고 여겨지는 개인적인 것을 포함한다. 이익단체는 자신들의 이익을 위해 자발적으로 결성된 사적인 조직이다. 그런 의미에서 다양한 국민들의 이익을 대변하기 위해 만들어진 법규에 따른 조직인 정당과 구분된다. 그러나 이익단체 중에서는 공공의 이익을 보다 중요시하는 공익단체도 있다.

이익단체는 '정책과정에 영향을 미치기 위해' 만들어진 조직이다. 자기들에게 유리한 정책결정, 집행이 되도록 영향력을 행사할 것이다. 이익단체는 단순한 모임이 아니라 '조직'이라는 점이다. 조직은 구성원의 존재는 물론 목표, 규칙, 임원, 활동 내용들이 명시되어 있어야만 한다. 일시적인 사람들의 모임이 아니라 지속적으로 존재하면서 활동하는 조직이어야 하고 예상되는 활동목표나 내용들이 정해져 있어야 한다(이대희 2001, 375-376.).

모우(Moe, 1980, 113)는 개인이 이익집단에 가입하려는 동기는 경제적, 물질적 이익 이외에 다양한 가치의 문제에서 특정한 가치를 포기하고 다른 가치를 추구하는 것이라고 한다. 집단에 가입한 이들은 대체로 이익집단이라고 불리고, 여러 형태의 집단 구성원들의 이익을 대변하고 집단의 목표를 위해 봉사한다. 올슨(Olson 1965, 5-6)은 어떠한 조직이나 이익을 대변하지 못할 경우 이익집단의 의미는 무의미한 것이라고 한다. 즉, 모든 단체는 개인이나 집단이 공통으로 가진 목적을 충족하기 위해 존재한다. 이와 같이 이익집단의 활동은 각 구성원들의 폭넓은 주체적 사회참여로 시민운동의 기반을 공고히 하고 지역사회로 광범위하게 확산시켜 나가고 있다. 이들의 활동은 지역사회에서 그 역할과 의미를 새롭게 부여받고 있으며 정치·사회적으로 그 영향력을 확산시키고 있다.

2. 이익단체의 이론 형성

벤틀리(Bentley 1967)는 자율적인 개인의 중요성을 극소화하는 입장에서 개인은 활동을 통한 존재로서만이 가치를 인정받는 갈등이론(conflict)을 주장한다. 집단은 활동에 의해서 형성되며, 이들 집단은 상호간에 압력을 가하며 균형을 이룬다고 보고 있다. 집단 압력 간의 균형은 사회의 존재 상태를 의미하고 나아가서는 정치과정을 형성하게 된다(Bentley 1967, 211.).

트루먼(Truman 1971)은 파열(disturbance)이론을 주장하는데, 상호 작용과 접촉관계에 따라 이익집단의 형성요인을 설명하고 있다. 트루먼(Truman 1971)은 접촉이 상호 작용을 초래하고 상호 작용이 공유된 태도로 유도되며 이런 상호 작용의 변화는 집단의 형성을 나타낸다. 즉, 어떤 시점에서 지금까지 유지되었던 균형 상태가 깨지면서 한 사회의 일부 층이 불리한 여건에 처하게 될 때 균형을 찾기 위하여 상호 작용을 하게 되며 이런 단계에서 집단이 형성된다고 주장한다(Truman 1971, 40−41.). 그런가 하면 샐리스버리(Salisbury 1969)는 시장개념에 의한 이론으로 교환(exchange)이론을 제시한다. 샐리스버리(Salisbury 1969)의 교환이론은 조직기업가가 잠재적인 집단 구성원에게 참여할 수 있는 매력적인 혜택을 준다면 구성원들은 새로운 집단에 형성 참여한다는 것이다. 이런 혜택에는 세 가지 종류 즉, 목적적(purposive), 물질적(material), 연대적(solidary) 혜택이 그것이다(Salisbury 1969, 69.).

올슨(Olson 1965)은 합리적 선택(rational−choice)이론을 주장한다. 올슨(Olson 1965)은 경제적 관점에 따른 합리적 인간의 선택기준에 의존하고 있다. 그는 이익집단의 발생요인으로 자선(philanthrophy), 강제력(compulsion)과 선택적 혜택(selective benefits)을 들고 있다(Olson, 1965.). 합리적 인간이면 선택적 혜택의 차원에 서 이익집단에 참여한다고 보고 있다. 합리적 선택이론에서 가장 공통적인 요인은 선택적 혜택인데, 이는 오직 단체에 가입한 회원에게만 어떤 혜택이 주어지고, 반면에 그 조직에 속해 있지 않으면 어떤 혜택을 제공받지 못하기 때문에 단체에 가입한다고 보고 있다(김영래 1997, 30.).

3. 이익단체의 유형

이익단체의 유형에 있어서 샐리스버리(Salisbury 1969)는 1) 이익내용에 따른 분류, 2) 조직 형태에 따른 분류, 3) 회원 형태에 따른 분류 등으로 분류하고 있다. 먼저 이익내용에 따른 분류는 사회경제적 분파(socia-economic sector)에 따라 구분하는 것으로 예를 들면 농업, 노동, 실업, 전문직업, 기타의 분파로 나누는 것이다. 다음 조직 형태에 따른 분류는 트루먼이 제시하는 연합조직집단(federally organized group)과 단일조직집단(unitary organized group)으로 구분하는 것이 한 예가 될 수 있다. 또한 조직의 구조적 분화에 따라 소/중/대규모의 집단으로 분류할 수 있으며, 집단 구성원과 단체 지도자의 관계에 따라 민주적 또는 조합적 조직 형태로 구분할 수 있다. 마지막으로 회원 형태에 따른 분류는 단체 구성원 개인의 특성을 기초하여 분류하는 것으로 우튼(Wootton)은 개인의 필요성에 따라 조직되는 집단, 중간 단위의 집단으로 더 이상의 상위구조를 갖지 않는 조직이면서 동시에 최저 활동 단위로서 조직된 국제적 노동단체, 최고 정상조직을 들고 있다.

알몬드와 버바(Almond & Verba 1900)의 분류는 1) 아노미 이익집단(anomic interest group), 2) 비결사적 이익집단(non-associational interest group), 3) 제도적 이익집단(institutional interest group), 4) 결사적 이익집단(associational interest group)으로 구분하고 있다. 아노미 이익집단은 불만이나 항의의 자연발생적으로 나타나는 비조직적인 군중집단으로 군중 데모집단을 그 예로 들 수 있다. 비결사적 이익집단은 아노미집단과 같이 전문화된 조직을 가지고 있지 않으나 이익의 계속성을 지닌 인종, 언어, 종교, 지방, 직업 또는 혈연과 같은 문화적 내지는 경제적 이익에 기반을 두고 있다. 제도적 이익집단은 정당, 회사, 입법부, 군대, 관료, 교회 등에서 발견될 수 있는 단체로서 조직은 고도로 분화된 역할구조를 갖고 있지만 그 조직은 이익표출 이외의 기능을 위한 것이다. 결사적 이익집단은 이익표출을 위한 전문화된 구조와 특정한 목표를 대표하기 위한 조직을 지닌 집단이다. 노동조합, 상공회의소 등 특정한 노동자들이나 기업인들과 같이 특정한 목표를 성취하기 위하여 조직된 단체를 의미한다.

Ⅲ. 이익집단의 구성과 운영

전주시는 다양한 이익단체들의 활동이 적극적이었다. 시민운동단체들의 연합체인 '전북 시민사회단체 연대회의'와 전주시의 220여 자원봉사단체들이 함께하는 전주시자원봉사단체협의회가 발간한 "온고을 민간단체 모음집"에 의하면 전주시는 178개의 민간단체가 등록하여 활동하고 있다(전주시 민관편집위원회 2002.).

본격적인 시민단체로서 1993년에 전북환경운동연합*이 창립되고, 1994년에는 12개 단체가 연합하여 전북시민운동연합**을 만들었다. 정치·사상의 자유보장을 목적으로 전북평화인권연대***가 설립되었고, 1999년에 정보공개운동을 시작한 참여자치전북시민연대****가 창립되고 2000년

---

* http://www.Jeonbuk.kfem.or.kr(검색일: 2003. 06. 30).
** http://www.ilyosisa.co.kr/ILYO-1/198/news/politics/1980701.html(검색일: 2003. 06. 30).
*** http://www.onespark.or.kr(검색일: 2003. 06. 30).
**** http://www.pspa.or.kr(검색일: 2003. 06. 30).

에는 종합형 시민운동을 전개하고 있는 '시민행동21'*이 창립되어 활동하고 있다. 이러한 이익단체와 시민단체들은 시민사회단체 연대회의**라는 연대체가 만들어져 정치개혁, 시민사회 활성화 등 사회활동을 전개하고 있다.

이와 같이 전주시의 이익집단은 여러 종류가 있지만 본 연구에서는 연고단체, 직능단체, 전문가단체, 종교단체, 시민단체로 대별하여 조사, 연구하였다. 전주시 이익단체 선정문제는 충남대학교 사회과학연구소 수차례의 워크숍에서 9개 지역 책임교수와 연구담당자의 선정을 통하여 확보된 자료에 의거하여 설정기준을 삼았다. <표 9-1>에서 보는 바와 같이 연고단체는 9개의 단체가 조사되었으며 직능단체는 14개, 전문가단체는 10개, 종교단체는 4개, 시민단체는 12개로서 총 49개의 단체가 조사되었고 설문지 조사는 100% 회수되었다.

<표 9-1> 이익단체 현황

유 형	단 체	단체장			
연고단체	전주이씨효령대군종친회	회 장	전문가단체	한의사회전주시지회	회 장
연고단체	경주김씨종친회	회 장	전문가단체	간호사협회시지회	회 장
연고단체	전주이씨회안대군종친회	회 장	전문가단체	약사회전주시지회	회 장
연고단체	전주고동문회	회 장	전문가단체	변호사회	회 장
연고단체	해성고동문회	회 장	전문가단체	전주예총지부	지회장
연고단체	전라고동문회	회 장	전문가단체	전주한교조지부	본부장
연고단체	전북대동문회	회 장	전문가단체	전주교총지부	본부장
연고단체	전주대동문회	회 장	전문가단체	전교조지부	지부장
연고단체	우석대동문회	회 장	종교단체	중앙교회	당회장
직능단체	상공회의소	소 장	종교단체	전동성당	당주교
직능단체	남부시장연합회	회 장	종교단체	선린사	주 지
직능단체	버스운송사업조합	조합장	종교단체	원불교	교구장
직능단체	법인택시운송사업조합	이사장	시민단체	전주YMCA	이사장

* http://ngo4u.or.kr(검색일: 2003. 06. 30).
** http://www.civilnet.net(검색일: 2003. 06. 30).

유　형	단　체	단체장			
직능단체	개인택시운송사업조합	이사장	시민단체	전주YWCA	이　사
직능단체	이용사회시지회	지부장	시민단체	흥사단	지부장
직능단체	미용사회시지회	지회장	시민단체	경실련지부	공동대표
직능단체	음식업중앙회시지회	지부장	시민단체	참여연대지부	공동대표
직능단체	유흥업중앙회시지회	지회장	시민단체	환경연합	공동대표
직능단체	숙박업중앙회시지회	회　장	시민단체	라이온스클럽	회　장
직능단체	한국노총전주지부	지부장	시민단체	로터리클럽	총　재
직능단체	민주노총전주지부	본부장	시민단체	소비자단체	회　장
직능단체	농협전주지역본부	조합장	시민단체	재향군인회	회　장
직능단체	가톨릭농민회(전농회)	의　장	시민단체	장애인연합회	회　장
전문가단체	의사회전주시지회	회　장	시민단체	노인연합회	회　장
전문가단체	치과의사회전주시지회	회　장			

　이익단체의 현황은 <표 9-1>에서 보는 바와 같이 연고단체(9개), 직능단체(14개), 전문가단체(10개), 종교단체(4개) 그리고 시민단체(12개)로서 총 49개의 단체를 선정하여 조사하였다. 먼저, 연고단체는 전주에서 가장 최다의 회원을 갖고 있는 종친회 순으로 선정하여 조사하였다. 조사에 협조해 준 전주이씨 효령대군파(孝寧大君派)와 경주김씨(慶州金氏), 전주이씨 회안대군파(懷安大君派)를 조사했다. 이들 종친회는 지역사회에서 오랫동안 정착하여 살아오면서 직·간접적으로 많은 영향력을 행사하고 있으며 각 구성원들이 사회활동을 적극적으로 하고 있다는 가정에서 선정되었다. 특히 효령대군파와 회안대군파는 1956년과 1958년에 각각 설립되어 현재까지 약 2만여 명의 종친회원으로 구성되어 있어 전주에서 최대 종파로 활약하고 있다.

　동문회는 고등학교 동문회와 대학동문회를 조사하였다. 전주에서 고등학교 동문은 전통과 동창회원 최다 순으로 선정하여 조사에 협조해 준 동문을 조사하였다. 먼저 전주고는 지역사회에서 많은 엘리트를 배출하고 있고 정·관계 등에 많은 활동을 하고 있다. 현재 전주고는 1952년에 설립되었고 동문회원은 현재 4만여 명을 확보하고 있다. 해성고와 전라고도 지역사회에서 활동하는 각각 3만 5천여 명의 동문회원을 배출하고 있으며 이들의 활동이 주목받고 있는 실정이다. 대학동문회도 고등학교와 같은 방법으로 선정하여 조사하였다. 먼저 전북대학교는 1955년에 설립되어 현재까지 10만여 명의 최다 동문회원을 배출하고 있고 지역사회의 각 분야에서 활동하고 있는 실정이다. 또한 전주대와 우석대의 동문들도 지역사회에서 많은 활동을 하고 있다.

직능단체는 전주상공회의소를 중심으로 버스운송조합과 법인택시운송조합, 개인택시운송조합 그리고 이·미용협회와 음식업중앙회시지회와 한국노총, 민주노총 등 12단체를 선정하였다. 전주상공회의소는 상공업의 개선·발전과 국민경제, 그리고 지역사회의 균형성장을 도모함은 물론 상공인의 권익보호를 위하여 광범위한 활동을 통하여 지역사회의 발전에 기여하고 있다. 전주상공회의소에 등록되어 있는 업체별 수는 1050여 업체이고 상근자는 20여 명이다. 기타 운송조합 등도 1950년대 이후 설립되어 전주 직능단체로서 역할과 활동을 다하고 있다.

전문가단체로는 의사협회 한의사, 약사, 치과협회 등과 예총 및 한교조, 교총 그리고 전교조 등을 조사하였다. 전주의사회는 1946년에 설립되어 회원 수가 2천여 명에 이르고 간호사협회도 1947년에 설립되어 회원 수 천오백여 명에 이르고 있으며, 이들은 지역사회에서 전문가단체로서 많은 활동을 하고 있다. 또한 법률서비스를 지원하는 변호사협회는 1949년에 설립되어 현재 회원 92명이 변호사로 활동하고 있으며 전주예총과 한교조, 전교조 그리고 전주교총등도 최근 설립되어 전문가단체로서 활동 중이다.

종교단체로는 기독교 단체와 천주교, 불교 및 기타 토착종교에 대하여 조사하였다. 개신교는 전주중앙교회를 조사하였다. 전주중앙교회는 1930년에 설립되어 현재 750여 명의 신도가 있고 전동성당은 1889년에 설립되어 1500여 명의 회원이 있으며 그 외에 불교단체는 선린사와 원불교 전주교당이 각각 200여 명과 120여 명의 회원이 활동 중이다.

시민단체는 라이온스와 로터리클럽 및 소비자단체, 재향군인회, 장애인협회, 노인회 등이 조사되었는데 이들은 전통적으로 시민활동을 하는 단체에서부터 90년대 문민정부 이후 NGO활동과 함께 맹렬히 활동하는 단체인 경실련과 참여연대 그리고 환경연합 등을 조사하였다. 90년대 이후 형식적인 민주주의가 이루어지면서 시민사회가 성숙해지고 시민들의 다양한 요구와 주장이 대두되면서 새로운 시민단체가 형성하기 시작했다. 전북환경연합은 1993년에 창립되었고 1994년에는 참여연대를 비롯하여 시민운동연합이 창립하여 전주 평화와 인권연대를 목적으로 경실련이 설립되었다. 이러한 시민단체들은 다양한 영역에서 자신의 주장을 펴면서 연대활동을 하고 있다.

〈표 9-2〉 이익단체 목표

목 표	단체 유형	연고단체	직능단체	전문가단체	종교단체	시민단체	전 체
단체 구성원 친목도모	빈 도	5	1	4		2	12
	Row%	41.7	8.3	33.3		16.7	100.0
	Col%	55.6	7.7	40.0		16.7	25.0
단체 구성원 이익도모	빈 도	3	10	4			17
	Row%	17.6	58.8	23.5			100.0
	Col%	33.3	76.9	40.0			35.4
사회봉사	빈 도	1	1	1	3	5	11
	Row%	9.1	9.1	9.1	27.3	45.5	100.0
	Col%	11.1	7.7	10.0	75.0	41.7	22.9
사회정의 실현	빈 도		1	1	1	2	5
	Row%		20.0	20.0	20.0	40.0	100.0
	Col%		7.7	10.0	25.0	16.7	10.4
공익문제 해결	빈 도					3	3
	Row%					100.0	100.0
	Col%					25.0	6.3
전 체	빈 도	9	13	10	4	12	48
	Row%	18.8	27.1	20.8	8.3	25.0	100.0
	Col%	100.0	100.0	100.0	100.0	100.0	100.0

　　전주시의 이익집단을 크게 시민단체, 연고단체, 전문가단체, 종교단체 그리고 직능단체로 구분하여 이들 단체가 자치단체와의 관계를 질문하였다.

　　<표 9-2>은 전주시 이익단체 활동의 목표를 알아보기 위하여 친목도모, 이익도모, 사회봉사, 사회정의 실현, 공익문제 해결로 구분하여 질문하였다. 이익단체 유형 분석에서 연고단체는 빈도 9명(18.8%)에서 '단체 구성원의 친목도모'가 5명(41.7%)이 가장 높은 비율로 나타났으며, 직능단체는 빈도 13명 중 10명(76.9%)이 '단체 구성원의 이익도모'라고 했다. 전문가단체는 빈도 10명(20.8%)에서 4명(33.3%)이 각각 '단체 구성원과 친목도모'와 '이익도모'를 응답했다. 종교단체는 빈도 4명(8.3%) 중에서 '사회봉사'를 3명(75.0%)이 응답했다.

　　단체 목표의 분석에서는 '단체 구성원의 친목도모'는 연고단체가 응답자 12명 중에서 5명(41.7%)으로 가장 높은 비율로 응답했고, 전문가단체는 4명(33.3%), 시민단체는 2명(16.7%)이 '친목도모'를 위하여 활동한다고 했다. 종교단체는 한 명도 응답자가 없어 친목도모의 단체가 아님을 분명히 하고 있다. '단체 구성원의 이익도모'에서는 전체 응답자 17명(35.4%)의 가장 높은 비율을 나타냈는데, 먼저 직능단체가 빈도 13명 중에서 10명(76.9%)이 응답해서 가장 높은 비율을 차지하고 있다. 다음으로 전문가단체가 빈도 10명 중에서 4명(40.0%)의 비율로 나타났다. 그러나 시민단체와 종교단체는 한 명도 응답자가 없어 단체의 성격상 단체 구성원의 이익을 목적으로 조직 활동을 추구하지 않는다는 것을 알 수 있다. 이익도모와 달리 '사회봉사'를 묻는 질문에는 종교단체와 시민단체가 비교적 높은 비율을 보이고 있는데, 종교단체는 빈도 4명 중에서 3명(75.0%)이 응답했고 시민단체는 빈도 12명 중 5명(45.5%)이 응답하여 비교적 높은 비율을 보이고 있다. 연고단체, 전문가단체, 직능단체들도 미미한 수준이지만 10% 내외의 응답을 하고 있어 각 단체들이 사회봉사를 어느 정도 목표로 정하고 있음을 알 수 있다. '사회정의 실현'을 묻는 질문에도 종교단체가 25%의 비율과 시민단체가

16.7%의 가장 높은 비율로 응답을 해 주었고, 연고단체는 응답자가 하나도 없어 사회정의 실현에는 거리가 먼 이익단체임을 알 수 있다.

〈표 9-3〉 이익단체 발전요인

발전요인 \ 단체 유형		연고단체	직능단체	전문가단체	종교단체	시민단체	전 체
조직원의 수와 단결력	빈 도	5	7	6	4	7	29
	Row%	17.2	24.1	20.7	13.8	24.1	100.0
	Col%	55.6	50.0	60.0	100.0	58.3	59.2
조직원의 개인역량	빈 도	2		4		3	9
	Row%	22.2		44.4		33.3	100.0
	Col%	22.2		40.0		25.0	18.4
재정능력	빈 도	1	5			1	7
	Row%	14.3	71.4			14.3	100.0
	Col%	11.1	35.7			8.3	14.3
지도자의 능력과 로비스트의 유무	빈 도					1	1
	Row%					100.0	100.0
	Col%					8.3	2.0
조직의 명성도	빈 도	1	2				3
	Row%	33.3	66.7				100.0
	Col%	11.1	14.3				6.1
전 체	빈 도	9	14	10	4	12	49
	Row%	18.4	28.6	20.4	8.2	24.5	100.0
	Col%	100.0	100.0	100.0	100.0	100.0	100.0

이익집단이 그들의 목표를 수행하기 위해서 가장 중요한 발전요인으로 작용하는 재원은 무엇인가를 묻는 질문에는 <표 9-3>과 같이 나타났다. 발전요인 분석에서 전체 응답자 수 49명 중 29명(59.2%)이 '조직원의 수와 단결력'이라고 응답했다. 시민단체는 빈도응답 29명 중 7명(24.1%)으로 나타나고 직능단체는 7명(24.1%)의 비율로 같은 비율을 보이고, 다음으로 전문가단체는 6명(20.7%)의 보이고 있으나, 종교단체는 4명(13.8%)으로 낮은 비율을 보이고 있다. 다음은 '조직원의 개인역

량'이라고 응답한 비율은 전체 응답자 49명 중에서 9명(18.4%)이 응답
하였다. 전문가단체는 빈도응답 9명 중에서 4명(44.4%)을 차지하고 시
민단체가 3명(33.3%)의 비율을 나타내고 있다. '지도자의 능력과 로비
스트의 유무'라고 응답한 비율은 전체 응답자 중에서 1명(2.0%)에 불과
하여 이익단체의 발전요인으로 생각하지 않는다.

다음 단체 유형별 분석에서 연고단체는 '조직원의 수와 단결력'이 빈
도인원 9명 중 5명(55.6%)으로 가장 높게 나타났고, '조직원의 개인역
량' 2명(22.2%)의 비율을 보이는 반면, '지도자의 능력과 로비스트의 유
무'에는 응답자가 하나도 없어 단체의 발전요인으로 생각하지 않는다.
직능단체는 빈도인원 14명 중에서 '조직원의 수와 단결력'은 7명(50.0%)
이 응답하고 '재정능력'은 5명(35.7%)이 응답하였다. 그러나 '조직원의
개인역량'과 '조직의 명성도'는 응답자가 하나도 없음을 알 수 있다. 전
문가단체는 빈도인원 10명 중에서 '조직원의 수와 단결력'이 6명(60%)
이고 '조직원의 개인역량'은 4명(40.0%)이고 다른 발전요인은 전무하다.
종교단체는 빈도인원 4명 모두가 '조직원의 수와 단결력'으로 응답하여
100%의 비율을 나타내고 있다. 마지막으로 시민단체는 빈도 인원 12명
중 '조직원 수와 단결력'이 우선한다고 한 응답한 비율이 58.3%를 차지
하여 가장 높은 비율을 나타내고 있고 다음으로 '조직원의 개인역량'은
25.0%의 비율을 나타내지만, '조직의 명성도'는 응답자가 하나도 없다.

〈표 9-4〉 이익단체 구성원 참여 동기

참여 동기 \ 단체 유형		연고단체	직능단체	전문가단체	종교단체	시민단체	전 체
물직적 혜택	빈 도	1	4		1	1	7
	Row%	14.3	57.1		14.3	14.3	100.0
	Col%	11.1	30.8		25.0	8.3	14.6
사회적 명성	빈 도	3					3
	Row%	100.0					100.0
	Col%	33.3					6.3

참여 동기 \ 단체 유형		연고단체	직능단체	전문가단체	종교단체	시민단체	전 체
조직 내 지위	빈 도			2			2
	Row%			100.0			100.0
	Col%			20.0			4.2
조직의 명분과 이상	빈 도	5	5	6	3	11	30
	Row%	16.7	16.7	20.0	10.0	36.7	100.0
	Col%	55.6	38.5	60.0	75.0	91.7	62.5
안전의식	빈 도		4	2			6
	Row%		66.7	33.3			100.0
	Col%		30.8	20.0			12.5
전 체	빈 도	9	13	10	4	12	48
	Row%	18.8	27.1	20.8	8.3	25.0	100.0
	Col%	100.0	100.0	100.0	100.0	100.0	100.0

이익단체 구성원들이 소속단체에 참여하게 되는 동기는 무엇이고 왜 참여하게 되었는가를 묻는 질문은 <표 9-4>에서 보여주고 있다. 먼저 참여 동기 분석에서는 '조직의 명분과 이상'이 전체 응답자 48명 중에서 30명(62.5%)의 비율로 가장 높은 비율을 보이고 있고 다음으로 '물리적 혜택'은 응답자 중에서 7명(14.6%)으로 나타났다. 그런가 하면 '조직 내의 지위'는 2명(4.2%)만이 응답해서 가장 낮은 비율을 보이고 있다.

단체 유형 분석에서 연고단체는 빈도인원 9명 중에서 5명(55.6%)이 '조직의 명분과 이상'이라고 응답하고 3명(33.3%)은 '사회적 명성'이라고 응답했으나, '조직 내 지위'와 '안전의식'에는 응답자가 한 명도 없어 이익단체 구성원의 참여 동기를 유발하지 못하고 있음을 알 수 있다. 직능단체는 빈도인원 13명 중에서 5명(38.5%)이 '조직의 명분과 이상'이라고 응답하고, 4명(30.8%)은 '물리적 혜택'과 '안전의식'이라고 각각 응답했고 '사회적 명성'이나 '조직 내의 지위'는 응답자가 하나도 없다. 전문가단체는 빈도인원 10명 중 6명(60.0%)이 '조직의 명분과 이상'이라고 응답하고, '조직 내의 지위'와 '안전의식'은 각각 2명(20.0%)의 비율을 보이고 있다. 종교단체는 빈도인원 4명 중 3명(75.0%)이 '조직의 명분과 이상'이라고 응답하고, 시민단체는 빈도인원 12명 중에서 11명(91.7%)이 '조직의 명분과 이상'이라고 응답하여 가장 높은 비율을 보이고 있다. 그러나 '사회적 명성', '조직 내의 지위'와 '안전의식'은 응답자가 한 명도 없어 이익단체의 참여 동기를 유발하지 못한다고 볼 수 있다.

<표 9-5> 이익단체 자체이익 대변 정도

단체 유형 자체이익 대변 정도		연고단체	직능단체	전문가단체	종교단체	시민단체	전 체
매우 적극적	빈 도	7	2	2		3	14
	Row%	50.0	14.3	14.3		21.4	100.0
	Col%	77.8	15.4	20.0		25.0	29.2
적극적	빈 도	1	8	4	2	4	19
	Row%	5.3	42.1	21.1	10.5	21.1	100.0
	Col%	11.1	61.5	40.0	50.0	33.3	39.6
그저 그러함 (중간)	빈 도	1	2	2	1	4	10
	Row%	10.0	20.0	20.0	10.0	40.0	100.0
	Col%	11.1	15.4	20.0	25.0	33.3	20.8
소극적	빈 도		1	2		1	4
	Row%		25.0	50.0		25.0	100.0
	Col%		7.7	20.0		8.3	8.3
매우 소극적	빈 도				1		1
	Row%				100.0		100.0
	Col%				25.0		2.1
전 체	빈 도	9	13	10	4	12	48
	Row%	18.8	27.1	20.8	8.3	25.0	100.0
	Col%	100.0	100.0	100.0	100.0	100.0	100.0

이익단체들이 그들의 이익을 대변할 때 어떻게 행동하고 있는가라는 질문은 <표 9-5>에서 보여주고 있다. 먼저 자체이익 대변 정도의 분석에서 각 이익단체들은 전체 응답자 48명 중에서 19명(39.6%)이 '적

극적'으로 이익을 대변하고 있다고 응답했고, '매우 적극적'이라고 응답한 사람은 14명(29.2%)으로 대체로 응답자의 68%가 적극적으로 자체이익을 대변하고 있다고 응답했다.

단체 유형 분석에서는 연고단체가 빈도인원 9명에서 7명(77.8%)이 '매우 적극적'이라고 응답하였고, '적극적'이라고 응답은 1명(11.1%)의 수준을 보이고, 직능단체는 '매우 적극적'이라고 응답한 비율은 빈도인원 13명 중에서 2명(15.4%)과 '적극적'이라고 응답한 비율이 8명(61.5%)이 응답하였다. 그러나 '매우 소극적'이라고 응답한 사람은 한 명도 없어 보편적으로 자체이익을 대변하는 정도가 매우 크다. 전문가단체는 빈도인원 10명 중에서 2명(20.0%)이 '매우 적극적'이라고 응답하고 '적극적'이라고 응답한 비율은 4명(40.0%)으로 나타나고 있다. 따라서 적극적이라는 비율이 60%로 상당히 적극성을 띠고 있다. 종교단체는 비교적 소극적 입장에서 매우 적극적으로 응답한 사람은 한 명도 없고 '적극적'이라고 응답한 사람은 빈도인원 4명 중에서 2명(50.0%)이고 중간 정도가 2명(50.0%)으로 나타났다. 마지막으로 시민단체는 빈도인원 12명 중 '매우 적극적'이라고 응답한 비율이 3명(25.0%)으로 나타나고 '적극적'이라고 응답한 비율이 4명(33.3%)으로 나타났다. 또한 '매우 소극적이다'라는 비율은 한 명도 응답한 사람이 없어 시민단체 역시 자체이익의 대변에는 비교적 적극적이다.

<표 9-6> 이익단체 의사결정상의 합리성

의사결정 합리성	단체 유형	연고단체	직능단체	전문가단체	종교단체	시민단체	전 체
매우 합리적	빈 도	3	4	3	1	5	16
	Row%	18.8	25.0	18.8	6.3	31.3	100.0
	Col%	33.3	30.8	30.0	25.0	41.7	33.3
합리적	빈 도	6	8	6	3	7	30
	Row%	20.0	26.7	20.0	10.0	23.3	100.0
	Col%	66.7	61.5	60.0	75.0	58.3	62.5

단체 유형 의사결정 합리성		연고단체	직능단체	전문가단체	종교단체	시민단체	전　체
그저 그러함	빈　도		1	1			2
	Row%		50.0	50.0			100.0
	Col%		7.7	10.0			4.2
비합리적	빈　도						
	Row%						
	Col%						
매우 비합리적	빈　도						
	Row%						
	Col%						
전　체	빈　도	9	13	10	4	12	48
	Row%	18.8	27.1	20.8	8.3	25.0	100.0
	Col%	100.0	100.0	100.0	100.0	100.0	100.0

　이익단체의 의사결정상의 합리성을 묻는 질문에서는 <표 9-6>에서 보여주고 있다. 소속단체가 그 활동의 목적이나 방법에 있어 합리적이고 순리적인가를 묻는 내용에서는 모든 단체들이 ‘매우 합리적’이라고 응답한 비율이 전체 응답자 48명 중에서 16명(33.3%)으로 나타나고 있으며 ‘합리적’이라고 응답한 비율은 30명(62.5%)으로 나타나서 전주시 이익집단은 의사결정에 합리성을 강조하고 있음을 알 수 있다.

　단체 유형 분석비교에서는 연고단체가 빈도응답 9명 중에서 3명(33.3%)이 응답하고 ‘합리적’이라고 응답한 비율이 6명(66.7%)으로 나타났다. 직능단체는 빈도인원 13명 중에서 4명(30.8%)이 의사결정 과정에서 ‘매우 합리적’이라고 응답하고, ‘합리적’이라고 응답한 비율이 8명(61.5%)으로 비교적 높은 비율로 나타났다. 전문가단체도 직능단체와 비슷한 비율을 보이고 있으며, 종교단체는 비율인원 4명 중에서 1명(25.0%)이 ‘매우 합리적’이라고 응답하고 나머지 모두 3명(75.0%)이 ‘합리적’이라고 응답하였고, 시민단체는 빈도인원 12명 중 5명(41.7%)이 ‘매우 합리적’이라고 응답하고, ‘합리적’이라고 응답한 비율은 7명(58.3%)으로 나타나서 단체 유형별 가장 높은 비율을 보이고 있다. 특히 시민단체가 '매우 합리적'이라고 41.7%의 비율을 보이고 있어 5개 단체 중에서 가장 합리적인 의사결정을 하고 있다는 비율을 보이고 있다. 반면에 5개 단체 모두 '비합리적' 또는 '매우 비합리적'이라고 응답한 단체는 하나도 없으며, 이러한 현상은 아마도 자위적 판단에 의한 응답의 결과라고 볼 수 있을 것이다. 설문문항의 응답자가 모두 조직단체를 이끌어 가는 단체장이고 자신이 책임을 맡고 있는 단체의 의사결정이 '비합리적이다'라고 스스로 응답할 조직단체의 장은 아무도 없을 것이라는 가정을 해 보면 이러한 현상은 당연하다.

〈표 9-7〉 시민들의 이익단체 인지도

시민들의 인지도 \ 단체 유형		연고단체	직능단체	전문가단체	종교단체	시민단체	전 체
매우 잘 안다	빈 도	2		1		5	8
	Row%	25.0		12.5		62.5	100.0
	Col%	22.2		10.0		41.7	16.3
잘 안다	빈 도	5	3	7	3	3	21
	Row%	23.8	14.3	33.3	14.3	14.3	100.0
	Col%	55.6	21.4	70.0	75.0	25.0	42.9
그저 그렇다	빈 도	2	6	1		4	13
	Row%	15.4	46.2	7.7		30.8	100.0
	Col%	22.2	42.9	10.0		33.3	26.5
잘 모른다	빈 도		5	1	1		7
	Row%		71.4	14.3	14.3		100.0
	Col%		35.7	10.0	25.0		14.3
전혀 모른다	빈 도						
	Row%						
	Col%						
전 체	빈 도	9	14	10	4	12	49
	Row%	18.4	28.6	20.4	8.2	24.5	100.0
	Col%	100.0	100.0	100.0	100.0	100.0	100.0

<표 9-7>은 일반 시민들이 이익단체의 활동에 대한 이해의 수준을 묻는 인지도이다. 이러한 질문은 이익단체의 입장에서 보면 자신의 활동이 시민들에게 어떠한 모습으로 보이는가를 알 수 있는 내용이다. 의사결정 합리성을 묻는 내용에서 이익단체는 전체 응답자 49명 중에서 '잘 안다'가 21명(42.9%)으로 가장 높은 비율을 보이고 있고, '그저 그렇다'는 전체 인원 중에서 13명(26.5%)으로 나타났다. 다음으로 '매우 잘 안다'는 전체 인원 중에서 8명(16.3%)의 비율을 보이고 있고, '전혀 모른다'는 한 명도 응답자가 없다.

단체 유형 분석에서 연고단체는 빈도인원 9명 중에서 2명(22.2%)이 '매우 잘 안다'라고 응답하고 '잘 안다'는 5명(55.6%)으로 대체로 인지도가 높으며, 직능단체는 빈도인원 14명 중에서 '매우 잘 안다'라고 응답한 사람은 한 명도 없으며, '잘 안다'라고 응답한 비율은 3명(21.4%)으로 나타나고, '그저 그렇다'는 6명(42.9%)으로 나타나고 있다. 전문가단체는 빈도인원 10명 중에서 1명(10.0%)이 '매우 잘 안다'라고 응답하고, '잘 안다'라고 응답한 인원은 5명(70.0%)으로 비교적 인지도가 높은 편이다. 종교단체도 비교적 인지도가 높은 편이고, 시민단체는 빈도인원 12명 중 5명(41.7%)으로 가장 높은 수치를 보이고 있다. 이러한 비율은 인지도 측정에서도 가장 높은 비율을 보이고 있고, '잘 안다'라고 응답한 비율도 3명(25.0%)으로 높은 비율을 보이고 있다. 따라서 시민단체는 다른 어느 단체보다도 이익단체의 인지도의 높은 비율을 보여주고 있어 시민들이 자신의 활동에 어느 정도 많이 인지하고 있다고 인식하고 있다.

Ⅳ. 이익단체의 활동과 전략

앞에서 이익단체의 구성과 운용에 관하여 분석하고 논의하였다. 다음으로 이익단체의 활동과 전략에 관하여 이익단체들이 활동비중을 어디에 두고 있으며 참여방법 및 정부에 대한 태도와 활동전략 및 개별적 접촉, 연합활동 등을 분석하여 논의하였다. 다음은 각 이익단체들이 지역사회에서 중요한 의사결정 과정에서 참여하여 활동하려 할 때 어느 부분에 비중을 두고 있는가를 묻는 질문이다. 특히 정책결정 과정에서 참여의 단계를 5단계로 분류하여, '문제의 제기', '의제채택', '정책형성', '정책집행', '정책평가' 등으로 구분하여 문의한 결과 <표 9-8>과 같이 나타났다.

<표 9-8> 이익단체 활동비중

활동비중 \ 단체 유형		연고단체	직능단체	전문가단체	종교단체	시민단체	전 체
정책문제 제기	빈 도	3		1	1	3	8
	Row%	37.5		12.5	12.5	37.5	100.0
	Col%	33.3		12.5	25.0	25.0	17.0
의제채택	빈 도	3	2				5
	Row%	60.0	40.0				100.0
	Col%	33.3	14.3				10.6
정책형성	빈 도	1	1	4	1	3	10
	Row%	10.0	10.0	40.0	10.0	30.0	100.0
	Col%	11.1	7.1	50.0	25.0	25.0	21.3
정책집행	빈 도	1	3	2	2	5	13
	Row%	7.7	23.1	15.4	15.4	38.5	100.0
	Col%	11.1	21.4	25.0	50.0	41.7	27.7
정책평가	빈 도	1	8	1		1	11
	Row%	9.1	72.7	9.1		9.1	100.0
	Col%	11.1	57.1	12.5		8.3	23.4
전 체	빈 도	9	14	8	4	12	47
	Row%	19.1	29.8	17.0	8.5	25.5	100.0
	Col%	100.0	100.0	100.0	100.0	100.0	100.0

이익단체의 활동비중의 분석은 정책문제의 제기에서 정책평가에까지 거의 비슷한 비율을 보이고 있지만, 전체 응답자 47명 중에서 '정책집행'의 부분은 13명(27.7%)으로 가장 높은 비율로 나타났고, 다음으로 '정책평가'에서는 11명(23.4%)의 비율을 보이고 있다. 가장 낮은 비율은 '의제채택' 부분인데 전체 응답자 중에서 5명(10.6%)의 비율로 낮은 수치를 보이고 있다.

단체 유형의 분석에서 연고단체는 '정책문제 제기'와 '의제채택' 부분에서 빈도인원 9명 중 3명(33.3%)이 각각 나타나고, '정책형성', '정책집행', '정책평가'의 부분에서는 각각 1명(11.1%)의 비교적 낮은 비율을 보이고 있다. 전문가단체는 '정책형성 단계'에서 빈도인원 8명 중에서 4명(50%)의 비율과 '정책집행 과정'에서 2명(25.0%)의 비율이 나타났으며, '정책평가'와 '정책문제의 제기'에서는 각각 1명(12.5%)의 낮은 비율을 보이고 있다. 종교단체는 '정책집행 과정'에서 빈도인원 4명 중에서 2명(50.0%)의 비율을 나타내고 있고 '정책문제 제기'와 '정책형성 단계'는 각각 1명(25.0%)의 비율을 보이고 있다. 직능단체는 '정책평가'에서 빈도인원 14명 중에서 8명(57.1%)의 가장 높은 비율을 보이고 있고, 다음으로 '정책집행'이 3명(21.4%)의 비율을 나타내고 있다. 마지막으로 시민단체는 '정책집행 과정'에서 빈도인원 12명 중에서 5명(41.7%)의 비중을 차지하여 높은 비율을 보이고 있고, '정책문제의 제기'와 '정책형성'은 같은 비율인 3명(25.0%)으로 나타났다. 따라서 정책문제의 제기나 의제채택은 시민단체와 연고단체 그리고 종교단체에서 비교적 많은 관심을 두고 있음을 알 수 있고, 정책형성과 집행 과정은 전문가단체와 종교단체에서 많은 관심을 갖고 있음을 알 수 있다. 끝으로 정책평가 부분에서는 다른 이익단체에 비하여 직능단체가 적극적 관심이 높게 보이고 있다.

〈표 9-9〉 이익단체 참여방법

참여방법 \ 단체 유형		연고단체	직능단체	전문가단체	종교단체	시민단체	전 체
로비스트 고용	빈 도					1	1
	Row%					100.0	100.0
	Col%					8.3	2.1
자신들에게 유리한 정보 제공	빈 도	2	4	1		2	9
	Row%	22.2	44.4	11.1		22.2	100.0
	Col%	22.2	28.6	12.5		16.7	19.1
정책담당자 직접 설득	빈 도	6	5	4	2	4	21
	Row%	28.6	23.8	19.0	9.5	19.0	100.0
	Col%	66.7	35.7	50.0	50.0	33.3	44.7
언론을 이용한 여론 환기	빈 도	1	1	3	2	5	12
	Row%	8.3	8.3	25.0	16.7	41.7	100.0
	Col%	11.1	7.1	37.5	50.0	41.7	25.5
대중동원을 이용한 시위	빈 도		4				4
	Row%		100.0				100.0
	Col%		28.6				8.5
전 체	빈 도	9	14	8	4	12	47
	Row%	19.1	29.8	17.0	8.5	25.5	100.0
	Col%	100.0	100.0	100.0	100.0	100.0	100.0

이익단체가 지역사회의 각 분야에 참여하는 방법 중 어디에 비중을 두고 활동하는가를 묻는 내용은 <표 9-9>에서 보는 바와 같다. 참여방법에 따라서 '로비스트 고용', '자신들에게 유리한 정보 제공', '정책담당자 직접 설득', '언론을 이용한 여론 환기'와 '대중동원을 이용한 시위'를 묻는 응답내용에서 응답자 47명 중에서 21명(44.7%)이 '정책담당자 직접 설득'으로 응답했고, 다음으로 '여론을 이용한 여론 환기'는 전체 응답자 중에서 12명(25.5%)의 비율을 보이고 있다. 그러나 '로비스트 고용'은 응답자 중에서 1명(2.1%)만이 응답해서 가장 저조한 비율을 나타내고 있다. 따라서 이익단체들이 가장 선호하는 참여방법은 '정책담당자를 직접 만나 설득'하는 방법을 택하고 있으며, 가장 선호하지

않는 방법은 '로비스트 고용'이라고 볼 수 있다.

　단체 유형 분석에서 시민단체는 빈도인원 12명 중에서 5명(41.7%)이 '언론을 이용한 여론을 환기하는 방법'을 선호하고 있으며, 다음으로 '정책담당자를 직접 설득하는 방법'은 4명(33.3%)이 응답해 주었다. 연고단체는 빈도인원 9명 중 6명(66.7%)이 '정책담당자를 직접 만나 설득한다'고 응답하고, '자신들에게 유리한 정보를 제공하는 방법'은 2명(22.2%)이 응답해 주었다. 전문가단체도 빈도인원 8명 중에서 '정책담당자를 직접 만나서 설득하는 방법'은 4명(50.0%)이 응답해 주었고, 다음으로 '언론을 이용한 여론 환기'가 3명(37.5%)으로 나타났다. 종교단체는 빈도인원 4명 중에서 '정책담당자를 직접 설득'하는 비율이 2명(50.0%)이고 '언론을 이용한 여론 환기'가 2명(50.0%)으로 같은 비율을 차지하고 있다. 직능단체는 빈도인원 14명 중 5명(35.7%)이 '정책담당자를 직접 설득하는 방법'을 응답해 주었고 다음으로 '자신들의 유리한 정보 제공'과 '대중동원을 이용한 시위의 방법'을 각각 4명(28.6%)의 비율을 보여주고 있다. 참여방법 유형별로 분류한 분석방법에서는 시민단체만이 '로비스트를 고용한다'고 응답(100%)하고 있으며, '대중동원을 이용한 시위방법'에서는 직능단체만이 응답(100%)하고 있음을 알 수 있다. 이익단체의 참여활동의 두 가지 선택방법에서 보면 단체의 성격이 극렬하게 나타나고 있다. 그 외의 정보 제공이나 정책담당자를 직접 만나 설득한다거나, 여론 환기는 대체로 비슷한 비율을 보이고 있어, 이익단체들의 정책참여방법은 담당자 설득이나 여론에 비중을 많이 두고 있다.

〈표 9-10〉 이익단체의 대정부 건의 내용

대정부 건의 내용	단체 유형	연고단체	직능단체	전문가단체	종교단체	시민단체	전 체
행정규제 / 개혁	빈 도	3	9	4		3	19
	Row%	15.8	47.4	21.1		15.8	100.0
	Col%	33.3	75.0	44.4		25.0	41.3

단체 유형 대정부 건의 내용		연고단체	직능단체	전문가단체	종교단체	시민단체	전 체
금융 / 세제	빈 도	1	2		1	2	6
	Row%	16.7	33.3		16.7	33.3	100.0
	Col%	11.1	16.7		25.0	16.7	13.0
환 경	빈 도	1		1	2	6	10
	Row%	10.0		10.0	20.0	60.0	100.0
	Col%	11.1		11.1	50.0	50.0	21.7
부동산 / 건축	빈 도		1				1
	Row%		100.0				100.0
	Col%		8.3				2.2
교 육	빈 도	4		4	1	1	10
	Row%	40.0		40.0	10.0	10.0	100.0
	Col%	44.4		44.4	25.0	8.3	21.7
전 체	빈 도	9	12	9	4	12	46
	Row%	19.6	26.1	19.6	8.7	26.1	100.0
	Col%	100.0	100.0	100.0	100.0	100.0	100.0

<표 9-10>은 이익단체가 자치단체에 대한 정책건의 내용을 나타낸 내용이다. 정책건의 내용은 행정규제 및 개혁, 금융 세제, 환경, 부동산 및 건축 그리고 교육문제에 대하여 응답한 비율을 보이고 있다. 이익 단체의 대정부 건의 내용을 분석해 보면, 전체 응답자 46명 중에서 19 명(41.3%)이 '행정규제 및 개혁'에 응답해 주었고, '환경'과 '교육'이 각 각 10명씩(21.7%)으로 나타났다. 그러나 '부동산과 건축'에 대한 응답 자는 불과 1명밖에 되지 않아 최하위의 순위를 나타내고 있다.

단체 유형 분석에서 연고단체는 빈도인원 9명 중에서 4명(44.4%)이 '교육'에 응답하여 가장 높은 수치를 보이고 있고, '행정규제 및 개혁' 이 3명(33.3%)으로 나타났다. 직능단체는 빈도인원 12명 중에서 9명 (75.0%)이 '행정규제 및 개혁'에 응답하여 높은 비율을 보이고 다음으 로 '금융 세제'는 2명(16.7%)이 응답해 주었지만, 환경과 교육문제에

대해서는 응답자가 1명도 없다는 것을 알 수 있다. 전문가단체는 빈도인원 9명 중에서 4명(44.4%)이 각각 '행정규제 및 개혁'과 '교육'에 비율을 보이고 있다. 종교단체는 빈도인원 4명 중 2명(50.0%)이 '환경'에 응답해 주었고, '금융 세제'와 '교육'에 각각 1명(25.0%)씩 응답해 주었다. 시민단체는 빈도인원 12명 중에서 6명(50.0%)이 '환경'에 응답해 주었고 다음으로 '행정규제 및 개혁'에는 3명(25.0%)이 응답하였다. 특히 직능단체가 '행정규제 및 개혁'에 많은 관심을 두고 정책건의를 하고 있다는 것은 전주상공회의소를 비롯하여 직능단체들은 자치단체의 행정과 많은 이해관계가 연결되어 있기 때문이다. 환경문제에 대해서는 시민단체가 제일 많은 관심을 두고 있는 것으로 나타났다. 시민단체가 환경문제에 높은 관심을 두고 있는 것은 환경단체들의 활동과 감시의 기능이 증가되었기 때문이다. 마지막으로 교육문제에서는 연고단체와 전문가단체에서 같은 40%의 같은 비율을 나타내고 있다. 연고단체는 종친회를 제외하고는 학교동문들로 구성되어 있기 때문에 그들이 교육문제에 관심을 두는 것은 당연한 결과이고 또한 전문가단체가 교육문제에 높은 관심을 두고 있는 것은 단체의 업무의 성격이라고 분석된다.

〈표 9-11〉 이익단체의 정책결정기준

정책 결정기준	단체 유형	연고단체	직능단체	전문가단체	종교단체	시민단체	전 체
조직 목표	빈 도	1	7	5	1	8	22
	Row%	4.5	31.8	22.7	4.5	36.4	100.0
	Col%	11.1	53.8	55.6	25.0	66.7	46.8
조직구성원의 인간관계	빈 도	7	3	3	2	4	19
	Row%	36.8	15.8	15.8	10.5	21.1	100.0
	Col%	77.8	23.1	33.3	50.0	33.3	40.4
조직 외부의 정치적 인간관계	빈 도	1	1	1			3
	Row%	33.3	33.3	33.3			100.0
	Col%	11.1	7.7	11.1			6.4

정책 결정기준	단체 유형	연고단체	직능단체	전문가단체	종교단체	시민단체	전　체
수단적 측면	빈　도						
	Row%						
	Col%						
주민의 이해	빈　도		2		1		3
	Row%		66.7		33.3		100.0
	Col%		15.4		25.0		6.4
전　체	빈　도	9	13	9	4	12	47
	Row%	19.1	27.7	19.1	8.5	25.5	100.0
	Col%	100.0	100.0	100.0	100.0	100.0	100.0

　이익단체가 정책결정 시 어디에 가장 비중을 두고 결정하는가 하는 질문내용은 <표 9-11>과 같다. 정책결정기준은 '조직의 목표', '조직구성원의 인간관계', '조직외부의 정치적 인간관계', '수단적 측면'과 '주민의 이해'에 비중을 두고 질문을 하였다. 전체 응답자 47명 중에서 22명(46.8%)이 '조직의 목표'에 응답하였고, 그 다음으로 '조직구성원의 인간관계'는 전체 응답자 중에서 19명(40.4%)으로 나타났다. 이익단체 모두 '수단적 측면'에는 응답자가 한 명도 응답하지 않아 정책결정기준을 '수단적 측면'으로 비중을 두고 있지는 않고 있다.

　단체 유형 분석에서 연고단체는 빈도인원 9명 중에서 7명(77.8%)이 '조직구성원의 인간관계'에 응답하였고 '조직의 목표'와 '조직 외부의 정치적 인간관계'는 각각 1명(11.1%)의 응답자가 응답하여 주었다. 다만 '수단적 측면'과 '주민의 이해'에는 응답자가 한 명도 없어 의사결정시에 비중을 두고 있지 않는다. 직능단체는 빈도인구 13명 중에서 7명(53.8%)이 '조직의 목표'에 응답하고, '조직구성원의 인간관계'는 3명(23.1%)이 응답하여 비교적 조직의 목표와 조직구성원의 인간관계에 비중을 두고 있음을 알 수 있다. 전문가단체는 빈도인구 9명 중 5명(55.6%)이 '조직의 목표'에 응답하고 '조직구성원의 인간관계'에는 3명

(33.3%)의 비율을 보이고 있다. 종교단체는 비율인원 4명 중 2명(50%)이 '조직의 구성원의 인간관계'에 응답하고 '조직의 목표'와 '주민의 이해'에는 각각 1명(25%)씩 응답하였다. 시민단체는 빈도인원 12명 중에서 8명(66.7%)이 '조직의 목표'에 두고 있다고 응답하였고, '조직구성원의 인간관계'는 4명(33.3%)이 응답하여 비교적 '조직의 목표'와 '조직구성원'에 응답한 비율이 높게 나왔다. 시민단체는 조직의 목표의 빈도인원 22명 중에서 8명(66.7%)이 응답하여 가장 높은 전체 비율 중에서도 가장 높은 비율을 보여주고 있다. 조직의 목표는 전반적으로 높은 비율을 보이고 있었고, 대체로 조직 외부의 정치적 인간관계에 응답한 이익단체에서는 연고단체와 전문가단체가 각각 11.1%와 직능단체가 7.7%이고 시민단체와 종교단체는 하나도 없어, 정치적 인간관계를 정책결정기준에 두고 있다고 보기에는 전체적으로 낮은 비율이다. 아마도 이러한 응답의 결과는 이익단체의 정책결정이 외부의 정치적 영향력을 배제하려는 응답자의 신중한 고려가 전제되어 있기 때문이다.

〈표 9-12〉 이익단체 활동전략

단체 유형 활동전략		연고단체	직능단체	전문가단체	종교단체	시민단체	전 체
법안의 기초	빈 도		1	2		1	4
	Row%		25.0	50.0		25.0	100.0
	Col%		7.7	20.0		8.3	8.3
여론 형성	빈 도	7	5	3	2	9	26
	Row%	26.9	19.2	11.5	7.7	34.6	100.0
	Col%	77.8	38.5	30.0	50.0	75.0	54.2
자치단체장 방문	빈 도	2	2	3		2	9
	Row%	22.2	22.2	33.3		22.2	100.0
	Col%	22.2	15.4	30.0		16.7	18.8
지방의회 방문	빈 도			1	1		2
	Row%			50.0	50.0		100.0
	Col%			10.0	25.0		4.2

활동전략 ＼ 단체 유형		연고단체	직능단체	전문가단체	종교단체	시민단체	전　체
여러 단체의 집단적 로비	빈　도		5	1	1		7
	Row%		71.4	14.3	14.3		100.0
	Col%		38.5	10.0	25.0		14.6
전　체	빈　도	9	13	10	4	12	48
	Row%	18.8	27.1	20.8	8.3	25.0	100.0
	Col%	100.0	100.0	100.0	100.0	100.0	100.0

　　이익단체가 조직의 목적달성을 위하여 사용하는 가장 효과적인 활동전략을 묻는 내용에서는 <표 9-12>와 같이 나타났다. 활동전략방안으로서는 '법안의 기초', '여론 형성', '자치단체장 방문', '지방의회 방문'과 '여러 단체의 집단적 로비'를 활동전략으로 구분하여 질문하였다. 전체 응답자 48명 중에서 26명(54.2%)이 '여론의 형성'으로 응답해 주었고 '자치단체장 방문'은 다음 순위인 9명(18.8%)으로 나타났다. 그러나 '지방의회의 방문'은 가장 저조한 비율인 2명(4.2%)만이 응답하여 대체로 지방의회를 대상으로 활동전략을 고려하지는 않았다. 단체 유형 분석에서 연고단체는 빈도인원 9명 중에서 7명(77.8%)이 응답하여 가장 높은 비율을 보이고 있고 '자치단체장 방문'은 불과 2명(22.2%)으로 비교적 낮은 비율을 보이고 있다. 직능단체는 빈도인원 13명 중에서 '여론의 형성'과 '여러 단체의 집단적 로비'가 각각 5명(38.5%)씩 각각 나타났으나, '지방의회'는 한 명도 응답자가 없다. 전문가단체는 빈도인원 10명 중에서 3명(33.0%)이 각각 '여론 형성'과 '자치단체장 방문'으로 응답해 주었고 '법안의 기초'는 2명(20.0%)과 '지방의회 방문'과 '여러 단체의 집단적 로비'는 각각 1명(10.0%)으로 비교적 낮은 비율이 나왔다. 종교단체는 빈도인원 4명 중에서 2명(50.0%)이 '여론 형성'으로 응답하였고, '지방의회 방문'과 '여러 단체의 집단적 로비'가 각각 1명(25.0%)씩 나타났다. 시민단체도 빈도인원 12명 중에서 9명(75.0%)이 '여론 형성'으로 응답하여 가장 높은 비율을 보이고 있다. 하지만 '지

방의회'나 '여러 단체의 집단적 로비'는 한 명도 응답자가 없어서 활동 전략으로 고려하지 않고 있음을 알 수 있다.

이익집단들의 활동전략은 대체로 여론 형성을 중심으로 활동하고 있으며, 지방의회의 방문을 한다고 응답한 부분은 가장 낮은 비율을 나타내고 있다. 이러한 현상은 이익집단들이 그들의 이익을 실현하기 위해서는 지방의회를 방문하거나 의원들을 만나는 것은 그들의 이익 실현 가능성이 가장 희박하다고 생각하고 있는 것 같다.

〈표 9-13〉 이익단체 개별적 접촉

개별적 접촉	단체 유형	연고단체	직능단체	전문가단체	종교단체	시민단체	전 체
0~2회	빈 도	5	8	4	2	4	23
	Row%	21.7	34.8	17.4	8.7	17.4	100.0
	Col%	55.6	61.5	40.0	50.0	33.3	47.9
3~4회	빈 도	3	1	1		7	12
	Row%	25.0	8.3	8.3		58.3	100.0
	Col%	33.3	7.7	10.0		58.3	25.0
5~7회	빈 도	1	1	2	1		5
	Row%	20.0	20.0	40.0	20.0		100.0
	Col%	11.1	7.7	20.0	25.0		10.4
7~8회	빈 도			1			1
	Row%			100.0			100.0
	Col%			10.0			2.1
9회 이상	빈 도		3	2	1	1	7
	Row%		42.9	28.6	14.3	14.3	100.0
	Col%		23.1	20.0	25.0	8.3	14.6
전 체	빈 도	9	13	10	4	12	48
	Row%	18.8	27.1	20.8	8.3	25.0	100.0
	Col%	100.0	100.0	100.0	100.0	100.0	100.0

이익단체들이 그들의 사업을 실현하기 위해 다른 단체나 혹은 각 단

체의 인사와 개별적 접촉을 한 달 평균 몇 회 하는가를 묻는 질문에는
<표 9-13>과 같이 나타났다. 시민단체만을 제외하고 모든 단체가 월
평균 2회 이하가 가장 높은 비율을 나타내고 있다. 9회 이상이라고 응
답한 단체는 종교단체가 가장 높은 비율인 25%가 나타났고, 다음으로
직능단체가 23.1%로 나왔다. 대체로 5~7회 정도라고 응답한 단체는
전문가단체와 종교단체인데 이들은 여타의 이익단체와 개별적 접촉이
비교적 많은 편이고, 시민단체는 3~4회가 가장 많은 횟수로 나왔다.
종교단체는 같은 종교단체와의 잦은 접촉은 예상이 되지만, 전문가단체
의 높은 비율은 아마도 전교조나 한교조, 교총과 같은 단체에서 그들
의 이익 실현을 위하여 잦은 접촉을 주도하기 때문에 높은 비율을 나
타내지 않는가 생각된다. 시민단체의 개별적 접촉에서 비교적 낮은 비
율을 보이고 있는 것은 그들의 활동이 여타의 이익단체와의 연결을 통
해서 시민활동을 하기보다는 자체적 이슈 중심으로 활동을 지향하고
있기 때문이지 않는가 생각된다.

<표 9-14> 이익단체 로비통로

단체 목표 \ 단체 유형		연고단체	직능단체	전문가단체	종교단체	시민단체	전 체
지방의회	빈 도		1	1		2	4
	Row%		25.0	25.0		50.0	100.0
	Col%		7.7	11.1		18.2	8.9
집행기관	빈 도	4	4	4	2	3	17
	Row%	23.5	23.5	23.5	11.8	17.6	100.0
	Col%	50.0	30.8	44.4	50.0	27.3	37.8
시민단체	빈 도	1	3	2	2	5	13
	Row%	7.7	23.1	15.4	15.4	38.5	100.0
	Col%	12.5	23.1	22.2	50.0	45.5	28.9
언 론	빈 도	3	2	1		1	7
	Row%	42.9	28.6	14.3		14.3	100.0
	Col%	37.5	15.4	11.1		9.1	15.6

단체 목표	단체 유형	연고단체	직능단체	전문가단체	종교단체	시민단체	전 체
중앙기관	빈 도		3	1			4
	Row%		75.0	25.0			100.0
	Col%		23.1	11.1			8.9
전 체	빈 도	8	13	9	4	11	45
	Row%	17.8	28.9	20.0	8.9	24.4	100.0
	Col%	100.0	100.0	100.0	100.0	100.0	100.0

　　이익단체가 집단적 로비활동을 전개할 때 가장 중요시하는 접근통로는 무엇으로 생각하는가라는 질문에 응답한 결과가 <표 9－14>에서 보는 바와 같다. 전체 응답자 45명 중에서 '집행기관'이라고 응답한 비율이 17명(37.8%)으로 나타났다. 다음으로 '시민단체'라고 응답한 비율은 13명(28.9%) 있었고, '지방의회'와 '중앙기관'은 가장 저조한 비율을 나타내고 있다. 단체 유형 분석에서 연고단체는 빈도인원 8명 중에서 4명(50.0%)이 '집행기관'이라고 응답하고 '언론'은 3명(37.5%)의 비율을 보이고 '시민단체'는 비교적 낮은 비율을 보이고 있다. 직능단체는 빈도인원 13명 중에서 4명(30.8%)이 '집행기관'이라고 응답하고 '시민단체'와 '중앙기관'은 각각 3명(23.1%)씩 나타났다. 전문가단체는 빈도인원 9명 중에서 4명(44.4%)이 '집행기관'을 응답했고 1명(11.1%)은 '언론'을 응답하였다. 그러나 '지방의회'와 '중앙기관'은 응답자가 하나도 없어 로비의 통로로 고려하고 있지 않고 있다. 종교단체는 빈도인원 4명 중에서 2명(50.0%)씩 각각 '집행기관'과 '시민단체'라고 응답하고 있다. 시민단체는 빈도인원 11명 중에서 5명(45.5%)이 '시민단체'라고 응답하고 있고, '집행기관'은 3명(27.3%)으로 다음 순위를 보이고 있다. 그러나 '중앙기관'은 로비의 통로로 고려하고 있지 않아 한 명도 응답자가 없음을 알 수 있다. 지방자치 실시 이후 중앙기관과의 관계가 이익단체들과 밀접한 관계를 맺는데 한계가 있지만, 지방의회가 이익단체들의 로비통로로 작용하고 있지 못하다는 인식하에 저조한 비율을 보

이고 있는 것은 다소 의문스럽다. 지방의회 의원들이 이익단체의 기대에 미치지 못하다는 것을 의미하는지 아니면 의회의 권한이 집행기관에 비하여 미약하다는 것을 의미하는가는 연구의 대상이 되며, 의회가 자각해야 할 내용인 것 같다.

<표 9-15> 이익단체 선거운동참여

선거운동참여 \ 단체 유형		연고단체	직능단체	전문가단체	종교단체	시민단체	전 체
매우 적극적	빈 도						
	Row%						
	Col%						
적극적	빈 도	4	2	2	1	4	13
	Row%	30.8	15.4	15.4	7.7	30.8	100.0
	Col%	44.4	15.4	25.0	25.0	33.3	28.3
그저 그렇다	빈 도	2	5	4	2	6	19
	Row%	10.5	26.3	21.1	10.5	31.6	100.0
	Col%	22.2	38.5	50.0	50.0	50.0	41.3
소극적	빈 도	3	4	2		2	11
	Row%	27.3	36.4	18.2		18.2	100.0
	Col%	33.3	30.8	25.0		16.7	23.9
매우 소극적	빈 도		2		1		3
	Row%		66.7		33.3		100.0
	Col%		15.4		25.0		6.5
전 체	빈 도	9	13	8	4	12	46
	Row%	19.6	28.3	17.4	8.7	26.1	100.0
	Col%	100.0	100.0	100.0	100.0	100.0	100.0

다음은 이익단체들이 각종 선거에 어떻게 참여하고 있는가를 묻는 내용이다. <표 9-15>에서 보는 바와 같이 전체 이익단체들이 선거에 어떻게 참여하는가의 질문에 전체 인원 46명 중에서 19명(41.3%)이 '그저 그렇다'라고 응답한 비율로 나타났고, '적극적'이라고 응답한 비율은 13명(28.3%)이 응답했다. '소극적'이라고 응답한 비율은 11명(23.9%)이지

만, '매우 적극적'이라고 응답한 사람은 한 명도 없어 어느 단체도 선거운동에 비교적 적극적이지는 않다. 단체 유형 분석에서 연고단체는 빈도인원 9명 중에서 4명(44.4%)이 '적극적'이라고 응답하고 있고 나머지는 대체로 소극적이거나 그저 그렇다고 응답했다. 직능단체 또한 빈도인원 13명 중에서 5명(38.5%)이 '그저 그렇다'라고 응답하였고 '소극적'이거나 '매우 소극적'이라고 응답하여, 선거운동에는 가장 소극적이다. 전문가단체는 빈도인원 8명 중에서 4명(50.0%)이 '그저 그렇다'라고 응답하고 '적극적'과 '소극적'이 같은 비율로 각각 2명(25.0%)씩 응답하였다. 종교단체는 빈도인원 4명 중에서 2명(50.0%)이 '그저 그렇다'라고 응답하였고 대체로 선거에 소극적 태도를 보이고 있다. 또한 시민단체도 비교적 중간적 태도를 보이는데, 빈도인원 12명 중에서 6명(50.0%)이 '그저 그러함'이라고 응답하고 '적극적' 태도는 4명(33.3%)의 수준이다. '매우 적극적'과 '매우 소극적'이라고 응답한 사람은 한 명도 없어 대체로 선거운동참여에 중간적 태도를 보이고 있다.

〈표 9-16〉 이익단체 연합활동

연합활동 \ 단체 유형		연고단체	직능단체	전문가단체	종교단체	시민단체	전 체
매우 적극적	빈 도		2	1			3
	Row%		66.7	33.3			100.0
	Col%		14.3	10.0			6.1
적극적	빈 도	4	2	5	1	8	20
	Row%	20.0	10.0	25.0	5.0	40.0	100.0
	Col%	44.4	14.3	50.0	25.0	66.7	40.8
그저 그렇다	빈 도	2	3	3		3	11
	Row%	18.2	27.3	27.3		27.3	100.0
	Col%	22.2	21.4	30.0		25.0	22.4
소극적	빈 도	3	5		2	1	11
	Row%	27.3	45.5		18.2	9.1	100.0
	Col%	33.3	35.7		50.0	8.3	22.4

단체 유형 / 연합활동		연고단체	직능단체	전문가단체	종교단체	시민단체	전　체
매우 소극적	빈　도		2	1	1		4
	Row%		50.0	25.0	25.0		100.0
	Col%		14.3	10.0	25.0		8.2
전　체	빈　도	9	14	10	4	12	49
	Row%	18.4	28.6	20.4	8.2	24.5	100.0
	Col%	100.0	100.0	100.0	100.0	100.0	100.0

　이익단체의 연합활동을 묻는 질문에 응답한 내용은 <표 9－16>에서 보여주고 있다. 이익단체들이 다른 단체와 연계하여 활동하는가를 묻는 질문에서 전체 응답자 49명에서 20명(40.8%)이 '적극적'이라고 응답하고 있다. '그저 그렇다'와 '소극적'이라고 응답한 비율은 각각 11명(22.4%)으로 나타났다. '매우 적극적'과 '매우 소극적'은 비교적 낮은 비율을 보이고 있다.

　단체 유형 분석에서 연고단체는 빈도인원 9명 중에서 4명(44.4%)이 '적극적'이라고 응답하였고, '소극적'도 3명(33.3%)으로 비슷한 비율을 보이고 있으며, '매우 적극적'과 '매우 소극적'이라는 응답은 한 명도 없다. 직능단체는 빈도인원 14명 중에서 5명(35.7%)이 '소극적'이라고 응답하고 '그저 그렇다'라고 한 응답은 3명(21.4%)이며, 나머지는 각각 2명(14.3%)의 비율을 보이고 있어 대체로 연합활동에 소극적이다. 전문가단체는 빈도인원 10명 중에서 5명(50.0%)이 '적극적'이라고 응답했고 '매우 적극적'은 1명(10.0%)으로 나타나서 대체로 연합활동을 적극적으로 하고 있다. 종교단체는 빈도인원 4명 중에서 2명(50.0%)이 '소극적'이라고 응답하고 '적극적'과 '매우 소극적'이라고 응답한 비율이 각각 1명(25.0%)으로 비교적 소극적 태도를 보이고 있다. 시민단체는 빈도인원 12명 중에서 '적극적'이라고 응답한 비율은 8명(66.7%)으로 비교적 높은 비율을 보이고 있고 '그저 그렇다'라고 응답한 비율이 3명(25.0%)으로 나타났다. 이익단체들이 연합활동에 비교적 적극적 활동을 하고

있지만 단체 상호간의 긴밀한 연계나 상호 협력을 추진하지는 않는 정
도로 나타나고 있다.

종교단체는 단체의 특성상 다른 단체와의 연합활동을 하기가 매우
제한적이라고 말할 수 있다. 그러나 시민단체는 비교적 적극적 연합활
동을 하고 있다고 응답하고 있다. 90년 이후 시민단체의 등장과 그들
의 활동은 가장 주목할 만하다. 특히 중앙과 지역단위의 연계와 유사
시민단체들 간의 연계활동은 인터넷을 중심으로 On-line을 통하여 한
층 증가하고 있는 추세이다. 오늘날 전자매체의 발달은 시민단체들의
연계활동을 한층 더 활발하게 해 주고 있고, 시간과 장소를 초월하여
네트워크 상에서 긴밀한 정보의 교류와 유대를 강화하고 있는 추세를
감안하면 이익단체들의 연합활동은 앞으로 더욱더 활발해질 것이다.

Ⅴ. 이익단체의 영향력

이익단체는 그들의 목표를 달성하기 위해 여러 활동을 하고 주민과
지방정부 등에 대하여 여러 활동전략을 갖고 있다. 이러한 활동과 전
략 및 그들의 인적, 조직력을 통한 영향력의 발휘는 어떠한지 살펴볼
필요가 있다. 이익단체의 인적 구성원의 역할은 대단히 중요하다. 이들
의 영향력은 직업의식과 사명의식을 갖고 일하는 사람들로 이익단체가
제공하는 프로그램에 참여함으로써 그들의 영향력을 최대화하려는 경
향이 있다. 이들의 영향력은 지역사회의 변화의 원동력이 되며 사회
발전의 요체이기도 하다.

〈표 9-17〉 이익단체장 연령

성 비율			연 령			학 력		
	빈 도	%		빈 도	%		빈 도	%
남	45	91.8	30대	1	2.0	중 졸	2	4.1
여	4	8.2	40대	14	28.6	고 졸	11	22.4
전 체	49	100.0	50대	17	34.7	대 졸	22	44.9
			60대	8	16.3	대학원	14	28.6
			70대 이상	4	8.2	전 체	49	100.0
			미확인	5	10.2			
			전 체	49	100.0			

다음은 이익단체장의 연령을 묻는 질문이다. <표 9-17>에서 보는 바와 같이 전체 응답자 49명 중에서 50대가 17명(34.7%)으로 가장 높은 비율을 보이고 있고 다음으로 40대가 14명(28.6%)이다. 가장 낮은 비율은 30대로서 1명(2.0%)에 불과하다. 아마도 30대가 이익단체의 장을 역임하기에는 사회적 경륜과 전문지식이 부족하여 그 한계가 크다. 반대로 50대가 많은 것은 사회적 활동이 성숙한 단계에서 결실을 맺는 연령이기 때문이다.

다음은 단체장의 성비 구성을 묻는 질문의 내용이다. 남자의 비율은 전제 응답자 49명 중에서 압도적으로 높은 45명(91.8%)으로 나타났고, 여성은 4명(8.2%)이 나타났다. 최근 들어 여성들의 사회참여가 점차 증가하는 추세에 비례해 보면 비교적 적은 수치이다. 이익단체의 장이 남성이 많은 것은 우리나라의 대표적인 실례라 할 수 있지만 이익단체의 성격상 여성이 활동하는 데에 많은 제약요인이 있기 때문에 남성의 비율이 높게 나타나는 것이다.

다음은 이익단체장의 학력을 묻는 질문내용이다. 전주시 이익단체장은 대졸 출신이 22명(44.9%)의 가장 높은 비율을 나타내고 있다. 다음으로 대학원 출신도 14명(28.6%)의 비율을 보이고 있어 점차로 학력이 높아지고 있음을 알 수 있다. 사회가 분화하고 전문화되어 갈수록 전문적 지식이 필요하기 때문에 고학력의 비율이 나타나고 있다고 볼 수 있다.

〈표 9-18〉 이익단체장 출신고교

출생지			출신고			출신대		
	빈도	%		빈도	%		빈도	%
전남 목포	1	2.0	군산고	1	2.0	공주사대	1	2.0
전남 신안	1	2.0	목포상고	1	2.0	대학원졸	1	2.0
전남 영광	1	2.0	배영고	1	2.0	동국대	1	2.0
전북 고창	1	2.0	백산고	1	2.0	서울대	2	4.1
전북 군산	2	4.1	보습고	1	2.0	성균관대	1	2.0
전북 김제	3	6.1	삼례고	1	2.0	원광대	5	10.2
전북 남원	2	4.1	성실고	1	2.0	전북대	10	20.4
전북 부안	1	2.0	성은고	1	2.0	전주대	4	8.2
전북 순창	4	8.2	순창농고	1	2.0	조선대	1	2.0
전북 익산	2	4.1	신흥고	1	2.0	중앙대	1	2.0
전북 임실	1	2.0	영생고	3	6.1	가톨릭대	1	2.0
전북 전주	23	46.9	우석고	1	2.0	한신대	1	2.0
전북 진안	1	2.0	이리상고	1	2.0	한양대	1	2.0
미확인	6	12.2	임실고	1	2.0	호원대	1	2.0
전 체	49	100.0	전라고	3	6.1	홍익대	1	2.0
			전주고	9	18.4	무	13	26.5
			전주농고	1	2.0	미확인	4	8.2
			전주여고	1	2.0	전 체	49	100.0
			전주여상	1	2.0			
			제일고	1	2.0			
			중앙대	1	2.0			
			한성고	1	2.0			
			해성고	2	4.1			
			무	2	4.1			
			미확인	11	22.4			
			전 체	49	100.0			

　　<표 9-18>는 이익단체장의 성장에서 15세 이전까지의 성장지를 묻는 내용이다. 이익단체장의 성장지는 전체 응답자 49명 중에서 23명(46.9%)이 전주라고 응답하고 있다. 전주시 이익단체를 조사하는 공간적 특성 때문에 전주시가 가장 높은 비율을 보이는 것은 당연하다 하겠다. 전체적으로 낮은 수준에 머물고 있지만, 성장지 파악이 되지 않는 6명(12.0%)의 비율을 제외하고 전주 다음으로 순위는 순창(8.2%)과 김제(6.1%)의 순위를 보이고 있다. 대체로 전라북도 내 출신이지만 他道 출신 중에서는 전라남도 목포, 신안에서 각각 1명씩 있고, 기타의 他道 출신은 전무하다는 사실이 흥미롭다. 따라서 전주시 이익단체장은 대체로 전주 출신과 나아가 전라북도 출신에 한정되어 있고 타 지역 출신은 지극히 적은 수치를 보여주고 있음을 알 수 있다.

　　이익단체장의 출신 고교를 묻는 내용은 <표 9-18>에서 보는 바와 같다. 대체로 전주시 소재의 고등학교 출신이 가장 많으며, 그중 전주고가 9명(18.4%)의 가장 높은 비율을 보이고 있다. 다음으로 영생고와 전라고가 각각 3명(6.1%)의 비율을 보이고 있고, 그 외의 고등학교는 미미한 수준의 한두 명 정도이다. 특히 미확인이 많은 것은 이익단체장이 자신의 학력을 밝히기를 꺼리고 혹 개인정보 유출 문제 때문이다.

　　이익단체장의 출신대학을 묻는 내용은 <표 8-18>에서 보는 바와 같다. 전주시내에 연고지를 두고 있는 전북대가 전체 응답자 49명 중에서 가장 많은 10명(20.4%)으로 나타났고, 다음으로 인근지역 익산시에 소재하고 있는 원광대가 5명(10.2%)이고, 다음은 전주대 4명(8.2%) 순이다. 다른 대학은 한두 명 정도의 수준을 보이고 있다.

〈표 9-19〉 이익단체의 업무관계자 접촉 정도

참여자 유형	1순위		2순위		3순위		4순위		5순위		6순위	
	빈도	%	빈도	%	빈도	%	빈도	%	빈도	%	빈도	%
1. 상위정부			1	2	1	2	1	2	2	4.1	2	4.1
2. 시장/부시장	6	12.2	4	8.2	2	4.1	2	4.1	3	6.1	3	6.1

참여자 유형	1순위		2순위		3순위		4순위		5순위		6순위	
	빈도	%	빈도	%	빈도	%	빈도	%	빈도	%	빈도	%
3. 담당실국장	7	14.3	7	14.3	8	16.3	5	10.2	6	12.2		
4. 국회의원			1	2	2	4.1	3	6.1	3	6.1	5	10.2
5. 시의원			1	2	4	8.2	4	8.2	5	10.2	2	4.1
6. 지역경제인	2	4.1	2	4.1			3	6.1	1	2	3	6.1
7. 언론	1	2	4	8.2	7	14.3	10	20.4	6	12.2	4	8.2
8. 대학	2	4.1	3	6.1	4	8.2	3	6.1	2	4.1	2	4.1
9. 교육감	1	2	1	2	2	4.1	1	2				
10. 이익집단	2	4.1	4	8.2	9	18.4	3	6.1	3	6.1	6	12.2
11. 시민단체	7	14.3	13	26.5	2	4.1	5	10.2	4	8.2	4	8.2
12. 주민	17	34.7	4	8.2	4	8.2	1	2	2	4.1	2	4.1
무응답	4	8.2	4	8.2	4	8.2	8	16.3	12	24.5	16	32.7
전　체	49	100	49	100	49	100	49	100	49	100	49	100

　　이익단체들이 사업을 추진하기 위하여 자치단체 및 사회단체(혹은 인사)를 방문하여 접촉하는 횟수를 순위별로 기재한 내용은 <표 9－19>에서 보는 바와 같다. 이익단체들이 12개의 해당 업무단체로 임의 선정하여 단체 관계자와 접촉하는 횟수를 비율별로 6단계로 순위를 정하여 기재하였다. 제1순위는 전주시 이익단체들의 업무 관련 접촉순위는 전체 응답자 49명 중에서 '주민'으로 17명(34.7%)으로 나타났다. 두 번째의 접촉은 7명(14.3%)의 비율을 보이고 있는 '시민단체'와 '담당실국장'이다. 제2순위는 13명(26.5%)의 비율을 나타내는 '이익집단'이다. 다음으로 '담당실국장'은 7명(14.3%)으로 두 번째이다. 제3순위는 9명(18.4%)의 비율을 보이고 있는 '이익집단'이다. 이익집단 다음으로 높은 비율은 '담당실국장'이 8명(16.3%)으로 높게 나타났다. 점차로 순위가 내려갈수록 무응답의 비율이 높아지고 있어 조사 응답자는 접촉비율의 측정을 떨어뜨리는 결과를 가져오게 하고 있다. 또한 이익단체가 접속비중이 낮거나 성실하게 순위에서 중요성이 떨어지기 때문에 응답에 응

하지 않는 결과이다. 이익집단의 응답자 중에서 1~3위 순위는 주민, 시민단체와 이익단체의 순위로 나왔다. 따라서 전주시 이익단체가 그들의 사업을 추진하는 과정에서 방문하여 접촉의 횟수가 많은 곳은 '주민'이다. 각 단체에 있어서 주민은 가장 접촉하기 쉬운 대상이면서 주민 관련 사업이 많기 때문이다. 다음 순위인 2위와 3위는 '시민단체'와 '이익단체'이다. 시민단체와 이익단체는 그들 단체의 성격이 해석적으로 다룰 수 있으나 이번 설문에서는 응답의 주체이면서 그 대상이기 때문에 비교적 높은 비율을 보이고 있지 않는가 생각한다. 그 다음으로 주목해 봐야 할 대상은 담당실국장이다. 담당실국장은 응답자 1~5위의 순위에서 첫 번째 또는 두 번째로 많은 응답의 결과를 가져왔다. 행정 담당실국장들은 각 이익단체들의 사업 추진 과정에서 중요하다는 인식을 반영한 결과이다. 따라서 주민자치 시대에 지방행정부의 행정요원이 이익단체에 미치는 기대효과는 크다 할 수 있다.

〈표 9-20〉 이익단체 업무관계자의 영향력 정도

참여자 유형	1순위		2순위		3순위		4순위		5순위		6순위	
	빈도	%	빈도	%	빈도	%	빈도	%	빈도	%	빈도	%
1. 상위정부	3	6.1	2	4.1	1	2	1	2	2	4.1	4	8.2
2. 시장/부시장	8	16.3	4	8.2	3	6.1			4	8.2	5	10.2
3. 담당실국장	5	10.2	7	14.3	6	12.2	6	12.2	2	4.1	3	6.1
4. 국회의원	1	2			2	4.1	4	8.2	2	4.1	2	4.1
5. 시의원	1	2	1	2	3	6.1	3	6.1	5	10.2	3	6.1
6. 지역경제인			2	4.1	2	4.1	3	6.1	1	2	2	4.1
7. 언론	2	4.1	4	8.2	9	18.4	11	22.4	8	16.3	1	2
8. 대학	1	2	1	2	5	10.2	2	4.1	3	6.1	2	4.1
9. 교육감	3	6.1	1	2			1	2			1	2
10. 이익집단	1	2	4	8.2	9	18.4	5	10.2	3	6.1	3	6.1
11. 시민단체			17	34.7	4	8.2	4	8.2	6	12.2	3	6.1

참여자 유형	1순위		2순위		3순위		4순위		5순위		6순위	
	빈도	%	빈도	%	빈도	%	빈도	%	빈도	%	빈도	%
12. 주민	21	42.9	3	6.1	2	4.1	1	2	1	2	5	10.2
무응답	3	6.1	3	6.1	3	6.1	8	16.3	12	24.5	15	30.6
전 체	49	100	49	100	49	100	49	100	49	100	49	100

이익단체가 사업 추진을 위하여 해당 기관 또는 단체에 대하여 영향력 정도를 묻는 질문내용은 <표 9-20>에서 보는 바와 같다. 이익단체가 그들의 사업 추진 과정에서 자주 만나게 되는 관계자와 영향력의 정도는 비례한다고 볼 수 있는 결과를 알 수 있다. 이익단체가 생각하는 영향력의 정도의 측정에서도 전체 응답자 49명 중에서 '주민'이 제1순위인 21명(42.9%)으로 나왔다. 1위 순위 중 두 번째는 '시장, 부시장'으로 8명(16.3%)이 나왔다. <표 9-19>의 접촉 정도를 묻는 질문에서는 1위는 '주민'이고 '담당실국장'이 두 번째의 비율을 보이고 있는데 영향력의 정도를 묻는 질문에서는 '시장, 부시장'이 두 번째의 많은 응답을 보여주었다. 영향력의 정도를 묻는 질문에 2위는 역시 '시민단체'로 17명(34.7%)이고 3위는 '이익집단'과 '언론'으로 9명(18.4%)이 나타났다. 순위가 내려갈수록 무응답의 비율이 높아지고 있는 것은 해당 순위의 빈도율이 떨어지는 경우도 있지만 이미 순위 빈도에서 측정이 되었던 내용을 다시 순위 측정값을 정하여 해당 기관의 참여 빈도가 나타나지 않기 때문이다.

이러한 순위는 전주시 이익단체들이 그들의 사업 추진을 위하여 자주 방문하거나 접촉하는 순위와 같은 결과를 보여주고 있는 것이다. 또한 무응답의 순위도 비슷한 결과를 보여주고 있어 이익단체들이 그들의 사업 추진 과정에서 자주 접촉하는 횟수와 영향력의 정도는 거의 차이가 없다는 결과를 알 수 있다. 주목할 만한 내용은 상위정부의 비율이 현저히 낮고 그 외에 시의원, 교육감, 대학은 낮은 순위를 보여주고 있다는 것을 알 수 있다. 이와 같은 현상은 지방자치 실시 이후 주

민들의 영향력의 비중이 매우 높아지고 있으며, 또한 시민단체와 이익
단체들의 활동이 두드러져서 각 이익단체들의 많은 영향력을 행사하고
있다는 것을 알 수 있다.

〈표 9-21〉 이익단체의 지방정부 연계 정도

연계 정도 \ 단체 유형		연고단체	직능단체	전문가단체	종교단체	시민단체	전 체
매우 긴밀함	빈 도	1		2		2	5
	Row%	20.0		40.0		40.0	100.0
	Col%	11.1		20.0		16.7	10.2
긴밀함	빈 도	2	8	5	2	5	22
	Row%	9.1	36.4	22.7	9.1	22.7	100.0
	Col%	22.2	57.1	50.0	50.0	41.7	44.9
그저 그렇다	빈 도	5	5	3	1	4	18
	Row%	27.8	27.8	16.7	5.6	22.2	100.0
	Col%	55.6	35.7	30.0	25.0	33.3	36.7
긴밀하지 못함	빈 도	1	1			1	3
	Row%	33.3	33.3			33.3	100.0
	Col%	11.1	7.1			8.3	6.1
전혀 긴밀 하지 못함	빈 도				1		1
	Row%				100.0		100.0
	Col%				25.0		2.0
전 체	빈 도	9	14	10	4	12	49
	Row%	18.4	28.6	20.4	8.2	24.5	100.0
	Col%	100.0	100.0	100.0	100.0	100.0	100.0

이익단체가 지방정부와 연계 정도를 묻는 내용은 <표 9-21>에서 보
는 바와 같다. 전체 49명 응답자 중에서 '긴밀하다'라고 응답한 비율이
22명(44.9%)으로 가장 높은 비율을 보이고 있고 '그저 그렇다'고 응답
한 비율이 18명(36.7%)이다. '가장 긴밀하지 못하다'라는 응답비율은
전체 중에서 1명(2.0%)에 불과하고 '매우 긴밀하다'라고 응답한 인원은
5명(10.2%)으로 나타나고 있다. 전주시 이익단체들은 비교적 지방정부

와 연계 정도가 긴밀하다고 할 수 있다.

단체 유형 비교에서 연고단체는 빈도인원 9명 중에서 '그저 그렇다' 고 응답한 비율이 5명(55.6%)으로 나타나고 있으며 긴밀하다고 응답한 비율은 2명(22.2%)으로 나타났다. 직능단체는 '긴밀하다'라고 응답한 비율이 빈도인원 14명 중에서 8명(57.1%)으로 나타났고, '그저 그렇다'라 고 응답한 비율이 5명(35.7%)라고 응답했다. 전문가단체는 '긴밀하다'고 응답한 비율은 빈도비율 10명 중에서 5명(50.0%)으로 가장 높은 비율로 나타났고, '매우 긴밀하다'는 응답은 2명(20.0%)이다. 따라서 보편적으로 전문가단체는 지방정부와 연계 정도가 긴밀하다는 것을 알 수 있다. 특 히 전주시 행정의 의사결정 과정에서 전문가단체의 의견을 충분히 반영 하여 정책을 수립하고 있는 사례는 전문가단체와 지방정부와 연계성 높 은 비율을 보이는 것은 우연이 아니다. 매우 긴밀하다고 응답한 비율이 가장 높은 것이 전문가단체의 의견을 전주시가 반영하고 있다고 볼 수 있다. 또한 종교단체도 전문가단체와 비슷한 수준에서 비율을 보이고 있지만, '전혀 긴밀하지 못하다'라고 응답한 비율이 빈도인원 4명 중에 서 1명(25.0%)이 보이고 있어 전문가단체와 약간의 차이가 있다. 시민 단체는 전체 빈도인원 12명 중에서 '긴밀하다'라고 응답한 비율이 5명 (41.7%)이고 '매우 긴밀하다'고 응답한 비율이 2명(16.7%)으로 나타나 비교적 긴밀한 유대관계를 갖고 있음을 알 수 있다.

〈표 9-22〉 이익단체의 지방정부 기여도

지 방 정부 기여도	단체 유형	연고단체	직능단체	전문가단체	종교단체	시민단체	전 체
크게 기여함	빈 도	1	5	2		1	9
	Row%	11.1	55.6	22.2		11.1	100.0
	Col%	11.1	35.7	22.2		8.3	18.8
기여함	빈 도	4	2	4	3	11	24
	Row%	16.7	8.3	16.7	12.5	45.8	100.0
	Col%	44.4	14.3	44.4	75.0	91.7	50.0

단체 유형 지 방 정부 기여도		연고단체	직능단체	전문가단체	종교단체	시민단체	전 체
그저 그렇다	빈 도	2	6	3	1		12
	Row%	16.7	50.0	25.0	8.3		100.0
	Col%	22.2	42.9	33.3	25.0		25.0
기여하지 못함	빈 도	2	1				3
	Row%	66.7	33.3				100.0
	Col%	22.2	7.1				6.3
전혀 기여 하지 못함	빈 도						
	Row%						
	Col%						
전 체	빈 도	9	14	9	4	12	48
	Row%	18.8	29.2	18.8	8.3	25.0	100.0
	Col%	100.0	100.0	100.0	100.0	100.0	100.0

이익단체의 활동이 지방정부에 얼마나 기여하고 있는가를 묻는 내용은 <표 9-22>에서 보여주고 있다. 지방정부 기여도 측정에서 전체 응답자 48명 중에서 24명(50.0%)이 '기여함'이라고 응답하고 있고 '그저 그러함'이라고 응답한 비율은 12명(25.0%)으로 나타나고 있다. 또한 '크게 기여함'이라고 응답한 비율은 9명(18.8%)으로 나타나고 있어 대체로 지방정부에 기여하고 있다고 응답하고 있고 '전혀 기여하지 못함'이라고 응답은 한 사람도 없다.

단체 유형 분석에서 연고단체는 빈도비율 9명 중에서 4명(44.4%)이 '기여함'이라고 응답하고 '크게 기여함'이라고 응답한 비율은 1명(11.1%)으로 나타나고 있다. 직능단체는 빈도인원 14명 중에서 '크게 기여함'이라고 응답한 비율이 5명(35.7%)으로 높게 나타나고 있고 '기여함'이라고 응답한 비율은 2명(14.3%)으로 나타났다. 전문가단체는 빈도인원 9명 중에서 '기여함'이라고 응답한 비율은 4명(44.4%)으로 나타나고 '크게 기여함'이라고 응답한 비율은 2명(22.2%)으로 나타나서 높은 비율을 보이고 있다. 종교단체는 대체로 긍정하는 입장이고 시민단체는 빈

도인원 12명 중에서 11명(91.7%)이 '기여함'이라고 응답하고, 1명(11.1%)
은 '크게 기여함'이라고 응답함으로써 시민단체가 자신의 활동이 지방
정부에 크게 기여하고 있다고 응답하고 있다.

   이러한 현상은 시민단체의 본연의 활동이 정부의 감시와 비판에 있
다는 인식에 기인한 결과이다. 시민단체는 지방정부의 행정의 효율성을
강화와 행정 서비스 개선하여 경쟁력 확보와 부패를 방지하고 행정개
혁을 고무시킨다는 의식이 반영된 결과이다.

<표 9-23> 이익단체의 지방정부 봉사도

지 방 정부 봉사도	단체 유형	연고단체	직능단체	전문가단체	종교단체	시민단체	전체
크게 봉사함	빈 도		1	2		3	6
	Row%		16.7	33.3		50.0	100.0
	Col%		7.1	20.0		25.0	12.2
봉사함	빈 도	3	5	4	4	4	20
	Row%	15.0	25.0	20.0	20.0	20.0	100.0
	Col%	33.3	35.7	40.0	100.0	33.3	40.8
그저 그렇다	빈 도	5	7	4		4	20
	Row%	25.0	35.0	20.0		20.0	100.0
	Col%	55.6	50.0	40.0		33.3	40.8
봉사하지 못함	빈 도	1	1			1	3
	Row%	33.3	33.3			33.3	100.0
	Col%	11.1	7.1			8.3	6.1
전혀 봉사 하지 못함	빈 도						
	Row%						
	Col%						
전 체	빈 도	9	14	10	4	12	49
	Row%	18.4	28.6	20.4	8.2	24.5	100.0
	Col%	100.0	100.0	100.0	100.0	100.0	100.0

   다음은 이익단체가 지방정부에 봉사 정도를 묻는 내용에서 <표 9-23>

은 이익단체가 지방정부에 봉사하는 수준을 응답한 비율이다. 전체 응답자 49명 중에서 20명(40.8%)이 '봉사함'과 '그저 그렇다'가 각각 나타났고 '크게 봉사함'이라고 응답한 비율이 6명(12.2%)으로 나타났다. 그런가하면 '전혀 봉사하지 못함'이라고 응답한 사람은 한 명도 없어, 대체로 이익단체들은 자신의 활동이 지방정부에 봉사한다고 인식하고 있다.

  단체 유형 분석에서 연고단체는 빈도응답 9명 중에서 5명(55.6%)으로 나타나고 있고 '봉사함'이라고 응답한 비율은 3명(33.3%)으로 나타났다. 직능단체는 빈도인원 14명 중에서 7명(50.0%)이 '그저 그렇다'라고 응답하고 '봉사함'이라고 응답한 비율은 5명(35.7%)으로 나타났다. 전문가단체는 빈도인원 10명 중에서 4명(40.0%)이 '봉사함'과 '그저 그렇다'라고 각각 응답하였고, 2명(20.0%)은 '크게 기여함'이라고 응답하여 대체로 지방정부에 기여하고 있음이 나타났다. 종교단체는 빈도인원 4명(100%) 전원이 '봉사함'이라고 응답하고 있다. 시민단체는 빈도인원 12명 중에서 4명(33.3%)이 '봉사함'과 '그저 그렇다'라고 응답하고 있고 '봉사하지 못함'이라고 응답한 비율은 1명(8.3%)에 불과하고 '전혀 봉사하지 못함'이라고 한 응답자는 한 명도 없어 비교적 지방정부에 기여하고 있다고 본다. 일반적으로 이익단체들은 자신의 활동이 지방정부에게 어느 정도 봉사하고 있다고 생각하고 특히 시민단체와 전문가단체가 비교적 높은 비율을 보이고 있는 것은 그들의 활동이 지방정부와 무관하지 않는 것으로 파악된다.

<표 9-24> 지방정부의 이익단체에 대한 공정성

지 방 정부의 공정성	단체 유형	연고단체	직능단체	전문가단체	종교단체	시민단체	전 체
매우 공정함	빈 도	1	2	1	1		5
	Row%	20.0	40.0	20.0	20.0		100.0
	Col%	11.1	14.3	11.1	25.0		10.4
공정함	빈 도	4	3	4	1	10	22
	Row%	18.2	13.6	18.2	4.5	45.5	100.0
	Col%	44.4	21.4	44.4	25.0	83.3	45.8

지 방 정부의 공정성	단체 유형	연고단체	직능단체	전문가단체	종교단체	시민단체	전 체
그저 그렇다	빈 도	2	8	3	2	1	16
	Row%	12.5	50.0	18.8	12.5	6.3	100.0
	Col%	22.2	57.1	33.3	50.0	8.3	33.3
공정하지 않음	빈 도	2		1		1	4
	Row%	50.0		25.0		25.0	100.0
	Col%	22.2		11.1		8.3	8.3
전혀 공정 하지 않음	빈 도		1				1
	Row%		100.0				100.0
	Col%		7.1				2.1
전 체	빈 도	9	14	9	4	12	48
	Row%	18.8	29.2	18.8	8.3	25.0	100.0
	Col%	100.0	100.0	100.0	100.0	100.0	100.0

마지막으로 <표 9-24>은 이익단체에 대한 지방정부의 공정성 관계를 묻는 내용이다. 전체 응답자 48명 중에서 22명(45.8%)으로 높게 나타나고 '그저 그렇다'라고 응답한 비율은 16명(33.3%)으로 나타났다. 반면에 '매우 공정함'이라고 응답한 비율은 전체 중에서 5명(10.4%)이 응답하여 미미한 수준이지만 지방정부가 이익단체에 대하여 비교적 공정성을 보장하는 것으로 나타났다.

단체 유형 분석에서 연고단체는 빈도인원 9명 중에서 4명(44.4%)이 '공정하다'라고 응답하고 '그저 그렇다'와 '공정하지 않음'이라고 응답한 비율이 각각 2명(22.2%)으로 나타났다. 직능단체는 빈도인원 14명 중에서 8명(50.0%)이 '그저 그렇다'라고 응답해 주었고, '공정함'과 '매우 공정함'이 각각 3명(21.4%)과 2명(14.3%)으로 나타났다. 전문가단체는 빈도인원 9명 중에서 4명(44.4%)이 '공정함'이라고 응답하고 종교단체는 빈도인원 4명 중에서 '그저 그러함'이라고 응답한 비율이 2명(50.0%)이며, '매우 공정함'과 '공정함'은 각각 1명(25.0%)씩 나타났다. 시민단체는 빈도인원 12명 중에서 10명(83.3%)이 '공정함'이라고 응답하고 '그저 그렇다'와 '공정하지 않음'은 각각 1명(8.3%)으로 나타났다. '매우 공정하다'라고 응답한 비율은 전혀 없지만 '공정하다'라고 응답한 비율이 83.3%의 비율로 가장 높은 비율을 보이고 있다. 전주시 이익단체들은 지방정부가 대체로 공정성을 갖고서 공평무사하게 효과적으로 업무를 처리하고 있다고 응답하고 있다. 지방정부의 이익단체에 대한 업무의 공정성은 비교적 높은 비율을 보이고 있어 전주시가 이익단체와 관계가 공정하고 투명하게 이루어지고 있음을 알 수 있다. 특히 전주시는 전국 최초로 시민단체와의 관계 협의체를 구성하여 정책결정에 시민단체와 전문가단체의 참여를 유도하고 있다.

VI. 결 론

지금까지 전주시 이익단체의 구성과 운용방침 및 활동과 활동목표를 효과적으로 이루기 위한 활동전략, 그 결과 나타나는 영향력에 관하여 살펴보았다. 위에서 조사, 분석된 사실들을 통해 전주지역의 이익단체에 대한 분석의 결과는 다음과 같다.

전주시의 시민단체는 여러 종류가 있지만 본 연구에서는 연고단체로 종친회와 향우회 및 동창회를 살펴보았고, 직능단체로는 시장연합회와 버스 및 택시 운송사업조합 그리고 이용·미용사협회, 음식업, 숙박업, 노총, 가톨릭농민회, 전문가단체는 한의사회, 약사회, 기자협회, 예총, 간호사회, 한교조, 교총, 전교조, 종교단체로 교회와 불교 및 토착종교, 시민단체로 YWCA, YMCA, 라이온스클럽, 로터리클럽, 소비자단체, 재향군인회, 장애인연합회 및 노인회 등을 조사하였다

영역별로 정리하면 연고단체는 9개의 단체가 조사되었으며 직능단체

는 14개, 전문가단체는 10개, 종교단체는 4개, 시민단체는 12개로서 총 49개의 단체가 조사되었다.

먼저 이익단체의 구성과 운용에 관한 분석의 결과이다.

이익단체가 추구하는 '기본 목표'는 직능단체와 전문가단체는 이익도모를 가장 우선 목표로 하고 있고 종교단체와 시민단체는 사회봉사를 연고단체는 친족도모를 단체의 기본 목표로 하고 있다. 이익단체의 '발전요인'은 모든 이익단체가 조직원의 수와 단결력이라고 응답했다. 단체 구성원의 '참여 동기'는 조직의 명분과 이상으로 모든 이익단체가 가장 많이 응답해 주었다. 이익단체의 '이익대변'은 연고단체가 매우 적극적인 태도를 보여주고 있으며 다른 단체는 비교적 적극적인 태도를 보이고 있다. 이익단체의 '의사결정의 합리성'은 5개 모든 단체가 비교적 합리적이라고 하였다. 마지막으로 시민들에 대한 이익단체의 '인지도'는 시민단체만이 매우 잘 안다 하는 수준이고 연고단체와 전문가단체 그리고 종교단체는 잘 알고 있다는 정도로 분석되었고 직능단체는 중간 정도로 나타났다. 이상의 이익단체의 합리적인 운영 실태를 보여주고 있고 자신들의 이익 실현에 있어서는 비교적 적극적인 태도를 보여주고 있다. 이익활동의 동기는 명분을 찾아서 활동하고 있고 시민들에 대한 인지도 또한 비교적 긍정적인 분석의 결과가 나왔다.

다음으로 이익단체의 활동과 전략에 관한 분석의 결과이다.

이익단체들이 그들의 '활동비중'을 어디에 두는가를 분석한 결과 연고단체는 의제설정이나 의제채택에 비중을 두고 직능단체는 정책평가, 전문가단체는 정책형성에 비중을 두고 종교단체와 시민단체는 정책집행에 각각 비중을 둔다고 분석되었다. 이익단체들의 정치나 지역사회에 '참여방법'은 시민단체만이 여론을 이용한 여론 환기 방법을 사용하고 있으며 나머지 4개 단체는 모두 정책담당자를 직접 만나 설득한다고 하였다. 이익단체의 '대정부건의'의 내용에서는 연고단체는 교육문제에 가장 많은 관심을 두었다. 직능단체와 전문가단체는 행정규제와 개혁을 가장 많이 건의한다고 응답하였고 종교단체와 시민단체는 환경이라고

응답한 결과의 분석이 나왔다. 이익단체의 '정책결정기준'은 어디에 두
는가에 대한 분석의 결과는 연고단체와 종교단체는 조직구성원의 인간
관계에 비중을 두고 있고 직능단체와 전문가단체 그리고 시민단체는 조
직의 목표에 비중을 두고 있다. 이익단체들이 그들의 사업을 실현하기
위해서 '활동전략'은 무엇인가에 대한 분석의 결과는 모든 단체들이 여
론 형성이라고 하였는데 이 중 직능단체는 여러 단체의 집단적 로비가
같은 비율이 나왔고 전문가단체는 자치단체장을 방문한다고 응답한 비
율이 같이 나왔다. 이익단체들이 로비활동을 전개할 때 매월 접촉횟수
는 시민단체만이 3~4회 정도 수준으로 비교적 높은 수치를 보여줬다.
그러나 4개의 모든 이익단체는 0~2회 정도 접촉하는 횟수를 보아 대체
로 이들 단체들은 단체 인사의 접촉이 비교적 적은 수준에 머물고 있다
는 것으로 분석되었다. 이익단체의 '로비통로'는 연고, 직능, 전문가단체
는 집행기관을 종교단체와 시민단체는 시민단체를 가장 선호하고 있다
고 분석되었다. 각종 '선거운동의 참여'는 연고단체만이 적극적인 참여를
하고 있다고 나왔고 나머지 4개 단체 모두는 중간 정도로 나왔다. 마지
막으로 이익단체들의 타 단체와의 '연합활동'은 연고, 전문가, 시민단체
는 적극적이지만 직능단체와 종교단체는 소극적이라는 분석이 나왔다.

　이익단체의 목표와 활동전략을 이루기 위해 그들의 인적, 조직적 영
향력을 분석한 결과이다. 인적 구성에 있어서는 50대가 가장 활발히 활
동하고 있으며, 91% 이상이 남자이다. 이들의 성장지는 전주 출신이 가
장 많은 수를 차지하지만 과반수에 미치지는 못하고 대졸 이상이
73.5%로서 4명 중에 3명이 대졸 이상이고 대학원 출신도 28.6%를 차지
하고 있다. 이들의 출신고는 전주고이고 출신대학은 전북대가 가장 높
은 비율을 차지하고 있어 전주에 연고를 두고 있는 고교와 대학 출신이
전주에서 이익단체 활동을 하고 영향력을 미치고 있다고 볼 수 있다.

　이익단체들의 영향력을 측정하는 분석에서는 업무관계로 관계자를 만
나는 '접촉횟수'를 측정한 결과 1. 주민, 2. 담당실국장, 3. 시장 / 부시장
으로 나타났다. 다음은 '영향력 정도'를 묻는 내용에서는 1. 주민, 2. 시장 /

부시장, 3. 담당실국장 순으로 나타났다. 이익단체가 지방정부와의 연계 정도를 측정하는 조사에서는 연고단체만이 중간 정도로 나타나고 나머지 4개 단체는 긴밀하다고 하였다. 또한 '지방정부의 기여도'에서는 직능단 체만이 중간 수준으로 나타나고 4개 모든 단체가 기여한다고 분석되었다. 이익단체가 지방정부에 어느 정도 봉사하는가를 측정하는 '봉사도'에서는 대체로 중간 정도 수준이고 종교단체만이 봉사한다고 하였다. 마지막으로 '공정성'은 연고단체, 전문가단체와 시민단체는 공정하다고 생각하며, 직 능단체와 종교단체는 중간 정도의 수준으로 분석되었다.

참고문헌

김영래. 1997. "한국 비정부단체(NGO)의 세계화 전략연구", 『국제정치논총』 제37집 1호.

성경륭 외. 1997. "시민운동의 활성화를 위한 민간단체 육성방안연구", 정무 장관(제1실).

이대희. 2001. "이익집단", 하태권 외(편). 『현대 한국정부론』, 법문사.

Almond, Gabriel & Sidney Verba. 1965. The Civic Culture. Boston: Little, Brown and Co.

Bently, Arther F. 1967. *The Process of Government*. Cambridge, Mass.: Belknap Press of Harvard University.

LaPalombara, Joseph. 1964. *Interest Groups in Italian Politics.* Princeton. Princeton University Press.

Moe, Terry M. 1980. *The Organization of Interests. Chicago*: University of Chicago Press.

Olson, Mancur. 1965. *The Logic of Collective Action.* Cambridge, M A.:

Harvard Univ. Press.

Salisbury, Robert. 1969. An Exchange Theory of Interest Groups. *Midwest Journal of Poljtjcal Scjence,* 12.

Truman, David, 1971. *The Government Process.* New York: Knopf.

전주시a. 2002. 『전주통계연보』 제42회.

전주시b. 2002. 『사업체 기초통계조사 보고서』 12월.

전주시. 민관편집위원회. 2002. 『아름다운 사람들』, 봉천출판사.

http://www.jeonju.go.kr/html/openj/jdb01.asp(검색일: 2003. 06. 30.)

http://www.Jeonbuk.kfem.or.kr(검색일: 2003. 06. 30.)

http://www.ilyosisa.co.kr/ILYO-1/198/news/politics/1980701.html(검색일: 2003. 06. 30.)

http://www.onespark.or.kr(검색일: 2003. 06. 30.)

http://www.pspa.or.kr(검색일: 2003. 06. 30.)

http://ngo4u.or.kr(검색일: 2003. 06. 30.)

http://www.civilnet.net(검색일: 2003. 06. 30.)

I. 서 론

1. 연구의 목적

지방에서 시민사회단체의 정치참여와 활동전략은 지방자치 실시 이전과 이후로 크게 대별하여 논의할 수 있다. 지방자치 실시 이전의 시민사회단체는 자발적 모임의 성격이라기보다는 인위적 사익을 추구하는 자율성을 갖지 못하는 시민사회활동에 한정되었다. 그러나 민주화 이후 시민사회단체의 활동은 주목받기 시작하였다. 한국의 시민사회단체는 자생적 시민사회단체와 관변단체로 크게 양분되어 활동을 하여 왔다. 관변단체는 정부의 재정지원하에 정권의 정당성을 보완하기 위한 관변활동을 하면서 정부와 담합하여 반대급부 이익을 보장받아 왔다. 그러나 시민사회단체는 군사독제체제하에 지배권력의 통제와 배제의 저항 속에서 자생력을 키워 왔고 이러한 시민운동은 민주화운동으로 연결되면서 시민사회단체의 활동의 모태가 되었다.

지방자치 실시 이후, 정치적으로 민주화를 성취함에 따라 시민들은 시민단체를 결성하여 지방정부를 감시하고 비판하는 사회개혁을 촉진하기 위한 활동을 전개하게 되었다. 그러나 시민사회단체는 사회정의 실현의 차원에서 활동하기보다 사익을 우선하였다. 즉, 시민사회단체는 이기심에 의한 집단 간의 갈등과 지역 간의 갈등을 심화시키면서 상호 협조와 갈등의 조정에는 소극적이라는 비판을 받게 된다. 또한 지역사회의 지역적 특성에 맞는 시민사회단체의 형성보다는 직능별, 기능별로 조직되는 시민사회단체가 구성되었다. 시민사회단체가 지역적 특색과 무관하게 구성되면서 이들의 활동도 지역사회에서 원하는 활동보다는 자기 단체의 이익을 주장하고 회원들의 친목을 위한 사적 활동을 목적으로 하는 사례가 늘고 있다.

지방에서 시민사회단체들은 지역적 특성보다는 중앙기구와 연계한 시민운동이 지역사업의 일환으로 조직이 구성되고 있다. 시민사회단체들은 자생적 활동을 기대하기보다는 중앙기구의 하청사업을 떠맡는 차원에서 시민운동을 전개하는 경우가 있어 많은 문제점들이 돌출되고 있다. 이러한 문제들이 지역사회의 시민사회단체들의 활동을 저해하는 요인으로 작용하고 질적 성숙을 가로막는 요인으로 작용하기 때문에 시민운동의 실상을 파악하고 문제점이 무엇인가를 연구, 분석하는 논의가 시급하다. 나아가 시민사회단체들의 활동을 이론적으로 뒷받침하고 체계화할 필요가 있겠다.

따라서 본 연구는 시민사회단체에 관하여 다음과 같은 연구의 목적을 달성하고자 한다. 첫째, 시민사회단체의 조직과 행태의 특징을 분석한다. 특히 도·농 통합도시 내에서 활동하는 시민운동의 성격에 대해서 체계적으로 분석하고자 한다. 둘째, 시민사회단체의 참여 유형과 방법 그리고 참여의 결정적 행위라 할 수 있는 투표행위의 행태기준을 조사한다. 시민사회단체가 중요하게 다루었던 참여 방식은 무엇이고,

자체적 대안모색에 관하여 어떠한 해결방법을 갖고 타 단체와 연대하는지를 연구, 조사함을 목적으로 한다.

마지막으로 시민사회단체의 활동전략을 알아보기 위해서 시민사회단체의 활동기준과 그들이 생각하는 활동대상을 조사하였다. 시민사회단체의 활동에 기준과 대상은 시민사회단체가 활동하고자 하는 방향과 목표를 파악할 수 있으며 궁극적으로 바람직한 시민사회단체의 이해를 도울 것이다.

이상의 연구 조사 목적은 시민사회단체의 영향력을 분석해 봄으로써 지역사회 발전과 시민문화에 기여함을 목적으로 한다. 지방자치 실시 이후 각 지역의 특색에 맡는 지방자치를 추구하고 있지만 여전히 지역발전은 예전과 달라진 것이 없다는 사실이다. 특히 시민사회단체들은 중앙과 연계사업의 일환으로 지역사회단체 활동을 이끌고 있기 때문에 이들이 지역적 대표하는 시민활동이라고 보기에는 중앙의 하부기구로서 그 한계가 노정되어 있다. 그런가 하면 시민사회단체는 재정적으로 취약한 구조를 갖고 있기 때문에 시민활동의 자율성을 얼마나 갖고 있는가는 회의적이다. 지역 시민사회단체들이 시민사회를 주도하고 지방정부를 견제하여 대의민주주의체제의 한계를 극복하고 시민자치를 이룰 때 진정한 지방자치제도는 반석 위에 서게 될 것이다.

2. 연구의 조사대상과 방법론

본 연구는 한국학술진흥재단 지원사업의 기초학문육성사업에 관련 한국 하부정치문화의 Data Base 구축의 일환으로 지역사회 시민단체들을 선정하기 위해서 각 도별로 2개 지역을 선정하였다. 본 연구는 지역 대표성을 보장하기 위한 자료에 의거하여 전라북도는 익산시와 남원시가 선정되었다. 각 도시를 대표할 수 있는 도시의 선정기준은 단순한 도시의 현상에 대한 조사를 넘어서서 중소도시의 발전모델이 될 수 있는지와 해당 도를 대표할 수 있는 근거와 타당성을 합리적으로 설명키 위해 다음과 같이 선정기준을 잡았다. 이와 같은 기준을 선정하기 위하여 각 지역 해당 교수와 박사들이 충남대학교 사회과학대학 연구소에서 수차례의 워크숍(Workshop)을 하면서 기존 연구의 분석과 연구방향을 심층 토의하고 관련 학회의 주제 발표와 토론을 거쳐 객관적 기준을 정하여 선정하였다.

먼저 95년 이후 도시농촌 통합도시이어야 한다. 도시농촌 통합도시인 경우 인구규모, 예산규모, 경제규모, 지역 거점도시로부터 거리(인문사회지리를 대표)를 기준으로 발전 가능성과 연혁, 면적, 산업구조 등을 감안하여 선정기준으로 삼았다.

각각의 선정된 도시는 시민사회단체별로 구분하여 기초 연구 조사대상을 선정하였다. 먼저 연고단체의 선정이다. 연고단체는 동창회, 종친회, 향우회(향우회가 없을 경우 종친회를 기준으로 함)를 선정하여 전체비율을 배분율로 기준하여 선정하였다. 직능단체는 전문가단체 종교단체와 구분하여 선종하되 12개 정도 제한하여 선정하였다. 선정기준은 지역적 특수성을 감안하여 토착적 단체를 우선적으로 선정하되 지역별로 시민사회단체의 상존과 운영이 각기 상이한 이유로 전체적 획일적 조사의 한계를 고려하여 우선적으로 도시별 상공회의소, 한국노총, 민주노총, 가톨릭농민회, 전국농민회, 농협 등을 포함하되 지역 도시의 특성을 고려하여 선정하였다.

시민단체는 최소 기준 11개의 단체를 선정하되 2002년을 기준으로 적용하여 조사단체가 존재하지 않을 경우 유사단체로 대체하는 방법을 택하였다. 대체로 경실련, 참여연대, 환경단체, 소비자단체, YMCA, YWCA, 흥사단, 재향군인회 등이 조사되었다.

설문 항을 작성하기 위해 해당 각 지역 담당 교수와 박사들이 2003년 10월에서 2004년 1월까지(약 4개월간) 인터넷 사이버 미팅을 해서 각 지역 조사지역을 선정하고 기초 자료를 수집하고 설문 항을 만들었고, 다시 수차례의 워크숍(Workshop)을 하여 조사지역과 조사대상을 선정하였다.

조사기간은 2004년 1월에서 2004년 6월까지이고 설문조사와 데이터베이스(Date Base) 조사를 같이하여 완료하였다.

조사방법은 해당 시민사회단체장을 직접 만나 면접하는 방법을 택하였고 간단한 인터뷰와 조사의 중요성과 당위성을 설명하고 협조를 받았다. 대체로 조사에 협조적이었으나 해당지역의 시민사회단체가 부재하거나 협조에 응하지 않는 단체는 차순에 의거하여 조사하였다. 조사기간 동안에 대통령의 탄핵문제와 4월 15일의 국회의원 총선거가 있어서 조사에 적지 않은 어려움이 없지는 않았지만 대체로 순조롭게 조사기간 안에 조사를 마칠 수 있었다.

본 연구는 시민사회단체의 연구 조사대상을 선정하기 위해서 도시선정의 기준을 정하였다. 먼저 한국의 실질적 지방자치의 원년이 되는 1995년에 도·농 통합도시를 선정하였다. 다음 도시농촌 통합도시의 경구 인구규모, 예산, 경제규모, 지역 거점도시로부터 거리를 기준으로 도시 발전의 가능성과 연혁 그리고 산업구조를 감안하여 선정하였다*. 전라북도 지역사회 지역 대표성을 보장하기 위한 자료에 의거하여 익산시와 남원시가 선정되었다. 연구 조사의 시간적 범위는 2004년 1월에서 2004년 6월까지 약 6개월간의 조사기간이 걸렸다.

전라북도를 대표할 수 있는 두 도시의 시민사회단체를 선정과 구분을 위해서 기초 연구 조사를 하였다. 먼저 연고단체,** 직능단체,*** 전

---

* 전라북도의 도·농 통합도시는 군산시, 김제시, 남원시, 익산시, 정읍시 5개 도시가 있다. 이들 도시 간 인문사회지리를 대표하고 도시 간 거리를 산정하여 대표도시를 선정하였다. 선정한 결과 전라북도를 대표할 도시로 익산시와 남원시가 선정되었다.

** 연고단체는 해당지역에서 가장 오래되고 단체회원 수가 많은 지명도가 높은 수준에 있는 연고단체와 학교 동창회를 선정하였다.

*** 직능단체는 상공회의소, 시장연합회, 택시운수조합, 이용사회 및 미용사회, 음식업 중앙회, 유흥업 중앙회, 숙박업, 한국노총, 민주노총 등을 선정하여 조사하였다.

문가단체,* 종교단체,** 시민사회단체*** 등으로 분류하여 조사하였다.
이들 단체들은 단체의 설립목적과 활동의 방향을 고려하여 지역도시의
특성에 맞춰 선정하고 설문조사하였다.

<표 10-1> 연구 조사대상

	연고단체	직능단체	전문가단체	종교단체	시민단체	합 계
익산시	5	5	4	2	12	28
남원시	4	4	4	4	9	25
전 체	10	9	8	6	21	53

3. 조사연구의 필요성

익산시와 남원시의 지역사회의 시민사회단체 연구 조사는 아래와 같
은 현황이 조사되었다. 익산시와 남원시는 1995년에 도시와 농촌이 통
합된 대표적인 도·농 통합도시이다. 지방자치의 부활 이후 10년이 지
났지만 한국의 지방자치는 여전히 비민주적 양태의 모습을 탈피하지
못하고 여전히 과도적, 전근대적 모습을 벗어나지 못하고 있는 실정이
다. 특히 익산시는 교통의 발달과 기름진 평야가 많은 전형적인 도시
농촌지역이었기 때문에 수출자유지역으로 선정되었지만 공업화에 뒤지
고 여타의 타 도시에 비하여 발전이 뒤진 낙후된 도시로 전락하였다.
남원시 또한 전통의 도시의 한계 때문에 한국의 근대화 과정에서 소외

---

* 전문가단체는 사회 각 분야에서 전문직에 종사하는 업종을 중심으로 조사하
  였으며 사회활동에 비중을 두고 있는 단체 순으로 선정하였다. 대체로 의
  사회, 치과의사회, 한의사회, 약사회, 간호사회, 약사회, 기자협회, 예총, 전
  교조, 교총지부 등을 선정하여 조사하였다.
** 종교단체는 개신교(목사), 가톨릭(주교), 불교단체, 토착종교단체를 중심으로
  선정하되 단체의 회원이 가장 많은 순으로 선정하여 조사하였다.
*** 시민사회단체는 YMCA, YWCA, 경실련, 환경연합, 라이온스클럽, 로터리
  클럽, 소비자단체, 재향군인회 등으로 분류하여 조사하였다.

되어 왔고 아직도 지역사회에서 낙후된 도시로 전락하고 말았다. 그동안 한국의 정치현실이 지역 간 발목을 담보로 변해왔음을 주지해 볼 때 이 두 도시는 예외가 아니었다. 따라서 특정 정당 위주의 공천과 무사안일의 행정업무와 비공개와 비민주적 행태가 여전히 답습하고 있다고 해도 과언은 아니다.

따라서 익산시와 남원시를 이끄는 시민사회단체를 조사하고 그들의 영향력을 분석해 봄으로써 지역사회 발전과 분권에 기여함을 목적으로 한다. 지방자치 실시 이후 각 지역의 특색에 맞는 지방자치를 추구하고 있지만 여전히 지역발전은 예전과 달라진 것이 없다는 사실이다. 특히 시민사회단체들은 중앙과 연계사업의 일환으로 지역사회단체 활동을 이끌고 있기 때문에 이들이 지역을 대표하는 시민활동이라고 보기에는 중앙의 하부기구로서 그 한계가 노정되어 있다. 그런가 하면 재정적으로 취약한 구조를 갖고 있기 때문에 시민활동의 자율성을 얼마나 갖고 있는가는 회의적이다. 지역 시민사회단체들이 시민사회를 주도하고 지방정부를 견제하여 대의민주주의체제의 한계를 극복하고 시민자치를 이룰 때 진정한 지방자치제도는 반석 위에 서게 될 것이다. 이러한 시대적 요청에 의해서 이번 지역 시민사회단체의 연구 조사는 의의가 있다고 하겠다.

첫째로 시민사회단체의 단체장의 기초 데이터베이스(DB) 조사 설문조사를 통하여 익산시와 남원시의 시민사회의 구조를 이해하고 분석할 필요가 있겠다. 나아가 익산시와 남원시의 도·농 통합도시 분석은 여타의 도시와 비교, 분석하여 지역발전의 초석으로 삼을 필요가 있겠다.

둘째로 한국사회의 민주화 이후 새롭게 등장한 사회단체와 여러 직능단체를 연구, 조사하여 이들이 지역사회에 미치는 파급효과와 기대를 정치문화의 측면에서 이해하고자 한다. 현재 익산시와 남원시는 미분화된 사회집단과 여러 직능단체가 제 기능을 발휘하지 못하고 있다. 앞으로 익산시와 남원시의 발전과 성숙한 시민의식을 함양할 수 있는 지역사회 권력구조와 정치문화의 연구는 지방자치 시대를 새롭게 여는 기초가 될 것이며 지방분권과 관련하여 지방행정의 투명성의 제고와 지역발전에 기여함을 목적으로 한다.

셋째로 지역사회단체들의 연구가 사실상 체계화되지 않았고 그들의 시민운동의 목적이나 내용이 불분명하여 지역특색에 알맞은 시민운동이 논란의 대상이 되었다. 과연 지역특색의 시민운동을 어떻게 전개하고 있으며, 시민사회단체별 사업의 주도와 목적에 알맞은 시민운동사업을 전개하고 있는가를 연구하는 것이 이번 연구의 필요성이다.

넷째로 지역사회에서 시민사회단체가 하부의 정치문화의 정책결정 과정에서 어떻게 영향력을 미치는가를 분석하고 지방정부와의 관계 설정 및 위상 정립을 어떻게 이루어 나가는가를 연구한다. 특히 중소도시에 가장 영향력을 많이 미치고 있는 지역단위의 시민사회단체들의 시민운동에 초점을 두고 그들의 사업현황과 문제점들을 알아보기 위함이다.

시민사회단체들이 지역사회의 발전을 위해 그 활동을 확대, 전개해 나아가면서 그동안 지역단위의 침체된 시민운동의 활성화와 지방정부의 활성화를 이룰 수 있다는 기대에서 본 연구는 중요하다. 특히 시민단체의 조직화 과정과 시민단체별 연계와 활동사항, 지방행정의 참여 단계별 참여 방식과 정책건의와 내용 등 각 지역사회의 여러 특징을 비교, 분석하여 시민사회단체의 어제와 오늘을 새로이 인식할 필요가 있겠다.

Ⅱ. 이론적 배경과 선행연구 논의

한국사회에서 시민사회단체는 이익집단 또는 시민단체로 분류되기도 한다. 이러한 분류 방식은 집단이 추구하는 목적이 공익인가 사익인가에 따라 분류되기도 한다. 또한 이익을 추구하는 방향에 있어서도 분류하여 볼 수 있다. [그림 10-1]에서 보는 바와 같이 이익을 추구하는 방식이 사회적 전체의 이익을 추구하면 시민사회이고 이익을 추구하는 방향이 자신의 단체 내부의 실익을 추구하는 방향으로 활동하면 이익단체로 구분하여 볼 수 있다.

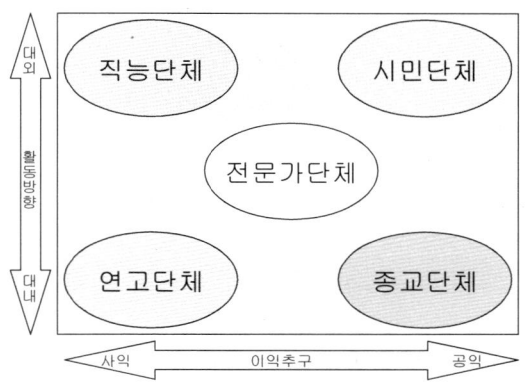

[그림 10-1] 시민사회단체 분류 유형

시민사회단체는 일정한 가치 및 이익을 추구하기 위하여 모인 개인들의 집합체이다. 집단이 이익을 추구하는 목적과 방향에 따라 집단의 성격을 개념 지을 수 있다. 시민사회는 국가와 개인의 관계를 한정하던 정치학적 관점에서 벗어나 점차 다양한 중간 조직의 관심에 초점을 두면서 시민사회의 활동방향에 초점을 두게 되었다. 이들의 활동은 법률적 제도적인 시각에서 시민사회를 바라보게 되었다. 시민사회단체는 단체 활동의 방향에 따라 직능단체에서 종교단체에 이르기까지 다양한 시민사회단체의 활동을 주목하게 되었다.

한편 시민사회단체와 지방정부와의 관계는 두 가지 기준에 따라 네 가지 형태로 구분하여 볼 수 있다. 시민사회단체는 단체의 성격이 완전한 자발적 연합체로부터 의무적 연합체 간의 조합적 상황을 연출할

수 있고, 이들의 단체가 지방정부에 의해 통치되는 사회에서 혹은 시
민사회에 의해 통치되는 지방정부 안에서 나타날 수 있다(Hayward
1996, 11: 박대식 외 2005에서 재인용.).

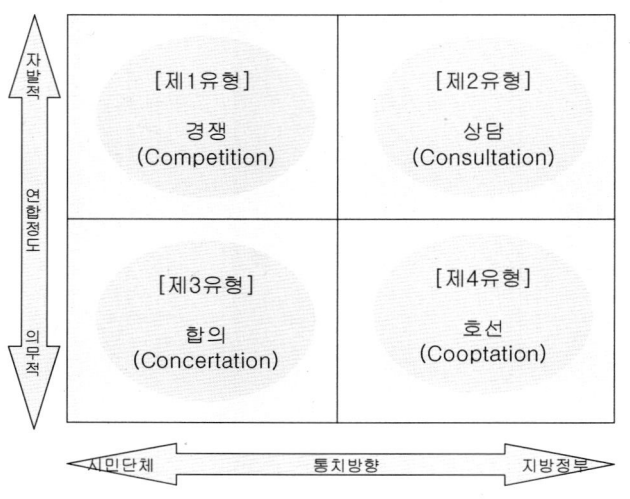

[그림 10-2] 시민사회단체와 지방정부의 관계

  유형별 특징을 살펴보면, '제1유형(경쟁: Competition)'은 시민사회에
의해 통치되는 지방정부와 자발적 연합체의 조합이 이익단체와 지방정
부 간의 관계모델을 경쟁형으로 구분할 수 있다. '제2유형(상담: Co-
nsultation)'은 지방정부에 의해 통치되는 시민사회의 자발적 연합체가
이익단체와 지방정부에 관계를 상담형으로 구분하는 반구조화된 다수
주의에 연결된다. '제3유형(합의: Concertation)'은 시민사회가 주도가
되어 정치를 이끌어 가는 지방정부에 있어 의무적 연합을 가정한다.
조직화된 그룹이나 지방정부 모두 프로그램이나 기간, 그들 간의 상호
관계에 영향을 미치는 결정의 폭과 내용에 대해 일방적인 통제를 행사
할 수 없다. '제4유형(호선: Cooptation)'은 지방정부가 주도하여 정치를
이끌어 가는 시민사회에서 의무적 연합은 극단적인 형태로서 절대적인

지방정부에 의해 조직된 이해관계의 거의 모든 것이 종속하게 된다(박 대식 외, 2005: 34 - 37.).

1. 이익단체의 성격으로서 단체

이익집단은 특정한 이익을 추구하고 이를 옹호하고자 조직화된 사회 집단으로 정부에 영향력을 행사하는 집단 또는 공통의 이해관계를 위해 다른 집단에 그들의 주장을 하는 집단을 말한다. 벤틀리(Bentley 1967)는 정당이라는 전통적인 이익결사체의 상대적 쇠퇴, 산업화 이후 사회의 조 직화라는 현실에서 이익집단이론이 등장을 말하고 있다. 이익집단의 이 론의 근거는 벤틀리(Bentley 1967)의 갈등(conflict)이론, 트르먼(Truman, 1971)의 파열(disturbance)이론, 샐리스버리(Salisbury 1969)의 교환(exchange) 이론, 올슨(Olson 1965)의 합리적 선택(rational - choice)이론 등으로 구분 하여 이론이 형성되어 발전하여 왔다. 이러한 이론들은 이익집단의 활동 에 성격과 개념을 이해하는 데 도움을 주고 있다. 즉, 이익집단이란 이익 을 내세우는 집단으로서 공유된 목표 또는 가치를 달성하기 위해서 상호 작용하는 집단이라는 것을 알 수 있다.

박천오(1999, 239-259)는 이익집단이란 공동 목표를 달성하기 위해 결성되어 공공정책에 영향력을 행사하고자 노력하는 개인들의 집합체 로서 구성원들의 이익 증진에 힘쓰는 이익집단뿐만 아니라 공공이익을 추구하는 공익집단까지 포함하고 있다. 현재 우리나라의 이익집단에 대 한 주된 연구를 보면 이익집단의 양적·질적 성장(김영래 1990)이나 관변단체(박경태 1997)를 중심으로 한 활동을 논의하는 수준이다. 그리 고 정책의 참여에 전략적 측면에서 4대 지방선거에서의 이익집단들의 참여전략(이정희 1995) 및 정책과정상의 영향력과 활동 패턴(박천오 1999) 등 이익집단의 참여전략이 어떠한지 어느 활동 분야나 사례를 주제로 정하여 집중적으로 연구하고 있다(김익식 외, 2006.).

2. 시민사회의 성격으로서 단체

시민사회의 이론적 논의는 민주화 과정 또는 사회운동 차원에서 논의되어 왔다. 스카치폴(Skocpol 1998, 37~43)과 월저(Walzer 1998, 129~43)는 미국 사회를 예로 들면서 연방정부가 사회 정책을 확대시킴으로써 지역사회 시민사회단체들의 자유로운 활동을 저해시켰다는 보수주의 시각에 문제가 있다고 지적하고 있다. 스카치폴(Skocpol 1998)은 오히려 60~70년대에 활성화되었던 연방정부의 개업정책이 시민단체들의 확대발전에 크게 기여하였다고 보았다.

한국에서 시민사회 개념은 집중화된 권위주의 국가 대 민주적인 시민사회라는 양자 간의 긴장과 갈등적 관계를 표상하기 위한 것이었기 때문에 '국가에 반하는 시민사회'(최장집 2005, 217)라는 의미로 사용되기도 하였다. 그러나 한국에서 민주주의와 시민사회단체는 동시에 발전하는 모습을 보여 왔으며, 이러한 동시 발전은 우연의 일치가 아니라 상호 작용의 결과이며, 이를 통해 서로를 강화하고 있다고 볼 수 있다(김종완, 2002: 7.).

3. NGO의 성격으로서의 단체

시민사회단체의 성격으로서 NGO는 성장론적 관점과 조직론적 관점(김태룡 2002, 271-274)으로 구분하여 볼 수 있다. 먼저 성장론적 관점에서 보면 NGO의 성장요인을 경제적 관점에서 보는 시각이다. NGO에 대한 경제적 관점은 세 가지 실패이론에서 근거를 찾는다. 실패이론은

정부·시장실패이론,* 계약실패이론,** 자원부분실패이론***으로 정부가
적기에 공공서비스를 행사하지 못한 데 따른 보완재로 NGO가 등장했
다는 주장이다. 다음 시민조직 성장요인에서는 정치·사회적 관점에서
보는 이론인데 사회운동이론과 권력견제이론, 자원동원론이 이에 해당
된다. 사회운동이론과 권력견제이론은 국가권력이 지닌 억압과 독점력
그리고 경제권력이 지닌 불평등과 환경파괴에 대한 부작용을 견제하기
위해 NGO가 형성되었다(O'Neil 1989, 72-73). 자원동원론은 사회운동
조직의 집합행동의 합리성과 정규조직의 필요성에 주목하고 운동의 원
인, 목표보다는 과정을 중시하는 이론이다(박대식 2005, 37-38).
　한편으로 김태룡(2002, 274-276)은 NGO에 대한 관점을 조직론적
시각에서 유형화하는 경우도 있다. 김태룡(2002)은 NGO들이 어떤 방
식으로 영향력을 행사해 오면서 성장했는가에 초점을 두고 체계론적
관점에서 NGO를 조직산출 차원에서 이해하려 한다. 그러가 하면 NGO
를 정부와 협력체계를 활성화하기 위한 시도로 국가관리(governance)
차원으로 보는 시각도 있다(Coston 1998, 358-382). NGO와 정부 간의
관계는 정부의 제도적 다원주의 수용 여부 NGO와 정부의 연결성의
정도, 정부 대 민간정책에 대한 선호도에 따라 유형화된다.

---

* 정부·시장실패이론은 정부가 적기에 공공서비스를 생산하지 못한 데 따른
　보완재로 NGO가 동장과 시장의 실패에 대한 정부의 불신과 정부의 축소
　로 이어지고 새로운 시민단체의 조직현상을 야기했다. 이로 인해 공공서비
　스의 민간조직으로 이양이라는 새로운 패러다임을 가져왔다는 것이다(James
　1987, 397-415).
** 계약실패이론은 정부·시장실패이론이 시민조직(특히 NGO)의 대안적 역할
　은 설명하고 있으나, 공급 측면에서 영리단체의 역할을 소홀히 취급하고 있
　다고 보아 이를 보완하기 위해 제기된 이론이다.(Hansmann 1987, 27-42).
*** 자원배분실패이론은 정부·시장실패이론과는 달리 정부와 제3섹터 간의
　파트너십을 강조하는 말이다(Salamon 1995, 40-49).

4. 지방정부와의 관계에서 시민사회단체

시민사회단체의 연구가 활발해지면서 중앙정부 이외에 지방정부와 단체들과의 다양한 관계를 맺으면서 발전해 왔다. 지방정부의 책임자인 단체장, 지방의회 그리고 지방경제의 주체인 지방기업과 같은 다른 행위자와의 연계를 강조하면서 시민사회단체의 활동의 영역을 확대해 나아간다. 특히 한국사회의 성장과 갈등구조의 변화, 세계체제와 이데올로기의 문제 등에 관심을 두고 연구하면서 시민사회단체가 없는 지방정치는 민주화가 요원하다는 전제하에 시민사회의 형상과 활성화 정도를 파악하려 한다(한상진 1994; 안시청 외 1995).

그러나 지방에서의 시민사회는 지방자치의 정치적 해석에 따라 지방정치과정의 역동적 실태를 설명하려는 측면에서 연구되고 있다(박대식 2005). 박대식 외(2005)는 전국 단위의 5대 광역도시와 도청소재지가 있는 4개 도시의 이익단체에 관한 실증적 연구를 하면서 한국 지방정부에서의 사회단체들의 활동을 연구, 분석한다. 이들 지역에서는 대체로 시장중심형 권력구조하에 지방정부가 주도하는 시민사회로서 기능을 하고 있으며 의무적 연합에서 자발적 연합으로 증대현상에서는 호선과 상담 형태로 나타난다고 한다.

III. 분석의 틀과 연구문제

본 연구에서는 전북에서의 대표적 도시인 익산시와 남원시의 시민사회단체가 어떤 목적을 갖고 정치참여를 하고 그들의 활동전략은 무엇인가를 분석하기 위해서 [그림 10-3]에서 보는 바와 같이 분석의 틀

을 정하였다. 먼저 시민사회단체의 기본적 목표를 조사였다. 다음으로
시민사회단체들의 조직 구성과 조직 형태를 조직의 가치관과 성격을
조사하였다.

　본 연구는 시민사회단체의 정치참여 유형과 활동전략을 분석하기 위
해서 참여비율과 참여 방식 그리고 투표행위를 조사하여 분석하였다.
나아가 대외적 활동전략을 분석하기 위해서 활동의 기준과 그 대상 그
리고 활동방법을 연구·조사하였다.

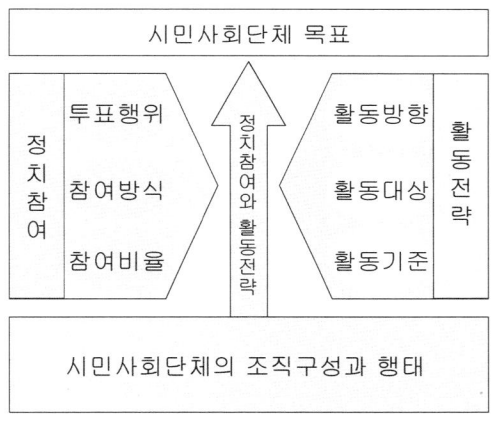

[그림 10-3] 연구 분석의 틀

　이와 같은 연구 분석의 틀을 갖고 본 연구가 추구하는 연구문제는
다음과 같다.

　[연구문제 1] 지방정부에서 두 도시 간의 시민사회단체의 활동을 분
석하여 지역적 문제 접근에 대한 실증적 연구에 접근을 하고자 하였다.
시민사회단체들의 활동과 정치적 태도는 지방정부에서 이들의 활동의
정향성을 파악할 수 있는 단서를 제공한다. 지방에서 사회단체들의 연
구가 사실상 체계화되지 않았고 그들의 시민운동의 목적이나 내용이
불분명하여 지역특색에 알맞은 시민운동이 논란의 대상이 되었다. 과연

지역특색의 시민운동을 어떻게 전개하고 있으며, 시민사회단체별 사업의 주도와 목적에 알맞은 시민운동사업을 전개하고 있는가를 연구하는 것이 이번 연구의 기본 문제이다.

[연구문제 2] 시민사회단체는 지역적 현안문제에 대해서 각기 상이한 태도를 보이기 마련인데 이때 이들의 연대나 또는 반목을 통하여 자신의 주장을 어떻게 하는가를 분석한다. 나아가 본 연구는 타 시민사회단체 간의 연대와 유기적 관계 또는 상반된 활동과 반목 등의 관계성을 규명하고자 한다.

[연구문제 3] 지방자치 실시 이후, 시민사회단체가 정책에 어떻게 참여하고 발전해 나아가고 있는가를 분석한다. 나아가 시민단체의 목적을 달성하기 위해 다양한 대내외적 활동방법을 사용하는데 이들의 활동전략을 분석하여 지방정부에서 시민사회단체의 유형을 모색해 본다. 시민사회단체들이 지역사회의 발전을 위해 그 활동을 확대, 전개해 나아가면서 그동안 지역단위의 침체된 시민운동의 활성화와 지방정부에 참여를 이룰 수 있다는 기대에 서 있다.

Ⅳ. 시민사회단체장의 구조적 특성과 운영

익산시 / 남원시의 시민사회단체는 여러 종류가 있지만 본 연구에서는 연고단체, 직능단체, 전문가단체, 종교단체, 시민단체 등 다섯 가지 분야로 나누어 연구·조사하였다. 전체적으로 익산시의 이익단체는 28개를 선정받았고 남원시는 25개의 이익단체를 선정받아 조사·연구할 수 있었다.

1. 시민사회 기초 환경 조사

　전라북도의 14개 시·군구에서 1995년 도시농촌 통합도시는 익산시를 비롯하여 군산시, 정읍시, 남원시, 김제시이다. 이들 도시 간 거리와 중앙행정수도인 서울시와 거리를 근거로 시의 규모와 인구밀도, 시의 면적 등을 감안하여 전북을 대표할 도시농촌 통합도시는 익산시와 남원시로 선정되었다.

　익산시는 노령산맥의 천호산과 미륵산의 동부에서 서북부에 함라산 줄기가 이어지는 산세와 서부로 향하는 구릉과 대하천으로 비옥한 평원의 중심에 자리 잡고 있다. 북으로는 금강을 경계로 서로는 옥구평야에, 남으로는 만경강을 경계로 비옥한 평야의 중심에 있다. 호남선이 남북으로 중앙을 관통하고 익산역을 기점으로 하는 전라선과 호남선의 분기점이기도 한 익산시는 교통의 중심으로 발전하여 왔다.

　익산시는 1931년에 익산면이 익산읍으로 승격하고 1949년에 이리부가 이리시로 개칭되고 1951년에는 일선 행정기구 강화로 17개 동에서 25개 동으로 분할되어 왔다. 1995년에 이리시와 익산군을 통합하여 익산시가 설치되었다. 익산시의 인구규모에 있어서는 전체 가구호수 10만 7천 호에 전체 인구 33만 중에서 남자가 16만 5천 명, 여자가 16만 천 명으로 전년도 비율 증감률은 −2.6명으로 나타나고 있어 해마다 인구가 줄어들고 있는 추세이다. 익산시의 회계년 예산규모는 일반 회계와 특별 회계로 구분되는데 모두 합한 총계액은 490,442,115원으로 나타나고 있다.

　익산시의 경제규모는 1970년대에 익산 공업단지 조성 및 실시계획 인가를 건설부로부터 받고 1973년에 이리 수출자유지역으로 지정, 공고하고 익산공업단지 조성 실시계획 인가(건설부)를 받은 이래로 귀금속 제1단지 집단화, 수출자유지역 일부와 지방공단을 흡수, 수출산업단지 지정, 일반 공단 일부 수출자유지역으로 전환, 1979년에는 수출자유지역 일부를 일반 공업단지로 전환하였다. 1989년에 수출자유지역 일부를 일반 공단으로 전환하고 1995년에 익산수출자유지역관리소로 명칭을 변경하고 2000년에는 익산자유무역지역관리원으로 명칭을 변경하여 자유무역지역, 귀금속단지, 국가산업단지로 분류되어 있다.

남원시는 전라북도 남동부에 위치해 동남쪽으로는 소백산맥의 줄기따라 지리산이 인접하고 노령산맥과 높은 산들로 운봉고원 및 고원분지가 넓게 펼쳐져 있다. 북동부·동부·남동부가 소백산맥에 속하는 해발고도 1,000m 이상의 산지이고, 남동부는 지리산 주능선의 서부에 해당하여 경남·전남과의 경계를 이룬다.

또한 남원시는 전라도의 중심으로 신라 시대에는 남원소경, 고려 시대에는 5현을 관할하는 남원부가 설치되었고, 조선 시대에는 남원도호부로서 1부 1군 9현을 관할하였다. 조선 시대에는 남원진영을 6현의 군사를 관장하게 했고 전라좌영을 설치하여 군사를 관할했으며 1895년에 전라 4부 중 하나인 남원관찰부가 되었다. 1910년에 남원 48방을 22개 면으로 통폐합하고 1914년에는 남원군으로 개칭하였다. 1931년에 남원읍으로 승격되어 1개 읍 16개 면이 되었다. 1981년에는 남원읍이 시로 승격하여 남원시와 남원군으로 분리되었다가, 1995년 1월에 구남원시와 남원군이 합쳐 도·농 복합형의 통합시가 되었다.

기후는 고산지대로 이루어져 있어 지역에 따라 기후차가 심한 편이나 연평균기온 12도이고 연강수량은 1314mm로 대륙성 기후의 특징을 보이고 있다. 남원시는 면적은 752.12km², 인구 10만 3572명(2001)이다. 면적은 넓지만 소백산맥이 통과하여 임야가 64%를 차지하고 경지는 24%에 불과하다. 그러나 분지지형에 기인한 넓은 평지가 있어 경지 중 논의 비율이 74%로 논농사가 중심이다. 동부의 요천 주변에는 충적평야가 발달하여 예로부터 농경지로 이용되어 왔다. 남원시 전역에서 주곡농업이 행해지고 있는데, 운봉읍·동면 등의 동부 산간지대에서는 고랭지농업으로 농가소득 수준이 높다.

현재 남원시는 첨단수출농공단지, 대단위 유통단지, 지방산업농공단지 등을 조성하고 확충하는 투자계획을 실시하고 있으며 전주-남원-순천 간 고속도로, 남원-새만금 간 고속도로 등을 개설하는 데에 힘쓰고 있다. 남원시는 영호남을 연결하는 교통의 중심지이며 지리산국립공원과 인접하여 뛰어난 자연경관과 많은 유물과 유적의 고유문화가 조화된 관광 자원을 자랑한다. 백제 시대에 축조된 것으로 추정되는 교룡산성에서 만인의총으로 이어지는 호국의 얼이 담긴 유적지와 이몽룡과 성춘향의 아름다운 사랑이야기가 전하는 광한루는 유명한 관광 자원이다.

2. 시민사회단체의 특성과 구성

익산시와 남원시의 시민사회단체는 여러 종류가 있지만 본 연구에서는 연고단체, 직능단체, 종교단체, 시민단체로 대별하여 조사·연구하였다. 연고단체는 익산과 남원에서 역사와 전통이 있는 고등학교와 대학을 중심으로 최다 동문 배출 순위와 지역사회 인지도를 감안하여 임의로 선정하였다. 연구 조사에 협조해 주지 않는 비협조적인 연고단체는 차순으로 선정된 연고단체를 조사·연구하였다. 직능단체는 익산상공회의소를 중심으로 한국노총, 의사회 등을 임의 선정하여 조사하였고, 종교단체는 회원의 크기와 지역사회 역량을 감안하여 4개 이내 종교단체를 선정하여 조사하였다. 시민단체는 라이온스, 로터리클럽을 비롯하여 익산시와 남원시에서 역량 있는 시민단체를 중심으로 최근 10여 년간 활동이 적극적인 12개의 시민단체를 선정하여 조사·연구하였다.

〈표 10-2〉 시민사회단체 현황(익산시·남원시)

	익 산 시			남 원 시		
	유 형	단 체	단체장	유 형	단 체	단체장
	연고단체	남성고 동문회	회 장	연고단체	양씨종친회	회 장
	연고단체	이리고 동문회	회 장	연고단체	안동권씨	회 장
	연고단체	이리공고 동문회	회 장	연고단체	상원고	회 장
	연고단체	원광대 동문회	회 장	연고단체	남원고	회 장
	연고단체	익산대 동문회	회 장	직능단체	약사회	지회장
	직능단체	이리상공회의소	회 장	직능단체	한의사회	지회장
	직능단체	농민회	지회장	직능단체	이용사회	회 장
	직능단체	민주노총	지회장	직능단체	미용사회	회 장
익 산 시 · 남 원 시 시 민 사 회 단 체	직능단체	약사회	지회장	직능단체	유흥업	회 장
	직능단체	전교조	지회장	직능단체	농업경영인 단체	회 장
	직능단체	치과의사회	지회장	직능단체	농민회	지회장
	직능단체	한국노총	지부장	직능단체	예 총	회장
	직능단체	한의사회	지회장	직능단체	전교조	지부장
	직능단체	개인택시조합	조합장	종교단체	순복음교회	목 사
	종교단체	원불교	지교장	종교단체	원불교중앙교당	교구장
	종교단체	천광교회	목 사	종교단체	천주교	신 부
	시민단체	익산시민연대	공동대표	종교단체	동북교회	목 사
	시민단체	익산YMCA	지회장	사회단체	경실련	회 장
	시민단체	익산YWCA	지회장	사회단체	YMCA	회 장
	시민단체	참여연대	지부장	사회단체	재향군인	회 장
	시민단체	경실련	지부장	사회단체	지체장애자	회 장
	시민단체	익산 환경연합	지부장	사회단체	국가유공자	회 장
	시민단체	익산 라이온스클럽	회 장	사회단체	소비자단체	회 장
	시민단체	익산 로터리클럽	회 장	사회단체	베트남참전용사	회 장
	시민단체	익산 소비자단체	회 장	사회단체	자유총연맹	회 장
	시민단체	익산 재향군인회	회 장			
	시민단체	익산 장애인 연합회	회 장			
	시민단체	익산노인연합회	회 장			

익산시·남원시의 시민사회단체는 여러 종류가 있지만 본 연구에서

는 연고단체, 직능단체, 종교단체, 시민단체 등 네 가지 분야로 나누어 연구, 조사하였다. 연고단체는 익산에서 가장 많은 졸업자를 배출한 원광대학교, 익산전문대를 조사하였고, 고등학교는 남성고와 이리고 등을 조사하였다. 또한 남원시는 연고단체에서 양씨종친회와 안동권씨를 조사하였고 고등학교는 상원고와 남원고를 조사하였다. 물론 서남대학이 있지만 현재의 시점에서 대학 설립이 얼마 되지 않아서 졸업동문이 비교적 적은 관계로 조사대상에서 배제하였다. 직능단체에서는 익산시는 이리상공회의소를 중심으로 농민회, 전교조, 한의사회, 개인택시 등을 조사하였고 남원시는 상공회의소가 없는 관계로 조사대상에서 선정되지 않았고 한의사회와 농민회 그리고 예총을 중심으로 10여 개의 직능단체를 조사하였다. 다음으로 종교단체는 익산에서 가장 종교인 수가 많은 종교단체를 중심으로 선정하여 조사하였다. 익산은 천광교회와 원불교 신동교당을 선정하여 조사하였다. 남원시는 순복음교회를 중심으로 천주교와 원불교중앙교당 그리고 동북교회를 선정하여 조사하였다. 끝으로 시민단체의 연구에서 익산시는 시민단체와 YMCA, YWCA, 라이온스클럽, 로터리클럽 등 12개를 선정하여 조사하였고, 남원은 경실련을 비롯하여 재향군인, 소비자단체 등 9개를 선정하여 조사하였다.

전체적으로 익산시의 이익단체는 28개를 선정받았고 남원시는 25개의 이익단체를 선정받아 조사·연구할 수 있었다.

3. 익산·남원지역의 시민사회단체 특성

익산시 시민사회집단의 특성은 연고단체, 직능단체, 종교단체 그리고 시민집단으로 구분할 수 있다. 먼저 연고단체는 해당지역에서 오랫동안 거주하면서 지역사회활동을 지속적으로 하면서 구성원들의 침목과 이익 실현을 위하여 활동을 하면서 지역사회에 적지 않게 영향력을 행사하는 단체를 기준으로 선정하였다. 익산시의 연고단체는 학연, 지연 등을 선정할 수 있으나 종친회 모임보다는 대학동문회나 고등학교 동문회가 보다 더 적극적으로 활동하고 있기 때문에 학연 중심으로 조사를 선정하였다. 익산시는 원광대학과 익산대학의 동문회를 선정하였다. 원광대학교는 1950년대에 건학된 이후 익산에서 최다 동문을 배출하고 있으며 지역동문회의 활동도 적지 않게 하고 있다. 원광대학교 캠퍼스 내에 원광대 동문회 사무실이 소재하고 동문회장을 비롯하여 사무국장과 사무원 2명의 조직원을 갖고서 활동하고 있다. 최근 동문회장의 선출문제로 구회장과 신임회장의 대립과 갈등이 빚어지고 있는 가운데 동문회의 활동이 대외적 활동보다는 내부 분열이 심각한 정도이다. 익산에서는 원광대학교 동문에서 국회의원이 당선되는 계기로 지역사회에서 영향력을 증대시키기 위한 심열을 기울이고 있다. 또한 익산대학은 역사와 전통을 자랑하는 이리농림고등학교가 전문대학으로 승격한 후 이리농림고동문회를 계승하면서 지역사회에서 동문회 활동을 하고 있는 중이다. 물론 익산대학총학생회는 이리농림고등학교의 동문회를 계승하는 문제로 한때 반목하고 기존의 동문회를 거부하고 있으나 현재의 익산동문회는 이를 계승하고 있고 이사회를 개최하여 동문회 활동을 명문화하고 있다. 고등학교 동문회는 남성고, 이리고, 이리공고 동문회를 조사, 연구하였다. 이들 동문회는 익산에서 최다의 동문회원을 배출하고 지역사회에서 가장 적극적으로 활동하는 동문회이다.

다음으로는 직능단체의 조사연구이다. 이리상공회의소는 익산의 산업단체별 지원과 경제인 단체의 최대모임으로 익산시 지역사회의 경제를 주도하는 단체이다. 익리상공회의소는 회장을 비롯하여 부회장, 상근근무인원(10명)과 상공인 단체의 최다 회원들의 모임으로 활동하고 있다. 농민회는 조직의 규모는 크지 않으나 그 구성원들은 농업인 단체를 중심으로 활동하고 있고 민주노총의 활동도 익산시 공업단지를 중심으로 노동자 단체를 이끌면서 노조활동을 중심으로 하고 있다. 그 외에 약사회는 특별한 사무실을 두고 있지 않으며 또한 지역사회에서 특정의 활동을 전개하지 않는다. 전교조의 활동도 특정의 이슈를 내세우지 않지만 조직원 결속과 내부적 문제에 한정하여 지역사회활동을 하고 있는 실정이다. 치과의사회는 지역사회에서 활동은 미미한 수준이며 직능단체로서 자신들의 이익을 실현하기 위한 특별한 활동은 전개하고 있지 않는다. 한국노총도 지역 분원 활동으로 직능단체로 노동자 활동을 중심으로 한정적으로 활동하고 있다. 개인택시조합은 관리조직원 3~4명과 600여 명의 회원으로 활동하고 있으며 이들은 여론을 형성하며 지역 활동을 하고 있는 실정이다.

다음으로 종교단체는 원불교와 천광교회를 조사하였다. 익산은 원불교 총부가 있는 곳이다. 따라서 원불교의 종교 활동이 가장 두드러진 곳이다. 또한 천광교회도 익산의 신흥지역에서 최대 교인이 종교 활동을 하고 있는 교회이다. 이들의 종교단체는 내부적 문제에 한정하여 지역사회에서 활동하고 있는 것으로 파악되어 있다. 특정의 지역현안문제를 쟁점화하거나 아니면 시정문제나 지역사회문제에 관하여 비교적 소극적인 활동을 보이고 있다.

끝으로 시민단체는 익산 시민연대를 비롯하여 경실련, 참여연대, 환경연합 그리고 익산노인연합회 등을 조사하였다. 먼저 익산시민연대는 병원장과 대학교수가 공동대표로 활동하고 있다. 익산시민연대는 지역현안문제에 관하여 적지 않은 활동을 전개하고 있다. 나아가 익산 MYCA는 사무총장의 활동이 적극적이다. 이들은 지역현안문제와 정책 간담회 또는 선거 관련 이슈에 관하여 시민단체로서 공약의 인물을 검증하는 한편 환경문제와 노인문제 등에 관하여 적극적으로 활동하고 있는 중이다. 참여연대는 유급사무원을 두고 체계적으로 활동하고 있는 중이다. 이들은 지역 선거는 물론이고 시정감시와 시의회 활동과 지역 현안문제를 검증하고 이슈화하고 있다. 익산 환경연합단체는 종교인이 대표로 활동하고 있으며, 익산시의 정책사업에 관한 크고 작은 문제들에 대해서 여론을 형성하고 주민들의 민원을 취합, 해당 주민을 설득하면서 활동하고 있다. 또한 익산시 소비자단체는 소규모의 인력으로 시민들의 피해를 보상하는 문제나 민원을 받고 시민의 피해사례를 조사하고 상급단체와의 연계를 통하여 지역문제와 주민들의 고통을 처리하는 사업을 중점적으로 활동하고 있는 추세이다. 라이온스클럽이나 로터리클럽들은 봉사활동을 위한 시민단체로서 지역현안문제보다는 지역사회에서 봉사활동과 회원들의 친목에 주목적을 두고 활동하고 있다. 또한 재향군인회와 장애인연합회 그리고 노인연합회는 시민활동을 위한 단체라기보다는 지산들의 권익을 보호받기 위한 단체이고 유급사원 1명 정도의 인원으로 회원관리와 회계를 위한 활동을 전개하는 실정이다. 이들 단체는 대외적인 활동보다는 내부적 활동에 치우치고 있으며 나아가 사회 참여율도 비교적 저조한 형편이다.

다음으로 남원시는 연고단체와 직능단체, 종교단체 그리고 사회단체를 조사, 연구하였다.

먼저 양씨종친회와 안동권씨종친회는 특별한 상근근무자 없이 회장 단일 구성원으로 종친회를 이끌고 나아가고 있다. 이들의 사회활동은 비교적 저조한 형편이며, 자체의 회원관리와 종친회 사무를 중심으로 활동을 하고 있는 실정이다. 그리고 상원고와 남원고는 남원의 최다 동문회원 수를 기록하며 지역사회의 간접적으로 활동을 전개하고 있다. 다만 이들의 시민활동은 동문회원들의 후원이나 자체행사에 한정하여 활동을 하고 있는 실정이며, 시정문제나 사회문제에는 비교적 소극적인 활동을 보이고 있다.

다음으로 직능단체는 한의사회와 이용사, 미용사, 유흥업 농업경영인 단체, 예총, 전교조 등을 조사하였다. 한의사회와 이용사, 미용사, 유흥업 등의 단체는 특별한 사무실을 소재하지 않고 지회 활동을 하고 있는 실정이다. 특히 회장을 비롯하여 한두 명 정도가 회원관리를 하면서 자체 모임이나 침목을 위한 모임이나 행사에 한정하여 활동을 하고 있는 실정이다. 농업경제인 단체는 남원시의 농민과 농업 관련 단체들의 후원과 기술지원을 하는 직능단체로서 대외적 활동보다는 자체의 활동을 중심으로 회원관리와 사업지원을 목적으로 활동하고 있다. 남원

예총은 비교적 조직적으로 대외활동을 하고 있다. 대체로 문화사업을 중심으로 남원의 문화관광사업과 전통문화를 알리는 사업에 집중적으로 활동을 하고 있는 실정이다.

다음으로 종교단체는 남원 순복음교회와 원불교중앙교당, 남원천주교, 동북교회 등을 조사하였다. 이들 종교단체는 별도의 사무실을 두고 있지는 않고, 대외적 활동보다는 종교사업의 내부적 회원관리와 종교활동에 한정하여 활동하고 있다.

끝으로 시민사회단체는 경실련을 비롯하여 재향군인회, 소비자단체, 자유총연맹 등을 선정하여 조사하였다. 남원 경실련은 중앙과 유관한 사업의 연장에서 지역 활동을 하고 있으며 상근근무의 한두 명의 인원으로 회원관리와 회계 및 자체 사무 처리를 중심으로 활동하고 있는 실정이다. 그리고 재향군인회와 자유총연맹 등의 시민단체들도 한두 명의 상근근무자와 회장 자신의 한정된 인원으로 전체 회의를 이끌고 있으며 이들의 시민사회활동은 저조한 형편이며, 대외적 활동보다는 자체 내부적 회원관리와 자체행사에 치중하는 실정이다. 다만 소비자단체는 중앙 소비자단체와 긴밀한 연대 속에서 남원시의 시민의 권익과 문제 해결을 위하여 소수의 상근근무자와 자원봉사자 중심으로 대외활동을 전개하고 있는 실정이다.

익산시와 남원시의 시민사회단체는 여러 종류가 있지만 본 연구에서는 연고단체, 직능단체, 종교단체, 시민단체로 대별하여 조사, 연구하였다. 연고단체는 익산과 남원에서 역사와 전통이 있는 고등학교와 대학을 중심으로 최다 동문 배출 순위와 지역사회 인지도를 감안하여 임의 선정하였다. 연구 조사에 협조해 주지 않는 비협조적인 연고단체는 차순으로 선정된 연고단체를 조사, 연구하였다. 직능단체는 익산상공회의소를 중심으로 한국노총, 의사회 등을 임의 선정하여 조사하였고, 종교단체는 회원의 크기와 지역사회 역량을 감안하여 4개 이내 종교단체를 선정하여 조사하였다. 시민단체는 라이온스, 로터리클럽을 비롯하여 익산시와 남원시에서 역량 있는 시민단체를 중심으로 최근 10여 년간 활동이 적극적인 12개의 시민단체를 선정하여 조사, 연구하였다.

Ⅴ. 시민사회단체의 구조적 특징과 행태

1. 익산·남원지역의 시민사회단체 특성

〈표 10-3〉 시민사회단체의 특성

		익산시		남원시				익산시		남원시	
		빈도	%	빈도	%			빈도	%	빈도	%
성별	남	24	85.7	20	80.0	최종학력	초등학교	0	0.0	1	4.0
	여	4	14.3	5	20.0		중학교	0	0.0	5	20.0
							고등학교	7	25.0	4	16.0
							전문대학교	0	0.0	2	8.0
							대학교	10	35.7	9	36.0
							대학원 이상	10	35.7	4	16.0
연령	20대	0	0.0	3	12.0	종교	불교	2	7.1	3	12.0
	30대	3	10.7	7	28.0		기독교	8	28.6	11	44.0
	40대	6	21.4	6	24.0		가톨릭	3	10.7	1	4.0
	50대	12	42.9	3	12.0		민족종교	2	7.1	0	0
	60대 이상	7	25.0	6	24.0		기타 종교	2	7.1	2	8.0
							무	11	39.3	8	32.0
기주기간	10년 이하	1	3.6	4	16.0	가계소득	100만 이하	6	21.4	9	36.0
	10~19년	5	17.9	1	4.0		100만	5	17.9	8	32.0
	20~29년	4	14.3	8	32.0		200만	2	7.1	4	16.0
	30~39년	5	17.9	3	12.0		300만	5	17.9	3	12.0
	40~49년	5	17.9	6	24.0		400만 이상	10	35.7	1	4.0
	50년 이상	8	28.6	3	12.0						

이익단체의 성별에서는 익산시 남자가 24명(85.7%), 여자가 4명(14.3%)으로 나타나고 남원시에서는 남자가 20명(80.0%), 여자가 5명(20.0%)으로 나타나고 있다. 따라서 익산시보다는 남원시가 여성들의 시민사회단체의

단체 활동에서 적극적이다.

연령 부분에서는 익산이 50대가 12명(42.9%)으로 가장 많고 다음으로 60대 이상이 7명(25.0%)으로 나타나고 있다. 20대는 한 명도 없으며, 30대는 3명(10.7%)으로 나타나고 있다. 남원은 30대가 가장 많은 7명(28.0%)으로 나타나고 다음으로 40대와 60대 이상이 각각 6명(24.0%)으로 나타나고 있다. 따라서 익산보다는 남원이 보다 젊은 계층이 시민사회단체의 활동을 주도하고 있음을 알 수 있다.

이들의 각 도시의 거주기간은 10년에서 50년까지의 다양하게 측정하여 보았는데, 대체로 익산시는 10~20년과 30~50년까지가 빈도비율 17.9%로 가장 높게 나타나고 있고, 남원시는 20~30년이 32.0%로 가장 높게 나타나고 그 다음으로 40~50년이 24%로 높게 나타났다. 따라서 익산보다는 남원이 이익단체장들의 도시 거주기간이 더 길게 나타나고 있음을 알 수 있다. 따라서 시민사회단체장들은 익산보다는 남원이 보다 더 장기간 체류하면서 지역사회에서 활동하고 있음을 알 수 있다.

다음 최종학력 부분에서 익산은 대학과 대학원이 각각 10명(35.7%)으로 나타나고 있어 어느 정도 고학력을 반영하고 있음이 입증되고 있다. 익산시의 최종학력은 대학과 대학원을 포함하면 전체의 80.0%가 넘는 높은 수치를 보여주고 있어 이익단체들의 활동이 어느 정도 고학력이 바탕이 되어 그들의 각 분야에서 전문적 활동에 기초가 되고 있음을 알 수 있다. 남원시는 최종학력이 대졸이 9명(36.0%)으로 가장 높은 비율을 나타내고 다음으로 중학교가 5명(20.0%)으로 나타나고 있다. 대학원은 졸업은 4명(16.0%)으로 비교적 낮은 빈도비율을 나타내고 있다. 익산시와 남원시의 비교분석에서는 비교적 익산시가 고학력으로 학력 수준이 높게 나타나고 있음을 알 수 있다.

종교 부분에서는 익산시는 종교가 없음이 가장 많은 빈도비율 11명(39.3%)을 나타내고 그 다음으로 기독교가 8명(28.6%)으로 나타나고 있다. 그 외에 불교와 민족종교 기타 종교는 2~3명 수준에 머문다. 남원시는 기독교가 11명(44.0%)으로 가장 높은 빈도비율을 보이고 있고 다음으로 종교 없음이 8명(32.0%)으로 나타나고 있다. 그 외에 불교와 기타 종교는 각각 2명(8.0%)으로 조사되었다.

끝으로 가계소득에서 익산시는 400만 원 이상이 10명(35.7%)으로 나타나고 다음으로 300만 원 이하는 5명(17.9%)으로 비교적 고소득의 비율을 보이고 있다. 반면에 남원시는 100만 원 이하가 9명(36.0%)으로 가장 높은 빈도비율을 보이고 있고, 다음으로 100만 원 정도가 8명(32.0%)으로 나타나고 있다. 따라서 소득 부분에서는 익산시가 남원시에 비해서 고소득 수준에 있음을 알 수 있다. 이러한 비교의 차이는 남원시보다는 익산시가 경제적으로 규모가 큰 도시이고 그들의 경제적 생활수준이 높게 나타나고 있음을 알 수 있다.

2. 시민사회단체의 조직의 역할, 기능 영향력 분석

익산시·남원시에서 시민사회단체의 설립목표와 활동방향 그리고 지역사회에 대한 인식의 정도와 가치관 그리고 문민정부와 국민의 정부 이후 정치적 대우에 대한 문의 등을 조사하고 그 내용의 분석의 결과는 다음과 같다.

〈표 10-4〉 시민사회단체 설립목표(익산시·남원시)

		단체 구성원 친목도모	단체 구성원 이익도모	사회봉사	사회정의 실현	공공의 문제 해결	Total	Missing	전체
익산시	Frequency	9	5	3	5	4	26	2	28
	Percent	32.1	17.9	10.7	17.9	14.3	92.9	7.1	100
남원시	Frequency	9	2	2	5	7	25	0	25
	Percent	36.0	8.0	8.0	20.0	28.0	100	0.0	100

　시민사회단체의 설립목표를 묻는 내용에서는 대체로 단체 구성원의 친목도모라고 응답한 비율이 익산시는 전체 28명 중에서 9명(32.1%)이고, 남원시는 전체 25명 중에서 9명(36.0%)으로 가장 높은 빈도비율을 나타내고 있다. 그 다음으로 단체 구성원 이익도모와 사회정의 실현으로 응답한 비율은 익산시가 5명(17.9%)으로 나타나고, 남원시는 2명(8.0%)으로 비교적 낮은 빈도비율을 나타내고 있다. 그 다음으로 사회정의와 공공문제는 다음 순위를 나타내고 있다. 다음으로 사회봉사는 가장 낮은 빈도비율을 보여주고 있다.

　따라서 익산시와 남원시에서 시민사회단체들의 설립목적은 친목도모가 가장 높게 나타나고 있어 이들의 활동의 목적은 시민사회단체 내에서 상호간의 친목을 가장 소중하게 생각하고 있음을 알 수 있다. 그런가 하면 사회봉사는 가장 낮은 빈도비율을 보이고 있다는 것은 시사하는 바가 크다.

〈표 10-5〉 시민사회단체 활동방향(익산시·남원시)

		시민의식 행동변화	여론환기	정책건의	중앙지방 정책변경	total	missing	전　체
익산시	Frequency	15	3	1	5	24	4	28
	Percent	53.6	10.7	3.6	17.9	85.7	14.3	100
남원시	Frequency	23	0	1	1	25	0	25
	Percent	92.0	0.0	4.0	4.0	100	0.0	100

　시민사회단체의 활동의 방향을 묻는 내용은 <표10-5>에서 보는 바와 같다. 익산시와 남원시는 시민단체들의 활동방향에 있어서는 시민의식행동의 변화에 초점을 두고 활동하고 있다고 응답하고 있다. 익산시는 전체 인원 중 15명(53.6%)이고 남원시는 전체 인원 중 절대적으로 높은 빈도비율을 보이는 23명(92.0%)이 나타나고 있다. 다음으로는 중앙·지방의 정책변경은 그 다음으로 각각 5명(17.9%)과 1명(4.0%)으로 나타나고 있다. 익산시와 남원시 모두가 정책건의에 응답한 빈도비율은 미미한 수준에서 각각 1명(3.6%, 4.0%)으로 저조하게 나타나고 있다.

익산시와 남원시의 시민사회단체의 활동방향에 있어서 시민의식에는
초점을 두고 적극적으로 활동하고 있는 것으로 나타나고 있으나 중앙
정부나 지방정부에 정책변경이나 정책건의는 미미한 수준에서 높게 나
타나고 있지 않다는 것으로 보인다. 따라서 시민사회단체의 활동방향이
보다 더 지역사회의 시민의식의 행동에 변화에서 지방정부의 정책적
건의나 정책에 보다 더 관심을 두고 활동해야 할 필요가 있겠다. 이들
의 지방정부의 지속적인 참여와 관심은 지방분권화와 관련하여 민주적
지방행정을 담보하는 척경임을 분명히 알아야 하겠다.

〈표 10-6〉 가입대상 시민사회단체 참여비율(익산시·남원시)

		90% 이상	70~90%	50~70%	50% 이하	불특정다수	total	missing	전체
익산시	Frequency	3	1	6	7	8	25	3	28
	Percent	10.7	3.6	21.4	25.0	28.6	89.3	10.7	100
남원시	Frequency	4	9	2	1	8	24	1	25
	Percent	16.0	36.0	8.0	4.0	32.0	96.0	4.0	100

시민사회단체들의 통합조직이 결성되고 가입회원들이 참여하는 비율
을 묻는 내용은 위의 표에서 보는 바와 같다. 익산시는 90% 이상 참여
한다는 빈도비율은 불과 3명(10.7%)으로 저조한 반면 불특정 다수에
참여한다는 8명(28.6%)으로 빈도비율이 가장 높게 나타나고 있다. 따라
서 익산시는 가입대상자의 참여율은 불특정 다수에 참여를 많이 하고
있다. 반면 남원시는 가입대상자 중에서 70~90% 참여한다고 응답한
빈도비율이 9명(36.0%)으로 가장 높게 나타나고, 그 다음으로 불특정
다수가 참여하고 있다고 조사되었다. 따라서 익산시와 남원시는 비비한
수준에서나마 참여 빈도비율의 차이가 나타나고 있다. 비교적 남원시가
참여율이 비교적 높게 나타나고 있음을 알 수 있다.

〈표 10-7〉 조직 형태(익산시·남원시)

		신생단체	새로 구성된 단체	분리된 단체	흡수/통합된 단체	기타	total	missing	전체
익산시	Frequency	2	3	10	5	8	28	0	28
	Percent	7.1	10.7	35.7	17.9	28.6	100	0	100
남원시	Frequency	3	2	5	4	11	25	0	25
	Percent	12.0	8.0	20.0	16.0	44.0	100	0	100

　　시민사회단체장에게 조직 형태를 묻는 내용은 위의 표에서 보는 바와 같다. 익산시는 사회단체가 분리되었다고 응답한 비율이 전체 응답자 28명 중에서 10명(35.7%)으로 가장 높게 빈도비율이 나타나고 있다. 신생단체라고 응답한 비율은 단 2명(7.1%)으로 미미한 수준의 응답의 결과이다. 따라서 익산시 이익단체들은 기존의 결성된 분리된 단체가 가장 많이 분포되어 있다는 것을 알 수 있다. 남원시는 기타 부분에 응답한 빈도비율 11명(44.0%)으로 가장 높게 나타나고 있다. 그 다음으로 분리된 단체에 5명(20.0%)이고 신생단체, 흡수/통합의 순으로 조사되었다. 따라서 익산시와 남원시는 기타를 제외하고는 분리된 단체라고 응답한 빈도비율이 비교적 높게 나타나고 있음을 알 수 있다. 이러한 현상은 익산시와 남원시는 시민사회단체가 중앙에서 지역에 따라 기능에 따라 분리된 단체로 활동하고 있다는 현실을 반영한 분석이다. 반면에 새로 구성된 단체나 신생단체라는 응답은 빈도비율이 낮게 나타나고 있어 독자적으로 활동하고 있는 시민사회단체는 비교적 적게 나타나고 있다.

〈표 10-8〉 시민사회단체 가입 강제성(익산시·남원시)

		법적 가입	관례적 가입	자유의사	total	missing	전체
익산시	Frequency	4	7	17	28	0	28
	Percent	14.3	25.0	60.7	100	0	100
남원시	Frequency	1	7	17	25	0	25
	Percent	4.0	28.0	68.0	100	0	100

시민사회단체의 회원 가입 강제성을 묻는 내용에서는 위의 표에서 보는 바와 같다. 대체로 법적 가입보다는 관례적 가입이나 자유의사에 응답을 많이 하고 있다. 좀더 세부적으로 본다면, 법적 가입은 익산시가 4명(14.3%)이고 관례적 가입은 7명(25.0%), 자유의사는 17명(60.7%)으로 나타나고 있다. 남원시는 법적 가입은 단 1명(4.0%)이고 관례적 가입은 7명(28.0%)이다. 다음으로 자유의사는 17명(68.0%)의 높은 비율을 보이고 있다. 따라서 익산시와 남원시는 법적 가입보다는 회원들의 자발적인 자유의사에 의해서 회원을 가입시키고 있음을 알 수 있다. 또한 관례적 가입과 자유의사에 의한 가입의 빈도수와 비율이 거의 비슷한 수준에서 나타나고 있어 익산시와 남원시의 회원 가입에 대한 차이는 크게 나타나지 않는다.

〈표 10-9〉시민사회단체 예산규모(익산시·남원시)

		1천만 원	1천만~3천만 원	3천만~5천만 원	5천만~1억 원	1억 원 이상	total	missing	전체
익산시	Frequency	0	8	4	9	7	28	0	28
	Percent	0.0	28.6	14.3	32.1	25.0	100	0	100
남원시	Frequency	10	6	2	4	2	24	1	25
	Percent	40.0	24.0	8.0	16.0	8.0	96.0	4.0	100

시민사회단체의 한해 예산규모를 묻는 내용은 상위의 표에서 보는 바와 같이 익산시와 남원시가 상반되게 나타나고 있다. 먼저 익산시는 5천만~1억이라고 응답한 비율이 전체 응답자 28명 중에서 9명(32.1%)으로 나타나고 있으며 그 다음으로 1천만~3천만이 8명(28.6%)이고, 1억 이상은 7명(25.0%)으로 연구, 조사되었다. 대체로 익산시 이익단체들의 한해의 예산은 5천만 원에서 1억 수준이 가장 많다는 것을 알 수 있다. 그러나 남원시는 1천만 원 이하가 전체 인원 중에서 10명(40.0%)이고 다음으로 1천만 원에서 3천만 원이 6명(24.0%)의 순위를 나타내고 있다. 1억 원 이상이라고 응답한 사람은 단 두 명의 8%밖에 되지

않아 남원시의 시민사회단체들은 회계년 예산의 규모가 크지 않다는 것이 나타나고 있다. 이것은 익산시와 비교, 분석하면 대조적인 결과를 보이고 있다. 따라서 남원시는 이익사회단체의 예산규모가 익산보다는 작은 결과이고 익산이 남원보다 많은 예산을 사용하고 있음을 알 수 있다.

〈표 10-10〉 시민사회단체장 영향력-예산 · 대외활동 · 임원선출 · 회칙개정-(익산시 · 남원시)

		예 산	대외활동	임의선출	회칙개정
익산시	Valid	19	24	18	14
	Percent	67.9	85.7	64.3	50.0
	Missing	9	4	10	14
	Total	28	28	28	28
남원시	Valid	10	17	8	4
	Percent	40.0	68.0	32.0	16.0
	missing	15	8	17	21
	Total	25	25	25	25

　시민사회집단의 회장단의 실질적인 영향력 관계를 묻는 내용은 위의 표에서 보는 바와 같다. 익산시는 전체 응답자 중에서 19명만이 설문 내용에 응답해 주었고 9명은 질문내용에 응답을 회피하였다. 응답의 결과 예산은 19명(67.9%)이고 대외활동은 24명(85.7%)이, 임원선출은 18명(64.3%) 그리고 회칙개정은 14명(50.0%)이 응답을 하여 주었다. 응답의 결과 회장단의 실질적 영향력은 대외활동에 가장 많은 영향력을 행사하고 있다고 응답하고 다음으로 예산과 임의선출의 순으로 나타나고 있다. 다음으로 남원시 역시 예산은 10명(40.0%)이고, 대외활동은 17명(68.0%), 임원선출은 8명(32.0%), 회칙개정은 4명(16.0%)으로 나타나고 있다. 따라서 익산시와 남원시에서 회장단의 실질적 영향력은 비슷한 수준에서 영향력 관계가 나타나고 있다고 볼 수 있다.

다만 전체의 응답자가 응답을 회피한 내용이 있는데, 이러한 현상은
자신이 속해 있는 이익단체 예산의 사용처와 규모를 밝히기를 꺼리는
조직의 특성이 반영된 결과라고 분석된다. 어떤 조직이나 단체도 활동
에 맞게 화합과 조직 목표를 이루기 위해서는 재무의 투명성과 사용경
비의 공정성이 보장되어야 할 필요가 있다. 응답에 응하지 않은 이익
단체들은 자신들의 예산의 규모를 밝히기를 꺼리는 사회적 관행도 있
겠지만 재무의 투명성을 담보할 수 없어 안타까운 일이다.

〈표 10-11〉 지역사회 참여 방식과 설립목표와 상관성(익산시)

	설립목표					F	
의견교환	단체 구성원 친목도모	9	3.1111	2.93447	.97816	1.660	.197
	단체 구성원 이익도모	5	10.6000	12.07477	5.40000		
	사회봉사	3	3.3333	5.77350	3.33333		
	사회정의 실현	5	8.8000	5.76194	2.57682		
	공공의 문제 해결	4	11.0000	7.39369	3.69685		
	Total	26	6.8846	7.31206	1.43401		
로 비	단체 구성원 친목도모	9	3.4444	2.74368	.91456	.576	.683
	단체 구성원 이익도모	5	9.6000	17.61533	7.87782		
	사회봉사	3	5.6667	8.14453	4.70225		
	사회정의 실현	5	9.8000	3.76829	1.68523		
	공공의 문제 해결	4	9.0000	11.60460	5.80230		
	Total	26	6.9615	9.17161	1.79870		
온건행동	단체 구성원 친목도모	9	.7778	.97183	.32394	4.246	.011
	단체 구성원 이익도모	5	3.6000	6.50385	2.90861		
	사회봉사	3	.6667	.57735	.33333		
	사회정의 실현	5	11.8000	8.46759	3.78682		
	공공의 문제 해결	4	11.7500	10.43631	5.21816		
	Total	26	5.1154	7.56480	1.48358		

	설립목표					F	
	단체 구성원 친목도모	9	.0000	.00000	.00000	3.389	.027
	단체 구성원 이익도모	5	.6000	1.34164	.60000		
과격행동	사회봉사	3	.0000	.00000	.00000		
	사회정의 실현	5	6.0000	5.65685	2.52982		
	공공의 문제 해결	4	2.5000	5.00000	2.50000		
	Total	26	1.6538	3.71959	.72947		

　익산시에서 시민사회단체가 지역사회에 참여하는 방식과 설립목표와의 상관성을 알아보기 위한 내용은 위의 표에서 보는 바와 같다. 대체로 해당 기관의 주요 책임자가 주관한 간담회에 참석하거나 건의서와 청원서를 제출하는 의견교환과 시민사회단체의 설립목표와의 관계에서 유의도 값(F)은 1.660으로 나타나고 있다. 다음으로 기관의 책임자를 초청하여 간담회나 회의를 개최하고 공청회 또는 기자회견을 보도하는 로비와 설립목표를 물어보는 내용에 유의도 값(F)은 .576으로 나타나고 있다. 지역사회에 참여하는 방식에 있어서 온건행동과 설립목표와의 관계에서 유의도 값(F)은 4.246으로 나타나고 있다. 마지막으로 과격행동과의 관계에서는 유의도 값(F)이 3.389로 나타나고 있다. 이들 간의 유의도 값(F)의 비교에서 설립목표에 대한 참여 방식의 상관성에서는 로비가 가장 낮은 유의도 값(F)이 .576으로 나타나고 있고 가장 높은 유의도 값(F)은 4.246으로 높게 나타나고 있음을 알 수 있다.

〈표 10-12〉 지역사회 참여 방식과 설립목표와 상관성(남원시)

	설립목표					F	
	단체 구성원 친목도모	9	1.4444	1.81046	.60349	.363	.832
	단체 구성원 이익도모	2	.0000	.00000	.00000		
의견교환	사회봉사	2	.5000	.70711	.50000		
	사회정의 실현	5	3.6000	5.31977	2.37908		
	공공의 문제 해결	7	3.0000	7.50555	2.83683		
	Total	25	2.1200	4.62169	.92434		

	설립목표					F	
로 비	단체 구성원 친목도모	9	1.3333	2.50000	.83333	.789	.546
	단체 구성원 이익도모	2	.5000	.70711	.50000		
	사회봉사	2	4.0000	4.24264	3.00000		
	사회정의 실현	5	1.8000	1.48324	.66332		
	공공의 문제 해결	7	1.0000	2.23607	.84515		
	Total	25	1.4800	2.27523	.45505		
온건행동	단체 구성원 친목도모	9	.0000	.00000	.00000	1.785	.171
	단체 구성원 이익도모	2	.0000	.00000	.00000		
	사회봉사	2	4.0000	5.65685	4.00000		
	사회정의 실현	5	6.0000	7.03562	3.14643		
	공공의 문제 해결	7	3.7143	5.40723	2.04374		
	Total	25	2.5600	4.78783	.95757		
과격행동	단체 구성원 친목도모	9	.0000	.00000	.00000	.667	.622
	단체 구성원 이익도모	2	.0000	.00000	.00000		
	사회봉사	2	.0000	.00000	.00000		
	사회정의 실현	5	2.2000	3.34664	1.49666		
	공공의 문제 해결	7	1.8571	4.91354	1.85714		
	Total	25	.9600	2.99277	.59855		

　　남원시의 시민사회단체장의 지역사회 참여 방식과 설립목표와의 상관성을 알아보기 위한 내용은 위의 표에서 보는 바와 같다. 해당 기관의 주요 책임자가 주관한 간담회와 건의서와 청원서를 제출하는 의견교환과 시민사회단체의 설립목표와의 관계에서 유의도 값(F)은 .363으로 나타나고 있다. 다음으로 기관의 책임자를 초청하여 간담회나 회의를 개최하고 공청회 또는 기자회견을 보도하는 로비와 설립목표를 물어보는 내용에 유의도 값(F)은 .789로 나타나고 있다. 지역사회에 참여하는 방식에 있어서 온건행동과 설립목표와의 관계에서 유의도 값(F)은 1.785로 나타나고 있다. 마지막으로 과격행동과의 관계에서는 유의도 값(F)이 .667로 나타나고 있다. 이들 간 유의도 값(F)의 비교에서 설립목표에 대한 참여 방식의 상관성에서는 의견교환이 가장 낮은 유의도 값(F)이 .363으로 나타나고 있고 가장 높은 유의도 값(F)은 1.785로 높게 나타나고 있음을 알 수 있다.

〈표 10-13〉 지역사회 참여 방식

			회의 참석	건의서 제출	간담회 개최	공청회 개최	책자 발행	보도 광고	교섭 교제	결의문 발표	집회 개최	파업 태업	집단 농성	집단 시위
익산시	1회 이하	빈도	9	16	14	20	16	15	16	16	20	26	25	23
		%	32.1	57.1	50.0	71.4	57.1	53.6	57.1	57.1	71.4	92.9	89.3	82.1
	1~4회	빈도	4	9	11	5	7	9	9	7	4	2	2	2
		%	14.3	32.2	39.3	17.8	24.9	32.2	32.2	25.0	14.3	7.1	7.1	7.1
	5~9회	빈도	7	1	1	1	4	2	2	4	1	0	1	1
		%	25.0	3.6	3.6	3.6	14.3	7.1	7.1	14.3	3.6	0.0	3.6	3.6
	10회 이상	빈도	8	2	2	2	1	2	1	1	3	0	0	2
		%	28.6	7.1	7.1	7.1	3.6	71.	3.6	3.6	10.7	0.0	0.0	7.1
남원시	1회 이하	빈도	17	20	20	24	19	18	20	17	19	25	24	21
		%	68.0	80.0	80	96.0	76.0	72.0	80.0	68.0	76.0	100.	96.0	84.0
	1~4회	빈도	5	4	5	2	4	5	4	6	4	0	1	3
		%	20.0	16.0	20.0	4.0	16.0	20.0	16.0	24.0	16.0	0.0	4.0	12.0
	5~9회	빈도	0	0	0	0	2	1	1	1	2	0	0	0
		%	0.0	0.0	0.0	0.0	8.0	4.0	4.0	4.0	8.0	0.0	0.0	0.0
	10회 이상	빈도	1	1	0	0	0	0	0	1	0	0	0	1
		%	4.0	4.0	0.0	0.0	0.0	0.0	0.0	4.0	0.0	0.0	0.0	4.0

지난 2년간 시민사회단체가 지역사회에 참여한 방식을 묻는 내용은 위의 표에서 보는 바와 같다. 익산시의 지역사회 참여 방식에서 해당 기관의 주요 책임자가 주관한 간담회나 회의에 얼마나 참석하는가를 묻는 설문내용에서는 1회 이하는 파업태업은 26명(92.9%), 집단농성이 25명(89.3%), 집단시위는 23명(82.1%)의 순으로 나타나고 있다. 다음 1~4회 정도 참여하였다고 응답한 결과는 간담회 개최가 11명(39.3%)이고 다음으로 건의서 제출, 보도광고, 교섭단체와 교제가 각각 9명(32.2%)으로 나타나고 있다. 다음으로 5~9회는 비교적 적은 빈도비율로 나타나고 있는데 그중에서 해당 기관의 간담회 참석이 7명(25.0%)으로 가장 높게 나타나고 책자발행과 결의문 발표는 각각 4명(14.3%)으로 나타나고 있다. 10회 이상의 참석 여부는 기관 간담회에 참석한다고 응답한 결과가 8명(28.6%)으로 가장 높게 나타나고 그 외는 미미한 수준에서 2~3명의 수준으로 응답하였다.

다음으로 남원시는 1회 이하로 참여하였다고 응답한 결과는 파업 태업이 25명(100%)이고 집단농성, 공청회 개최는 각각 24명(96.0%)으로 나타나고 있다. 1~4회에서는 결의문 발표가 가장 많은 빈도비율을 보이는데 6명(24.0%)으로 나타나고 있고 다음으로 해당 기관의 회의 참석과 간담회 개최와 보도광고가 각각 5명(20.0%)을 차지하고 있다. 5~9회 정도 참석한다고 응답한 결과는 집회개최 정도가 2명(8.0%)으로 나타나고 다른 모든 참여는 미미한 수준에서 나타나지 않고 있다. 마지막으로 10회 이상 참여하였다고 응답한 결과는 회의참석과 건의서 제출, 결의문 발표와 집단시위정도가 각각 1명(4.0%)의 정도에 해당되고 나머지는 모두 10회 이상은 참여하지 않는 것으로 나타나고 있다.

따라서 익산시와 남원시는 대체로 모든 영역에서 1회 이하의 참여가 가장 높은 빈도비율을 보이고 있고 10회 이상 참여하고 있다고 응답한 비율은 가장 낮게 나타나고 있다. 부분별로 보면 파업이나 집단농성 그리고 집회개최와 집단시위는 비교적 적은 횟수의 참여율을 보이고 있으며, 대체로 해당 기관의 간담회나 공청회 등에 비교적 많이 참여하고 있는 것으로 나타나고 있다.

〈표 10-14〉 대외활동대상(익산시 · 남원시)

		중앙정부	지방정부	여당	야당	언론기관	경제단체	사회단체	불특정단체
익산시	Frequency	8	13	3	3	4	7	7	12
	Percent	28.6	46.4	10.7	10.	14.3	25.0	25.0	42.9
남원시	Frequency	5	3	2	0	1	2	10	5
	Percent	20.0	12.0	8.0	0.0	4.0	8.0	40.0	20.0

최근 2년간의 시민사회단체의 대외활동대상을 묻는 내용은 상위 표에서 보는 바와 같다. 익산시는 지방정부가 가장 많은 빈도비율 13명(46.4%)으로 나타나고 있고 불특정 단체가 12명(42.9%)으로 나타나고 있다. 다음으로 중앙정부, 경제단체와 사회단체는 미미한 수준이지만 7~8명의 빈도비율을 나타내고 있다 그 외의 여당이나 야당의 참여는

가장 낮은 빈도비율을 나타내고 있다.

남원시는 사회단체가 10명(40.0%)으로 나타나고 있고 다음으로 중앙정부와 불특정단체가 5명(20.0%)으로 나타나고 있다. 야당의 경우는 한 명도 참여하고 있지 않는 것으로 나타나고 있어 대체로 남원시는 정당의 참여율이 떨어지는데 특히 야당의 경우는 활동대상에서 제외당하고 있음을 알 수 있다.

시민사회단체들이 활동의 대상으로 지방정부나 불특정단체에는 비교적 참여율이 높게 나타나고 있지만 여당이든 야당이든 활동대상으로 생각하고 있지 않는 것은 지역사회활동의 정당의 기능과 시민사회단체 간의 심각한 거리감이 있다는 것을 반증하는 분석의 결과이다.

〈표 10-15〉 가입회원의 회비 납부 비율(익산시·남원시)

		0~30%	31~60%	61~90%	91~100%	Total
익산시	Frequency	5	2	11	8	26
	Percent	19.2	7.7	42.3	30.8	100
남원시	Frequency	4	5	13	3	25
	Percent	16.0	20.0	52.0	12.0	100

시민사회단체의 회원들의 회비 납부율을 묻는 내용은 위의 표에서 보는 바와 같다. 익산시와 남원시가 대체로 61~90% 납부율이 가장 높은 11명(42.3%)과 13명(52.0%)으로 가장 높게 나타나고 있다. 다음으로 100% 납부가 익산은 8명(30.8%)이고 남원은 31~60%가 5명(20.0%)으로 2위 순위를 나타내고 있다. 따라서 익산시와 남원시의 시민사회단체들의 회비 납부율은 익산이 비교적 높은 빈도와 높은 비율을 나타내고 있다. 그러나 회비 납부 비율이 전체적으로 높게 나타내는 것은 아니고 0~30% 미만도 적지 않게 나타내고 있어 시민사회단체들의 회비가 비교적 납부되고 있지 않음을 알 수 있다.

〈표 10-16〉 설립목표와 회비 납부 비율의 상관성(익산시)

			납부 비율 묶음				Total
			0~30%	31~60%	61~90%	91~100%	
설립목표	단체 구성원 친목도모	Count	3	1	3	2	9
		% within 설립목표	33.3%	11.1%	33.3%	22.2%	100.0%
		% within 납부 비율 묶음	60.0%	50.0%	27.3%	25.0%	34.6%
		% of Total	11.5%	3.8%	11.5%	7.7%	34.6%
	단체 구성원 이익도모	Count	1		3	1	5
		% within 설립목표	20.0%		60.0%	20.0%	100.0%
		% within 납부 비율 묶음	20.0%		27.3%	12.5%	19.2%
		% of Total	3.8%		11.5%	3.8%	19.2%
	사회봉사	Count			1	2	3
		% within 설립목표			33.3%	66.7%	100.0%
		% within 납부 비율 묶음			9.1%	25.0%	11.5%
		% of Total			3.8%	7.7%	11.5%
	사회정의 실현	Count		1	2	2	5
		% within 설립목표		20.0%	40.0%	40.0%	100.0%
		% within 납부 비율 묶음		50.0%	18.2%	25.0%	19.2%
		% of Total		3.8%	7.7%	7.7%	19.2%
	공공의 문제 해결	Count	1		2	1	4
		% within 설립목표	25.0%		50.0%	25.0%	100.0%
		% within 납부 비율 묶음	20.0%		18.2%	12.5%	15.4%
		% of Total	3.8%		7.7%	3.8%	15.4%
Total		Count	5	2	11	8	26
		% within 설립목표	19.2%	7.7%	42.3%	30.8%	100.0%
		% within 납부 비율 묶음	100.0%	100.0%	100.0%	100.0%	100.0%
		% of Total	19.2%	7.7%	42.3%	30.8%	100.0%
Chi Square		.852					

익산시에서 설립목표와 회비 납부 비율의 상관성을 알아보기 위한 내용은 위의 표에서 보는 바와 같다. 먼저 단체 구성원 친목도모라고 응답한 내용에는 61~90%와 0~30%의 회비 납부 비율이 각각 가장 많은 3명(33.3%)의 응답이 있다. 단체 구성원의 이익도모에서는 61~90%의 회비 납부율이 가장 높은 빈도비율 3명(60.0%)을 차지하고 있

고 사회봉사에서는 91~100%의 회비를 납입한다고 응답한 빈도비율이 2명(66.7%)이라고 나타나고 있다. 사회정의 실현에서도 61~90%와 91~100%의 회비 납부 빈도비율이 각각 2명(40.0%)으로 나타나고 있다. 공공의 문제 해결에서는 61~90%의 납부 빈도비율이 2명(50.0%)으로 가장 높게 나타나고 있다. 전체적으로 익산시의 시민사회단체들의 회비 납부 비율은 61~90%의 회비를 납부하고 있다는 응답이 가장 높게 나타나고 다음으로 91~100%의 회비 납부의 순으로 나타나고 있다. 설립목표에 따른 회비 납부 비율은 단체 구성원 친목도모의 목표를 갖는 시민사회단체에서 회비 납부 비율이 가장 높게 나타나고 있으며, 설립목표가 사회봉사인 시민사회단체가 가장 저조한 빈도비율로 나타나고 있다. 특히 공공문제 해결을 목표로 한 시민사회단체의 회비 납부율이 저조한 것은 공공의 문제를 해결한다는 명분하에 개인적 부담은 기피하는 단체의 회원들의 이중성이 그대로 나타난 조사이다.

〈표 10-17〉 설립목표와 회비 납부 비율의 상관성(남원시)

			납부 비율 묶음				Total
			0~30%	31~60%	61~90%	91~100%	
설립목표	단체 구성원 친목도모	Count	2	3	3	1	9
		% within 설립목표	22.2%	33.3%	33.3%	11.1%	100.0%
		% within 납부 비율 묶음	50.0%	60.0%	23.1%	33.3%	36.0%
		% of Total	8.0%	12.0%	12.0%	4.0%	36.0%
	단체 구성원 이익도모	Count			1	1	2
		% within 설립목표			50.0%	50.0%	100.0%
		% within 납부 비율 묶음			7.7%	33.3%	8.0%
		% of Total			4.0%	4.0%	8.0%
	사회봉사	Count			1	1	2
		% within 설립목표			50.0%	50.0%	100.0%
		% within 납부 비율 묶음			7.7%	33.3%	8.0%
		% of Total			4.0%	4.0%	8.0%

			납부 비율 묶음				Total
			0~30%	31~60%	61~90%	91~100%	
설립목표	사회정의 실현	Count	1	1	3		5
		% within 설립목표	20.0%	20.0%	60.0%		100.0%
		% within 납부 비율 묶음	25.0%	20.0%	23.1%		20.0%
		% of Total	4.0%	4.0%	12.0%		20.0%
	공공의 문제 해결	Count	1	1	5		7
		% within 설립목표	14.3%	14.3%	71.4%		100.0%
		% within 납부 비율 묶음	25.0%	20.0%	38.5%		28.0%
		% of Total	4.0%	4.0%	20.0%		28.0%
Total		Count	4	5	13	3	25
		% within 설립목표	16.0%	20.0%	52.0%	12.0%	100.0%
		% within 납부 비율 묶음	100.0%	100.0%	100.0%	100.0%	100.0%
		% of Total	16.0%	20.0%	52.0%	12.0%	100.0%
Chi Square		.610					

　　남원시에서 설립목표와 회비 납부 비율의 상관성을 알아보기 위한 내용은 위의 표에서 보는 바와 같다. 먼저 단체 구성원 친목도모라고 응답한 내용에는 31~60%와 61~90%의 회비 납부 비율이 각각 가장 많은 3명(33.3%)의 응답이 있다. 단체 구성원의 이익도모에서는 61~90%와 91~100%의 회비 납부율이 각각 1명(50.0%)으로 나타나고 있고 사회봉사에서도 61~90%와 91~100%의 회비 납부율이 각각 1명(50.0%)으로 나타나고 있다. 사회정의 실현에서도 61~90%가 3명(60.0%)의 회비 납부 빈도비율로 나타나고 있다. 공공의 문제 해결에서는 61~90%의 납부 빈도비율이 5명(71.4%)으로 가장 높게 나타나고 있다. 전체적으로 익산시의 시민사회단체들의 회비 납부 비율은 61~90%의 회비를 납부하고 있다는 응답이 가장 높게 나타나고 다음으로 31~60%의 회비 납부의 순으로 나타나고 있다. 설립목표에 따른 회비 납부 비율은 단체 구성원 친목도모의 목표를 갖는 시민사회단체에서 회비 납부 비율이 가장 높게 나타나고 있으며, 설립목표가 단체 구성원의 이익도모와 사회봉사인 시민사회단체가 가장 저조한 빈도비율로

나타나고 있다. 또한 사회정의 실현과 공공의 문제 해결이라고 한 시
민사회단체가 회비 납부 비율이 저조한 분석의 결과이다. 이러한 현상
은 시민단체의 특성인 것으로는 사회정의나 공공의 문제에 관심을 두
면서도 자신의 부담은 전혀 책임지지 않는 시민사회단체의 이중성이
반영된 조사 결과이다.

〈표 10-18〉 참여방법과 회비 납부 비율의 상관성(익산시)

	납부 비율					F	
의견교환	0~30%	6	8.1667	11.66905	4.76387	.240	.868
	31~60%	2	3.0000	4.24264	3.00000		
	61~90%	11	7.0000	4.64758	1.40130		
	91~100%	9	6.5556	7.53510	2.51170		
	Total	28	6.8214	7.22677	1.36573		
로 비	0~30%	6	9.6667	15.55206	6.34910	.733	.542
	31~60%	2	4.0000	2.82843	2.00000		
	61~90%	11	8.0000	7.94984	2.39697		
	91~100%	9	3.4444	3.97213	1.32404		
	Total	28	6.6071	8.93739	1.68901		
온건행동	0~30%	6	3.1667	5.84523	2.38630	.937	.438
	31~60%	2	3.0000	4.24264	3.00000		
	61~90%	11	7.7273	10.26734	3.09572		
	91~100%	9	2.7778	2.90593	.96864		
	Total	28	4.8214	7.36384	1.39164		
과격행동	0~30%	6	.0000	.00000	.00000	.754	.531
	31~60%	2	.0000	.00000	.00000		
	61~90%	11	2.5455	4.39007	1.32366		
	91~100%	9	1.6667	4.00000	1.33333		
	Total	28	1.5357	3.60537	.68135		

익산시의 지역사회 참여방법과 회비 납부 비율의 상관성을 알아보기
위한 내용은 위의 표에서 보는 바와 같다. 대체로 해당 기관의 주요

책임자가 주관한 간담회에 참석하거나 건의서와 청원서를 제출하는 의견교환과 시민사회단체의 회비 납부 비율과의 관계에서 유의도 값(F)은 .240으로 나타나고 있다. 다음으로 기관의 책임자를 초청하여 간담회나 회의를 개최하고 공청회 또는 기자회견을 보도하는 로비와 회비 납부 비율과의 관계는 유의도 값(F)은 .733으로 나타나고 있다. 지역사회에 참여하는 방식에 있어서 온건행동과 회비 납부 비율과의 관계에서 유의도 값(F)은 .937로 나타나고 있다. 마지막으로 과격행동과의 회비 납부 비율과의 관계에서는 유의도 값(F)이 .754로 나타나고 있다. 이들 간의 유의도 값(F)의 비교에서 의견교환에 대한 회비 납부 비율이 가장 낮은 유의도 값(F)은 .240으로 나타나고 있고 온건행동에서의 유의도 값(F)은 .937로 나타나고 있음을 알 수 있다. 이와 같이 유의도 값이 작을 수로 상관성이 크다는 것을 알 수 있다.

〈표 10-19〉 참여방법과 회비 납부 비율의 상관성(남원시)

	납부 비율					F	
의견교환	0~30%	4	4.5000	5.91608	2.95804	.486	.696
	31~60%	5	.8000	1.09545	.48990		
	61~90%	13	2.0769	5.46903	1.51684		
	91~100%	3	1.3333	2.30940	1.33333		
	Total	25	2.1200	4.62169	.92434		
로 비	0~30%	4	2.0000	2.30940	1.15470	3.370	.038
	31~60%	5	.4000	.54772	.24495		
	61~90%	13	1.0000	1.68325	.46685		
	91~100%	3	4.6667	4.04145	2.33333		
	Total	25	1.4800	2.27523	.45505		
온건행동	0~30%	4	4.2500	8.50000	4.25000	.421	.740
	31~60%	5	.6000	.89443	.40000		
	61~90%	13	2.7692	4.62158	1.28179		
	91~100%	3	2.6667	4.61880	2.66667		
	Total	25	2.5600	4.78783	.95757		

	납부 비율					F	
과격행동	0~30%	4	.0000	.00000	.00000	.634	.601
	31~60%	5	.2000	.44721	.20000		
	61~90%	13	1.7692	4.04462	1.12178		
	91~100%	3	.0000	.00000	.00000		
	Total	25	.9600	2.99277	.59855		

남원시의 시민사회단체장의 지역사회 참여 방식과 회비 납부 비율과의 상관성을 알아보기 위한 내용은 위의 표에서 보는 바와 같다. 해당 기관의 주요 책임자가 주관한 간담회와 건의서와 청원서를 제출하는 의견교환과 시민사회단체의 회비 납부 비율과의 상관관계에서 유의도 값(F)은 .486으로 나타나고 있다. 다음으로 기관의 책임자를 초청하여 간담회나 회의를 개최하고 공청회 또는 기자회견을 보도하는 로비와 회비 납부 비율과의 관계를 물어보는 내용에 유의도 값(F)은 3.370으로 나타나고 있다. 지역사회에 참여하는 방식에 있어서 온건행동과 회비 납부 비율과의 관계에서 유의도 값(F)은 .421로 나타나고 있다. 마지막으로 과격행동과의 관계에서는 유의도 값(F)이 .634로 나타나고 있다. 이들 간 유의도 값(F)의 비교에서 온건행동과 회비 납부 비율이 가장 낮은 유의도 값(F)이 .421로 나타나고 있고 가장 높은 유의도 값(F)은 로비로 3.370으로 높게 나타나고 있음을 알 수 있다. 이러한 결과는 참여방법과 회비 납부 비율의 상관성을 알아보기 위한 방법인데 유의도 값이 작을수록 상관성이 크다는 조사연구의 결과이다.

〈표 10-20〉 타 단체와 연대 여부(익산시 · 남원시)

		연대경험 유	연대경험 무	Missing	전 체
익산시	Frequency	14	11	3	28
	Percent	50.0	39.3	10.7	100
남원시	Frequency	10	15	0	25
	Percent	40.0	60.0	0.0	100

타 단체와 상호 연대를 묻는 내용은 <표 10-20>에서 보는 바와 같다. 익산시는 연대경험이 있다고 응답한 결과는 14명(50.0%)이고 연대경험이 없다고 응답한 결과는 11명(39.3%)으로 나타나고 있다. 다음으로 익산시는 연대경험이 있다고 응답한 결과는 10명(40.0%)이고 연대경험이 없다고 응답한 결과는 15명(60.0%)으로 나타나고 있다. 따라서 익산과 남원시는 미미한 수준에서 타 단체와 연대의 경험이 조금은 다르게 나타나고 있다.

VI. 시민사회단체의 문제점과 발전을 위한 제언

1. 시민사회단체의 문제점

익산시와 남원시의 시민사회단체의 조사연구를 하면서 몇 가지 문제점에 대해 제언할 수 있겠다.

첫째, 지역별 시민사회단체들의 특성을 상호 비교하기 위한 특정의 Sampling을 설정한 근거가 미약하고 시민사회단체 조직 간 유형이 제대로 나타나지 않고 있다. 특히 시민사회단체 간의 특성이나 그들이 추구하는 방향성이 시민활동의 내용 등이 분명하게 나타나 있지 않는다. 각 시민사회단체 간의 활동이 각기 다르고 지방정부와의 관계도 서로 상이할 수 있는데 이번 조사에서는 일관적으로 통계 분석하여 시민사회단체 간 특성이 반영되지 않았다.

둘째, 지역사회 시민사회단체들의 동태적 활동의 연구가 미미하다. 지역사회에서 특정의 사례에 따라 시민사회단체들의 어떻게 활동을 하였는가? 특정 설문내용의 응답의 결과를 지지할 수 있는 구체적 사례와 설문의 응답한 근거는 무엇인가에 대한 연구가 미미하다. 즉, 다시 말하면 단순한 설문에 대한 응답이라기보다는 시민사회단체가 활동한 구체적 사례의 반영이 전혀 나타나 있지 못하다. 또한 설문내용이 그러한 사례를 적용하고 질문내용에 유도되어 조사연구자가 의도하는 시민사회단체의 활동의 특징과 지역사회의 역할 등을 사례를 통하여 검증할 만한 근거를 찾지 못하고 있다.

셋째, 시민사회단체의 상호간 비교와 그들 간의 특정의 정책에 대한 경쟁과 합의 또는 정책연합에 관한 상호 비교 연구가 미미하다. 시민활동이 각기 다르고 특정의 지역적 현안문제에 대해서 각기 상이한 태도와 활동을 하기 마련인데, 이때 시민사회단체 간의 연대나 또는 반목을 통하여 자신의 주장을 할 수 있다. 따라서 타 시민사회단체 간의 관계가 불분명하고 유기적인 관계 또는 상반된 활동과 반목 등의 관계성이 전혀 나타나 있지 않고 있다. 따라서 연구 조사의 결과가 특정의 시민사회단체 하나인 정체성 문제에만 초점이 모아져 있기 때문에 지극히 내부적 시각에만 연구, 조사되었다.

넷째, 시민사회단체가 추구하는 이익이 공익사업에 관련한 공익추구인지 아니면 사회단체의 사적인 사익추구인지의 연구 조사 결과가 분명치 않다. 대체로 시민사회단체는 그들이 추구하는 목적이 공익사업이든 사익추구이든 분명한 목적을 가지고 활동하기 마련이다. 특히 활동의 방향을 묻는 내용에서 대체로 시민의식이나 여론, 정책건의 등 공적인 사업에 한정하여 묻는 내용이기 때문에 사익을 추구하는 시민사회단체의 특성은 그들의 이익이 단순한 개인적 이익의 추구인지 아니면 사회이익 추구가 반영된 사적이익인지를 분명히 알 수는 없을 것이다. 단순히 이러한 조사연구의 의도는 모든 시민사회단체가 공공의 이익을 추구하게 된다는 단순한 가정하에 조사, 연구하는 한계를 갖게 되는 문제이다.

다섯째, 지방정부 출범 이후 시민사회단체가 정책과정에 어떻게 참여하고 발전해 나아가고 있는지 분명치 않다. 특히 이번 조사가 1995

년 이후 지방자치 실시 이후 대표적 도시농촌 통합도시의 대표성을 가지면서 지방자치 실시 이전의 시민사회단체와 지방자치 실시 이후의 시민사회단체 간의 차이점이 분명하지 않다. 특히 지역사회에서 시와 군의 시민사회단체가 통합 이전과 통합 이후의 변화와 관계에 대해서 설명하지 못하는 한계를 갖는다.

여섯째, 시민사회단체의 활동은 실제 현실 세계의 활동보다도 온라인(on-line)을 통한 가상공간에서 시민활동이 두드러지고 있는 현실이다. 특히 인터넷을 통한 시민활동은 중앙과 연계에서부터 타 단체와 연계, 회원모집 또는 이슈화 등 또 하나의 공론의 장으로 그 역할을 다하고 있다. 그런가 하면 인터넷을 통한 온라인 활동에만 시민운동을 전개하는 시민단체들도 그 활동의 비중이 증대하고 있는 실정이다. 그러나 본 연구는 조사의 대상에서 온라인상에서 이루어지는 시민운동이 제외되었던 점은 앞으로 가상공간에서의 시민사회단체의 운동을 가정한다면 아쉬운 문제이다.

2. 시민사회단체의 발전방향

지역사회 시민사회단체들의 여러 활동 경로와 참여 유형 등을 살펴보았다. 지역적 현실에서는 시민운동의 필요성과 지방정부와의 관계정립의 차원에서라도 시민사회단체의 발전방향에 관하여 다음과 같이 제언을 할 수 있겠다.

첫째, 지역사회 주민이 참여하는 시민운동이 이루어져야 하겠다. 지역사회에서의 시민사회단체의 활동은 시민 없는 활동, 시민의 참여가 없는 그들만의 활동이라는 비난이 적지 않았다. 또한 시민들의 지속적인 관심을 잡아두고 시민참여의 방안을 개발하여 생활 속에서 시민운동에 참여하는 시민운동이 필요하겠다.

둘째, 지역사회에서 시민사회단체의 시민운동이라고 규정할 수 있는 영역과 범주와 그 위상을 체계화하여 세계화, 정보화와 지방화 시대에 알맞은 시민운동의 활성화를 모색한다. 우리나라의 시민운동은 자생적 시민운동이라기보다는 서구 선진국가의 지원하에 성장한 시민사회단체들이 대부분이다. 이들은 국제적 연대와 국내에서의 조직적 활동에는 적극적인 반면에 지역적 특색에 맞는 시민운동은 소홀히 다루어 왔다. 특히 특정의 이슈 중심으로 시민운동을 하다 보니 언론의 관심이 되고 대중들의 초미의 관심사에게는 적지 않는 시민운동이 활성화되었지만 그렇지 않는 분야의 시민들에게 반드시 필요한 환경, 보건, 복지 등에 관해서는 등한시하여 왔다. 특히 지방화 시대에 알맞은 시민운동의 대안을 찾지 못하고 여전히 중앙 상부기관과 연계한 시민운동이 지역단위로 획일적으로 이루어지고 있기 때문에 시민운동의 자생력이 부족하다는 비난을 면하기 어렵다. 따라서 전통적 한국의 현실에 맞게 지속되어 온 향약관계 등의 민족 공동체적 전통과 지역적 특색과 관련 있는 시민운동이 전개되어야 하겠다.

셋째, 중앙정부의 권력의 지방 이전과 분권화를 위한 지역단위의 시민사회단체의 역할과 위상이 새로이 정립되어야 하겠다. 중앙정부의 권력이 지방으로 이전됨에 따라 자치단체장의 권한 또한 막강하게 작용하게 될 것이다. 이제는 지역단위의 생활자치의 시대가 예측되는 시점에서 시민사회단체와 지방정부의 관계정립이 새롭게 이루어져야 하겠다.

넷째, 지방자치 시대에 있어서 지역특색에 알맞은 시민운동의 활동 방향성을 제시하고 나아가 지역사회에 적합한 시민사회단체 모델을 제시해야 하겠다. 지역특색에 맞는 생활 시민운동은 시민들의 관심을 집중시키고 참여를 유도하여 시민사회단체가 함께하는 시민운동을 가능케 할 것이다.

다섯째, 자율적 시민운동을 위한 제도적 방안을 제시해야 하겠다. 그동안의 시민사회단체들의 활동은 체계적 조직적 활동이라기보다는 사안에 따라 자신의 이익을 실현하기 위한 수단으로 활용하다 보니 특정한 이슈에 따라 결집되고 활동하는 인위적 활동에 주안점을 두었다. 그래서 지역단위의 시민사회단체의 조직과 구조를 개선하여 단체의 전통과 특성에 맞는 자율적 시민운동이 토착화되도록 역량 있는 지도력이 필요하겠다.

여섯째, 시민사회단체의 열악한 재정적 자립과 경제적 지원문제를 제시해야 하겠다. 시민사회단체의 활동을 지속하기 위한 회원관리와 예산은 조직단체의 가장 중요한 문제이다. 특히 재정적 지원이 열악한 환경하에서 시민운동은 더 이상의 시민사회단체의 몫이 아니라 사회 전반적인 문제이며 국가적 차원에서 해결해야 할 과제이다. 특히 공공문제와 건전한 시민사회의 사회정의를 실현하기 위한 공적 시민사회단체에 대한 재정적 지원은 의무화하거나 관련 법관계를 재정비하여서 제도적 지원이 반드시 있어야 하겠다.

Ⅶ. 결 론

이상으로 익산지역과 남원지역의 시민사회단체의 현황과 특성 그리고 구성과 운용방침 및 활동 등을 살펴보았다. 익산시와 남원시의 이익단체는 여러 종류가 있지만 본 연구에서는 연고단체, 직능단체, 종교단체, 시민단체로 대별하여 조사, 연구하였다. 전체적으로 익산시의 이익단체는 28개를 선정받았고 남원시는 25개의 이익단체를 선정받아 조사, 연구할 수 있었다.

시민사회단체의 성별에서는 익산시가 남자가 24명(85.7%), 여자가 4명(14.3%)으로 나타나고 남원시는 남자가 20명(80.0%), 여자가 5명(20.0%)으로 나타나고 있다. 따라서 익산시보다는 남원시가 여성들의 시민사회단체의 단체 활동에서 적극적이다.

다음 최종학력 부분에서 익산시와 남원시의 비교분석에서는 비교적 익산시가 고학력으로 학력 수준이 높게 나타나고 있음을 알 수 있다. 가계소득에서 남원시보다는 익산시가 경제적으로 규모가 큰 도시이고 그들의 경제적 생활수준이 높게 나타나고 있음을 알 수 있다. 따라서 익산시와 남원시에서 시민사회단체들의 설립목적은 친목도모가 가장 높게 나타나고 있어 이들의 활동의 목적은 시민사회단체 내에서 상호 간의 친목을 가장 소중하게 생각하고 있음을 알 수 있다.

익산시와 남원시의 시민사회단체의 활동방향에 있어서 시민의식에는 초점을 두고 적극적으로 활동하고 있는 것으로 나타나고 있으나 중앙정부나 지방정부에 정책변경이나 정책건의는 미미한 수준에서 높게 나타나고 있지 않다는 것으로 보인다. 익산시와 남원시는 미미한 수준에서나마 참여 빈도 비율의 차이가 나타나고 있다. 비교적 남원시가 참여율이 비교적 높게 나타나고 있음을 알 수 있다.

익산시와 남원시는 시민사회단체가 중앙에서 지역에 따라 또 기능에 따라 분리된 단체로 활동하고 있다는 현실을 반영한 분석이다. 반면에 새로 구성된 단체나 신생단체라는 응답은 빈도비율이 낮게 나타나고 있어 독자적으로 활동하고 있는 시민사회단체는 비교적 적게 나타나고 있다. 익산시와 남원시는 법적 가입보다는 회원들의 자발적인 자유의사에 의해서 회원을 가입시키고 있음을 알 수 있다. 남원시는 이익사회 단체의 예산규모가 익산보다는 작은 결과이고 익산이 남원보다 많은 예산을 사용하고 있음을 알 수 있다.

익산시와 남원시는 대체로 모든 영역에서 1회 이하의 참여가 가장 높은 빈도비율을 보이고 있고 10회 이상 참여하고 있다고 응답한 비율은 가장 낮게 나타나고 있다. 부분별로 보면 파업이나 집단농성 그리고 집회개최와 집단시위는 비교적 적은 횟수의 참여율을 보이고 있으며, 대체로 해당 기관의 간담회나 공청회 등에 비교적 많이 참여하고 있는 것으로 나타나고 있다. 따라서 익산과 남원시는 미미한 수준에서 타

단체와 연대의 경험이 조금은 다르게 나타나고 있다. 익산이 연대경험이 조금 높게 나타나고 있다.

지역사회의 한국 정치문화의 특성은 라스웰(Lasswell)의 8가지 가치관에 의거한 분석에서는 대체로 권력 가치를 묻는 내용에서 지방정부에 참여율이 높게 나타나고 있음을 알 수 있다. 계몽 가치는 비교적 높은 편이며 부에 관한 가치는 매우 높은 편이며 사회 안정에 관한 가치는 대체로 그저 그렇다고 응답한 연구 결과이다. 또한 사회적 전문성에 관한 가치는 대체로 긍정하는 편이나 이웃을 돕는 애정에 관한 가치는 비교적 부정적으로 나타나고 있다. 또한 사회적 존경에 관한 가치에서는 대체로 긍정하는 반면에 정직에 관한 가치에 대해서는 약간 부정적 응답이 높게 나타나고 있음을 알 수 있다. 또한 지역차별은 김영삼 정권 이전까지만 해도 적지 않은 차별을 받았다고 분석되는 반면에 김대중 정권 이후에는 비교적 지역차별을 덜 받았다고 응답하고 있어 어느 정도 김대중 정권에서 차별이 심화되지는 않았다는 것을 알 수 있다.

지역사회에서 정보의 경로는 TV나 라디오에 가장 많이 의존하고 있고 다음으로 신문 정도이다. 아직까지는 인터넷 정도는 그 활용 정도가 미미한 수준에 머물고 있음을 알 수 있다. 또한 지역사회에 대한 정실주의에 관해서는 단체를 위한 희생의 정도는 어느 정도 긍정하고 있고 시민사회단체장이 의사결정에 있어서 타인의 의사나 다른 사람의 속내를 비교적 살피거나 청탁에 관해서는 긍정하고 있지 않다는 연구 조사 결과이다.

또한 국가발전을 위한 가장 우선해야 할 가치에 대해서는 1위 수준에서는 경제 활성화와 고용증대이고 2위 수준은 익산시와 남원시가 미미한 수준에서 약간의 차이를 보이고 있으나 경제 활성화와 정치사회 안정화와 사회 구성원의 전문성을 말하고 있다.

다음으로 지역적 특성을 묻는 내용에서는 대체로 강원도 사람은 우둔하고 타산적인 반면, 경기도 사람은 타산적이고 이기적이라고 연구되었다. 경상도 사람은 막무가내라는 편이며 타산적이거나 신뢰성이 없다

고 연구되었다. 서울시 사람은 타산적인 반면 전라도 사람은 우유부단
하거나 신뢰성이 없다고 연구, 조사되고 충청도 사람도 우유부단하거나
타산적으로 조사, 연구되었다.

　　또한 가족구성원으로 배우자의 선택을 묻는 내용에서는 전체 지역별
로 만족도 부정도 하지 않는다는 응답이 가장 많았다. 이러한 연구의
결과는 아마도 실제 상황과 다만 자신의 의향을 묻는 내용에서 속내를
드러내지 않으려는 인간적 속성이 반영한 결과라고 생각된다.

　　지역사회에서 활동의 가장 기본은 개인적 자질을 가장 우선시하고
다음으로 도덕성이나 소속단체에 비중을 두고 있다고 조사, 연구되었
다. 특히 자신의 부하직원의 승진문제에 관련하여 개인적 자질을 가장
우선시하고 대인관계가 그 다음이다. 따라서 시민사회단체들의 지역사
회의 활동의 근간은 개인적 자질이나 대인관계에서 찾아볼 수 있다.
끝으로 대통령의 선거기준은 정치적 신념에 가장 많은 응답을 하고 다
음으로 개인적 인물을 선택하였다. 그러나 실제로 전북도의 선거 행태
는 정치적 신념이나 정치인의 개인적 자질에 의해서가 아니라 특정 정
당을 중심으로 선거가 이루어지고 있는 현실을 감안하면 이번 연구 조
사와 실제 선거 행태와의 거리가 멀다. 이는 평소에는 지역감정이 전
혀 없다가도 투표장에만 가면 마음이 달라지는 것이 한국인의 정서라
는 어느 정당인의 말이 일면 타당성이 있다고 믿어진다.

참고문헌

김영래, 1997, 『이익집단 정치와 이익갈등』, 서울: 도서출판 한울.
김익식·장연수, 2006, "지방정부에서 이익단체들의 활동과 영향력에 관한

연구", 『지방행정연구』 제18권 제4호(통권59호), 131-156.

김태룡, 2002, "NGO들 간의 영향력차이와 그에 따른 효과성에 관한 연구: 지방정부의 환경정책결정 과정과 관련하여", 『한국행정학보』 제36집 12호.

박경태, 1997, "사회일반단체", 『이익집단정치와 이익갈등』, 서울: 도서출판 한울.

박천오, 1995, "한국이익집단의 정책과정상의 영향력과 활동패턴", 『한국행정학보』 제33집 1호, 239-259.

박천오, 1999, "한국이익집단의 정책과정상의 영향력과 활동패턴", 『한국행정학회』 제33권 제1호, 239-259.

안시청 외, 1995, "지역사회의 민주화 지방엘리트 연구", 『사회과학연구정책』 제17집 제2호.

이정희, 1997, "한국 이익집단의 4대 지방선거 참여전략", 『의정연구』 제3집 제1호, 249-270.

한상진, 1994, "지역사회의 권력구조와 지방정치: 성남시 사례를 중심으로", 한국산업사회연구회(편), 『산업사회의 재조명』, 도서출판 한울.

Bentley, Arthur F. 1967, *The Press of Government*. Cambridge Mass: Belknap Press of Harvard University Press.

Coston, Jennifer M. 1998. "A Model and Typology of Government-NG() Relationships." *Nonprofit and Voluntary Sector Quarterly*. 27(3).

Hansmann, Henry. 1987. "Economic Theories of Nonprofit Organization", In Walter W. Powell. ed. The Nonprofit Sector: A Research Handbook. New Haven: University Press.

Hayward, Jack., 1996, "Groupes d'intérêt, pluralisme et démocratie", *Pouvoirs*, no.79.

James. Estelle. 1987. Nonprofit Sector in Comparative Perspective. In Walter w. Powell. ed. *The Nonprofit Sector: A Research Handbook*. New Haven: Yale University Press.

O'Neil. Michael. 1989. *The Third America*. San Francisco: Jossey-Bass.

Olson, Mancur, 1965, The Logic of Collective Action. Cambridge, MA.: Harvard Univ. Press.

Salamon, Lester M., 1995, *Partners in Public Service*: *Government —Nonprofit Relations in the Modern Welfare State.* Baltimore. MD.: Johns Hopkins University Press.

Truman, David B., 1971, *The Government Process.* New York: Knopf.

Salisbury, Robert H. 1970, Interest Group Politics in America. New York: Harper & Row.

I. 서 론

　지방 엘리트의 심리적 정향과 가치판단은 엘리트 행위를 설명하기 위한 요인으로 작용한다. 지역사회에서 엘리트와 이익단체가 갖는 정치적 가치관은 지방 엘리트의 의식 수준을 제고하는 정치문화의 특성이 된다. 대체로 한국인의 의식 수준은 정서적이고 온정주의에 대한 정치문화를 갖고 있다.

　정치문화는 특정 사회에 속한 개인들의 정치적 행동과 사회 전체의 정치적 구조와 운영체계를 이해하는 데 도움을 준다. 일반적으로 한국의 정치체계에 대한 정치적 정향을 이해하는 데 있어 가장 많이 사용되는 기본 요인은 권위주의, 민족주의, 형식주의, 공동체주의, 국가주의, 시민주의, 복종주의, 의인주의, 정직성, 신뢰성, 평등의식, 관용성, 권리의식, 준법정신 등 14개 요인이다.

　정치문화의 구성 요소를 특정 사회의 정치적 정향 및 태도와 관련시켜 살펴볼 수 있다. 정치문화는 정치체계 일반, 정치체계 내의 다른 사람 및 개인의 정치적 활동에 대한 인지적·평가적 정향이다. 그런가 하면 정치적 가치관을 의식 구조적 차원에서 논의해 보면, 가치관은 인간의 공동생활에서 사회적 상호 작용의 결과로 생긴 문화의 소산이다(Kluckhohn et al. 1951). 또한 가치관은 사회 내에서 존재하는 사람들의 행동을 선택하고 결정하는 기준이 되기도 한다(Williams 1968). 이러한 정치적 가치관은 의식구조와 같은 개념으로 포함시켜 사람들이 일상생활에 접하는 사물이나 문제에 대하여 인지하고 느끼고 생각하고 평가하는 모든 정신작용이라 할 수 있다. 정치적 가치관이나 의식은 행위자의 행동을 유도한다고 볼 수 있다. 이러한 가치체계를 포괄하는 정치적 가치관을 라스웰(Lasswell 1950)은 특정 사회의 가치 및 의식체계를 여덟 가지 범주로 분류하였다. 권력, 계몽, 부, 안녕, 기술, 애정, 존경, 정직 등 8개 요인이다.

가치(value)는 욕구된 사실, 즉 목적사실(goal event)과 욕구된 대상물 또는 상황을 말한다. 가치는 복지가치(welfare value)와 존숭가치(deference value)로 구분된다. 복지가치는 그것을 어느 정도 소유한다는 것이 인간의 육체적 활동을 유지하는 하나의 필요한 조건이 되는 가치이다. 그러나 존숭가치는 타인에 대한 자아의 행위에 있어서 존중되는 가치를 말한다.

먼저 복지가치는 신체기관의 건강과 안전을 우선하는 건안(well－being)과 기여, 기독교는 전문직업 등의 능률을 우선하는 기술(skill)있다. 그리고 개명(enlightenment)은 인간관계와 문화관계에 관한 지식, 통찰, 견문 등으로 구분된다. 다음 존숭가치는 정책결정에 참여할 수 있는 도는 정책에 영향을 미치는 결정을 작성하는 데 참여할 경우 가치에 갖는 권력이 있다. 또한 존숭가치에는 존경(respect), 덕의(rectitude)와 애정(affection) 등이 있다. 한국사회에서 가장 중요하게 다루는 문제는 연고주의의 속성을 갖는 인정, 의리 등의 가치를 중요시하는 것이다.

본 연구는 라스웰(Lasswell 1950)의 8개 요인을 활용하여 경기도, 충청도, 전라도, 경상도지역의 엘리트와 이익집단이 지니고 있는 정치적 가치관을 분석하였다.

II. 분석 틀과 연구문제

1. 정치적 가치관 설문 항 작성 근거

라스웰의 8가지 가치체계와 관련한 설문 항은 각 가치별 6문항씩 구분하여 배치하고 있다. 배열순서는 참여형-수동형-무관심형의 순서로 구분하여 설문 항의 작성 근거를 삼았다. 라스웰(Lasswell)의 8가지 가치는 추상적으로 정치적 가치를 개념화하는 기술적 도구를 아래와 같이 구분하여 정리하였다.

1) 권력 가치에 관계된 설문 항
- 정치권력은 공정한 선거 과정을 통해서만 대표성을 가진다(절차적 민주주의).
- 정부의 정책결정 과정에 참여하여 정치문제 해결에 앞장서야 한다(정책결정 참여).
- 반드시 투표를 해야 하는 것은 아니지만 참여하는 것이 바람직하다(투표 참여).
- 정부 및 국회의 의사결정에 대한 참여보다는 따라가는 것이 좋다(복종주의).
- 투표권행사는 자유이므로 개인의 형편에 따라 참여하지 않아도 된다(개인의 자유의지).
- 중앙 및 지방정부의 정책결정 내용에 관심이 없다(정책결정 인지도).

2) 계몽 가치에 관계된 설문 항
- 사회개혁에 적극 동참하는 것이 바람직하다(사회개혁 참여주의).
- 개혁성향을 지닌 정치지도자가 사회를 이끌어 나가야 한다(개혁주의).

- 사회변화에 민감하지 못하면 시대에 뒤처진다(사회변화 민감성).
- 여론 조성은 정부나 관료보다는 사회단체 및 언론이 해야 할 일이다(여론 형성 주체).
- 우리의 고유한 전통과 문화는 지키지 않아도 된다(전통주의).
- 우리가 나아가야 할 이념적 방향이 없다(미래지향주의).

3) 부 가치에 관계된 설문 항
- 경제성장은 개인을 포함한 국가 및 사회 발전에 기여한다(경제성장주의).
- 경제적 번영이 모든 면에서 우위를 가진다(성장우선주의).
- 돈은 있으면 좋고 없어도 그만이다(개인의 경제적 부).
- 재벌과 정치인들 간의 이해관계는 중립적이어야 한다(정경의 중립성).
- 물질 우선 시대는 지났고 정치적 가치가 중요하다(정신적 가치).
- 열심히 일해도 그 대가를 받지 못하기 때문에 새로운 사회를 건설해야 한다(현실타파주의).

4) 안녕 가치에 관계된 설문 항
- 사회적 안정을 추구하는 데 구성원들의 상호 신뢰나 협력이 필수적이다(협력주의).
- 우리 사회의 빈부격차는 반드시 해소되어야 한다(경제적 평등주의).
- 모든 시민이 동참해야만 지역 시민사회의 발전이 있는 것은 아니다(시민의 정치참여).
- 타인과 협력하여 성취한 사회적 성공은 별의미가 없다(사회적 성취주의).
- 현대사회에서는 공동체의식을 강조해야 할 필요성이 없다(공동체주의).
- 소수의 의견이나 권리가 사회적 대의라는 미명아래 희생되고 있다(소수권리존중).

5) 기술 가치에 관계된 설문 항

- 정치지도자들은 국민에게 비전을 제시해 줘야 한다(이념적 비전 제시).
- 민주발전을 위해 인터넷 사이버 공간을 이용한 정치참여가 권장되어야 한다(사이버 정치참여).
- 정치이념은 사회 지도자들이 제시해 주고 국민은 따르면 된다(지도자 리더십).
- 정치지도자들은 과학적이고 합리적인 사고능력이 떨어진다(지도자의 합리성).
- 우리 사회는 합리성과 공평성이 상당히 결여되어 있다(사회적 합리성).
- 우리 사회는 개인의 능력보다는 연공서열을 중시하는 사회이다(연공서열).

6) 애정 가치에 관한 설문 항

- 지역감정은 여전히 우리가 해결해야 할 정치적 과제이다(지역주의).
- 사회생활을 하는 데 인간관계가 아중 중요하다(의인주의).
- 지역차별 및 성차별 등 사회적 불평등은 심각한 문제가 아니다(사회적 평등주의).
- 사회생활을 하는 데 적극적인 것보다는 수동적으로 행동하는 것이 훨씬 편하다(사회참여).
- 가족이나 이웃보다는 나 자신을 우선시한다(개인주의).
- 이 사회는 가난하고 어려운 이웃을 도외시하여 왔다(온정주의).

7) 존경 가치에 관계된 설문 항

- 사회지도층들은 국가를 위해 개인의 희생을 감수하고 있다(희생정신).
- 지역사회의 지도층들은 개인적 평판이나 인지도가 아주 높다(권력 인지도).
- 권력자들은 존경심이나 리더십이 아닌 그들의 권위로써 군림한다(권위주의).

-우리 지역의 사회지도층들도 다른 지역과 비교해서 별반의 차이가 없다(지도층 구별성).
-우리 사회는 정치에 대한 혐오가 심각한 수준이다(정치 혐오주의).
-정당하지 않은 방법으로 높은 지위나 사회적 인정을 받는 경우가 많다(사회적 투명성).

8) 정직 가치에 관련된 설문 항
-정치인이나 시민에게 있어서 가장 중요한 덕목은 정직과 준법정신 이다(법치주의 준법성).
-정치인은 투명해야 하고 시민들은 감시활동을 해야 한다(정치적 투명성).
-정치인들은 대체적으로 신의를 지키지 않는 경우가 많다(정치적 신뢰성).
-국민 개인들 간의 신뢰가 많이 떨어지고 있다(개인 간 신뢰성).
-정치 경제 및 사회의 기득권층은 부정부패에서 자유롭지 못하다 (부정부패).
-사회적 감시 역할을 해야 하는 시민단체나 언론 등이 제 역할을 못하고 있다(사회적 견제).

2. 연구문제

지방도시의 정치·사회 엘리트들의 정치적 가치관을 알아보기 위해서 경기도, 충청도, 전라도, 경상도, 중소도시의 엘리트들을 조사, 분석하였다. 먼저 각 지역적 특성과 지리적 거리를 측정하고 도시 간 거리와 규모 도시농촌 통합 여부를 기준으로 조사하였다.

도시 엘리트를 구분하기 위해서 정치, 사회경제, 행정 시민사회 엘리

트를 구분하여 설문하고 빈도분석을 하였다. 이익집단은 연고단체, 직
능단체, 전문가단체, 종교단체, 시민사회단체로 구분하여 조사하였다.

　　조사시간은 2003년 9월에서 2004년 8월까지 약 1년간 조사하였으며
조사자는 해당지역 박사들과 교수들과 협조체제를 이루면서 조사하였
다. 조사대상 지역선정은 수도권과 거리를 고려하여 해당지역 도시 간
거리를 측정하고 도시농촌 통합도시를 선정하되 지방정부를 대표할 시
를 임의선정 후 현장조사를 하였다.

　　조사대상 선정 도시는 경기도는 동두천과 구리시, 충청도는 제천시
와 충주시 그리고 공주시와 서산시, 전라도는 익산시와 남원시 그리고
순천시와 나주시 마지막으로 경상도는 영천시와 영주시 그리고 마산시
와 진해시를 조사하였다. 선정기준에 관한 사항은 <표 11－1>를 근거
로 각 도시를 선정하였다.

<표 11－1> 각 도시별 선정 기준

		도농통합여부	예산규모(백만)	인구규모	면적	지역거점거리
경기도	구리시		354,203	185,494	33.29	16.00
	동두천시		184,174	75,699	95.68	32.20
충청도	충주시	1995. 1. 1	374,785	209,486	983,95	54.60
	제천시	1995. 1. 1	332,474	140.857	882.45	85.90
	공주시	1995. 1. 1	313,200	132,584	940.9	24.60
	서산시	1995. 1. 1	227.711	148.697	739.5	93.10
전라도	익산시	1995. 1. 1	408,339	332,545	507.01	21.40
	남원시	1995. 1. 1	215,859	100,677	752.79	52.10
	순천시	1995. 1. 1	467,492	272,124	907.32	84.00
	나주시	1995. 1. 1	344,540	106,431	603.88	18.70
경상도	영주시	1995. 1. 1	283,480	128,924	668.8	104.20
	영천시	1995. 1. 1	293,267	119,077	919.9	36.40
	마산시	1995. 1. 1	546,530	434,912	329.59	38.50
	밀양시	1995. 1. 1	288,617	123,393	798.98	80.00

Ⅲ. 정치적 가치관과 온정주의

한국 지방도시의 정치·사회 엘리트와 이익집단의 정치적 가치관을 조사하기 위해 경기도 2개 지역, 충청도 4개 지역, 전라도 4개 지역 그리고 경상도 4개 지역을 정하여 설문조사하였다.

〈표 11-2〉 정치적 가치관

		경기도			충청도			전라도			경상도		
		N	Mean	Std. Dev.	N	Mean	Std. Dev.	N	Mean	Std. Dev.	N	Mean	Std. Dev.
권력	엘리트	44	2.95	1.056	71	2.55	.997	51	2.75	.935	96	2.35	1.076
	이익집단	56	2.46	1.128	89	2.56	1.196	53	2.32	1.205	113	2.12	1.019
계몽	엘리트	44	4.50	.731	71	4.51	.772	51	4.25	.891	96	4.28	.959
	이익집단	56	4.30	.913	89	4.15	1.029	53	4.34	.919	113	4.32	.899
부	엘리트	44	4.43	.728	71	4.03	.717	51	4.02	.948	96	4.18	.846
	이익집단	56	4.13	1.096	89	4.09	.848	53	4.04	.999	113	4.19	.789
안녕	엘리트	44	2.80	.668	71	2.82	.798	51	2.75	.717	96	2.63	.798
	이익집단	56	2.77	.934	89	2.75	.758	53	2.68	.915	113	2.45	.779
기술	엘리트	44	3.64	.780	71	3.54	.808	51	3.39	.874	96	3.53	.858
	이익집단	56	3.63	1.153	89	3.62	.959	53	3.60	1.025	113	3.74	.924
정	엘리트	44	3.14	1.002	71	2.92	.806	51	2.98	.860	96	2.97	.900
	이익집단	56	2.82	1.046	89	2.97	1.049	53	2.58	1.064	113	2.66	.969
존경	엘리트	44	3.34	.987	71	3.31	.935	51	3.37	.871	96	3.24	1.034
	이익집단	56	3.43	1.291	89	3.57	1.010	53	3.72	.907	113	3.56	.999
정직	엘리트	44	2.61	.945	71	2.51	.772	51	2.67	.816	96	2.42	.933
	이익집단	56	2.36	.819	89	2.21	.859	53	2.32	.915	113	2.22	.914

<표 11-2>는 권력 가치를 묻는 내용에서는 각 도시별 내용은 다음과 같다. 먼저 경기도는 4개 지역이 대체로 '그렇지 않다'고 응답한 결과를 보이고 있다. 이 중 경기도지역 엘리트와 이익집단이 비교적 참여의 수준이 타 지역에 비해서 미미하지만 높게 나타나고 있다.

　계몽 가치는 사회변화에 민감하게 대응하지 못하면 시대에 뒤떨어진다는 응답에 대체로 응답하고 있다. 이 중에서도 충청도지역의 엘리트와 경기도지역의 엘리트가 비교적 높게 '그렇다'라고 응답하고 있다. 반면에 충청도지역의 이익집단이 가장 낮은 응답의 수치를 보이고 있다.

　부의 가치를 묻는 내용에서 충청도지역 엘리트와 이익집단이 돈의 중요성에 대해서 가장 낮은 응답을 보이고 있다. 근소한 차이로 전라도지역 엘리트와 이익집단도 상대적 낮은 비율을 보이고 있다. 반면에 경기도지역 엘리트와 이익집단이 돈의 중요성을 강조하고 있는 것으로 조사되었다.

　안녕 가치는 충청도지역에 엘리트가 비교적 높은 응답을 보이고 있고 반면에 경상도지역의 엘리트와 이익집단이 낮은 응답을 보이고 있다. 따라서 사회의 안정과 복지를 위해서 주민들이 상호 신뢰와 협력을 중요시하고 있는 것으로 조사되었다. 따라서 중청도지역의 엘리트와 이익집단과 경상도지역의 엘리트와 이익집단의 차이가 미미하지만 차이가 나타나고 있는 것으로 조사되었다.

　기술 가치를 묻는 내용은 다음과 같다. 우리 사회가 개인의 전문성보다는 연공서열을 중시하는 사회인가라는 질문내용에서 '그렇다'라고 응답한 비율이 경상도지역의 이익집단이다. 다음으로 경기도지역의 엘리트와 이익집단이 다음의 응답이고 '그렇지 않다'라는 측면에서는 전라도가 비교적 긍정하고 있다.

　애정 가치는 가난하고 어려운 이웃을 얼마나 돕는가를 묻는 내용이다. 애정 가치는 '그렇다'라고 응답한 지역은 대체로 경기도지역 엘리트이다. 반면에 전라도지역 이익집단은 가장 '그렇지 않다'라는 측면에서 응답을 하고 있다. 보편적으로 긍정의 답이 중간 정도에 미치지 못하고 있다.

　존경 가치는 전라도지역 엘리트가 중간에서 '그렇다'라고 응답한 정도이고 경상도지역 엘리트가 중간 정도에서 응답하고 있다. 그리고 대체로 14개 지역의 엘리트와 이익집단들은 보편적으로 긍정의 대답을 보이고 있다.

마지막으로 정직 가치는 정직과 준법정신이 얼마나 지켜지는가를 묻는 내용에서 충청도지역 이익집단이 가장 '그렇지 않다'라는 응답을 보이고 전라도지역 엘리트가 미미하지만 약간 중간 정도의 응답을 보이고 있다. 따라서 한국 도시지역 엘리트와 이익집단들은 정직 가치에 대한 약간의 부정적 태도를 보이고 있는 것으로 조사되었다.

다음으로 한국사회의 정실주의를 묻는 내용이다.

<표 11-3> 정실주의

		경기도			충청도			전라도			경상도		
		N	Mean	Std. Dev.	N	Mean	Std. Dev.	N	Mean	Std. Dev.	N	Mean	Std. Dev.
자기 희생	엘리트	44	3.75	.943	71	3.76	.853	97	3.74	.950	96	3.74	.943
	이익집단	56	4.13	.896	89	3.93	.889	106	3.99	.961	113	4.02	.896
눈치 보기	엘리트	44	3.32	1.006	71	3.48	.939	97	3.36	1.091	96	3.39	.944
	이익집단	56	3.63	1.169	89	3.56	1.128	106	3.34	1.068	113	3.43	.981
정실 주의	엘리트	44	2.11	.945	71	2.25	.996	97	2.38	.918	96	2.21	1.114
	이익집단	56	2.41	1.233	89	2.00	.965	106	2.24	1.151	113	2.24	1.104

상위 표는 한국사회의 정실주의 묻는 내용이다. 먼저 자기희생을 묻는 내용에서는 경기도지역 이익집단이 '매우 그렇다'라는 측면에서 응답하고 있다. 다음으로 경상도지역 이익집단이 '그렇다'라고 응답하고 있다. 반면에 엘리트들은 비교적 중간의 대답을 하고 있다. 엘리트와 이익집단의 비교에서는 이익집단은 비교적 희생적이라고 응답하고 있는 반면에 엘리트는 중간적 입장에 있다.

다음으로 눈치 보기는 의사결정 과정에서 타인의 눈치를 얼마나 살피는가를 묻는 내용이다. 대체로 '중간'에서 '그렇다'라는 정도의 수준에서 응답하고 있다. 이 중에서 경기도지역의 이익집단이 비교적 긍정의 대답을 하고 있다. 이들 간의 차이는 크게 나타나지 않고 있다.

마지막으로 정실주의는 주위 사람의 시위나 서명을 얼마나 거절할

수 있는가 하는 내용이다. 대체로 '그렇지 않다'라고 응답하고 있다. 이
중에서 충청도지역 이익집단이 가장 부정적 태도를 보이고 있으며 다
음으로 경기도지역의 엘리트가 '그렇지 않다'라고 응답하고 있다. 대체
로 한국 도시지역 엘리트와 이익집단의 정실주의는 부정적 태도를 갖
고 있다는 분석의 결과이다.

<표 11-4> 온정주의

		경기도		충청도		전라도		경상도	
		엘리트	이익집단	엘리트	이익집단	엘리트	이익집단	엘리트	이익집단
대인관계가 좋은 사람	Count	17	28	25	31	29	32	28	33
	% within 정실주의1	5.9%	9.8%	7.3%	9.1%	6.5%	7.2%	7.3%	8.7%
	% within 응답자 유형	38.6%	50.0%	36.2%	34.8%	29.9%	30.2%	29.2%	29.2%
	% of Total	2.0%	3.3%	2.6%	3.2%	2.3%	2.5%	2.2%	2.6%
연고가 있는 사람	Count				1	1			
	% within 정실주의1				1.4%	2.3%			
	% within 응답자 유형				1.1%	1.0%			
	% of Total				.1%	.1%			
자질이 우수한 사람	Count	27	28	44	57	67	74	68	80
	% within 정실주의1	5.0%	5.2%	8.1%	10.5%	8.6%	9.5%	7.9%	9.3%
	% within 응답자 유형	61.4%	50.0%	63.8%	64.0%	69.1%	69.8%	70.8%	70.8%
	% of Total	3.2%	3.3%	4.6%	5.9%	5.3%	5.8%	5.3%	6.2%
청탁을 받은 사람	Count								
	% within 정실주의1								
	% within 응답자 유형								
	% of Total								

한국 도시민의 온정주의를 묻는 내용은 다음과 같다. 응답자가 만약
회사의 사장이라고 가정할 때 부하의 직원을 승진시키게 될 경우 선택
의 기준을 묻는 내용이다. 대체로 자질이 우수한 사람이라고 응답하고
있다. 특히 경상도지역의 엘리트와 이익집단이 가장 높은 빈도비율이
각각 70.8%를 보이고 있고 다음으로 전라도지역의 엘리트와 이익집단
이 69.1%와 69.8%로 응답하고 있다. 반면에 경기도지역 엘리트와 이익

집단이 낮은 빈도비율을 보이고 있다. 또한 엘리트와 이익집단의 비교
에서는 경기도지역에서만이 엘리트가 약간 높은 빈도비율을 보이고 있
을 뿐 기타의 다른 지역에서는 큰 차이를 보이고 있지 않다.

다음으로는 대인관계가 좋은 사람을 승진시키겠다는 응답이 경기도
지역 엘리트가 38.6%로 이익집단이 50%로 나타났다. 다음으로 충청도
지역의 엘리트와 이익집단은 36.2%와 34.8%로 응답하고 있다. 전라도
와 경상도지역은 각각 30% 이하의 응답을 보이고 있다.

연고가 있는 사람이나 청탁을 받은 사람을 승진시키겠다는 응답은
전체 중에서 단 한 명만이 응답하고 있다. 따라서 한국 도시지역 엘리
트와 이익집단들은 청탁이나 연고가 있는 사람을 승진 시 전혀 고려치
않는 것으로 조사되었다. 그러나 과연 현실적 문제에 있어서 이러한
응답의 결과가 지켜진다는 기대는 회의적이다.

〈표 11-5〉 참여 행태

대통령선거 투표요인 사항		경기도		충청도		전라도		경상도	
		엘리트	이익집단	엘리트	이익집단	엘리트	이익집단	엘리트	이익집단
지역 연고	Count						1		1
	% within 정실주의2						1.6%		2.1%
	% within 응답자 유형						.9%		.9%
	% of Total						.1%		.1%
정치적 신념 일치	Count	8	26	16	46	43	50	36	49
	% within 정실주의2	2.9%	9.5%	4.0%	11.6%	9.7%	11.3%	6.4%	8.7%
	% within 응답자 유형	18.2%	**46.4%**	23.2%	**51.7%**	44.3%	**47.2%**	37.5%	**43.4%**
	% of Total	.9%	3.1%	1.7%	4.8%	3.4%	3.9%	2.8%	3.8%
지지 정당	Count	5	9	6	4	8	9	10	7
	% within 정실주의2	4.5%	8.1%	9.0%	6.0%	5.8%	6.5%	9.7%	6.8%
	% within 응답자 유형	11.4%	16.1%	8.7%	4.5%	8.2%	8.5%	10.4%	6.2%
	% of Total	.6%	1.1%	.6%	.4%	.6%	.7%	.8%	.5%
인 물	Count	22	10	34	28	37	28	39	43
	% within 정실주의2	9.5%	4.3%	15.0%	12.3%	10.0%	7.6%	10.6%	11.7%
	% within 응답자 유형	**50.0%**	17.9%	**49.3%**	31.5%	38.1%	26.4%	**40.6%**	38.1%
	% of Total	2.6%	1.2%	3.5%	2.9%	2.9%	2.2%	3.0%	3.3%

대통령선거 투표요인 사항		경기도		충청도		전라도		경상도	
		엘리트	이익집단	엘리트	이익집단	엘리트	이익집단	엘리트	이익집단
여 론	Count	1	1	1	1	1	1	1	2
	% within 정실주의2	1.6%	1.6%	1.6%	1.6%	1.7%	1.7%	2.2%	4.3%
	% within 응답자 유형	2.3%	1.8%	1.4%	1.1%	1.0%	.9%	1.0%	1.8%
	% of Total	.1%	.1%	.1%	.1%	.1%	.1%	.1%	.2%
공 약	Count	8	10	12	10	8	17	10	11
	% within 정실주의2	5.6%	6.9%	6.4%	5.3%	4.1%	8.6%	6.1%	6.7%
	% within 응답자 유형	18.2%	17.9%	17.4%	11.2%	8.2%	16.0%	10.4%	9.7%
	% of Total	.9%	1.2%	1.2%	1.0%	.6%	1.3%	.8%	.9%

<표 11-5>에서 참여 행태를 알아보는 내용은 다음과 같다. 먼저 정치적 신념을 보고 투표하겠다고 응답한 비율이 가장 높게 나타나고 있다. 경기도지역 엘리트는 '인물'에 22명(50.0%)이 응답하고 있으며 이익집단은 '정치적 신념'에 26명(46.4%)이 응답하였다. 충청도지역 엘리트는 '인물'에 34명(49.3%)이 응답하고 다음으로 '정치적 신념'에 응답하고 있다. 이익집단은 '정치적 신념'에 46명(51.7%)이 응답하고 있다. 다음으로 전라도는 '정치적 신념'에 엘리트와 이익집단이 각각 43명(44.3%)과 50명(47.2%)이 응답하였다. 마지막으로 경상도지역 엘리트는 '인물'에 39명(40.6%)이 응답하고 다음은 '정치적 신념'에 36명(37.5%)이 응답하고 있다. 이익집단은 '정치적 신념'에 49명(43.4%)이 응답하고 다음으로 '인물'에 43명(38.1%)이 응답하였다.

엘리트와 이익집단의 비교에서 엘리트들은 대체로 '인물'을 이익집단은 '정치적 신념'을 보고 대통령에 투표한다고 응답했다. 반면에 지역연고에는 전 지역 엘리트와 이익집단을 다 합해서 두 명밖에 없다. 그런가 하면 지지정당을 보고 투표한다고 응답한 비율은 10% 이내의 수준에 머물고 있다. 또한 '공약'을 본다는 응답자도 10%에도 못 미치는 조사 결과이다.

IV. 결 론

한국 지방도시의 정치·사회 엘리트와 이익집단의 정치적 가치관을 알아보기 위해 경기도 2개 도시, 충청도 4개 도시, 전라도 4개 도시 그리고 경상도 4개 도시를 선정 후 설문조사하였다.

권력 가치는 경기도지역 엘리트(2.95)가 중간 정도 입장에서 응답하고 있고 다음으로 전라도지역 엘리트가 중간 정도의 응답을 보이고 있다. 상대적으로 경상도지역의 엘리트와 이익집단이 가장 그렇지 않다는 응답을 보이고 있다. 다음 사회적 계몽 가치는 대체로 긍정하는 입장에서 응답하고 있다. 특히 경기도와 충청도에서는 엘리트가 긍정의 정도가 강하게 나타나고 전라도와 경상도는 이익집단에서 좀더 긍정하는 정도이다. 부에 대한 가치관은 대체로 긍정하는 입장에서 사회활동에 중요한 역할을 한다고 생각하고 있다. 안녕 가치는 미미한 수준에서 부정적 태도를 갖고 있다. 따라서 사회의 안정과 복지를 위해서 상호 간의 신뢰와 협력이 잘 이루어지지 않고 있다고 응답하고 있다.

다음으로 기술 가치는 대체로 중간적 입장에서 응답하고 있으며 엘리트보다는 이익집단이 긍정하는 정도가 강하게 나타나고 있다. 따라서 엘리트보다는 이익집단이 전문성보다는 연공서열을 중시하고 있는 것으로 조사되었다. 애정 가치는 이익집단보다는 엘리트가 보다 더 가난하고 어려운 이웃을 돕고 있는 것으로 조사되었고 경기도지역 엘리트가 보다 더 적극적으로 이웃을 돕고 있는 것으로 나타난다. 이러한 결과는 경기도지역 엘리트와 이익집단들이 경제적 수입이 높은 관계로 생활의 여유가 타 도시보다는 많다는 것을 반증하는 것이다. 존경 가치는 대체로 중간에서 '그렇다' 정도에서 가장 응답을 많이 해 주었다. 이 중에서도 충청도지역 이익집단과 전라도지역 이익집단이 정당치 않은 방법으로 지위를 오른다고 응답하고 있다. 정직 가치는 부정적 응답이 강하게 나타나는데 엘리트보다는 이익집단이 더 부정적으로 보고 있다. 또한 경상도지역 엘리트와 이익집단이 가장 부정적으로 정치 가치에 대한 부정적 응답을 하고 있다.

정실주의의 자기희생에 대한 태도는 이익집단이 엘리트에 비해서 강하게 응답하고 있으며 경기도 이익집단과 경상도 이익집단이 비교적 자기희생을 감수하고 있다고 응답하고 있다. 눈치 보기는 엘리트와 이익집단 모두가 '중간'에서 '그렇다'라고 응답하고 있어 이들 간의 큰 차이는 보이지 않는다. 정실주의는 각 도시별 엘리트와 이익집단이 중간에서 아니라고 응답하고 있어 정실가치는 부정적 태도를 보이고 있다.

다음은 온정주의에 있어서는 각 도시별 엘리트와 이익집단은 개인적 자질이 우수한 사람이 가장 많은 빈도비율을 보이고 있고 다음으로 대인관계가 좋은 사람을 그 다음으로 선호하고 있는 것으로 조사되었다. 마지막으로 대통령 투표 시 우선 고려해야 하는 사항은 정치적 신념의 일치에 가장 빈도비율이 높게 나타나고 있다. 따라서 전국 도시별 엘리트와 이익집단들은 대통령 선거 시 정치적 신념을 가장 우선하고 다음으로 후보자의 인물을 보고 있는 것으로 조사되었다.

참고문헌

Kluckhohn C. & Others. 1951. "Values and value-orientation in the Theory of Action", Parsons T. and Shils E. A.(eds) Toward a General Theory of Action, Cambridge, Mass; Harnerd University Press.

Lasswell, Harold D. 1950. Power and Society-A Framework for Political Inquiry-Yale University Press.

Williams, R. M. Tr. 1968. "Values; The Concept of Values", Sills, D.

L.(ed.), International Encyclopedia of the social sciences Vol.16, Macmillen free press.

전라북도 계급 간 분석

		N	Mean	Std. Deviation	F	Sig.
권력	주민	537	2.51	1.093	1.979	.139
	엘리트	51	2.75	.935		
	이익집단	53	2.32	1.205		
	Total	641	2.51	1.093		
계몽	주민	537	3.96	1.077	4.562	.011
	엘리트	51	4.25	.891		
	이익집단	53	4.34	.919		
	Total	641	4.02	1.058		
부	주민	537	4.30	.868	4.196	.015
	엘리트	51	4.02	.948		
	이익집단	53	4.04	.999		
	Total	641	4.26	.890		
안녕	주민	537	2.83	.982	.754	.471
	엘리트	51	2.75	.717		
	이익집단	53	2.68	.915		
	Total	641	2.81	.958		
기술	주민	537	3.66	1.057	1.581	.207
	엘리트	51	3.39	.874		
	이익집단	53	3.60	1.025		
	Total	641	3.63	1.042		
애정	주민	537	2.80	1.119	1.700	.184
	엘리트	51	2.98	.860		
	이익집단	53	2.58	1.064		
	Total	641	2.79	1.098		

		N	Mean	Std. Deviation	F	Sig.
존경	주민	537	3.56	1.166	1.221	.296
	엘리트	51	3.37	.871		
	이익집단	53	3.72	.907		
	Total	641	3.56	1.126		
정직	주민	537	2.51	1.009	1.610	.201
	엘리트	51	2.67	.816		
	이익집단	53	2.32	.915		
	Total	641	2.51	.989		
차별1	주민	537	3.84	1.159	1.604	.202
	엘리트	51	4.04	.894		
	이익집단	53	4.08	1.035		
	Total	641	3.88	1.131		
차별2	주민	537	3.00	1.136	3.092	.046
	엘리트	51	3.33	.952		
	이익집단	52	3.25	1.046		
	Total	640	3.04	1.119		
강원출신만족	주민	537	2.96	.877	.396	.673
	엘리트	51	2.86	.664		
	이익집단	53	3.00	.784		
	Total	641	2.96	.854		
경기출신만족	주민	537	3.30	.778	.294	.746
	엘리트	51	3.22	.610		
	이익집단	53	3.30	.607		
	Total	641	3.29	.753		
경상출신만족	주민	537	2.80	1.004	.470	.625
	엘리트	51	2.94	.835		
	이익집단	53	2.85	.988		
	Total	641	2.82	.990		
서울출신만족	주민	537	3.47	.891	6.022	.003
	엘리트	51	3.06	.705		
	이익집단	53	3.25	.939		
	Total	641	3.41	.889		

		N	Mean	Std. Deviation	F	Sig.
전라출신만족	주민	537	3.53	.981	.388	.678
	엘리트	51	3.45	.808		
	이익집단	53	3.43	.888		
	Total	641	3.52	.960		
충청출신만족	주민	537	3.18	.870	.909	.403
	엘리트	51	3.31	.812		
	이익집단	53	3.28	.794		
	Total	641	3.20	.859		
출신지역	주민	537	3.40	1.316	3.416	.033
	엘리트	51	3.31	1.490		
	이익집단	53	3.89	1.476		
	Total	641	3.43	1.349		
출신고교	주민	537	4.56	.952	4.925	.008
	엘리트	51	4.10	1.460		
	이익집단	53	4.49	1.031		
	Total	641	4.52	1.014		
출신대학	주민	537	4.04	1.311	1.350	.260
	엘리트	51	4.12	1.227		
	이익집단	53	4.34	.960		
	Total	641	4.07	1.280		
혈연가문	주민	537	4.38	1.095	.188	.828
	엘리트	51	4.47	.902		
	이익집단	53	4.42	1.100		
	Total	641	4.39	1.080		
개인의자질	주민	537	2.13	1.374	1.611	.200
	엘리트	51	2.47	1.488		
	이익집단	53	2.04	1.358		
	Total	641	2.15	1.383		
도덕성	주민	537	2.75	1.478	1.518	.220
	엘리트	51	2.98	1.703		
	이익집단	53	2.47	1.449		
	Total	641	2.74	1.496		

		N	Mean	Std. Deviation	F	Sig.
소속 단체	주민	537	3.75	1.208	2.298	.101
	엘리트	51	4.04	1.076		
	이익집단	53	3.55	1.030		
	Total	641	3.75	1.187		
집합1	주민	537	3.02	1.089	23.590	.000
	엘리트	51	3.59	1.043		
	이익집단	53	3.96	.876		
	Total	641	3.14	1.107		
집합2	주민	537	3.17	1.064	2.524	.081
	엘리트	51	3.47	.966		
	이익집단	53	3.36	1.111		
	Total	641	3.21	1.063		
집합3	주민	537	2.71	1.199	2.847	.059
	엘리트	51	2.51	.857		
	이익집단	53	2.34	1.224		
	Total	641	2.66	1.181		
집합 주의	주민	537	2.9646	.72319	5.046	.007
	엘리트	51	3.1895	.60463		
	이익집단	53	3.2201	.64365		
	Total	641	3.0036	.71284		
단체 활동	주민	537	4.5382	10.93651	57.034	.000
	엘리트	51	18.7647	23.24271		
	이익집단	53	22.6132	27.29128		
	Total	641	7.1646	15.46503		

강원보기1평가 * 응답자유형

			응답자유형			Total
			주민	엘리트	이익집단	
강원보기1평가	1	Count	72	4	6	82
		% within 강원보기1평가	87.8%	4.9%	7.3%	100.0%
		% within 응답자유형	13.6%	8.3%	11.5%	13.0%
		% of Total	11.4%	.6%	1.0%	13.0%
	2	Count	162	18	23	203
		% within 강원보기1평가	79.8%	8.9%	11.3%	100.0%
		% within 응답자유형	30.6%	37.5%	44.2%	32.3%
		% of Total	25.8%	2.9%	3.7%	32.3%
	3	Count	82	6	3	91
		% within 강원보기1평가	90.1%	6.6%	3.3%	100.0%
		% within 응답자유형	15.5%	12.5%	5.8%	14.5%
		% of Total	13.0%	1.0%	.5%	14.5%
	4	Count	67	6	7	80
		% within 강원보기1평가	83.8%	7.5%	8.8%	100.0%
		% within 응답자유형	12.7%	12.5%	13.5%	12.7%
		% of Total	10.7%	1.0%	1.1%	12.7%
	5	Count	78	10	12	100
		% within 강원보기1평가	78.0%	10.0%	12.0%	100.0%
		% within 응답자유형	14.7%	20.8%	23.1%	15.9%
		% of Total	12.4%	1.6%	1.9%	15.9%
	6	Count	68	4	1	73
		% within 강원보기1평가	93.2%	5.5%	1.4%	100.0%
		% within 응답자유형	12.9%	8.3%	1.9%	11.6%
		% of Total	10.8%	.6%	.2%	11.6%
Total		Count	529	48	52	629
		% within 강원보기1평가	84.1%	7.6%	8.3%	100.0%
		% within 응답자유형	100.0%	100.0%	100.0%	100.0%
		% of Total	84.1%	7.6%	8.3%	100.0%
		Chi-Square	.109			

1. 타산적이다 2. 우둔하다 3. 막무가내이다 4. 우유부단하다 5. 신뢰성이 없다 6. 이기적이다

강원보기2평가 * 응답자유형

			응답자유형			Total
			주민	엘리트	이익집단	
강원보기2평가	1	Count	146	18	21	185
		% within 강원보기2평가	78.9%	9.7%	11.4%	100.0%
		% within 응답자유형	27.5%	36.7%	40.4%	29.3%
		% of Total	23.1%	2.8%	3.3%	29.3%
	2	Count	53	3	3	59
		% within 강원보기2평가	89.8%	5.1%	5.1%	100.0%
		% within 응답자유형	10.0%	6.1%	5.8%	9.3%
		% of Total	8.4%	.5%	.5%	9.3%
	3	Count	131	7	10	148
		% within 강원보기2평가	88.5%	4.7%	6.8%	100.0%
		% within 응답자유형	24.7%	14.3%	19.2%	23.4%
		% of Total	20.7%	1.1%	1.6%	23.4%
	4	Count	93	10	13	116
		% within 강원보기2평가	80.2%	8.6%	11.2%	100.0%
		% within 응답자유형	17.5%	20.4%	25.0%	18.4%
		% of Total	14.7%	1.6%	2.1%	18.4%
	5	Count	61	5	3	69
		% within 강원보기2평가	88.4%	7.2%	4.3%	100.0%
		% within 응답자유형	11.5%	10.2%	5.8%	10.9%
		% of Total	9.7%	.8%	.5%	10.9%
	6	Count	47	6	2	55
		% within 강원보기2평가	85.5%	10.9%	3.6%	100.0%
		% within 응답자유형	8.9%	12.2%	3.8%	8.7%
		% of Total	7.4%	.9%	.3%	8.7%
Total		Count	531	49	52	632
		% within 강원보기2평가	84.0%	7.8%	8.2%	100.0%
		% within 응답자유형	100.0%	100.0%	100.0%	100.0%
		% of Total	84.0%	7.8%	8.2%	100.0%
		Chi－Square	.234			

1. 온순하다   2. 영리하다   3. 의지가 굳다   4. 성실하다   5. 단결력이 강하다   6. 진취적이다

경기보기1평가 * 응답자유형

			응답자유형			Total
			주민	엘리트	이익집단	
경기보기1평가	1	Count	175	17	25	217
		% within 경기보기1평가	80.6%	7.8%	11.5%	100.0%
		% within 응답자유형	33.0%	34.7%	48.1%	34.4%
		% of Total	27.7%	2.7%	4.0%	34.4%
	2	Count	41	5	3	49
		% within 경기보기1평가	83.7%	10.2%	6.1%	100.0%
		% within 응답자유형	7.7%	10.2%	5.8%	7.8%
		% of Total	6.5%	.8%	.5%	7.8%
	3	Count	86	3	5	94
		% within 경기보기1평가	91.5%	3.2%	5.3%	100.0%
		% within 응답자유형	16.2%	6.1%	9.6%	14.9%
		% of Total	13.6%	.5%	.8%	14.9%
	4	Count	69	5	2	76
		% within 경기보기1평가	90.8%	6.6%	2.6%	100.0%
		% within 응답자유형	13.0%	10.2%	3.8%	12.0%
		% of Total	10.9%	.8%	.3%	12.0%
	5	Count	80	8	7	95
		% within 경기보기1평가	84.2%	8.4%	7.4%	100.0%
		% within 응답자유형	15.1%	16.3%	13.5%	15.1%
		% of Total	12.7%	1.3%	1.1%	15.1%
	6	Count	79	11	10	100
		% within 경기보기1평가	79.0%	11.0%	10.0%	100.0%
		% within 응답자유형	14.9%	22.4%	19.2%	15.8%
		% of Total	12.5%	1.7%	1.6%	15.8%
Total		Count	530	49	52	631
		% within 경기보기1평가	84.0%	7.8%	8.2%	100.0%
		% within 응답자유형	100.0%	100.0%	100.0%	100.0%
		% of Total	84.0%	7.8%	8.2%	100.0%
		Chi-Square	.196			

1. 타산적이다 2. 우둔하다 3. 막무가내이다 4. 우유부단하다 5. 신뢰성이 없다 6. 이기적이다

경기보기2평가 * 응답자유형

			응답자유형			Total
			주민	엘리트	이익집단	
경기보기2평가	1	Count	56	2	2	60
		% within 경기보기2평가	93.3%	3.3%	3.3%	100.0%
		% within 응답자유형	10.5%	4.2%	3.8%	9.5%
		% of Total	8.9%	.3%	.3%	9.5%
	2	Count	150	19	18	187
		% within 경기보기2평가	80.2%	10.2%	9.6%	100.0%
		% within 응답자유형	28.2%	39.6%	34.6%	29.6%
		% of Total	23.7%	3.0%	2.8%	29.6%
	3	Count	83	5	7	95
		% within 경기보기2평가	87.4%	5.3%	7.4%	100.0%
		% within 응답자유형	15.6%	10.4%	13.5%	15.0%
		% of Total	13.1%	.8%	1.1%	15.0%
	4	Count	77	7	4	88
		% within 경기보기2평가	87.5%	8.0%	4.5%	100.0%
		% within 응답자유형	14.5%	14.6%	7.7%	13.9%
		% of Total	12.2%	1.1%	.6%	13.9%
	5	Count	46	1	4	51
		% within 경기보기2평가	90.2%	2.0%	7.8%	100.0%
		% within 응답자유형	8.6%	2.1%	7.7%	8.1%
		% of Total	7.3%	.2%	.6%	8.1%
	6	Count	120	14	17	151
		% within 경기보기2평가	79.5%	9.3%	11.3%	100.0%
		% within 응답자유형	22.6%	29.2%	32.7%	23.9%
		% of Total	19.0%	2.2%	2.7%	23.9%
Total		Count	532	48	52	632
		% within 경기보기2평가	84.2%	7.6%	8.2%	100.0%
		% within 응답자유형	100.0%	100.0%	100.0%	100.0%
		% of Total	84.2%	7.6%	8.2%	100.0%
		Chi－Square	.189			

1. 온순하다　2. 영리하다　3. 의지가 굳다　4. 성실하다　5. 단결력이 강하다　6. 진취적이다

경상보기1평가 * 응답자유형

			응답자유형			Total
			주민	엘리트	이익집단	
경상보기1평가	1	Count	80	8	4	92
		% within 경상보기1평가	87.0%	8.7%	4.3%	100.0%
		% within 응답자유형	15.1%	16.3%	7.7%	14.6%
		% of Total	12.7%	1.3%	.6%	14.6%
	2	Count	51	2	8	61
		% within 경상보기1평가	83.6%	3.3%	13.1%	100.0%
		% within 응답자유형	9.6%	4.1%	15.4%	9.7%
		% of Total	8.1%	.3%	1.3%	9.7%
	3	Count	167	19	19	205
		% within 경상보기1평가	81.5%	9.3%	9.3%	100.0%
		% within 응답자유형	31.6%	38.8%	36.5%	32.5%
		% of Total	26.5%	3.0%	3.0%	32.5%
	4	Count	40	2	4	46
		% within 경상보기1평가	87.0%	4.3%	8.7%	100.0%
		% within 응답자유형	7.6%	4.1%	7.7%	7.3%
		% of Total	6.3%	.3%	.6%	7.3%
	5	Count	93	7	7	107
		% within 경상보기1평가	86.9%	6.5%	6.5%	100.0%
		% within 응답자유형	17.6%	14.3%	13.5%	17.0%
		% of Total	14.8%	1.1%	1.1%	17.0%
	6	Count	98	11	10	119
		% within 경상보기1평가	82.4%	9.2%	8.4%	100.0%
		% within 응답자유형	18.5%	22.4%	19.2%	18.9%
		% of Total	15.6%	1.7%	1.6%	18.9%
Total		Count	529	49	52	630
		% within 경상보기1평가	84.0%	7.8%	8.3%	100.0%
		% within 응답자유형	100.0%	100.0%	100.0%	100.0%
		% of Total	84.0%	7.8%	8.3%	100.0%
		Chi-Square	.624			

1. 타산적이다 2. 우둔하다 3. 막무가내이다 4. 우유부단하다 5. 신뢰성이 없다 6. 이기적이다

경상보기2평가 * 응답자유형

			응답자유형			Total
			주민	엘리트	이익집단	
경상보기2평가	1	Count	30		1	31
		% within 경상보기2평가	96.8%		3.2%	100.0%
		% within 응답자유형	5.6%		1.9%	4.9%
		% of Total	4.7%		.2%	4.9%
	2	Count	66	6	3	75
		% within 경상보기2평가	88.0%	8.0%	4.0%	100.0%
		% within 응답자유형	12.4%	12.2%	5.8%	11.9%
		% of Total	10.4%	.9%	.5%	11.9%
	3	Count	134	10	21	165
		% within 경상보기2평가	81.2%	6.1%	12.7%	100.0%
		% within 응답자유형	25.2%	20.4%	40.4%	26.1%
		% of Total	21.2%	1.6%	3.3%	26.1%
	4	Count	52	2	3	57
		% within 경상보기2평가	91.2%	3.5%	5.3%	100.0%
		% within 응답자유형	9.8%	4.1%	5.8%	9.0%
		% of Total	8.2%	.3%	.5%	9.0%
	5	Count	163	29	20	212
		% within 경상보기2평가	76.9%	13.7%	9.4%	100.0%
		% within 응답자유형	30.7%	59.2%	38.5%	33.5%
		% of Total	25.8%	4.6%	3.2%	33.5%
	6	Count	86	2	4	92
		% within 경상보기2평가	93.5%	2.2%	4.3%	100.0%
		% within 응답자유형	16.2%	4.1%	7.7%	14.6%
		% of Total	13.6%	.3%	.6%	14.6%
Total		Count	531	49	52	632
		% within 경상보기2평가	84.0%	7.8%	8.2%	100.0%
		% within 응답자유형	100.0%	100.0%	100.0%	100.0%
		% of Total	84.0%	7.8%	8.2%	100.0%
		Chi-Square	.001			

1. 온순하다 2. 영리하다 3. 의지가 굳다 4. 성실하다 5. 단결력이 강하다 6. 진취적이다

서울보기1평가 * 응답자유형

서울보기1평가			응답자유형			Total
			주민	엘리트	이익집단	
서울보기1평가	1	Count	143	17	16	176
		% within 서울보기1평가	81.3%	9.7%	9.1%	100.0%
		% within 응답자유형	27.0%	35.4%	30.8%	28.0%
		% of Total	22.7%	2.7%	2.5%	28.0%
	2	Count	24	3	2	29
		% within 서울보기1평가	82.8%	10.3%	6.9%	100.0%
		% within 응답자유형	4.5%	6.3%	3.8%	4.6%
		% of Total	3.8%	.5%	.3%	4.6%
	3	Count	49	4	2	55
		% within 서울보기1평가	89.1%	7.3%	3.6%	100.0%
		% within 응답자유형	9.3%	8.3%	3.8%	8.7%
		% of Total	7.8%	.6%	.3%	8.7%
	4	Count	60		1	61
		% within 서울보기1평가	98.4%		1.6%	100.0%
		% within 응답자유형	11.3%		1.9%	9.7%
		% of Total	9.5%		.2%	9.7%
	5	Count	89	5	10	104
		% within 서울보기1평가	85.6%	4.8%	9.6%	100.0%
		% within 응답자유형	16.8%	10.4%	19.2%	16.5%
		% of Total	14.1%	.8%	1.6%	16.5%
	6	Count	164	19	21	204
		% within 서울보기1평가	80.4%	9.3%	10.3%	100.0%
		% within 응답자유형	31.0%	39.6%	40.4%	32.4%
		% of Total	26.1%	3.0%	3.3%	32.4%
Total		Count	529	48	52	629
		% within 서울보기1평가	84.1%	7.6%	8.3%	100.0%
		% within 응답자유형	100.0%	100.0%	100.0%	100.0%
		% of Total	84.1%	7.6%	8.3%	100.0%
		Chi－Square	.099			

1. 타산적이다 2. 우둔하다 3. 막무가내이다 4. 우유부단하다 5. 신뢰성이 없다 6. 이기적이다

서울보기2평가 * 응답자유형

			응답자유형			Total
			주민	엘리트	이익집단	
서울보기2평가	1	Count	23	1		24
		% within 서울보기2평가	95.8%	4.2%		100.0%
		% within 응답자유형	4.3%	2.0%		3.8%
		% of Total	3.6%	.2%		3.8%
	2	Count	209	22	26	257
		% within 서울보기2평가	81.3%	8.6%	10.1%	100.0%
		% within 응답자유형	39.4%	44.9%	50.0%	40.7%
		% of Total	33.1%	3.5%	4.1%	40.7%
	3	Count	38	2	3	43
		% within 서울보기2평가	88.4%	4.7%	7.0%	100.0%
		% within 응답자유형	7.2%	4.1%	5.8%	6.8%
		% of Total	6.0%	.3%	.5%	6.8%
	4	Count	68	3	2	73
		% within 서울보기2평가	93.2%	4.1%	2.7%	100.0%
		% within 응답자유형	12.8%	6.1%	3.8%	11.6%
		% of Total	10.8%	.5%	.3%	11.6%
	5	Count	49		2	51
		% within 서울보기2평가	96.1%		3.9%	100.0%
		% within 응답자유형	9.2%		3.8%	8.1%
		% of Total	7.8%		.3%	8.1%
	6	Count	144	21	19	184
		% within 서울보기2평가	78.3%	11.4%	10.3%	100.0%
		% within 응답자유형	27.1%	42.9%	36.5%	29.1%
		% of Total	22.8%	3.3%	3.0%	29.1%
Total		Count	531	49	52	632
		% within 서울보기2평가	84.0%	7.8%	8.2%	100.0%
		% within 응답자유형	100.0%	100.0%	100.0%	100.0%
		% of Total	84.0%	7.8%	8.2%	100.0%
		Chi-Square	.024			

1. 온순하다 2. 영리하다 3. 의지가 굳다 4. 성실하다 5. 단결력이 강하다 6. 진취적이다

전라보기1평가 * 응답자유형

			응답자유형			Total
			주민	엘리트	이익집단	
전라보기1평가	1	Count	52	3	5	60
		% within 전라보기1평가	86.7%	5.0%	8.3%	100.0%
		% within 응답자유형	9.8%	6.3%	9.6%	9.5%
		% of Total	8.2%	.5%	.8%	9.5%
	2	Count	107	10	2	119
		% within 전라보기1평가	89.9%	8.4%	1.7%	100.0%
		% within 응답자유형	20.1%	20.8%	3.8%	18.8%
		% of Total	16.9%	1.6%	.3%	18.8%
	3	Count	72	9	16	97
		% within 전라보기1평가	74.2%	9.3%	16.5%	100.0%
		% within 응답자유형	13.5%	18.8%	30.8%	15.3%
		% of Total	11.4%	1.4%	2.5%	15.3%
	4	Count	175	15	14	204
		% within 전라보기1평가	85.8%	7.4%	6.9%	100.0%
		% within 응답자유형	32.9%	31.3%	26.9%	32.3%
		% of Total	27.7%	2.4%	2.2%	32.3%
	5	Count	74	9	11	94
		% within 전라보기1평가	78.7%	9.6%	11.7%	100.0%
		% within 응답자유형	13.9%	18.8%	21.2%	14.9%
		% of Total	11.7%	1.4%	1.7%	14.9%
	6	Count	52	2	4	58
		% within 전라보기1평가	89.7%	3.4%	6.9%	100.0%
		% within 응답자유형	9.8%	4.2%	7.7%	9.2%
		% of Total	8.2%	.3%	.6%	9.2%
Total		Count	532	48	52	632
		% within 전라보기1평가	84.2%	7.6%	8.2%	100.0%
		% within 응답자유형	100.0%	100.0%	100.0%	100.0%
		% of Total	84.2%	7.6%	8.2%	100.0%
		Chi－Square	.019			

1. 타산적이다 2. 우둔하다 3. 막무가내이다 4. 우유부단하다 5. 신뢰성이 없다 6. 이기적이다

전라보기2평가 * 응답자유형

			응답자유형			Total
			주민	엘리트	이익집단	
전라보기2평가	1	Count	118	9	9	136
		% within 전라보기2평가	86.8%	6.6%	6.6%	100.0%
		% within 응답자유형	22.1%	18.4%	17.3%	21.4%
		% of Total	18.6%	1.4%	1.4%	21.4%
	2	Count	44	6	6	56
		% within 전라보기2평가	78.6%	10.7%	10.7%	100.0%
		% within 응답자유형	8.2%	12.2%	11.5%	8.8%
		% of Total	6.9%	.9%	.9%	8.8%
	3	Count	70	13	6	89
		% within 전라보기2평가	78.7%	14.6%	6.7%	100.0%
		% within 응답자유형	13.1%	26.5%	11.5%	14.0%
		% of Total	11.0%	2.0%	.9%	14.0%
	4	Count	107	9	8	124
		% within 전라보기2평가	86.3%	7.3%	6.5%	100.0%
		% within 응답자유형	20.0%	18.4%	15.4%	19.5%
		% of Total	16.9%	1.4%	1.3%	19.5%
	5	Count	155	12	16	183
		% within 전라보기2평가	84.7%	6.6%	8.7%	100.0%
		% within 응답자유형	29.0%	24.5%	30.8%	28.8%
		% of Total	24.4%	1.9%	2.5%	28.8%
	6	Count	40		7	47
		% within 전라보기2평가	85.1%		14.9%	100.0%
		% within 응답자유형	7.5%		13.5%	7.4%
		% of Total	6.3%		1.1%	7.4%
Total		Count	534	49	52	635
		% within 전라보기2평가	84.1%	7.7%	8.2%	100.0%
		% within 응답자유형	100.0%	100.0%	100.0%	100.0%
		% of Total	84.1%	7.7%	8.2%	100.0%
		Chi-Square	.124			

1. 온순하다 2. 영리하다 3. 의지가 굳다 4. 성실하다 5. 단결력이 강하다 6. 진취적이다

충청보기1평가 * 응답자유형

충청보기1평가			응답자유형			Total
			주민	엘리트	이익집단	
충청보기1평가	1	Count	46	2	2	50
		% within 충청보기1평가	92.0%	4.0%	4.0%	100.0%
		% within 응답자유형	8.7%	4.2%	3.8%	7.9%
		% of Total	7.3%	.3%	.3%	7.9%
	2	Count	153	10	16	179
		% within 충청보기1평가	85.5%	5.6%	8.9%	100.0%
		% within 응답자유형	28.9%	20.8%	30.8%	28.4%
		% of Total	24.3%	1.6%	2.5%	28.4%
	3	Count	52	2	2	56
		% within 충청보기1평가	92.9%	3.6%	3.6%	100.0%
		% within 응답자유형	9.8%	4.2%	3.8%	8.9%
		% of Total	8.3%	.3%	.3%	8.9%
	4	Count	138	25	27	190
		% within 충청보기1평가	72.6%	13.2%	14.2%	100.0%
		% within 응답자유형	26.0%	52.1%	51.9%	30.2%
		% of Total	21.9%	4.0%	4.3%	30.2%
	5	Count	73	6	3	82
		% within 충청보기1평가	89.0%	7.3%	3.7%	100.0%
		% within 응답자유형	13.8%	12.5%	5.8%	13.0%
		% of Total	11.6%	1.0%	.5%	13.0%
	6	Count	68	3	2	73
		% within 충청보기1평가	93.2%	4.1%	2.7%	100.0%
		% within 응답자유형	12.8%	6.3%	3.8%	11.6%
		% of Total	10.8%	.5%	.3%	11.6%
Total		Count	530	48	52	630
		% within 충청보기1평가	84.1%	7.6%	8.3%	100.0%
		% within 응답자유형	100.0%	100.0%	100.0%	100.0%
		% of Total	84.1%	7.6%	8.3%	100.0%
		Chi-Square	.000			

1. 타산적이다 2. 우둔하다 3. 막무가내이다 4. 우유부단하다 5. 신뢰성이 없다 6. 이기적이다

충청보기2평가 * 응답자유형

			응답자유형			Total
			주민	엘리트	이익집단	
충청보기2평가	1	Count	186	25	21	232
		% within 충청보기2평가	80.2%	10.8%	9.1%	100.0%
		% within 응답자유형	35.0%	51.0%	40.4%	36.7%
		% of Total	29.4%	4.0%	3.3%	36.7%
	2	Count	42	3	1	46
		% within 충청보기2평가	91.3%	6.5%	2.2%	100.0%
		% within 응답자유형	7.9%	6.1%	1.9%	7.3%
		% of Total	6.6%	.5%	.2%	7.3%
	3	Count	61	4	2	67
		% within 충청보기2평가	91.0%	6.0%	3.0%	100.0%
		% within 응답자유형	11.5%	8.2%	3.8%	10.6%
		% of Total	9.7%	.6%	.3%	10.6%
	4	Count	121	13	19	153
		% within 충청보기2평가	79.1%	8.5%	12.4%	100.0%
		% within 응답자유형	22.8%	26.5%	36.5%	24.2%
		% of Total	19.1%	2.1%	3.0%	24.2%
	5	Count	58	2	6	66
		% within 충청보기2평가	87.9%	3.0%	9.1%	100.0%
		% within 응답자유형	10.9%	4.1%	11.5%	10.4%
		% of Total	9.2%	.3%	.9%	10.4%
	6	Count	63	2	3	68
		% within 충청보기2평가	92.6%	2.9%	4.4%	100.0%
		% within 응답자유형	11.9%	4.1%	5.8%	10.8%
		% of Total	10.0%	.3%	.5%	10.8%
Total		Count	531	49	52	632
		% within 충청보기2평가	84.0%	7.8%	8.2%	100.0%
		% within 응답자유형	100.0%	100.0%	100.0%	100.0%
		% of Total	84.0%	7.8%	8.2%	100.0%
		Chi－Square	.049			

1. 온순하다 2. 영리하다 3. 의지가 굳다 4. 성실하다 5. 단결력이 강하다 6. 진취적이다

정실주의1 * 응답자유형

			응답자유형			Total
			주민	엘리트	이익집단	
정실주의1	대인관계가 좋은	Count	181	14	16	211
		% within 정실주의1	85.8%	6.6%	7.6%	100.0%
		% within 응답자유형	33.7%	27.5%	30.2%	32.9%
		% of Total	28.2%	2.2%	2.5%	32.9%
	연고가 있는	Count	14	1		15
		% within 정실주의1	93.3%	6.7%		100.0%
		% within 응답자유형	2.6%	2.0%		2.3%
		% of Total	2.2%	.2%		2.3%
	자질이 우수	Count	342	36	37	415
		% within 정실주의1	82.4%	8.7%	8.9%	100.0%
		% within 응답자유형	63.7%	70.6%	69.8%	64.7%
		% of Total	53.4%	5.6%	5.8%	64.7%
Total		Count	537	51	53	641
		% within 정실주의1	83.8%	8.0%	8.3%	100.0%
		% within 응답자유형	100.0%	100.0%	100.0%	100.0%
		% of Total	83.8%	8.0%	8.3%	100.0%
		Chi - Square	.611			

정실주의2 * 응답자유형

정실주의2			응답자유형			Total
			주민	엘리트	이익집단	
정실주의2	지역연고	Count	20		1	21
		% within 정실주의2	95.2%		4.8%	100.0%
		% within 응답자유형	3.7%		1.9%	3.3%
		% of Total	3.1%		.2%	3.3%
	정치적신념일치	Count	168	22	26	216
		% within 정실주의2	77.8%	10.2%	12.0%	100.0%
		% within 응답자유형	31.3%	43.1%	49.1%	33.7%
		% of Total	26.2%	3.4%	4.1%	33.7%
	지지정당	Count	64	2	5	71
		% within 정실주의2	90.1%	2.8%	7.0%	100.0%
		% within 응답자유형	11.9%	3.9%	9.4%	11.1%
		% of Total	10.0%	.3%	.8%	11.1%
	인물	Count	152	21	13	186
		% within 정실주의2	81.7%	11.3%	7.0%	100.0%
		% within 응답자유형	28.3%	41.2%	24.5%	29.0%
		% of Total	23.7%	3.3%	2.0%	29.0%
	여론	Count	30	1	1	32
		% within 정실주의2	93.8%	3.1%	3.1%	100.0%
		% within 응답자유형	5.6%	2.0%	1.9%	5.0%
		% of Total	4.7%	.2%	.2%	5.0%
	공약	Count	103	5	7	115
		% within 정실주의2	89.6%	4.3%	6.1%	100.0%
		% within 응답자유형	19.2%	9.8%	13.2%	17.9%
		% of Total	16.1%	.8%	1.1%	17.9%
Total		Count	537	51	53	641
		% within 정실주의2	83.8%	8.0%	8.3%	100.0%
		% within 응답자유형	100.0%	100.0%	100.0%	100.0%
		% of Total	83.8%	8.0%	8.3%	100.0%
		Chi-Square	.034			

색 인

오 관 석

저자는 전북대학교에서 박사학위를 받은 이후, 전북대, 원광대,
충남대, 전주대에서 연구와 강의를 하였고 현재
호남대학교 초빙교수로 활동 중이다.

주요 저서

지방 정치문화와 참여(2007) 한국학술정보(주)
현대 자본주의 국가의 이해(2007) 한국학술정보(주)
정보사회와 미디어정치(2007) 인간사랑
사이버 정치와 e – 거버먼트(2004) 인간사랑

공 저

지역사회 권력구조 문헌이해(2002) 도서출판 오름
한국지역사회 이익집단(2005) 도서출판 오름
그 밖에 7편의 공저와 수십여 편의 학술 논문 재

지방 정치사회와 엘리트

- 초판 인쇄   2007년 11월 30일
- 초판 발행   2007년 11월 30일

- 지 은 이   오관석
- 펴 낸 이   채종준
- 펴 낸 곳   한국학술정보㈜
          경기도 파주시 교하읍 문발리 526-2
          파주출판문화정보산업단지
          전화 031) 908-3181(대표) · 팩스 031) 908-3189
          홈페이지 http://www.kstudy.com
          e-mail(출판사업팀사업부) publish@kstudy.com
- 등   록   제일산-115호(2000. 6. 19)
- 가   격   25,000원

ISBN   978-89-534-7901-2 93340 (Paper Book)
          978-89-534-7902-9 98340 (e-Book)